普通高等教育“十三五”汽车类规划教材

新能源汽车概论

高建平　郗建国　主编

机械工业出版社

本教材介绍了新能源汽车原理与构造，车型上既包括纯电动汽车、插电式混合动力（增程式）电动汽车和燃料电池电动汽车这三种基本类型的电动汽车，也包括太阳能汽车、风能汽车、核能汽车等可再生能源汽车。本书立足于帮助读者建立基本概念，同时开阔视野，扩大知识面；另外，为了满足不同层次读者对内容深度的需求，本书还介绍了电池、电机、电控三大核心技术，以及匹配与集成、安全、电磁兼容、轻量化、实验验证等共性关键技术内容，以及新能源汽车示范推广模式等。本书适合本科生、研究生以及想从事新能源汽车行业研发工作的工程技术人员阅读。

图书在版编目（CIP）数据

新能源汽车概论 / 高建平，郗建国主编. —北京：机械工业出版社，2018.6（2021.9 重印）

普通高等教育“十三五”汽车类规划教材

ISBN 978-7-111-59771-1

Ⅰ. ①新…　Ⅱ. ①高…　②郗…　Ⅲ. ①新能源–汽车–高等学校–教材　Ⅳ. ①U469.7

中国版本图书馆 CIP 数据核字（2018）第 082850 号

机械工业出版社（北京市百万庄大街 22 号　邮政编码 100037）
策划编辑：何士娟　　责任编辑：何士娟
责任校对：郑　婕　　封面设计：张　静
责任印制：李　昂
北京捷迅佳彩印刷有限公司印刷
2021 年 9 月第 1 版第 5 次印刷
184mm×260mm・16.5 印张・389 千字
9 501—11 000 册
标准书号：ISBN 978-7-111-59771-1
定价：49.90 元

凡购本书，如有缺页、倒页、脱页，由本社发行部调换

电话服务
服务咨询热线：010-88379833
读者购书热线：010-88379649

网络服务
机 工 官 网：www.cmpbook.com
机 工 官 博：weibo.com/cmp1952
教育服务网：www.cmpedu.com
金 书 网：www.golden-book.com

前　言

汽车工业的可持续发展面临能源和环境的挑战，发展新能源汽车成为全球共识，以纯电动汽车、插电式混合动力电动汽车、燃料电池汽车为代表的纯电驱动技术取得明显进展，市场占有率正逐步提升；以太阳能汽车、风能汽车、核能汽车、空气动力汽车、新型燃料汽车等可再生能源汽车，成为新能源汽车的有益补充，也具有良好的发展前景。新能源汽车将成为21世纪重要的交通工具。

新能源汽车已被国务院确定为我国七大战略性新兴产业之一，并在发布的《节能与新能源汽车产业发展规划（2012—2020年）》中明确“当前重点推进纯电动汽车和插电式混合动力汽车产业化，推广普及非插电式混合动力汽车”，科技部明确提出全面实施“纯电驱动”技术转型战略，并自“十五”以来连续启动重点专项或重大项目重点支持新能源汽车的技术研发和产业化。截至2017年底，我国新能源汽车保有量达到153万辆，其中2017年生产新能源汽车77万辆，占全年汽车产量的2.6%。

在国家政策的引导下，新能源汽车正从技术研发、示范推广向产业化阶段快速推进，导致新能源汽车技术开发人员、产业服务人员短缺，亟须培养一批掌握新能源汽车原理、构造和应用的人才队伍。本教材从新能源汽车的原理与构造出发，车型安排上既包括纯电动汽车、插电式混合动力（增程式）电动汽车、燃料电池电动汽车这三种基本类型的电动汽车，也包括太阳能汽车、风能汽车、核能汽车等可再生能源汽车，立足于帮助读者建立基本概念，同时开阔视野，扩大知识面；另外，为了满足不同层次读者对内容深度的需求，本书还介绍了电池、电机、电控三大核心技术，以及匹配与集成、安全、电磁兼容、轻量化、实验验证等共性关键技术内容，以及新能源汽车示范推广模式等，为读者从事更深入的研究工作打下基础。

本书系机械工业出版社汽车分社规划的“普通高等教育‘十三五’汽车类规划教材”之一，由河南科技大学车辆与交通工程学院高建平、郗建国担任主编，参加编写的还有河南科技大学车辆与交通工程学院王运玲，陆军装甲兵学院车辆工程系崔玉莲，郑州宇通客车股份有限公司国家电动客车电控与安全工程技术研究中心陈贞博士以及苏常军、曾升、王秋杰、张春敏、刘振楠、位跃辉、赵金宝等工程师，丁伟、孙中博等在资料收集整理过程中做了大量的工作。全书由高建平副教授统稿，北京理工大学车辆工程系的何洪文教授、郑州宇通客车股份有限公司国家电动客车电控与安全工程技术研究中心的李高鹏教授级高工在整书的成稿过程中给予了建设性建议和修改意见。

在本书完稿之际，对书中所引参考文献的作者致以衷心的感谢！

本书的出版还得到了河南科技大学教材出版基金的支持，在此一并表示感谢。

由于编者学识有限，书中不妥或错误之处在所难免，恳请读者提出宝贵建议，以便修订时予以纠正。

高建平

目　　录

第 1 章
绪 论

汽车的发展对于改变人们的生活和行为方式起到了巨大的作用。在现代生活中，汽车已经成为人们生活中必不可少的交通工具。随着汽车工业的不断发展，全球汽车保有量的不断攀升，汽车对于能源和环境的深层次的影响也逐渐体现。近年来，在各种需求和压力的作用下，新能源汽车作为一种新型环保的交通工具发展迅速。

1.1 汽车能源的发展历程

1.1.1 蒸汽机汽车

1765 年，英国的詹姆斯·瓦特（James Watt）发明了蒸汽机，并成功地应用于工厂，成为当时几乎所有机器的动力，改变了人们的工作和生产方式，极大地推动了技术进步，拉开了工业革命的序幕。

1769 年，法国陆军工程师、炮兵大尉尼古拉斯·古诺将一台蒸汽机装在了一辆木制三轮车上，这是世界上第一辆完全凭借自身的动力实现行走的蒸汽汽车。

1801 年，英国工程师理查德·特雷蒂克制成了能够乘 8 人、车速为 9.6km/h 的蒸汽汽车，是世界上第一辆载客蒸汽汽车，但试车时锅炉被烧毁。

1825 年，英国哥尔斯瓦底·嘉内公爵制成了一辆蒸汽公共汽车，18 座，车速为 19km/h，这是世界上第一辆营业性质的公共汽车。

1838 年，英国发明家亨纳特发明了世界第一台内燃机点火装置。该项发明被称为“世界汽车发展史上的一场革命”。蒸汽机汽车从此渐渐退出历史的舞台。

1.1.2 早期电动汽车

电动汽车最早出现在英国。1834 年，英国的布兰顿演示了托马斯·戴文波特（Thomas Davenport）发明的蓄电池车。该车采用的是不可充电的玻璃封装蓄电池，它比世界上第一辆内燃机汽车早了半个世纪。

1881 年，法国工程师古斯塔夫·特鲁夫（Gustave Trouvé）装配的以铅酸电池为动力的三轮车，是世界上第一辆以可充电电池为动力的电动汽车。

1899 年，法国人设计制造的子弹头型电动汽车续驶里程约为 290km，并创下了 98km/h 的速度纪录。这使得法国的电动汽车一直保持着世界电动汽车续驶里程和车速的最高纪录，如图 1–1 所示。

图 1–1　子弹头型电动汽车

1912 年，美国有 34 000 辆电动汽车注册。贝克（Baker）电气公司是美国最重要的电动汽车制造商。底特律电气（Detroit Electric）公司生产的电动汽车最高时速可达 40km/h，续驶里程可达 129km。

1920 年，英国伦敦电动汽车公司生产了后轮轮毂电机式、后轮驱动、斜轮转向和装有充气轮胎的电动汽车。

随着科学技术的发展，内燃机汽车关键技术相继出现，经济的发展对长途客货运输的需求增多，电动汽车续驶里程短、充电时间长等缺陷突显。随着内燃机汽车批量化和低成本化的生产，电动汽车遭到市场的淘汰。到 20 世纪 30 年代，电动汽车几乎消失了。

1.1.3　内燃机汽车

1876 年，德国工程师尼古拉斯・奥托试制成功了第一台实用的活塞式四冲程煤气内燃机，这台内燃机被称为奥托内燃机。这是一台单缸卧式、功率为 2.9kW 的煤气机，压缩比为 2.5，转速为 250r/min。

1885 年，“世界汽车之父”卡尔・本茨在德国曼海姆制成了世界上第一辆三轮汽车。这辆汽车在德国注册的汽车专利证，日期是 1886 年 1 月 29 日，专利人为卡尔・本茨。这一日被公认为汽车的诞生日。

1885 年，德国人戈特利布・戴姆勒在坎斯塔特，发明了世界上第一辆四轮汽车。该车由马车改装而成，安装 0.8kW 的汽油机，并增加了转向、传动装置等，最高车速达 14.4km/h。本茨和戴姆勒都被誉为“现代汽车之父”。

1895 年，法国科学院正式把汽车定名为“Automobile”，该词源自希腊文的“Auto”（自动）和拉丁文的“mobile”（运动）。

1908 年，美国福特公司推出 T 型车，标志着世界汽车工业革命就此开始。1913 年，福特公司在底特律建成了世界上第一条汽车装配流水线，T 型车成为大批量生产的开端，汽车装配时间也从 12.5h 缩短到 1.5h。T 型车的出现，使汽车从有钱人的专利品变成了趋于大众化的商品，在长达 20 年的生产期间，T 型车被称为“运载整个世界的工具”。

汽车自 19 世纪末诞生以来，已经走过了风风雨雨的 100 多年。从卡尔・木茨造出的第一辆 18km/h 速度的三轮汽车，到从零加速到 100km/h 只需要 1s 多的超级跑车。这 100 多年，汽车发展的速度是如此惊人。同时，汽车工业也造就了多位巨人，一手创建了奔驰、福特、丰田等在各国经济中举足轻重的著名公司。

1.1.4　现代电动汽车

现代电动汽车是指主要以动力电池或超级电容为能量源、全部或部分由电机驱动的汽车，通常有纯电动汽车、插电式混合动力（增程式）电动汽车和燃料电池汽车等几类。

现代电动汽车横跨机械、电力、化工、信息、材料、交通等多个行业，融合了电化学、电力电子技术、控制工程、通信技术等多学科理论与技术，是一个多学科、跨领域、复杂的技术产品。

2011 年，由特斯拉（Tesla）汽车公司制造的全尺寸高性能纯电动轿车 Tesla Model S 正式进入量产阶段，在 2013 年度全球销售量达到 22 300 辆，是现代纯电动汽车的典型代表。旗下的 Roadster 纯电动跑车大量采用铝合金制造的车身组件，配备有高性能的磷酸铁锂电池和电机，速度由 0 加速到 100km/h 只要 3.9s，每次充电可行驶 400km。

2011 年 12 月，丰田汽车公司推出了第三代插电式的普锐斯，在 200V 电源下，充电时间为 100min。在纯电动模式下，能行驶 20km，最高车速为 100km/h。在混动模式下，汽油机将起动以提供额外动力。其百公里加速时间为 11.4s，百公里油耗仅为 2.2L。

2013 年 2 月，世界上第一辆量产版氢燃料电池电动汽车 ix35 在现代汽车韩国蔚山工厂正式下线。该车采用了 100kW 的燃料电池堆为一台功率为 100kW 的电机提供能量，电机可提供的峰值转矩达到 300N•m，百公里加速时间为 12.5s，最高车速可达 151km/h，续驶里程达 594km。储氢罐中可存放 5.6kg 氢气，即每千克氢燃料可支持汽车行驶 106km。该车的燃料效率约为 28.6kg/L。

由于电池、电机、电控及其他重要技术的发展，使得现代电动汽车技术发展取得了很大进步，在整车的动力性、续驶里程等方面都完胜于早期的电动汽车。现在电动汽车各方面的性能已能够满足人们的日常需求，具有一定的商业化规模。

汽车能源发展历经燃煤（w_C90%～98%）、石油（w_C83%～87%，w_H11%～14%）、天然气（w_C75%，w_H25%），发展到现在提倡的新型能源——氢燃料（w_H100%），整体上体现出汽车燃料“脱碳加氢”的过程，如图 1–2 所示。

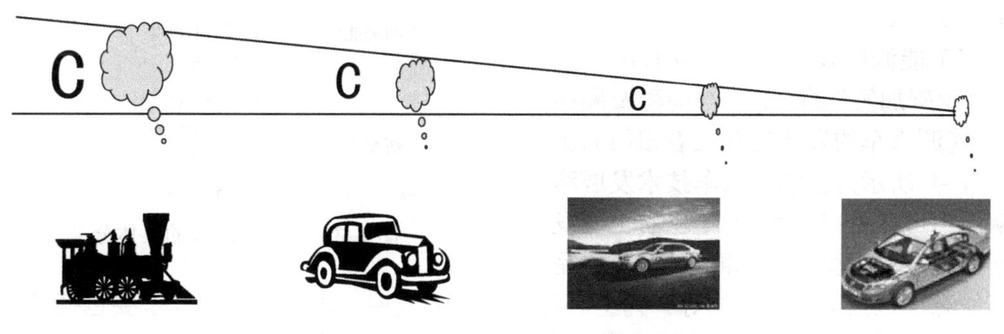

图 1–2　汽车的发展历程

目前，新能源汽车是世界各国研究的方向，逐步地在进行能源的“脱碳加氢”。

在我国，从 2001 年实施电动汽车重大科技专项开始，到 2012 年国务院发布节能与新能源汽车产业发展规划，确立并坚持了以纯电驱动为核心，以“三纵三横”（纯电动、插电式、燃料电池整车）、电池、电机、电控为关键技术的研发体系，构建了基础研究、技术标准、示范推广等支撑平台。这几年的政策支持，在促进技术进步、培育市场环境、探索商业模式、建设基础设施等方面发挥了重要的作用，得到了企业、地方和市场的积极响应，有力促进了我国新能源汽车商业模式、产业进步和配套体系的健康发展。

1.2 新能源汽车概述

1.2.1 新能源汽车的概念和分类

新能源汽车是指采用新型动力系统，完全或主要依靠新型能源驱动的汽车。按照能量源的不同，新能源汽车可分为电动汽车、新型电动汽车、动势能汽车及新型燃料汽车等。

电动汽车是主要以动力电池或超级电容为能量源、全部或部分由电机驱动的汽车。这类汽车主要有插电式混合动力（增程式）电动汽车、纯电动汽车及燃料电池汽车等。

新型电动汽车主要是利用一些新型能源进行车载发电，全部或部分由电机驱动的汽车。目前应用到车上的新型能源主要有太阳能、风能等可再生能源以及核能等。

动势能汽车主要是通过转化动能或者势能驱动的汽车。这类汽车主要有飞轮电池汽车、空气动力汽车及重力汽车等。

新型燃料汽车主要是用新型清洁燃料全部或者部分取代内燃机中的汽油、柴油，再由内燃机驱动的汽车。这类汽车主要有醇类燃料汽车、生物柴油汽车、氢燃料汽车以及二甲醚汽车等。新能源汽车具体分类如图 1–3 所示。

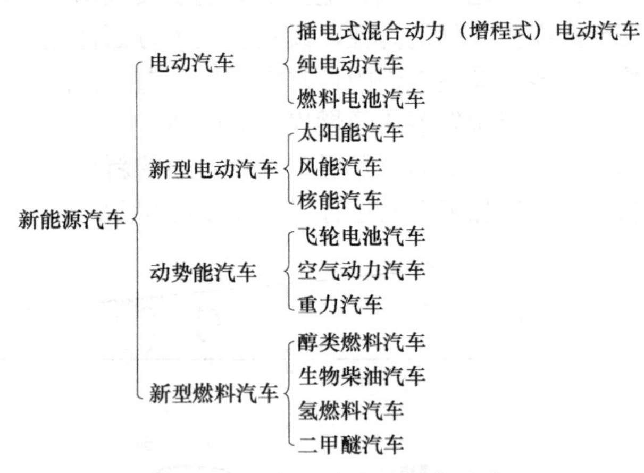

图 1–3 新能源汽车的具体分类

由汽车能源的发展历程可以看出，它是一个“脱碳加氢”的过程。与能源发展相对应，新能源汽车的发展也存在着相同的历程。图 1–4 所示为新能源汽车技术发展路线。从图中可以看出，2010 年左右主要发展的新能源汽车为微混、轻混型，主要还是以化石能源（包括柴油、汽油等）为主。经过几年的发展，逐渐以深混（主要包括插电式、增程式）为主，燃料从化石能源向电能及其他清洁能源（醇类、生物柴油、二甲醚）转型，多元化并存的过渡时代，插电式混合动力（增程式）电动汽车、纯电动汽车竞相发展；2025 年之后，进入基本单一的氢能源汽车时代（或者说摆脱依赖石油的汽车时代），燃料电池汽车将会是汽车产业的主流。

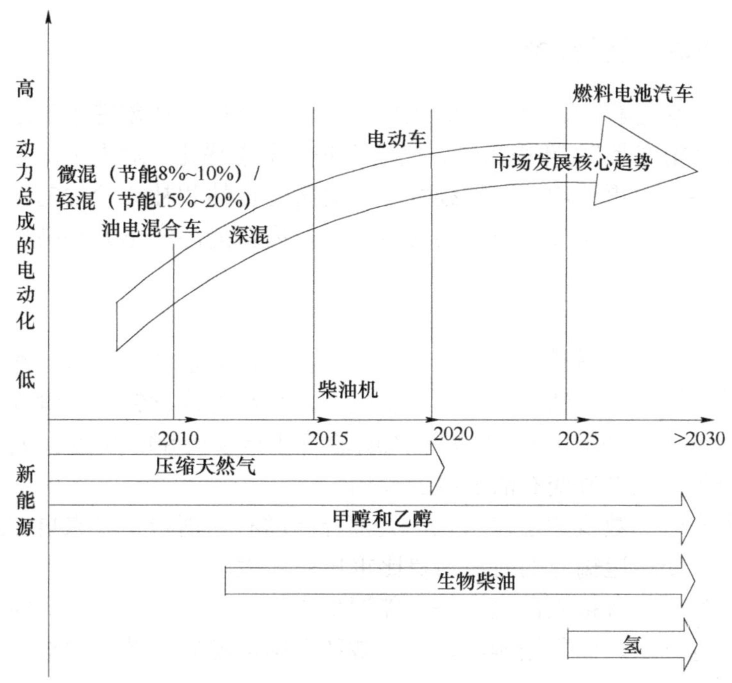

图 1–4 新能源汽车技术发展路线

新能源汽车技术发展趋势具有以下特征：

① 插电式混合动力汽车技术成为全球新的研发热点，产品将进一步丰富、成熟。在技术方案上，混联式、并联式和串联式混合动力方案均有不同的产品投放市场；在产品技术上，优化匹配动力系统和电池容量，以满足不同人群日常纯电行驶里程需求的技术方案将成为研发热点。

② 纯电动汽车是电动汽车技术发展的主要方向，未来将呈现平台化、轻量化、智能化的特点。在技术上，纯电动汽车呈现动力系统平台化、车身轻量化、车辆智能化等发展趋势，并将进一步朝着机械、电子、信息技术高度集成的方向发展。特别是轮毂驱动电机技术的应用，不但使动力传递链缩短，传动效率提高，而且使得动力系统更易于实现平台化。在车身上，纯电动汽车呈现轻量化特点。轻量化是汽车的一项基础节能技术，车辆结构设计轻量化、轻量化材料及先进制造技术的应用将进一步实现纯电动汽车的减重和节能。纯电动汽车也呈现出智能化特点，全球定位、车载娱乐、手机互联等技术应用广泛。未来，智能网联、V2G 以及无线充电等新技术将逐步应用到纯电动汽车上。

③ 燃料电池汽车技术将进一步取得突破，在技术上呈现动力系统混合动力化和底盘专用化的趋势。国内外推出的燃料电池汽车动力系统广泛采用燃料电池系统与动力电池混合驱动的方案。这种方案不仅延长了燃料电池的寿命，还降低了车辆成本。本田、奔驰等国际厂商均把燃料电池动力系统零部件布置在底盘中，采用非承载式车身结构，底盘专用化趋势明显。此外，跨国企业均趋于采用全新车型平台，这有利于燃料供给系统、动力系统以及储能装置实现进一步的集成匹配和优化。

1.2.2 新能源汽车的发展背景

在 200 年的工业化进程中，化石能源大量、广泛地使用，在创造了工业文明的同时，也带来了日益严重的“副产品”：环境污染，气候变暖，生态恶化，对人类的生存与发展构成了严重威胁。我们需要寻求更节约、可持续发展、更符合自然和社会伦理的生产和生活方式。一个公认的思路是，以新一轮技术革命为支点，以发展新能源汽车为突破口，推进和实现汽车产业革命。

1. 石油短缺

随着汽车保有量的不断增长，世界范围内对石油的需求也与日俱增。汽车和其他工业领域每年消耗大量的石油，使石油这一不可再生能源以很高的速度锐减，世界性的石油危机日益严重。尽管从 1980 年到 2010 年，世界已探明的石油储量从 800 多亿 t 增长到 2000 多亿 t，增长了 2 倍多，但还是难以改变石油危机的预期。

随着发展中国家汽车数量的迅速增长，大部分新增石油消费量将来自交通运输行业。随着我国经济的发展，交通运输业的石油消费比重日益增大。

当前，世界政治、经济格局深刻调整，能源供求关系深刻变化。我国能源资源约束日益加剧，生态环境问题突出，调整结构、提高能效和保障能源安全的压力进一步加大，能源发展面临一系列新问题新挑战。

2. 环境污染

城市环境问题的恶化与城市交通污染之间的关系密不可分，交通污染不但影响了本地区的生态环境，也给全球环境造成了严重的影响。城市交通所产生的废气、噪声与扬尘已经成为城市环境污染的主要来源。世界各国的大城市中，机动车排出的废气是空气中最大的污染源。

传统燃油汽车在行驶过程中会产生大量的有害气体，不但污染环境，还影响人类健康。汽车尾气排放的主要污染物为一氧化碳（CO）、碳氢化合物（HC）、氮氧化物（NO_x）、铅（Pb）、细微颗粒物（PM）及硫化物等。这些一次污染物还会通过大气化学反应生成光化学烟雾、酸沉降等二次污染物。

3. 政策环境

在积极研发新能源汽车的同时，各国还提供了大量购车优惠政策。

美国能源部提供资金，支持通用汽车公司、福特汽车公司、通用电气公司的研究项目。联邦政府为推进插电式混合动力汽车计划，出台了一系列强力措施，斥资巨额支持动力电池、关键零部件的研发和生产，支持充电基础设施建设、消费者购车补贴和政府采购。美国还设立了专项基金，以低息贷款方式支持厂商对节能和新能源汽车的研发和生产，目标是每年汽车燃油经济性提高一倍。

欧洲更加注重温室气体减排战略，规定了日益严格的二氧化碳排放限制要求，提出将每辆乘用车的 CO_2 排放量从 2012 年平均 130g/km 减少至 2020 年平均 95g/km、2025 年平均 70g/km 的中长期目标，这也成为欧洲对新能源汽车发展的主要驱动力之一。

日本是汽车生产大国。由于日本的石油资源匮乏，石油几乎全部依赖进口，日本汽车公司积极开展和推进各种新能源汽车研究和市场化工作，其混合动力汽车处于世界领先地位。

日本政府在 2009 年 6 月启动了“新一代汽车”计划，即环保汽车，包括混合动力电动汽车、纯电动汽车、燃料电池汽车等。该计划力争到 2050 年，使环保汽车占据汽车市场总量的一半左右。为了实现这一计划，日本政府通过援建电动汽车基础设施、减税和发放补贴等促进环保汽车发展。日本通过制订国家目标，引导新能源汽车产业的发展并高度重视技术创新。同时，政府也制订了鼓励电动汽车开发与推广应用的相关政策及措施，把发展电动汽车作为“低碳革命”的核心内容。

我国政府高度重视新能源汽车的发展，将其确立为国家战略。我国新能源汽车的研发与产业化历程，大致可分为三个阶段。第一阶段从“九五”初期到 2008 年，主要通过技术支持和研发与奥运会等小规模示范运行相结合，奠定了纯电动、混合动力和燃料电池三种动力系统平台汽车的研发和初步产业化基础。第二阶段是从 2009 年到 2012 年。2009 年 1 月，中华人民共和国财政部、中华人民共和国科学技术部共同发布了《关于开展节能与新能源汽车示范推广试点工作的通知》和《节能与新能源汽车示范推广财政补助资金管理暂行办法》，在北京、上海、重庆等 13 个城市开展节能与新能源汽车示范推广试点工作，逐步完善了对企业和相关产品的管理，加快了标准化体系建设。第三阶段是从 2013 年至今。近年来在国家政策的大力推动下，产业化与市场推广形势喜人，2016 年年销量已突破 100 万辆，居世界第一位。《中国制造 2025》中提出：继续支持电动汽车、燃料电池汽车发展，掌握汽车低碳化、信息化、智能化核心技术，提升动力电池、驱动电机、高效内燃机、先进变速器、轻量化材料、智能控制等核心技术的工程化和产业化能力，形成从关键零部件到整车的完整工业体系和创新体系，推动自主品牌节能与新能源汽车同国际先进水平接轨。

1.2.3 新能源汽车的发展现状

1. 美国新能源汽车的发展现状

美国是汽车工业最发达的国家之一，汽车产量和保有量均位居世界前列。为增强汽车制造业的竞争力，美国政府提出了著名的 PNGV 计划和 Freedom CAR 计划。美国前总统奥巴马部署实施了总额为 48 亿美元的电池与电动汽车研发与产业化计划。美国的通用、福特汽车公司在混合动力汽车方面重点在于插电式混合动力和强混技术。通用、福特都曾在燃料电池汽车研发方面投入巨资，但随着燃料电池车产业化的推迟和混合动力汽车市场份额的不断扩大，关注重心已经转向混合动力汽车方面。

2. 欧洲新能源汽车的发展现状

欧盟与电动汽车相关的发展计划主要有 FP 系列计划、欧盟燃料电池研究发展示范计划、欧盟燃料电池巴士示范计划和欧洲电动汽车城市运输系统计划等。欧盟已拨款 14.3 亿欧元用于支持电动汽车研发。德国电动汽车在欧洲处于领先地位，已于 2009 年 8 月发布了以纯电动式和插电式电动汽车为重点的《国家电动汽车发展计划》。英国和法国是欧洲电动汽车研发和应用最早的国家，目前已有十几万辆电动汽车在运行。

3. 日本新能源汽车的发展现状

目前日本的弱混合动力汽车可以节能 38%，而且为了适应未来新能源汽车的发展，日本已经开始进行道路、周边设施的改造，包括居民住宅设施。

日本的丰田、本田两家公司分别实现了电动汽车的产业化，它们推出的普锐斯和思域两款混合动力汽车得到了日本和北美市场的普遍认可。截至2013年12月底，普锐斯全球累计销量已达600万辆。可以说日本在混合动力汽车领域走在了世界前列，其电动汽车的市场推广已经进入了实质性阶段。

除丰田外，其他几家日本汽车企业也在开发新一代的新能源动力汽车，如本田的In–Sight IMG混合动力汽车、日产Leaf和三菱iMiEV纯电动汽车等。

4. 我国新能源汽车的发展现状

近年来，在国家“863”计划和节能与新能源汽车示范推广、私人购买试点政策的推动下，我国新能源汽车关键部件及相关技术取得重大进步，新能源汽车产业已基本具备产业化发展基础，纯电动汽车和插电式混合动力汽车开始小规模投放市场，企业通过“引进来”与“走出去”，国际化合作不断深入。总体上看，我国新能源汽车产业发展基础进一步夯实，发展环境进一步优化，具备了更好的技术、市场和资源条件，新能源汽车产业迈入崭新的发展阶段。

在国家多年的研发支持下，到“十二五”初期，我国汽车行业初步掌握了新能源汽车整车动力系统平台以及关键零部件的核心技术，基本建立了“三纵三横”和“三大平台”构成的矩阵式的技术创新体系，具备了较为全面的基础研究、产品开发、试验检测和评价的能力。新能源汽车整车技术水平明显提升，关键核心技术取得了重大突破，主要体现在以下方面：

① 插电式混合动力乘用车技术取得较大进展。目前，国内插电式混合动力技术主要应用于乘用车，主要汽车企业纷纷加大研发力度，推出插电式混合动力乘用车车型。比亚迪插电式混合动力已发展到第二代，技术明显提升，最高车速和加速性能均有较大提高；上汽荣威550插电式混合动力、一汽奔腾B50插电式混合动力等车型也在2012年开始了示范运行活动。

② 纯电动汽车技术日益成熟，初步具备产业化条件。我国已基本掌握了整车控制、动力系统匹配与集成设计等关键技术，部分企业开始进入产业化阶段。纯电动轿车方面，主要整车企业均将电动汽车纳入企业产品规划，投入不断加大，比亚迪、江淮、东风、长安、奇瑞、吉利等主要汽车企业均研制开发出纯电动汽车轿车，部分车型技术已有显著提高。如江淮同悦EV已经发展到第三代，车辆续驶里程提高了30%，而能耗下降超过5%。

③ 燃料电池汽车技术取得重要进展。在电动汽车重大专项和节能与新能源汽车重大项目支持下，我国燃料电池汽车技术研发取得重要进展，初步掌握了整车、动力系统与关键零部件的核心技术；建立了具有自主知识产权的燃料电池汽车动力系统技术平台；形成了燃料电池发动机、动力电池、DC/DC变换器、驱动电机、储氢与供氢系统等关键零部件配套研发体系，具有百辆级燃料电池汽车动力系统平台与整车生产能力。2007年，我国长安汽车研制成功了中国首台氢内燃机。2008年，在北京车展上人们首次看见了“氢程”——我国自主研发的首款氢动力概念车。

④ 关键零部件产业化技术明显提高，部分关键技术取得突破。在动力电池方面，初步具备了产品研发能力和基础生产装备设计制造能力，动力电池性能指标逐步接近国际先进水平，锂离子电池的正负极材料、电解液材料实现了国产化；在驱动电机系统方面，产品主要技术指标达到国际水平，性价比在国际上具有一定优势，形成了若干家年产能达到万套级以上的驱动电机企业；在电控系统方面，初步形成了混合动力系统、纯电驱动系统的小批量生产能力，掌握了部分核心技术，部分企业形成年产5万套以上的生产能力。

发展和应用节能与新能源汽车是促进汽车工业可持续发展的重要途径，在这一点上政府

和汽车生产企业已经达成了共识。我国在市场、政府支持的力度方面又有着较大的优势，新能源汽车的前景可观。

如图1–5所示，我国新能源汽车的产量不断增加，从2010年的1663辆到2014年的84 900辆，是2010年的50多倍，市场占有率也不断增加。其中，2014年插电式乘用车、公交车所占产量的百分比是18%、15%，纯电动乘用车、公交车分别是50%、17%。

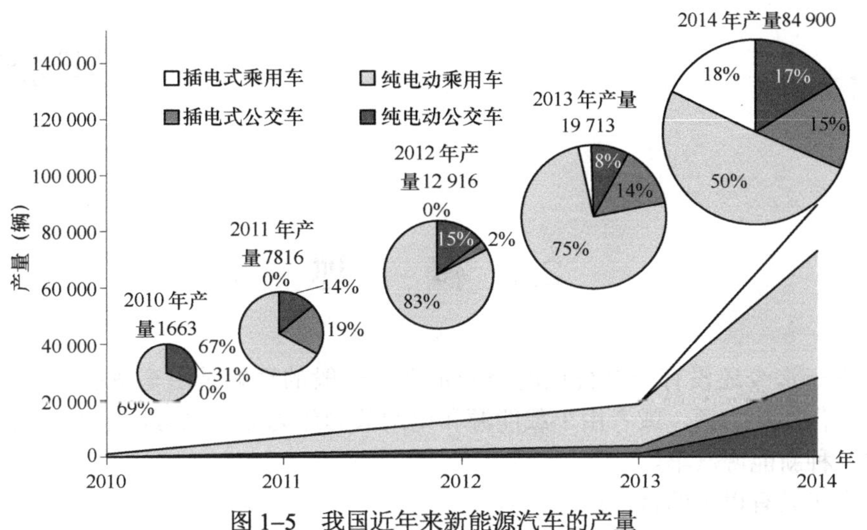

图1–5 我国近年来新能源汽车的产量

同时，我国可再生能源、非常规油气和深海油气资源开发潜力很大，能源科技创新取得新突破，能源国际合作不断深化，能源发展面临着难得的机遇。

第 2 章

纯电动汽车

2.1 概　　述

纯电动汽车迄今还没有一个公认的统一定义，一般的理解是由车载能源（动力电池和/或超级电容）作为动力源，或者由车载能源和电网共同作为能量来源，驱动电机运转，推动汽车行驶的一种新能源汽车。

纯电动汽车具有以下的特点：

（1）无污染，噪声低

纯电动汽车无内燃机汽车工作时产生的废气，不产生排气污染，对环境保护和空气的洁净是十分有益的，有“零污染”的美称。纯电动汽车电机的噪声也较内燃机小。

（2）能源利用效率高，使用成本低

研究表明，电动汽车的能源效率已超过内燃机汽车，特别是在城市运行时，汽车频繁起停，行驶速度不高，电动汽车更加适宜。

电动汽车停车时不消耗电量，在制动过程中，电机可自动转化为发电机，实现制动减速时能量的再利用，使用成本低。

（3）简单可靠、使用维修方便

纯电动汽车较内燃机汽车结构简单，运转、传动部件少，运行可靠，维修保养工作量少。

（4）平抑电网的峰谷差

纯电动汽车可在夜间利用电网的富余电能进行充电，用电高峰时还可向电网回馈电能，对电网起到“削峰填谷”的作用，有利于电网的高效利用和电压稳定。

2.2 驱动形式及应用

按照动力驱动形式的不同，纯电动汽车可以分为集中驱动式纯电动汽车和分布驱动式纯电动汽车两大类。其中分布驱动式纯电动汽车包括轮边电机驱动式和轮毂电机驱动式。

2.2.1 集中式驱动系统及应用

集中式驱动系统是在传统汽车的基础上改装而来的，具有结构简单、电机控制维修简单等优点。具体可以分为传统集中驱动系统、无变速器集中驱动系统和集成式集中驱动系统三种驱动系统。

1. 传统集中驱动系统

早期的纯电动汽车多是在传统汽车的基础上改装的，利用驱动电机代替内燃机，离合器、变速器和差速器的布置形式与传统内燃机车辆的布置形式一致。传统的集中驱动系统布置形式如图 2–1 所示。

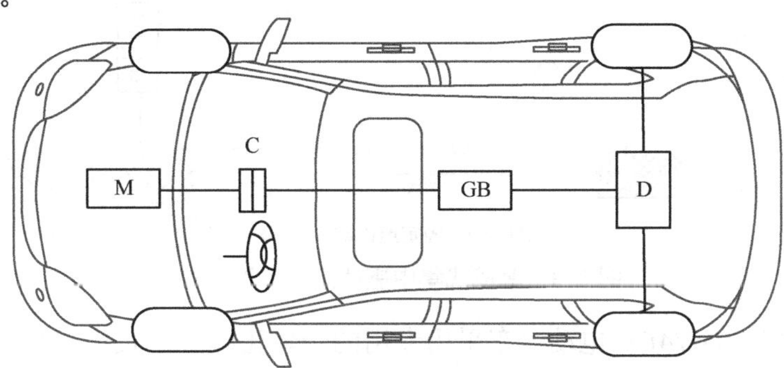

M：电机 C：离合器 GB：变速器 D：差速器

图 2–1 传统的集中驱动系统布置形式

2011 年上市的东南菱悦 V3–EV 手动档汽车，就是一款典型的使用传统集中驱动系统的汽车。该车采用前置前驱形式，驱动电机的最大功率为 50kW，最大转矩为 180N·m，配备高性能的磷酸铁锂电池，最高时速可达 120km/h，最大续驶里程达 160km。

2. 无变速器集中驱动系统

由于驱动电机能够在较宽的速度范围内提供相对恒定的功率，无变速器集中驱动系统是用一个固定速比的减速器替代传统集中驱动系统中的多级变速器，同时省去离合器，即发展成无变速器的传动形式。这种传动系统一方面可以节省机械传动结构的重量和体积，另一方面可以减少由于换档所带来的控制难度。无变速器集中驱动系统的布置形式如图 2–2 所示。

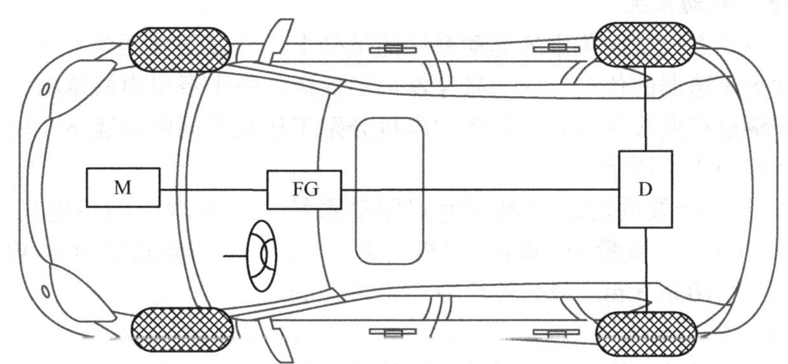

M：电机 FG：固定速比减速器 D：差速器

图 2–2 无变速器集中驱动系统布置形式

3. 集成式集中驱动系统

集成式集中驱动系统与无变速器集中驱动系统类似，但是驱动电机、固定速比减速器和差速器被进一步整合为一体，布置在驱动轴上，整个驱动传动系统被大大简化和集成化。但是这样的布置形式要求有低速大转矩、速度变化范围大的电机。集成式集中驱动系统的布置形式如图 2–3 所示。

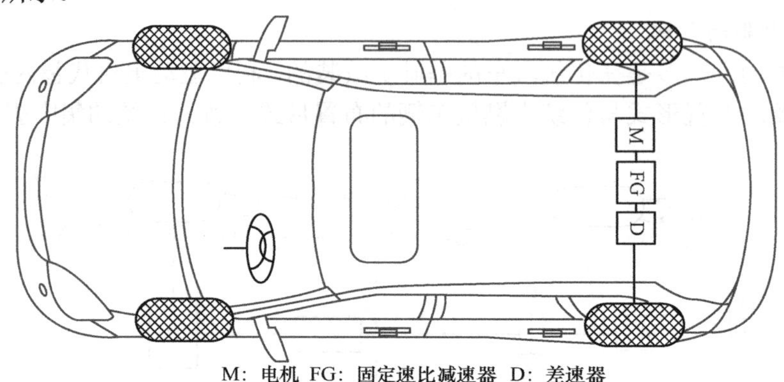

M：电机 FG：固定速比减速器 D：差速器

图 2–3 集成式集中驱动系统布置形式

丰田汽车公司的 RAV4EV 电动汽车采用专用的一体化即集成式集中驱动系统，第一代产品（在 1997 年推出）采用镍氢电池作为动力，第二代产品是由丰田与美国特斯拉（Tesla）汽车公司合作研发的一款纯电动汽车。电机采用永磁同步电机，最大输出功率为 50kW，最大转速为 4600r/min，减速齿轮减速比为 1:9.45。动力方面，第二代丰田 RAV4EV 的纯电动系统是由美国特斯拉汽车公司提供的，其锂离子电池组的最大容量为 30kW·h。用家庭插座（220V）一次充满电用时约 8h，在满电情况下，丰田 RAV4EV 可续驶 161km。

2.2.2 轮边电机驱动系统及应用

集中式驱动系统继承了传统燃油车的传动装置，传动效率较低。相比集中式驱动系统，轮边驱动系统具有结构紧凑、质量小、传动效率高等优点，从而增加了纯电动汽车的动力性及续驶里程等。

1. 轮边减速式驱动系统

轮边减速式驱动系统是在集中式驱动系统的基础上，差速器被两个独立的牵引电机所代替，即轮边驱动无差速器的传动形式，减速器依然保留，每个牵引电机单独完成一侧车轮的驱动任务。在车辆进行曲线行驶时，两侧的电机分别工作在不同的转速下。轮边减速式驱动系统的布置形式如图 2–4 所示。

日本明电舍公司研发的轮边电机减速式驱动系统，采用永磁同步电机，外形尺寸为 270mm×350mm×270mm，质量为 40kg（电机质量为 22kg），额定功率为 4kW，最大功率为 5.5kW，最大转矩为 100N·m，最高转速为 12 000r/min。

2. 轮边直连式驱动系统

轮边直连式驱动系统是用一个单排的行星轮代替轮边减速式驱动系统中的减速器，凭其能提供良好的减速比和线性的输入输出特性，从而达到减小转速和增大转矩的目的。轮边直

连式驱动系统的布置形式如图 2–5 所示。

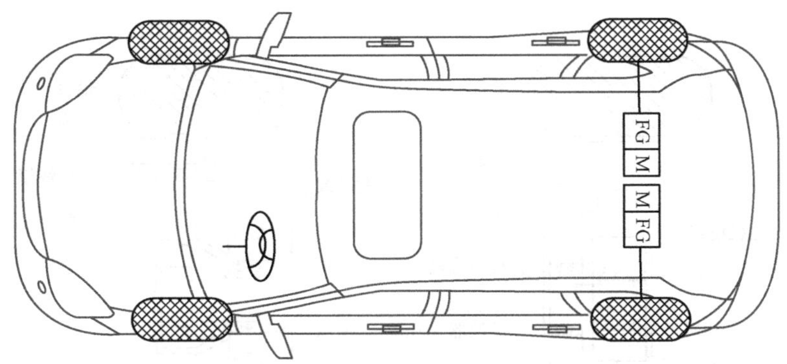

FG：固定速比减速器 M：电机

图 2–4 轮边减速式驱动系统的布置形式

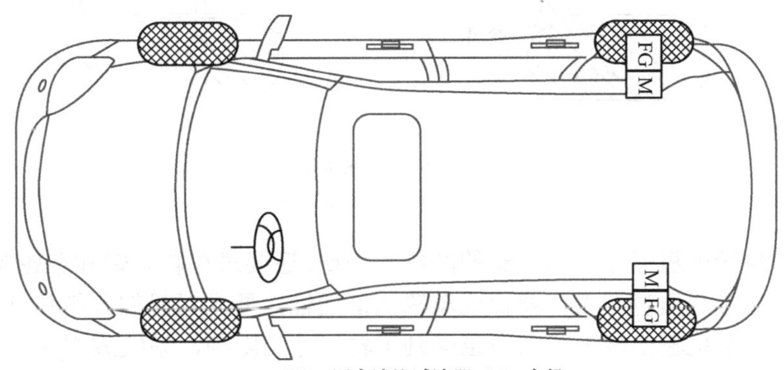

FG：固定速比减速器 M：电机

图 2–5 轮边直连式驱动系统布置形式

2010 年比亚迪公司生产的 K9 纯电动客车就采用轮边直连式驱动系统，车身长 12m，整车续驶里程达到 300km，燃料消耗成本不到同类燃油车的 1/3。

2.2.3 轮毂电机驱动系统及应用

轮毂电机驱动系统是将电机直接安装于车轮内，可以有效改善轮边电机驱动系统带来的电机与独立悬架在有限空间内的布置困难、纯电动汽车底部的空气阻力大及通过性差等缺点。另外轮毂电机驱动系统不仅省略了大量传动部件，而且可以实现多种复杂的驱动方式。

轮毂电机驱动系统包括内转子轮毂电机驱动系统（图 2–6a）和外转子轮毂电机驱动系统（图 2–6b）。

1. 外转子轮毂电机驱动系统

外转子轮毂驱动系统是将外转子电机直接安装在车轮的轮辋内，中间无须采用减速机构，直接驱动车轮转动，从而带动汽车行驶。此系统具有结构紧凑、效率较高、比功率高、响应速度快等优点。

纯电动汽车在起步及加速时需要较大的转矩，即安装在电动轮中的外转子轮毂电机在这些行驶模式下必须能提供大转矩，以满足整车的动力性；外转子轮毂电机驱动系统中未采用中间减速机构，为了使汽车能够有较好的动力性，外转子轮毂电机还必须具有很宽的转矩和转速调节范围。

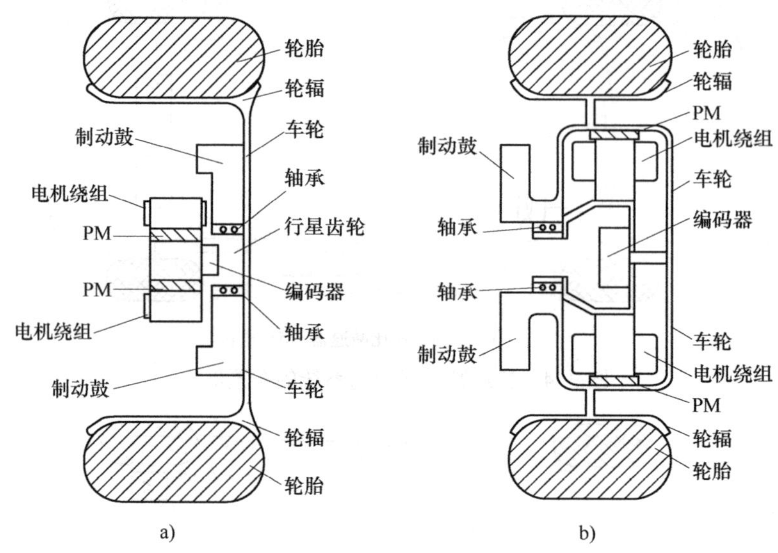

图 2–6　两种轮毂电机驱动方式内部示意图

a）内转子型　b）外转子型

由于外转子轮毂电机工作产生一定的冲击和振动，还要求车轮轮辋和车轮支承必须坚固、可靠。同时由于非簧载质量加大，要保证车辆的舒适性，要求对悬架系统弹性元件和阻尼元件进行优化设计。电机输出转矩和功率也受到车轮尺寸的限制，系统成本高。图 2–7 所示为外转子轮毂电机结构分解图。

米其林电动轮为外转子轮毂电机驱动系统，图 2–8 所示为米其林电动车轮外形图。2008 年巴黎车展上安装主动车轮的米其林电动车 Will 如图 2–9 所示。该车车身长 2.5m、四座，0～30km/h 的加速时间为 2.8s，续驶里程为 120km，整车总质量为 600kg，最高车速为 90km/h。

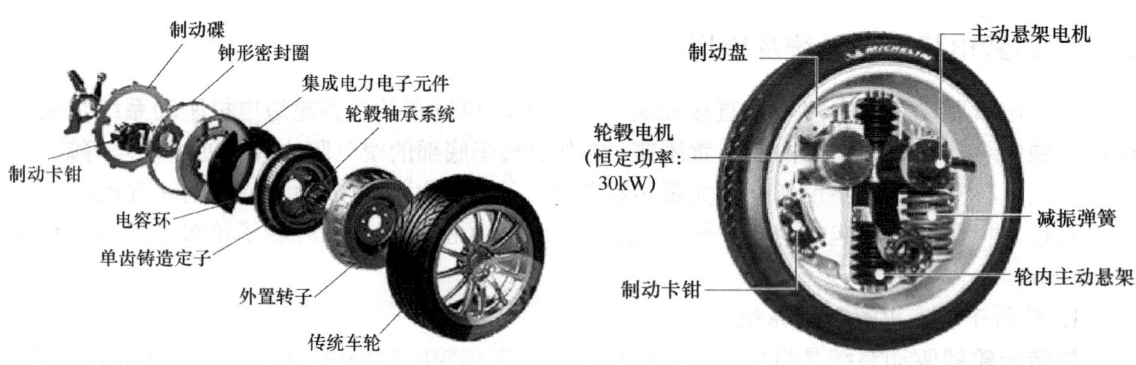

图 2–7　外转子轮毂电机结构分解图

图 2–8　米其林电动车轮

2. 内转子轮毂电机驱动系统

外转子轮毂电机虽然有各种优点，但起步及加速时需要较大转矩，为获得较好动力性，不得不增加电机的体积和质量，非簧载质量加大，而车轮轮辋空间有限，造成布置困难及行

驶稳定性的一些问题。而内转子轮毂驱动系统则可以在一定程度上解决这些问题。

内转子轮毂驱动系统是将内转子电机装在车轮的轮辋内，且带有减速机构。这种驱动系统允许电机在高速下运行，可采用普通的内转子高速电机，电机的最高转速可以设计在4000～20 000r/min之间，可以获得较高的比功率，而对电机的其他性能没有特殊要求。内转子电机的输出轴通过减速机构与车轮驱动轴连接，使电机轴承不直接承受车轮与路面的载荷作用，改善了轴承的工作条件；减速机构采用固定速比行星轮减速器，使系统具有较大的调速范围和输出转矩，起到减速和增矩的作用，从而保证电动汽车在低速时能够获得足够大的转矩，同时也解决了在车轮尺寸有限的情况下由电机性能引起的电机尺寸大而难以布置的问题。图 2–10 所示为内转子轮毂电机结构分解图。

图 2–9　米其林电动车轮汽车

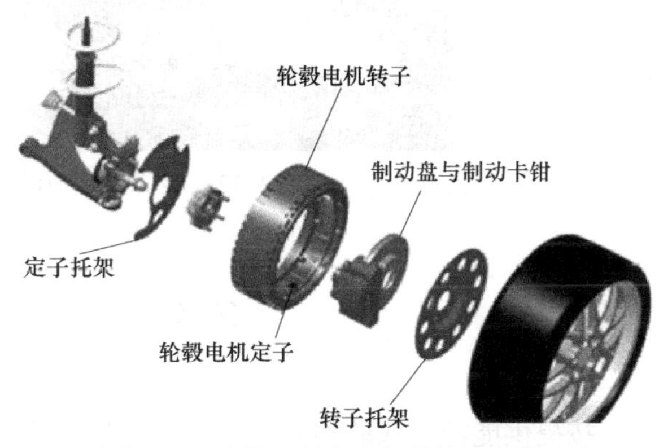

图 2–10　内转子轮毂电机结构分解图

2012 年上市的日本 KAZ 轮毂驱动纯电动汽车如图 2–11 所示，它使用高性能内转子轮毂电机驱动系统，该电机的峰值功率为 14kW，每个内转子电机配置一个减速比为 1:4.558 的减速齿轮，可以使 KAZ 牌电动汽车的百公里加速时间仅为 8s，装配为 4×4 的驱动模式，前轮采用盘式制动器，后轮采用鼓式制动器。图 2–12 所示为 KAZ 轮毂驱动纯电动汽车结构分解图。

图 2–11　KAZ 轮毂驱动纯电动汽车

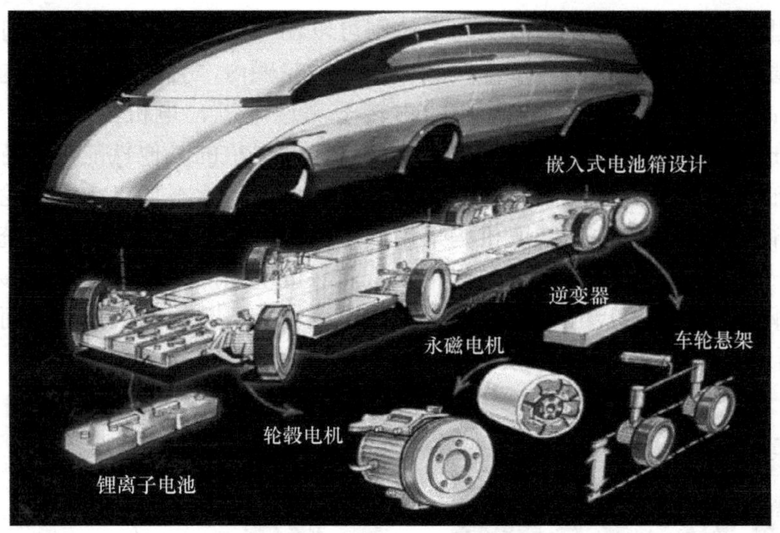

图 2–12　KAZ 轮毂驱动纯电动汽车结构分解图

2.3　能源形式及应用

按提供能源形式的不同，纯电动汽车一般可以分为电池单独驱动式纯电动汽车、超级电容单独驱动式纯电动汽车、复合电源驱动式纯电动汽车和双源驱动式纯电动汽车四种。

2.3.1　电池单独驱动式纯电动汽车

电池单独驱动式纯电动汽车是指以车载储能系统——电池，作为驱动电机的唯一能量来源以驱动车辆行驶的纯电动汽车。

1. 电池单独驱动式纯电动汽车概述

电池单独驱动式纯电动汽车驱动系统由动力电池、控制器、电驱动装置等几部分组成，其结构如图 2–13 所示。

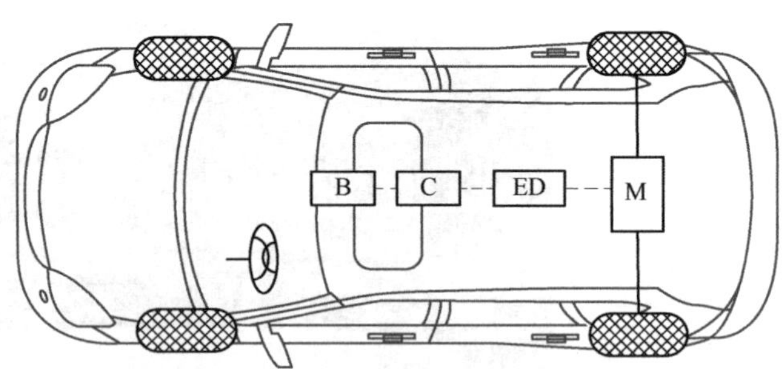

M：电机　B：动力电池　C：控制器　ED：电驱动装置

图 2–13　电池单独驱动式纯电动汽车结构简图

电池单独驱动式纯电动汽车中电池作为唯一的能量源，在汽车正常行驶时，驾驶人操作加速踏板，控制器根据整车的控制算法得出驱动电机的需求功率，从而使唯一动力源电池提供相应的功率以满足行驶需求。在制动时，驾驶人操作制动踏板，电机处于发电状态，电池回收制动能量。

2. 电池单独驱动式纯电动汽车特点

电池单独驱动式纯电动汽车的结构及控制系统比较简单，维护、使用成本较低，能够实现零排放。电池不能接受大电流充放电，能量回收的效率较低，充电时间长、续驶里程短，电池的比能量、比功率相对较低，致使纯电动汽车不能满足各种行驶工况。电池单独驱动的汽车主要用于城市内上下班及城市家庭用车等短距离的情况。

要使纯电动汽车满足人们对续驶里程的要求，动力电池需要的重量和体积都很大，所以动力电池的布置也是一个影响纯电动汽车性能发挥的重要因素。

因为汽车前舱正碰时变形过大，存在安全隐患，所以底盘区域成为动力电池的主要布置区域。考虑驾驶舱和行李箱的有效空间、整车质心、前后桥轴荷分配，同时需要考虑动力电池包结构条件、内部电气部件的工作条件及布置区域间的相互连接，电池一般布置在 A、B、C、D 四个区域，如图 2–14 所示。

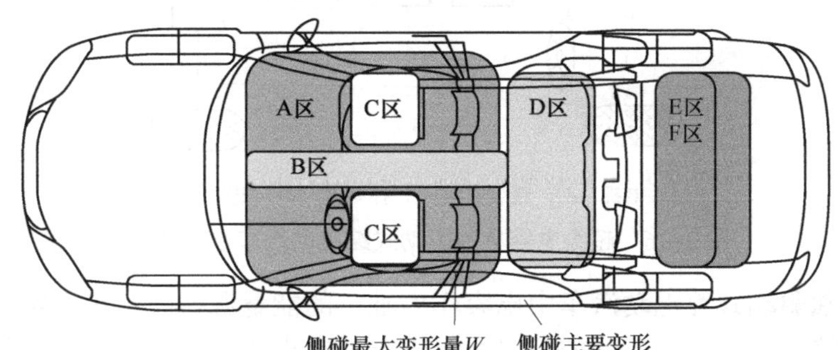

图 2–14　电池布置区域示意图

3. 典型应用案例

电池单独驱动的纯电动汽车受限于其电池的功率、能量密度等问题，主要适用于短距离用车。特斯拉 Roadster 纯电动汽车即为该类型汽车，采用的是锂离子电池，如图 2–15 所示。

图 2–15　特斯拉 Roadster 纯电动汽车

2008 年下线的特斯拉 Roadster，其最大功率为 215kW；最大转矩为 397N • m；最高时速为 201km/h；0～100km/h 加速只需 3.9s。该车的动力电池由 6831 个锂离子单元组成的锂离子动力电池组提供电力，用原厂的快速充电器充满电量仅需要 3.5h，满电情况下在高速公路上可以拥有 394km 的超强续驶能力。

2.3.2　超级电容单独驱动式纯电动汽车

电池单独驱动式纯电动汽车，频繁地大电流充放电使电池的寿命更短，在制动能量回收时，由于电池不能接受大电流，而使能量回收的效率较低。而且电池的比功率较小，不能满足纯电动汽车各种行驶工况。超级电容纯电动汽车可大电流充放电、充电时间短，能够弥补电池单独驱动式纯电动汽车的这种不足。

1. *超级电容单独驱动式纯电动汽车概述*

超级电容单独驱动式纯电动汽车是指车载储能系统是超级电容。超级电容是驱动电机的唯一能量来源，从而驱动车辆行驶的纯电动汽车。

超级电容单独驱动式纯电动汽车驱动系统由超级电容、控制器、电驱动装置等几部分组成，其结构如图 2–16 所示。

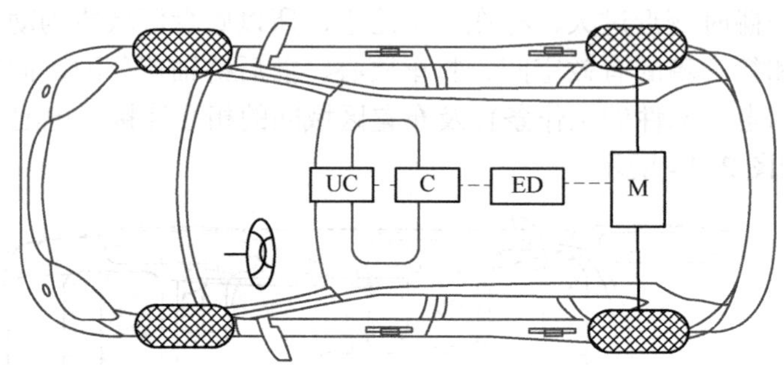

M：电机 UC：超级电容 C：控制器 ED：电驱动装置

图 2–16 超级电容单独驱动式纯电动汽车结构简图

超级电容单独驱动式纯电动汽车中电容作为唯一的能量源，在汽车正常行驶时，驾驶人操作加速踏板，控制器根据整车的控制算法得出驱动电机的需求功率，从而使唯一动力源电容提供相应的功率以满足行驶需求。在制动时，驾驶人操作制动踏板，电机处于发电状态，电容回收制动能量。

与同样尺寸的电池相比，超级电容所能储存的能量小于动力电池组，但超级电容的功率性能却优于电池，因为超级电容可以高速率充放电，尖峰电流仅受内阻和超级电容大小的限制。采用超级电容作为动力源的纯电动汽车是较好的方案。

2. *超级电容单独驱动式纯电动汽车的特点*

超级电容单独驱动式纯电动汽车具有如下特点：无毒性、无污染、结构简单、质量小、体积小、免维护；超级电容纯电动汽车最短可在几十秒内充电完毕，最长充电不过十几分钟，远小于电池纯电动汽车的充电时间；超级电容在充放电过程中没有发生电化学反应，远比动力电池组的充放电循环寿命长，可达 500 000 次，而动力电池组的充放电寿命很难超过 1000 次；超级电容纯电动汽车可以在较宽的温度范围内正常工作（–40～70℃），而电池纯电动汽车很难在高温特别是低温环境下工作；超级电容工作过程中没有运动部件，维护工作少。因此超级电容纯电动汽车的可靠性高。

超级电容能量密度小，充电一次只能跑很短的路程，所以以超级电容单独驱动的纯电动汽车一般用在固定线路的公交车上。但它的充电速度快，充完就可以继续行驶。跟动力电池相比这一点要好很多，动力电池充一次电要 5～10h，所以只要在线路上合适的地方建立一个超级电容单独驱动式纯电动公交车充电站就可以了，而投资建设一个这样的充电站的费用比建一个加油站小得多。

3. 典型应用案例

图 2–17 上海奥威超级电容单独驱动式纯电动客车

图 2–17 所示为上海奥威超级电容单独驱动式纯电动客车。该车于 2006 年 8 月 28 日在上海 11 路实现大规模商业化运营。该线路全长 5.27km，建立充电站亭 10 个。该客车采用新一代沪版高能量超级电容，客车的耗电量为 1.4kW・h/km，车速达到 80km/h，充满一次电可以连续行驶 8km，充电时间为 90s。

2.3.3 复合电源驱动式纯电动汽车

电池的功率密度较低，电池单独作为纯电动汽车的动力源有续驶里程短、电池寿命有限等问题。超级电容的能量密度较低，超级电容单独作为纯电动汽车的动力源也有续驶里程等问题。因此两种都不是纯电动汽车理想的动力源。

解决上述矛盾最好的方法就是设法将电源系统的功率需求和能量需求解耦，对这两个指标的设计相分离。由于超级电容和动力电池分别具有较高的功率型指标和能量型指标，因此很自然地考虑将这两种已经成熟的储能元件加以组合，构成复合能源系统。

用复合电源来延长电池寿命、解决能量密度等问题是非常有效的方法。复合电源的思想接近于混合动力汽车的设计初衷，目的也是解决类似“大马拉小车” 的问题。

1. 复合电源驱动式纯电动汽车概述

复合电源驱动式纯电动汽车是将高比功率的超级电容与高比能量的电池复合使用，从而满足当前车辆对电源高能量密度和高功率密度的双重要求，并通过合理的功率分配策略，提高纯电动汽车整车性能。

复合电源驱动式纯电动汽车驱动系统由动力电池、超级电容、DC/DC 变换器、控制器、电驱动装置等几部分组成，其结构如图 2–18 所示。

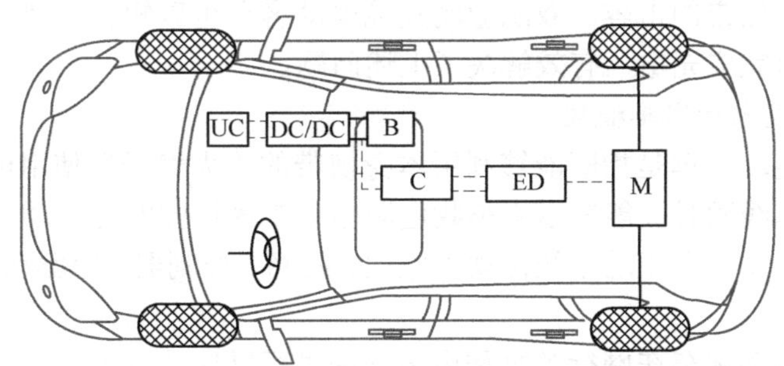

UC：超级电容 B：动力电池 C：控制器 ED：电驱动装置 M：电机

图 2–18 复合电源驱动式纯电动汽车的结构简图

超级电容与电池连接的拓扑结构可以有多种，在此介绍超级电容通过双向 DC/DC 变换器串联后与电池并联的拓扑结构。

通过特定的控制算法使两种元件发挥各自优势，满足纯电动汽车在能量和功率方面的要求。在加速或者爬坡的工况下，超级电容和电池同时提供能量，供整车发挥最大的动力性；在正常行驶低负荷工况下，主要由电池提供能量驱动纯电动汽车行驶；在制动工况下，制动时产生的瞬间大电流由超级电容回收，超级电容的荷电状态（SOC）达到一定限值时，剩余能量由电池回收或超级电容与电池同时回收制动能量，以避免大电流给电池带来的损伤。

2. 复合电源驱动式纯电动汽车特点

在结构设计上，复合电源系统将纯电动车辆对能量和功率的需求解耦，增加了系统设计自由度。利用高功率型储能元件和高能量型储能元件分别满足纯电动车辆对功率和能量的需求。动力电池提供平均功率需求，由超级电容提供加速、爬坡和制动能量再生时的峰值功率补偿和吸收，发挥超级电容功率快速响应的特点，提高纯电动汽车的能量利用率。

在结构成本上，由于超级电容提供峰值功率补偿，电池可以根据能量要求设计，能够采用小容量的动力电池，缩减了电池组规模以降低成本。同时，较为稳定的工作电流为设计更高效的电池提供了条件。

在结构可靠性上，降低了单一电源结构出现故障后纯电动汽车无法行驶的风险，采用复合电源系统，如果其中一个储能部件发生故障，纯电动汽车还具有一定的续驶能力。

3. 典型应用案例

北京理工大学与北方华德尼奥普兰客车股份有限公司于 2006 年共同研制出了纯电动旅游客车“BFC6110–EV”，如图 2–19 所示。该车使用锂离子电池、超级电容储能系统以及先进的多能源控制系统、交流驱动系统。

图 2–19　BFC6110–EV 复合电源驱动式纯电动汽车

2.3.4　双源驱动式纯电动客车

城市无轨电车虽然实现了纯电动行驶，零排放、零污染，但是城市无轨电车的线网约束了交通便利性，影响城市的市容。双源驱动式纯电动客车可以短程脱离线网行驶，在线网运行下又可以使电池组完成充电，有效解决了上述问题。

1. 双源纯驱动式电动客车概述

双源驱动式纯电动客车是指既能够利用本身携带的“大辫子”使用电车线网电能驱动车辆行驶，在脱离电车线网时又能够运用车载电源驱动车辆行驶的纯电动客车。

双源驱动式纯电动客车驱动系统由动力电池、线网、控制器、电驱动装置等几部分组成，其结构如图 2–20 所示。

双源驱动式纯电动客车在网行驶时利用电网提供行驶所需要的能量驱动车辆行驶，此时如果电池 SOC 低于一定限值，则还可以在线充电；在脱离电网时，能够利用车载电源（一般为电池）驱动车辆行驶。

双源驱动式纯电动客车的机动性有了很大的提高，主要解决在城市发展中，因城市布局、道路的调整和改造建设导致局部无轨电车线网拆除，使无轨有网电车无法运营带来机动性差的问题。另外，双源驱动式纯电动客车还改善了纯电动汽车的续驶里程短的问题，是短期内

理想的城市公共交通工具。

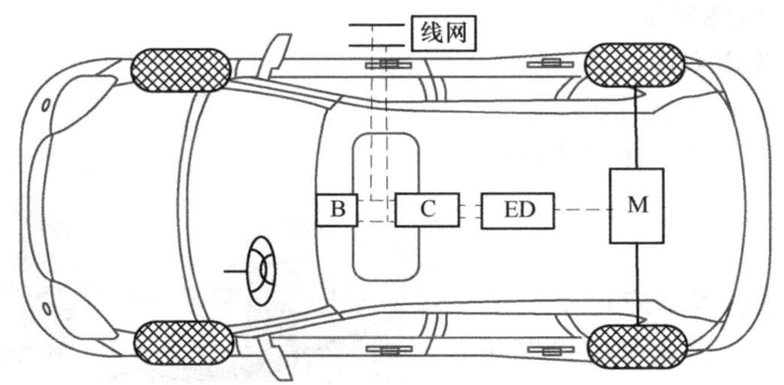

ED：电驱动装置 B：动力电池 C：控制器 M：电机

图 2–20 双源驱动式纯电动客车的结构简图

2. 双源驱动式纯电动客车特点

与无轨有网电车相比，双源无轨电车具有很大的灵活性，例如在无轨有网电车发生故障后，后方的无轨电车无法绕行，从而导致交通阻塞，采用双源无轨电车，电车就可脱离电网，利用车载电源驱动车辆行驶。

与纯电动公交车相比，双源无轨电车运营成本低。双源无轨电车配有容量更小的电池，且依旧可以延续使用原城市无轨电车的电网驱动车辆，也能实现在网充电，避免了电池的过度使用，有效延长了电池的寿命。

双源快充纯电动客车资源利用率高，充分利用已有线网，可以实现“多线路运行、共享网线充电”，通过动力电池不同容量的模块化配置以及智能在线快充管理，提高了网线利用率。动力电池挂网智能快速充电，大大节约了基础设施用地，有效扩大了纯电动客车的运营规模。

3. 典型应用案例

图 2–21 所示为宇通双源驱动式纯电动公交车，该车脱离线网后可以行驶 60km 以上，连接网线行驶 10km，就可脱离线网行驶 5km 以上。2010～2014 年 6 月，宇通已分别在广州和济南累计投放了 231 台双源驱动式纯电动公交车，市场反应良好。

图 2–21 宇通双源驱动式纯电动公交车

宇通双源快充纯电动客车通过进行集电器捕捉系统自动化设计，实施整车的综合能量管理优化和全铝车身等轻量化材料的普遍应用等，大幅提高了节能效果。

图 2–22 所示为福田双源驱动式纯电动公交车。该无轨电车每辆车装载 40kW·h 锂离子电池，单车在脱线条件下能行驶 30km 以上，2013 年已在北京运营。

图 2–22　福田双源驱动式纯电动公交车

双源驱动式纯电动客车应用了很多新技术，其中集电杆自动降落和定点自动捕捉技术最具特点。当双源驱动式纯电动客车驶入没有线网的路段前，驾驶人按动控制按钮，集电杆自动下降，脱离线网并依靠集电器降落到集电杆减振托架上；当双源驱动式纯电动客车行驶到有线网路段时，利用自动捕捉技术，这类似于很多高级轿车倒车时屏幕里呈现的影像识别技术，即“大辫子”利用视频摄像头，自己可以“看”到架空电线的位置，然后自动向电网靠近，几秒钟的工夫，就可以“抓”到电线恢复通电。

2.4　性能及评价

本节主要根据纯电动汽车有关国家标准 GB/T 18385—2005《电动汽车　动力性能　试验方法》、GB/T 28382—2012《纯电动乘用车　技术条件》、GB/T 18386—2017《电动汽车能量消耗率和续驶里程　试验方法》，主要对纯电动汽车动力性、经济性给出测试方法及评价。

2.4.1　动力性

GB/T 18385—2005 中评价纯电动汽车动力性的指标有最高车速、最大爬坡度、加速时间，下面对这三个指标的试验方法及评价做出说明。

1. 最高车速

GB/T 18385—2005 中评价纯电动汽车最高车速的有 1km 最高车速和 30min 最高车速两个参数。

（1）1km 最高车速

1km 最高车速指电动汽车能够往返各持续行驶 1km 以上距离的最高车速的平均值。

① 试验准备阶段。将试验车辆加载到试验质量，增加的载荷应合理分布。附加质量分别为：a）如果最大允许装载质量小于或等于 180kg，则该质量为最大允许装载质量；b）如果最大允许装载质量大于 180kg，但小于 360kg，则该质量为 180kg；c）如果最大允许装载质量大于 360kg，则该质量为最大允许装载质量（包括驾驶人质量）的一半。

按照车辆制造厂规定的充电规程，使动力电池组达到完全充电状态，或按下列规程为动力电池组充电。a）常规充电，在环境温度为 20～30℃时，使用车载充电器（如果已安装）为动力电池组充电，或采用车辆制造厂推荐的外部充电器（应记录充电器的型号、规格）给

动力电池组充电。b）充电结束的标准，12h 的充电即为充电结束的标准；如果标准仪器发出明显的信号提示驾驶人动力电池组未充满，那么在这种情况下，最长充电时间为：3×制造厂规定的动力电池组容量（kW•h）/电网供电（kW）。c）完全充电的标准。如果依据常规充电规程，达到充电结束标准，则认为动力电池组已全充满。

试验应该在干燥的直线跑道或环形跑道上进行。路面应坚硬、平整、干净且要有良好的附着系数。

② 试验阶段。在直线跑道或环形跑道上将试验车辆加速，使汽车在驶入测量区之前能够达到最高稳定车速，并且保持这个车速持续行驶 1km（测量区的长度）。记录车辆持续行驶 1km 的时间 t_1。随即做一次反方向的试验，并记录通过的时间 t_2。

③ 结果计算。按下式计算试验结果：

$$v = 3600 / t \tag{2-1}$$

式中，v 为实际最高车速，单位为 km/h；t 为持续行驶 1km 两次试验所测时间的算术平均值 $(t_1 + t_2)/2$，单位为 s。

两次试验的结果按下式计算，这里最高车速 v 是两次 v_r 的算术平均值。如果考虑风速，最高车速应该按下式修正：

$$v_r = v_r \pm v_i \times f \tag{2-2}$$

$$v_r = 3600 / t \tag{2-3}$$

式中，如果风的水平分量与车辆行驶方向相反，选“＋”；如果风的水平分量与车辆行驶方向相同，选“－”；v_r 为每次测量的最高车速，单位为 km/h；t 为通过测量区的时间，单位为 s；v_i 为风的水平分量，单位为 m/s；f 为修正系数，取为 0.6。

（2）30min 最高车速

30min 最高车速指电动汽车能够持续行驶 30min 以上的最高平均车速。

30min 最高车速的试验可以在环形跑道上进行。

① 试验准备阶段。试验准备同 1km 最高车速的试验准备。

② 试验阶段。使试验车辆以该车 30min 最高车速估计值 ±5% 的车速行驶 30min。试验中车速如有变化，则可以通过踩加速踏板来补偿，从而使车速符合 30min 最高车速估计值 ±5% 的要求。

如果试验中车速达不到 30min 最高车速估计值的 95%，则试验应重做，车速可以是上述 30min 最高车速估计值或者是制造厂重新估计的 30min 最高车速。

③ 结果计算。测量车辆驶过的里程 S_1（单位：m），并按公式 $v_{30} = S_1 / 500$ 计算平均 30min 最高车速，v_{30} 的单位为 km/h。

按照 GB/T 18385—2005 规定的试验方法测量 30min 最高车速，其值应不低于 80km/h。

2. 最大爬坡度

坡道起步能力应在有一定坡度角 α_1 的道路上进行。该坡度角 α_1 应近似于制造厂技术条件规定的最大爬坡度对应的角 α_0。实际坡度和厂定坡度之差，应通过增减质量 ΔM 来调整。

（1）试验准备阶段

将试验车辆加载到最大设计总质量。

选定的坡道应有10m的测量区，测量区前应提供起步区域。将试验车辆放置在起步区域。选定的坡度角尽可能地近似α_0。如果该坡道坡度与厂定最大爬坡度对应的坡度α_0有差别，则可根据下列公式通过增减装载质量的方法进行试验：

$$\Delta M = M \times \frac{\sin\alpha_0 - \sin\alpha_1}{\sin\alpha_1 + R} \tag{2-4}$$

式中，M为试验时的车辆最大设计总质量（按GB/T 3730.2—1996定义），单位为kg；R为滚动阻尼系数，一般为0.01；α_1为实际试验坡道所对应的坡度角；α_0为制造厂技术条件规定的最大爬坡度对应的坡度角；ΔM应该均布于乘客室和货箱中。

（2）试验阶段

以每分钟至少行驶10m的速度通过测量区。如果车辆装有离合器和变速器，则应用最低档起动车辆并以每分钟至少行驶10m的速度通过测量区。

按照GB/T 18385—2005规定的试验方法，测量车辆爬坡车速和车辆最大爬坡度，应符合下列要求：

① 车辆通过4%坡度的爬坡车速不低于60km/h。

② 车辆通过12%坡度的爬坡车速不低于30km/h。

③ 车辆最大爬坡度不低于20%。

3. 加速时间

根据GB/T 18385—2005，不同车辆的加速性能要求不同，GB/T 15089—2001《机动车辆及挂车分类》中规定的车辆类别见表2–1。

表2–1 车辆类别划分

类别	轮数/个	质量/t	载客人数	载客/载货
M1	≥3	≤1	≤8	载客
M2	≥3	1＜m≤5	＞8	载客
M3	≥3	＞5	—	载客
N1	≥3	≤3.5	—	载货
N2	≥3	3.5＜m≤12	—	载货
N3	≥3	＞12	—	载货

（1）M1、N1类纯电动汽车加速性能试验

GB/T 18385—2005中评价M1、N1类纯电动汽车加速性能的有0～50km/h加速性能和50～80km/h加速性能两个参数。

① 0～50km/h加速性能试验。试验准备阶段与最高车速试验时的相同，然后将试验车辆停放在试验道路的起始位置，并起动车辆，将加速踏板快速踩到底，使车辆加速到（50±1）km/h。如果装有离合器和变速器，则将变速器置入该车的起步档位，迅速起步，将加速踏板快速踩到底，换入适当档位，使车辆加速到（50±1）km/h，记录从踩下加速踏板到车速达到（50±1）km/h的时间。以相反方向行驶再做一次相同的试验，0～50km/h的加速性能是两次

测得时间的算术平均值，单位为 s。

② 50～80km/h 加速性能试验。试验准备阶段与最高车速试验时的相同，然后将试验车辆停放在试验道路的起始位置，将试验车辆加速到(50±1)km/h，并保持这个车速行驶 0.5km 以上。将加速踏板踩到底，或使用离合器和变速器（如果装有的话）将车辆加速到（80±1）km/h。记录从踩下加速踏板到车速达到（80±1）km/h 的时间，如果最高车速小于 89km/h，则应达到最高车速的 90%，并应在报告中记录下最后的车速。以相反方向行驶再做一次相同的试验。50～80km/h 加速性能是两次测得时间的算术平均值，单位为 s。

（2）M2、M3 类纯电动汽车加速性能试验

GB/T 18385—2005 中评价 M2、M3 类纯电动汽车加速性能的有 0～30km/h 加速性能和 30～50km/h 加速性能两个参数。

① 0～30km/h 加速性能试验。试验准备阶段与最高车速试验时的相同，然后将试验车辆停放在试验道路的起始位置，并起动车辆。将加速踏板快速踩到底，使车辆加速到（30±1）km/h，如果装有离合器和变速器，则将变速器置入该车的起步档位，迅速起步；将加速踏板快速踩到底，换入适当档位，使车辆加速到（30±1）km/h；记录从踩下加速踏板到车速达到（30±1）km/h 的时间。以相反方向行驶再做一次相同的试验。0～30km/h 加速性能是两次测得时间的算术平均值，单位为 s。

② 30～50km/h 加速性能试验。试验准备阶段与最高车速试验时的相同，然后将试验车辆停放在试验道路的起始位置，将试验车辆加速到(30±1)km/h，并保持这个车速行驶 0.5km 以上；将加速踏板踩到底，或使用离合器和变速器（如果装有的话）将车辆加速到（50±1）km/h，记录从踩下加速踏板到车速达到（50±1）km/h 的时间；如果最高车速小于 56km/h，则应达到最高车速的 90%，并应在报告中记录下最后的车速；以相反方向行驶再做一次相同的试验。30～50km/h 加速性能是两次测得时间的算术平均值，单位为 s。

2.4.2 经济性

纯电动汽车经济性有两个重要评价指标：能量消耗率和续驶里程。

能量消耗率是电动汽车经过规定的试验循环后对动力电池组重新充电至试验前的容量，从电网上得到的电能除以行驶里程所得的值，单位为 W·h/km。

续驶里程是电动汽车在动力电池组完全充电状态下，以一定的行驶工况，能连续行驶的最大距离，单位为 km。

根据 GB/T 18386—2017 确定能量消耗率和续驶里程应该使用相同的试验程序，试验条件也按其要求准备。

1. 试验准备阶段

对动力电池组充电，测量来自电网的能量。除非车辆制造厂或动力电池组制造厂有其他的规定，动力电池组的初次充电可以按照 GB/T 18385—2005 规定的充电程序为动力电池组充电，使动力电池组达到全充满。

试验车辆应依据每项试验的技术要求加载；在环境温度下，试验（在环形跑道上或在底盘测功机上）车辆轮胎气压应符合车辆制造厂的规定；机械运动部件用润滑油黏度应符合制造厂的规定；车上的照明、信号装置以及辅助设备应该关闭，除非试验和车辆白天运行对这

些装置有要求；除驱动用途外，所有的储能系统应充到制造厂规定的最大值（电能、液压、气压等）；试验驾驶人应按车辆制造厂推荐的操作程序使动力电池组在正常运行温度下工作；试验前，试验车辆应至少用安装在试验车辆上的动力电池组行驶 300km；在 5～32℃环境温度下进行室外试验；在 20～30℃室温下进行室内试验。

2. 试验阶段

进行工况或等速条件下的续驶里程试验，下面对等速法做出详细介绍。

在动力电池组充电结束时记录该时刻。在此之后 4h 之内开始按照规定的试验程序进行试验。在试验执行期间，如果车辆需要移动，则不允许使用车上的动力将车辆移动到下一个试验地点（不允许使用制动能量回收）。

（1）适用于 M1、N1 类车的等速法

试验条件应符合 GB/T 18385—2005 中的规定。在道路上进行（60±2）km/h 的等速试验。试验过程中允许停车两次，每次停车时间不允许超过 2min，当车辆的行驶速度达不到 54km/h 时停止试验。

记录试验期间试验车辆的停车次数和停车时间。试验结束后，记录试验车辆驶过的距离 *D*，用 km 来表示，测量值按四舍五入圆整到整数，该距离即为等速法测量的续驶里程。同时记录用 h 和 min 表示的所用时间。

（2）适用于 M1、N1 类以外的纯电动汽车的等速法

试验条件应符合 GB/T 18385—2005 中的规定。在道路上进行（40±2）km/h 的等速试验。试验过程中允许停车两次，每次停车时间不允许超过 2min，当车辆的行驶速度达不到 36km/h 时停止试验。

记录试验期间试验车辆的停车次数和停车时间。试验结束后，记录试验车辆驶过的距离 *D*，用 km 来表示，测量值按四舍五入圆整到整数，该距离即为等速法测量的续驶里程。同时记录用 h 和 min 表示的所用时间。

试验后，在 2h 之内将车辆与电网连接，按照 GB/T 18385—2005 的规定为车辆的动力电池组充满电。在电网与车辆充电器之间连接能量测量装置，在充电期间测量来自电网的用 W·h 表示的能量 *E*。

3. 结果计算

计算能量消耗率 $C=E/D$，单位为 W·h/km，将结果圆整到整数。其中，*E* 为充电期间来自电网的能量，单位为 W·h；*D* 为试验期间行驶的总距离即续驶里程，单位为 km。

第 3 章

插电式混合动力（增程式）电动汽车

纯电动汽车具有零排放、零污染、高效率等传统汽车不可替代的优点，但存在购置成本高、电池寿命短、续驶里程短等问题。插电式混合动力（增程式）电动汽车续驶里程则不受限制，对电池的性能要求不高，能够较好地满足人们的出行需要。

3.1　插电式混合动力（增程式）电动汽车的概述

在混合动力系统中，通常采用电机的输出功率在整个系统输出功率中占的比重，也就是常说的混合度来表示不同程度的混合动力系统。混合度（H）计算方式如下：

$$H=\frac{P_{\text{elec}}}{P_{\text{total}}}\times 100\%$$

式中，P_{elec} 为电机输出功率；P_{total} 为动力源总功率。

根据混合度的不同，可分为：

① 弱混合动力系统，也称微混合动力系统，$H<10\%$ 。

② 轻度混合动力系统，$H<20\%$。

③ 中度混合动力系统，$H<30\%$。

④ 重度混合动力系统，也称全混合动力系统、强混合动力系统，H 一般在 50%。

⑤ 插电式混合动力系统包括增程式电动汽车动力系统，$H>50\%$。

其分类如图 3–1 所示。

混合度不同，功能需求也有所不同，具体见表 3–1。

表 3–1　不同混合度类型及功能列表

类型	功能要求
弱混合动力	发动机自动起停
轻度混合动力	发动机自动起停+回馈制动
中度混合动力	发动机自动起停+回馈制动+电动辅助
重度混合动力	发动机自动起停+回馈制动+电动辅助+纯电驱动
插电式混合动力（包含增程式）	发动机自动起停+回馈制动+电动辅助+纯电驱动+电网充电

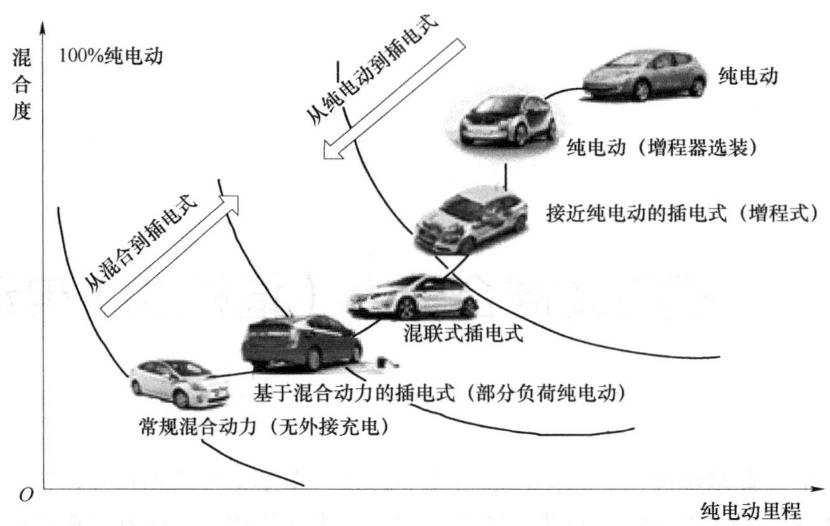

图 3–1　按照混合度分类的车型

1. 弱混合（弱混）动力系统

这种混合动力系统对传统发动机的起动机进行了改造，形成由带传动的发电起动一体式电机（BSG）。该电机用来控制发动机快速起停，因此可以取消发动机的怠速过程，降低了油耗和排放。弱混合动力系统搭载的电机功率比较小，仅靠电机无法使车辆起步，起步过程仍需要发动机介入，是一种初级的混合动力系统。在弱混合动力系统里，电机的电压通常有两种：12V 和 42V，其中 42V 主要用于柴油混合动力系统。在城市循环工况下节油率一般为 5%～10%。

2. 轻度混合（轻混）动力系统

该混合动力系统采用了起动发电一体机（ISG）。与弱混合动力系统相比，轻度混合动力系统除了能够实现用电机控制发动机的起停外，还能够在电动汽车制动和下坡工况下，实现对部分能量进行回收；在行驶过程中，发动机的动力可以在车轮的驱动需求和发电机发电需求之间进行调节。轻度混合动力系统的混合度一般在 20%以下，代表车型是通用汽车公司的混合动力皮卡。

3. 中度混合（中混）动力系统

该混合动力系统同样采用了 ISG 系统。与轻度混合动力系统的不同之处在于，中度混合动力系统采用的是高压电机，在汽车加速或者大负荷工况时，电机能够辅助发动机驱动车辆，补充发动机本身动力输出的不足，提高整车性能。这种系统的混合程度较高，可以达到 30%左右，在城市循环工况下节油率可以达到 20%～30%，目前技术比较成熟，应用广泛。本田汽车公司旗下的 Insight、Accord 和 Civic 混合动力汽车都属于这类系统。

4. 重度混合（重混）动力系统

重度混合动力系统采用了 272～650V 的高压电机，混合度可以达到 50%左右，在城市循环工况下节油率可以达到 30%～50%。其特点是动力系统以发动机为基础动力，动力电池为辅助动力。采用的电机功率更为强大，完全可以满足车辆在起步和低速时的动力要求。因此

重度混合车型无论是在起步还是低速行驶状态下都不需要起动发动机，依靠电机可以完全胜任，在低速时就像纯电动汽车。在急加速和爬坡运行工况下车辆需要较大的驱动力时，电机和发动机同时对车辆提供动力。随着电机、电池技术的进步，重度混合动力系统逐渐成为混合动力技术的主要发展方向。丰田普锐斯前三代混合动力汽车采用的就是重度混合动力系统。

5. 插电式混合动力系统（包含增程式）

插电式混合动力系统是在以上三种混合动力系统的基础上发展起来的一种动力系统，插电式混合动力系统的电机功率比纯电动汽车的稍小，动力电池的容量介于重混系统和纯电动车辆之间。一般插电式混合动力系统都有车载充电机，可以使用家用电源在夜间用电低谷时为电池充电，有效平稳电网波动，也可以利用外接充电机充电。在充满电后可仅凭动力电池和电机驱动汽车以纯电模式行驶，在电量不足的时候，切换至混合动力系统模式工作，延长续驶里程。插电式混合动力系统的结构可分为串联式、并联式和混联式。该系统是目前有发展前景的一种驱动系统，比亚迪·秦就是一款比较成熟的插电式混合动力系统。

增程式动力系统是插电式混合动力系统的串联结构。增程式动力系统是在纯电动汽车的电机系统基础上发展起来的，为了增加纯电动汽车的行驶里程，增加了发动机与发电机组成的辅助动力系统，但发动机的功率远小于串联式中的发动机功率。在电池电量低时一般与电池共同工作驱动电机；仅在整车需求功率较小时，会利用发动机带动发电机发出来的电驱动电机，若有剩余功率，则会给电池充电。通用雪佛兰的 Volt 就是一款比较典型的增程式电动汽车。

3.1.1 插电式混合动力电动汽车的概念和特点

1. 插电式混合动力电动汽车的概念

插电式混合动力汽车（Plug–in Hybrid Electric Vehicle，PHEV）是指可使用电力网（包括家用电源插座）对车载可充电动力电池进行充电的混合动力汽车。PHEV 通常具有更长的纯电动行驶里程，也可以以普通的混合动力汽车方式工作。

一款 PHEV 可用动力电池行驶 50km，在电量耗尽时混合动力系统将自动介入推动车辆前进，而到了充电站或回家后，可用外接电源直接为动力电池充电以继续用纯电动模式行驶。

2. 插电式混合动力电动汽车的特点

PHEV 与其他动力源汽车相比，有以下几个特点：

① 与普通燃油汽车相比，PHEV 最大的特点是将纯电动驱动系统和混合动力驱动系统相结合。短距离行驶时采用纯电动驱动，长距离行驶时采用混合动力驱动系统，可以减少有害气体、温室气体的排放，大大降低整车的燃油消耗，提高燃油经济性。

② 与纯电动汽车比较，PHEV 不仅拥有纯电动汽车的全部优点，而且在相同行驶里程条件下 PHEV 的电池组比较小，电池容量只需要纯电动汽车的 30%～40%，无须配备大容量的动力电池，可以大幅降低制造成本；当电池组 SOC 值降低到一定限值时，转为电量维持模式运行，避免了电池组的过放电，有效延长了电池寿命；不需要周转电池，可在停车场进行充电，不需要建立充电站，也不需要大量的换电设施和工作人员，降低了成本。

③ 与混合动力汽车比较，PHEV 算是配有一种车载充电装置的电动汽车，可利用外部公用电网（主要是晚间低谷电力）对车载动力电池进行均衡充电，减少对石油的依赖，同时又

能改善电厂发电机组效率、削峰填谷，缓解供电压力。

3. 插电式混合动力电动汽车的优势

PHEV 对于整个社会而言，有利于环境保护和经济增长。PHEV 的优点可以通过计算节省的燃油量和减少的污染，如各种温室气体的排放来体现。研发 PHEV 的主要目的总结如下：

① 在交通运输领域可以减少石油的消耗：PHEV 不必给车加油或者只需要很少的汽油，因此节约了大量的石油。这将对经济、环境和政治产生长期的影响。

② 减少排放：由于汽油的消耗减少，随着 PHEV 的大规模化，则整体的排放将大大减少。电能的集中产生比汽油机驱动汽车效率高得多，排放少得多。城镇的排放（通过汽车）和边远地区的排放（在电厂中电能的产生造成的）能够缓和人口密集的大都市的严重污染。随着电能越来越多地来自于可再生能源（能够被 PHEV 使用），整个排放将进一步减少。

③ 节约能源成本：PHEV 以纯电动模式行驶时，由于每等效能量单元的电比油便宜，则每千米所消耗的电能成本比汽油便宜。

④ 节省维修成本：PHEV 有助于节约维修成本。因为可以再生制动，所以制动系统的保养和维修，如制动片的更换和制动液的更换次数减少。由于发动机有时不工作或工作时间大为减少，发动机油的更换周期和其他维护项目的周期变长。

⑤ 备份功率：当使用双向充电机时，PHEV 可以用作备份能量源。一个典型的 PHEV 动力电池组能够提供给家庭或办公室数小时的 3～10kW・h 的功率，并且车载发动机–发电机/电动机通过产生电能，进一步延长了供电的时间。

⑥ 报废动力电池的使用：PHEV 上不再能满足车辆使用要求的电池可用来储存电网电能，实现电压的管理、系统的稳定以及电力电网的频率管理。特别是随着越来越多的再生能源输入电力电网中，频率管理和稳定性日渐重要。这些“退休的”电池仍然具有 30%～50% 的初始电能容量，足以实现上述功能。

PHEV 技术发展呈现出形式多样、发展势头好、示范应用加快的总趋势，被认为是下一代汽车的典型代表。目前，PHEV 面临的技术关键和完善要点表现为动力电池技术在成本、寿命、安全性和低温特性等方面的突破以及电机驱动系统在持续工作能力、电压等级和热管理等方面的技术完善。另外，建立适用的充电系统网络也成为 PHEV 推广应用的关键。

3.1.2 增程式电动汽车的概念和特点

1. 增程式电动汽车的概念

增程式电动汽车（Extended–Range Electric Vehicle，E–REV），是以电能为主要驱动能源、发动机为辅助动力源的一种兼有外接电源充电和车载自供电功能的电动汽车。E–REV 是在纯电动汽车的基础上追加了增程器，增程器作为车载供电系统，进一步提升车辆的续驶里程，使其能够尽量避免频繁地停车充电。

E–REV 是一种主要以纯电动驱动行驶的混合动力汽车，它是以动力电池为主要动力源，以小排量发动机+发电机为辅助动力源，其发动机不直接参与驱动汽车，而仅用于带动发电机发电。因此，它的结构和动力性能都接近于纯电动汽车，起动后的发动机可在最佳燃油经济区输出功率和转矩，提高了燃油经济性。E–REV 首先依靠自身的动力电池行驶，此时发动机不起动；当电池的电量下降到一定程度时，起动发动机驱动发电机发电所产生的电能直接参

与车辆的驱动。若产生的电量有富余，则可以存储到动力电池中。

2. 增程式电动汽车的特点

① 与纯电动汽车比较，E–REV 的特点与 PHEV 类似，都可以缩小动力电池的容量，降低成本，且增大了续驶里程。

② 与传统混合动力汽车比较，E–REV 最大的特点是也可以进行外接充电，尽可能利用晚间低谷电或午间驾乘人员的休整间隙充电，进一步提高了能源利用率；E–REV 采用电机直驱，无变速器和离合器，结构简单；采取电池扩容的方式，增加了纯电动工作模式的行驶距离。

③ 与插电式混合动力汽车比较，E–REV 最大的特点是由于动力电池容量的增大以及驱动系统设计的不同，在电能充足的条件下行驶时，发动机不参与工作。也就是说，E–REV 必须在所有的工作模式下都维持纯电驱动模式，因此，这种类型的车辆不需要像 PHEV 那样对其工作模式进行特定的说明。E–REV 采用电机直驱，结构简单，而 PHEV 采用机械动力混合结构，有离合器、变速器等，结构较复杂。在增程器设计方面，E–REV 允许将发动机的功率显著降低，发动机所提供的动力不需要达到车辆动力性能所需的峰值功率，仅满足车辆行驶所需要的持续动力需求即可。

3.2　插电式混合动力（增程式）电动汽车的结构

根据混合动力系统的混合方式，PHEV 的混合动力系统主要分为串联式、并联式和混联式三种类型。而 E–REV 是采用电机直接驱动设计，所以只有串联式的结构。因此本节主要从串联式、并联式和混联式三种混合系统来介绍 PHEV 及 E–REV 的动力系统结构及特点。

3.2.1　串联式结构

串联式混合动力系统由发动机、发电机、逆变器、电动机和动力电池组成，如图 3–2 所示。发动机带动发电机发电，所产生的电能通过电机控制器提供给电动机，再由电动机转化为动能后驱动车辆。动力电池对在发电机产生的电能和电动机需要的电能之间进行调节，从而保证车辆在各种行驶工况下的功率需求。串联式混合动力系统的特点是通过电方式实现动力耦合，逆变器也是动力耦合器。系统中有两个电源，即动力电池和发电机。这两个电源通过逆变器串联在回路中，动力的流向为串联，所以称为串联式混合动力系统。

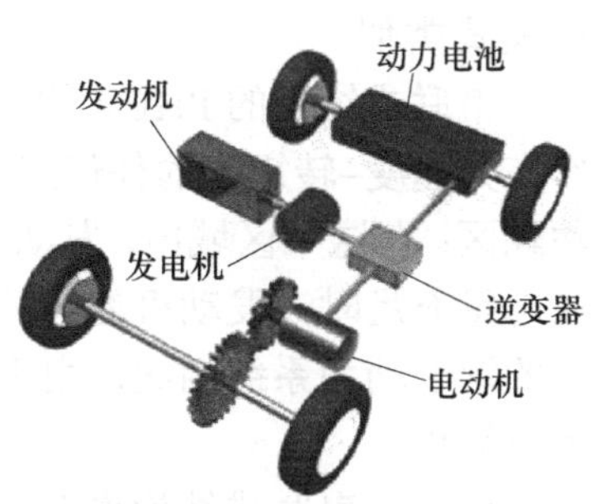

图 3–2　串联式混合动力系统

在行驶过程中，车辆首先消耗储存在动力电池中的电能，由动力电池向电动机供电。当动力电池电能消耗到目标 SOC 值时，起动发动机/发电机给动力电池充电或者直接向电动机供电驱动车辆前进。

串联插电式混合动力系统在早期的城市公交车上应用，该系统可以实现以下工作模式：

① 电池供电模式：发动机关闭，车辆驱动能量完全来自动力电池。该模式主要用于车辆

低速行驶和倒车工况。

② 发动机/发电机供电模式：当动力电池荷电状态小于目标 SOC 值后，动力电池不再向电动机提供电能。此时，发动机/发电机起动，将燃料的化学能转化为电能，为电动机提供电能并驱动车辆前进。此时，动力电池一直处在不工作状态。

③ 混合供电模式：车辆驱动能量同时来自发动机和动力电池，发电机发出的电能和电池提供的电能由电动机控制器实现耦合，共同输送给电动机，该模式主要用于车辆加速和爬坡行驶工况。

④ 发动机/发电机供电并给电池充电模式：来自发动机的机械能由发电机转化成电能后，由电动机控制器分配能量，一部分输送给电动机用于驱动车辆，另一部分给动力电池充电，该模式主要用于车辆低负荷行驶且电池 SOC 较低的工况。

⑤ 回馈制动模式：发动机关闭，电机以发电形式工作，把来自车轮的动能转化为电能，通过电动机控制器给动力电池充电。该模式主要用于车辆制动和下坡工况。

⑥ 电池充电模式：电动机不接受能量，由发电机把来自发动机的机械能转化为电能，通过电动机控制器给动力电池充电，该模式主要用于车辆静止且电池 SOC 较低的工况。

串联插电式混合动力系统由于节油率不高，仅在 15%左右，目前逐步被取代。E–REV 的动力系统在结构上虽然也是串联的，但其发动机工作状态与串联插电式是不同的，节油效果能达到 50%以上。

E–REV 动力系统在组成上与串联 PHEV 的动力系统类似，但 E–REV 允许将发动机的功率显著降低，满足车辆行驶时所需要的持续动力即可，不需要像串联 PHEV 中的发动机达到车辆动力性能所需的峰值功率。E–REV 的第一种工作模式为纯电动模式，与发动机和发电机无关，电池是唯一的动力源。这种工作模式相当于一辆纯电动汽车，与串联式 PHEV 中的第①种运行模式相同；在电池的电量达到预设的 SOC 目标值时，会切换成第二种工作模式，即增程模式。发动机运行在最佳的状况，让发电机发电，一部分用于驱动车辆行驶，多余的电量则为动力电池充电，与串联式 PHEV 中的第②、④种运行模式类似。

串联式结构的 PHEV 的优点是：发动机和驱动轮之间没有机械连接，因此发动机可以工作在其速度–转矩图的任何点上。通过车辆的驱动功率需求，可以控制发动机总是工作在最低油耗区；在这个区域内，发动机的效率和排放可以通过特殊设计和控制技术得以进一步提高；在电量充足时，发动机处于关闭状态，车辆以纯电动模式运行，能够完全实现零排放；与其他的混合动力系统相比，由于发动机和驱动轮之间实现了完全的机械解耦，动力总成的控制策略简单。

但是，串联式结构也有不足：车辆以电动机作为唯一动力源输出功率，且需要满足车辆的加速和爬坡性能要求，因此需要匹配较大功率的电动机；在车辆需求功率较大的工况行驶时，动力电池需要高电流放电，电能损耗大。另一方面，在电量低需要充电时，发动机/发电机并没有直接驱动车辆，而是作为能量转换的媒介（在发动机中，将燃料的化学能转换成机械能，在发电机中，将机械能转换成电能），能量总体损失比较大，转化效率低。因此，串联式 PHEV 主要适用于城市工况。

3.2.2　并联式结构

并联式混合系统节油率高于串联式系统，一般在 25%左右，在一定程度上取代了串联式系统，目前在公交车辆上还有一定应用。

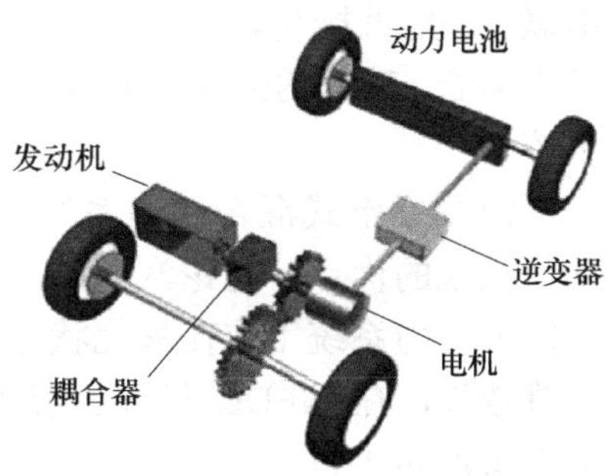

图 3–3　并联式混合动力系统

并联式混合动力系统由发动机、变速器、电机、逆变器和动力电池组成。如图 3–3 所示，其中电机既可作为电动机使用，也可作为发电机使用。采用并联式混合动力系统的汽车有两个独立的驱动系统，即传统的发动机驱动系统和电机驱动系统。车辆驱动力由发动机和电机同时或单独供给，也就是说，两个动力系统既可以同时协调工作，也可以各自单独工作来驱动汽车。两个动力系统同时工作时，以机械方式实现动力耦合，动力的流向为并联，所以称为并联式混合动力系统。

并联式插电式混合动力系统主要有以下五种运行模式：

① 单电机驱动模式：当动力电池 SOC 较大且汽车需求功率较小时，车辆由动力电池单独提供电能，驱动电动机从而驱动汽车。此时，发动机处于关闭状态。

② 单发动机驱动模式：当动力电池 SOC 下降到一定目标值且车辆需求功率不大时，车辆由发动机单独驱动。此时，电机处于关闭状态。

③ 混合驱动模式：当车辆需求功率较大，发动机或电机单独驱动无法满足车辆需求功率时，车辆由发动机和电机共同牵引驱动。

④ 行车充电模式：当发动机提供的功率大于驱动车辆所需的功率时，一部分功率直接驱动车辆，另一部分供给电机使其工作在发电机状态，将多余的功率充入电池。

⑤ 再生制动模式：在汽车制动过程中，将一部分制动能量转化为电能并存储在动力电池中，此时电机充当发电机使用。

与串联式结构相比，并联式插电式混合动力系统结构具有的优点有：发动机和电机都可以直接向传动系统提供转矩，不存在多次能量形式的转换，因而能量损失较小；并联式结构存在两个动力源，因此可以匹配额定功率较小的电机、发动机，制造成本较低。

但并联式混合动力系统也存在着不足，主要有：发动机和驱动轮间还是机械连接，因此发动机的工作点不可能总处于最佳区域，发动机效率得不到充分发挥；需要搭载变速器，且适合搭载自动变速器。

3.2.3　混联式结构

混联式混合系统节油率普遍高于串联式和并联式的系统，一般在 40%左右，在乘用车和城市公交车上都有普遍的应用。

混联式混合动力系统由发动机、动力分配机构、发电机、逆变器、电动机和动力电池组成，如图 3–4 所示。发动机的动力经过动力分配机构后分成两部分：一部分直接驱动车辆，形成机械传输通道；另一部分带动发电机发电，所产生的电能通过逆变器提供给电机驱动车辆，形成电力传输通道。通过调整发电机转速，可以控制机械传输通道和电力传输通道的动力分配比例。这个系统具有双重特征，一是电力传输通道和动力电池之间以电的方式实现动力耦合，动力的流向为串联；二是机械传输通道和电动机之间以机械方式实现动力耦合，动力的流向为并联，所以称为混联式混合动力系统。

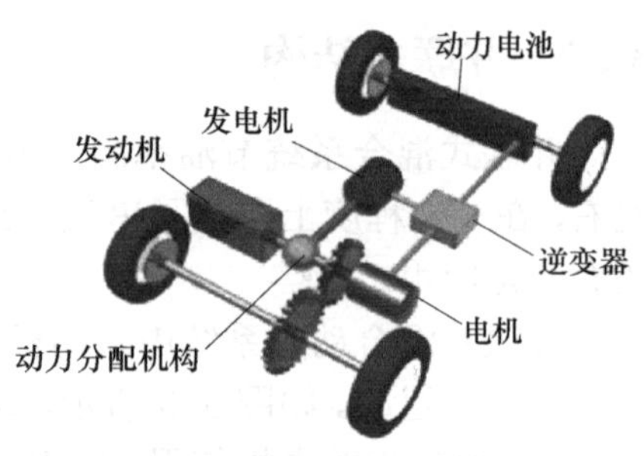

图 3–4　混联式混合动力系统

混联插电式混合动力系统具有串联式和并联式混合动力系统的优点，无论汽车的运行工况多么复杂、多变，都能使动力系统工作在最优状态，实现较好的燃油经济性和排放性，在 NEDC 循环工况下，采用该方式汽车的节油率可达 40%以上。

3.3　插电式混合动力电动汽车的典型案例

PHEV 在乘用车和商用车领域都有商业化的示范。在乘用车领域，采用混联式混合动力技术的改进升级，具备了纯电驱动功能的车型，以丰田的插电式普锐斯为代表；采用并联式混合动力升级改进（双模驱动），具备短途纯电驱动能力的车型，主要以比亚迪 F3DM 为代表。在客车领域，采用单轴双电机的宇通混联系统为主，主要以宇通新能源客车为代表。

3.3.1　丰田插电式普锐斯混合动力轿车

丰田普锐斯汽车已经发展了许多代，普锐斯 I、普锐斯Ⅱ、普锐斯Ⅲ及插电式普锐斯混合动力轿车。前三代之间除了外形方面的差别外，最主要的差别在于系统中动力组件的不断改进。插电式普锐斯混合动力汽车是以普锐斯Ⅲ混合动力车为基础的，拥有相同的混合动力驱动系统，最大区别是插电式普锐斯可通过外接充电接口充电。该插电式车由动力电池、发动机、混合动力总成（电机 MG1、电机 MG2、动力分配机构及电机减速机构）、车载充电器、充电用电线、燃油箱等组成。丰田普锐斯插电式混合动力轿车透视图如图 3–5 所示。

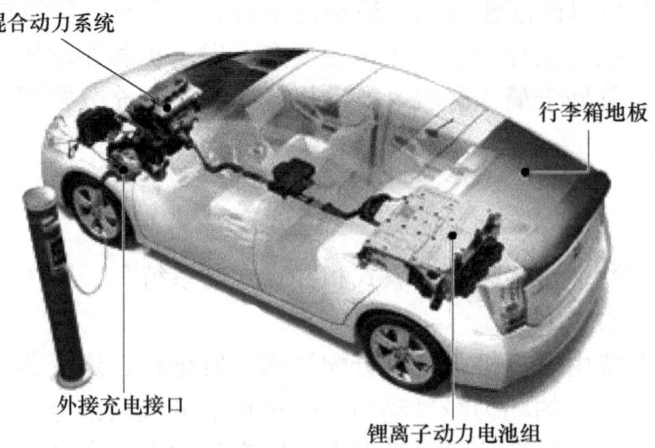

图 3–5　普锐斯 PHEV 透视图

1. 普锐斯车载电源系统

丰田普锐斯插电式混合动力采用额定电压为345.6V、电量为5.2kW·h的锰酸锂电池。该电池组由 3 个动力电池包组成，每个动力电池包由 32 个单体电池组成，每个单体电池电压为 3.6V，通过模块化构造（由 96 个单体电池串联而成）确保动力电池总电压达到345.6V。

电池组在向驱动电机供电时，来自电池组的直流电压为345.6V，由逆变器升压到650V；在充电状态下，电机作为发电机工作，通过逆变器从650V的交流电降压到345.6V的直流电，并再向动力电池充电。

动力电池组的外形尺寸为807mm×911mm×378mm，质量为160kg，可以使用家用电源进行外部充电，因此不受动力电池剩余电量和充电设施完善情况的限制。

2. 普锐斯混合动力系统

普锐斯插电式混合动力汽车的发动机、驱动电机以及整个混合动力系统的功率都与现行普锐斯Ⅲ相同。混合驱动系统采用丰田THS–Ⅱ系统，图 3–6 所示为此系统采用的混联结构。在混联式混合动力系统中，可以同时使用双擎动力（发动机和大功率电机）驱动汽车行驶，同时产生剩余电力还可以再回收。使用混联式混合动力系统的汽车根据驾驶条件，可以仅依靠电机驱动或者同时使用发动机和电机一起驱动汽车。由于该系统还集成了发电机，因此可以在汽车行驶的时候利用剩余动力对动力电池进行充电。

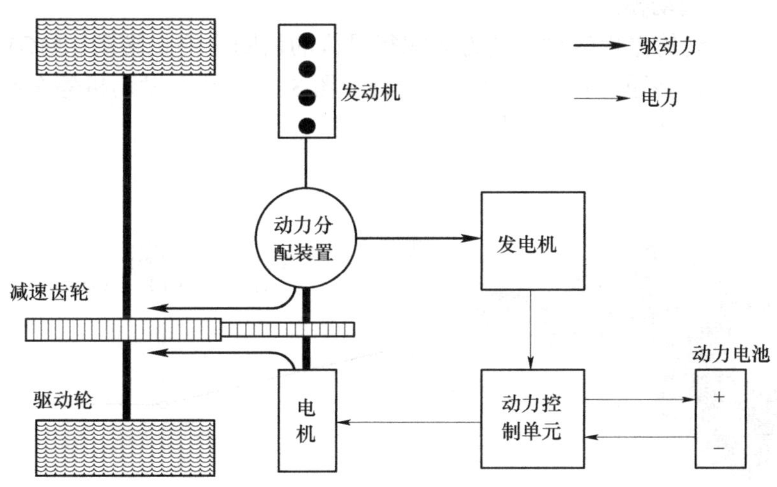

图 3–6　普锐斯插电式构型

如图 3–7 所示，普锐斯动力总成和传递机构主要由电机 MGI、电机 MG2、动力分配行星排、减速行星排、过渡齿轮、主减速器和差速器（未画出）等组成。

在动力分配行星排中，行星架与发动机相连，太阳轮与 MG1 相连，齿圈通过过渡齿轮与主减速器相连。发动机输出的动力被分成用于驱动 MG1 发电的动力（电动力）和用于直接驱动车轮的动力（机械动力）两个部分。

在减速行星排中，行星架固定，太阳轮与 MG2 相连，齿圈与动力分配行星排的齿圈相连。MG2 的动力经过减速行星排减速增矩后，也通过过渡齿轮向主减速器输出。

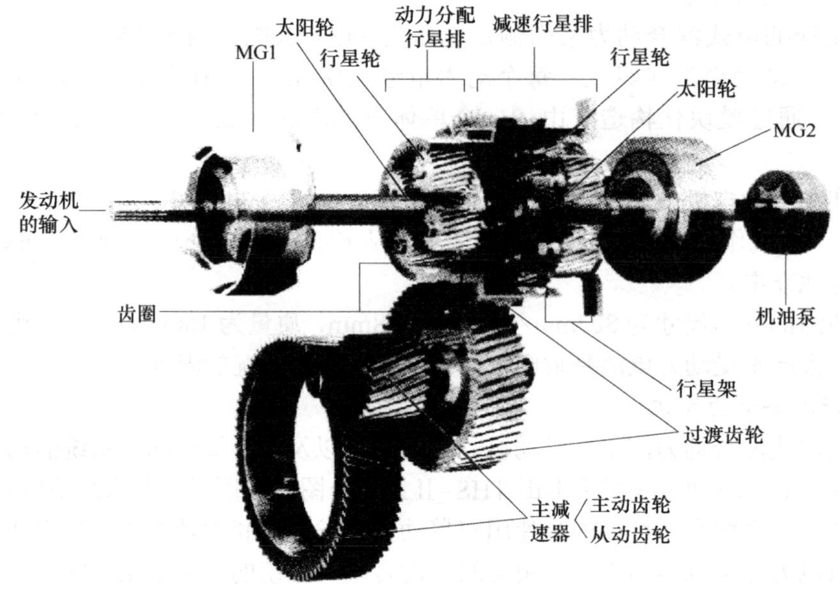

图 3–7　普锐斯插电式混合动力总成机构组件

（1）发动机停车起动模式

停车状态下，驱动轮停止转动，动力分配行星排的齿圈也停止转动。MG1 以电动方式工作，带动太阳轮旋转，并通过行星架起动发动机。图 3–8 所示为发动机停车起动模式下总成组件工作情况和行星排转速杠杆模拟图。

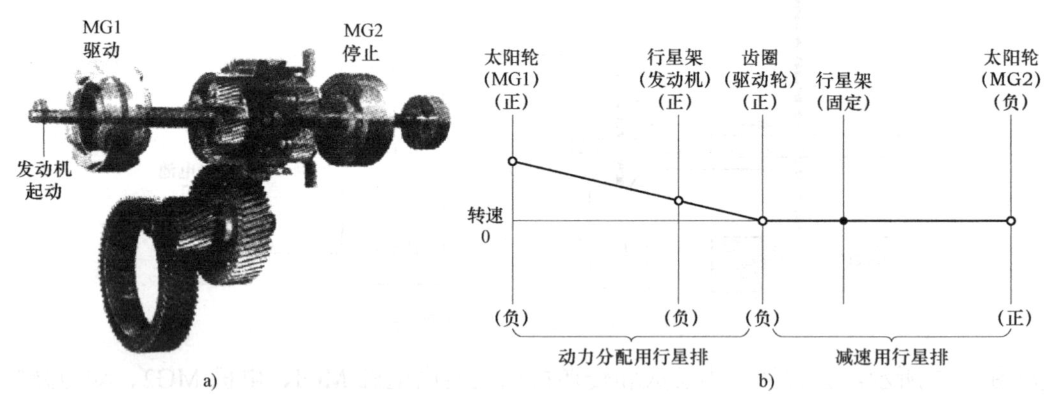

图 3–8　发动机停车起动模式下总成组件工作情况和行星排转速杠杆模拟图

（2）停车充电模式

车辆在停车状态下，如果电池 SOC 处于正常值范围内，则发动机、MG1 和 MG2 都停止工作。如果 SOC 下降到设定值，则控制系统起动发动机，通过动力分配行星排把发动机动力传递给 MG1 发电，为电池充电。图 3–9 所示为该模式下总成组件工作情况和行星排转速杠杆模拟图。

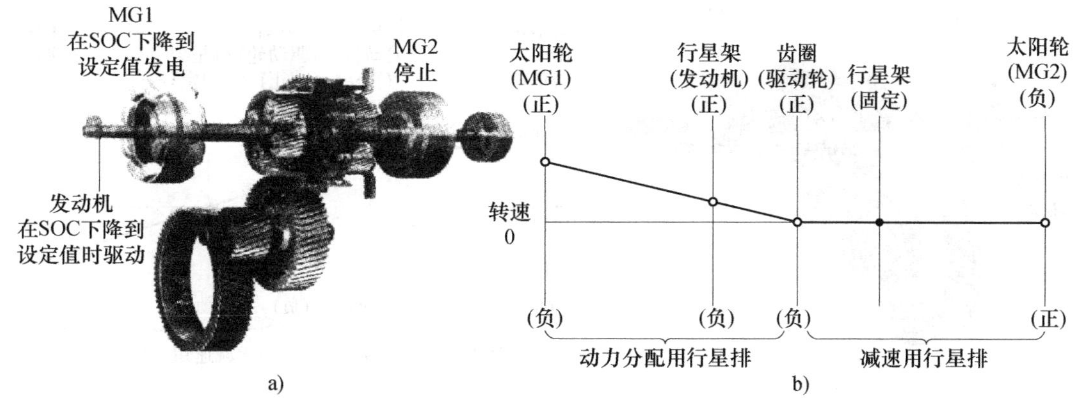

图 3–9　停车充电模式下总成组件工作情况和行星排转速杠杆模拟图

（3）起步和低负荷模式 1（SOC 正常）

在电池 SOC 处于正常范围时，系统只靠 MG2 输出驱动力使车辆起步和低负荷行驶。此时发动机停止工作，MG1 空转不发电。图 3–10 所示为该模式下总成组件工作情况和行星排转速杠杆模拟图。

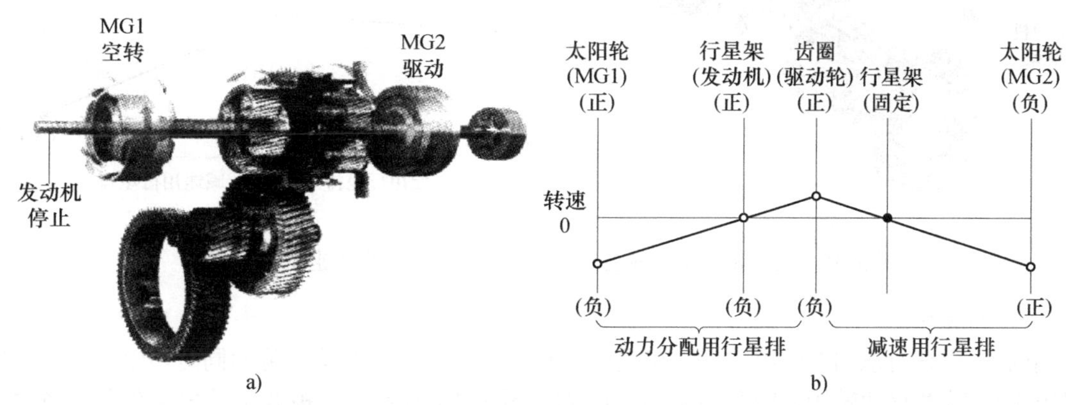

图 3–10　起步和低负荷模式 1 下总成组件工作情况和行星排转速杠杆模拟图

（4）起步和低负荷模式 2（SOC 低）

在 SOC 下降到设定值时，发动机起动，其输出动力经动力分配行星排后被分成两部分：一部分直接流向主减速器驱动车辆；另一部分驱动 MG1 发电。MG1 发出的电能经电机控制器后又被分成两部分：一部分供给 MG2 驱动车辆；另一部分为电池充电。图 3–11 所示为该模式下总成组件工作情况和行星排转速杠杆模拟图。

（5）巡航模式

车辆在巡航模式下，发动机运转在高效区域，主要以发动机的动力驱动车辆，发动机动力被动力分配机构分为两路：一路作为驱动力传递给驱动轮；另一路驱动 MG1 发电，并用该电力驱动 MG2，辅助驱动车辆。图 3–12 所示为该模式下总成组件的工作情况和行星排转速杠杆模拟图。

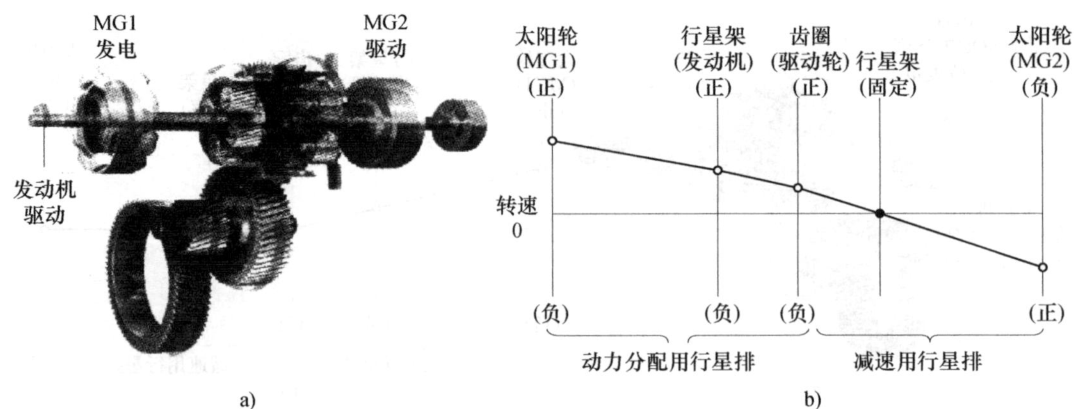

图 3–11　起步和低负荷模式 2 下总成组件工作情况和行星排转速杠杆模拟图

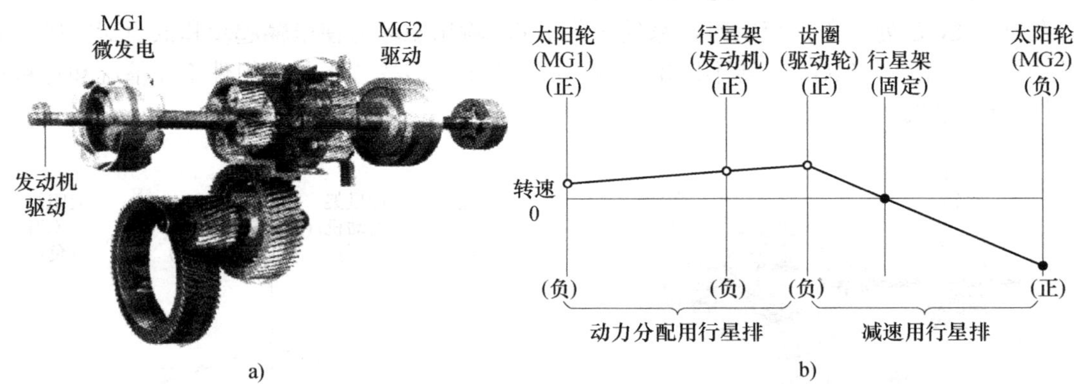

图 3–12　巡航模式下总成组件的工作情况和行星排转速杠杆模拟图

（6）加速模式

车辆从定速行驶开始实施加速，在提高发动机功率和 MG1 发电量的同时，电池也向 MG2 提供电能，增大驱动转矩，提升整车驱动能力。图 3–13 所示为该模式下总成组件的工作情况和行星排转速杠杆模拟图。

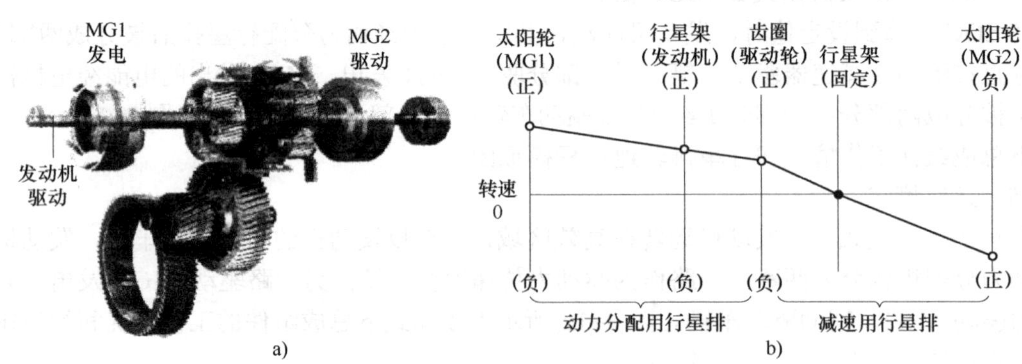

图 3–13　加速模式下总成组件的工作情况和行星排转速杠杆模拟图

（7）制动能量回馈模式

车辆减速或制动时，在电池的 SOC 允许的情况下，车辆动能通过驱动轮驱动 MG2 以发电机方式工作，将动能转换为电能，给电池充电。图 3–14 所示为该模式下总成组件的工作情况和行星排转速杠杆模拟图。

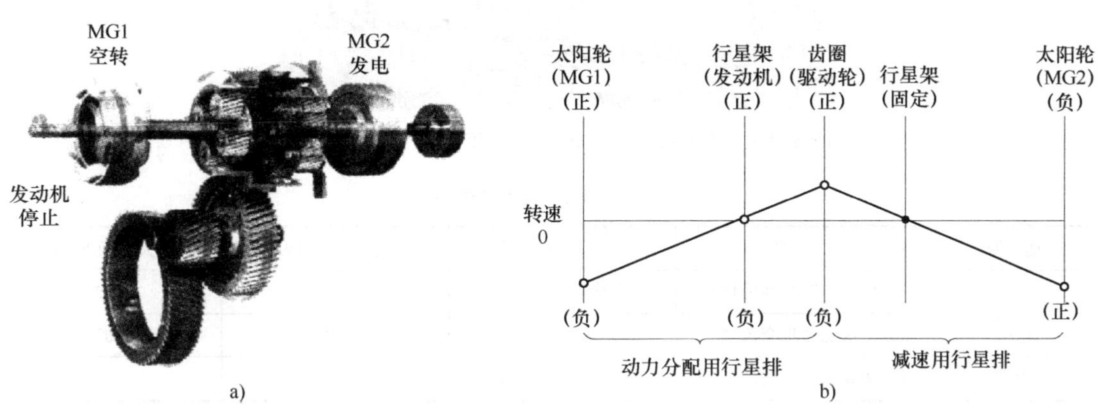

图 3–14　制动能量回馈模式下总成组件的工作情况和行星排转速杠杆模拟图

（8）倒车模式

在电池 SOC 处于正常值范围内时，MG2 作为电动机反转工作，驱动车辆倒车；当 SOC 下降到设定值时，起动发动机，带动 MG1 发电，产生的电力驱动 MG2 反转工作来驱动车辆。图 3–15 所示为该模式下总成组件的工作情况和行星排转速杠杆模拟图。

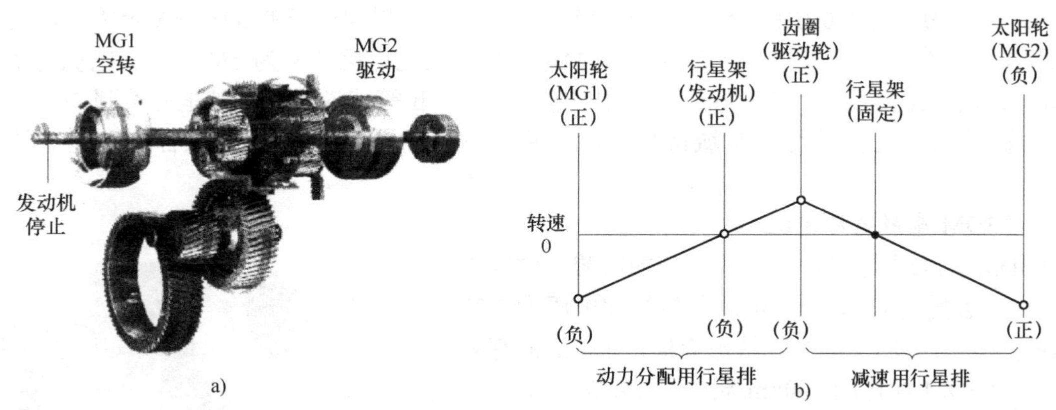

图 3–15　倒车模式下总成组件的工作情况和行星排转速杠杆模拟图

3. 普锐斯技术参数

基于第三代普锐斯的插电式混合动力汽车，如图 3–16 所示，关键零部件（发动机、电机、动力电池）参数见表 3–2，性能参数（百公里油耗、最高车速）见表 3–3。

图 3–16　基于第三代普锐斯的插电式混合动力汽车

表 3–2　关键零部件参数

动力源	类型	排量/电压/容量	最大功率/kW	最大转矩/N・m
发动机	直列 4 缸汽油内燃机	排量为 1.8L	73	142
电机	永磁同步交流型	电压为 600V	60	207
动力电池	锂离子动力电池串联	容量为 6.5A・h	—	—

表 3–3　性能参数

百公里油耗/（L/100km）	4.3（综合工况法）
最高车速/（km/h）	180

3.3.2　比亚迪 F3DM 插电式混合动力汽车

比亚迪 F3DM 的动力由一台与排量 1.0L 的 F0 上型号相同代号的 371 QA 全铝汽油机发动机和主副两台稀土永磁同步电机 M1 和 M2 组成，主电动机功率为 50kW、副电机功率为 25kW，最高时速可以达到 150km/h，纯电动模式 50km/h 等速巡航的续驶里程达到 100km，这样的距离已经足以满足日常城市生活的需要。充满电和加满油后，综合行驶里程达到 580km。

1. F3DM 车载电源系统

F3DM 动力电池采用比亚迪生产的磷酸铁钴锂电池，电压为 330V，容量为 45A・h。电池单体标称电压为 3.3V，由 100 块串联而成，经过 2000 个充放电周期，锂电池的有效容量会降到 80%。F3DM 标称的 100km 耗电是 16kW・h，在充电站只需 10min 可以充满 50%，220V 慢充需要 9h。

图 3–17　F3DM 模式切换按钮

2. F3DM 混合动力系统

比亚迪 F3DM 中的 DM（Dual Mode）是双模式的意思，意味着该车有两种主要工作模式：纯电动模式（EV）和混合动力模式（HEV）。纯电动模式（EV）支持城市短途使用。混合动力模式（HEV）支持中长途使用。图 3–17 所示为比亚迪 F3DM

模式切换按钮。

在一般情况下，按下 EV 开关按钮后，EV 开关的指示灯会点亮，整车会切换到纯电动模式下运行。按下 HEV 开关按钮后，HEV 开关指示灯会点亮，整车工作模式为混合动力模式。

在 EV 状态下，当电池电量低时，系统会根据驾驶时的实际情况和电量来判断是否切换成混合动力模式。急加速或电量不足时，DM 系统都可能自动切换成混合动力模式。EV 和 HEV 具有记忆效应，会执行上一次车辆停车时的状态。当电量很高时，车辆在 HEV 模式下发动机可能不会起动。

（1）比亚迪 F3DM 结构

图 3–18 所示为比亚迪 F3DM 整车结构。图 3–19 所示为发动机舱内元件分布。

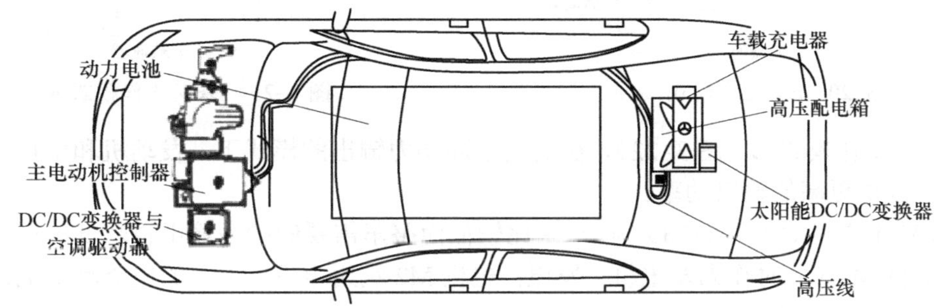

图 3–18　比亚迪 F3DM 整车结构

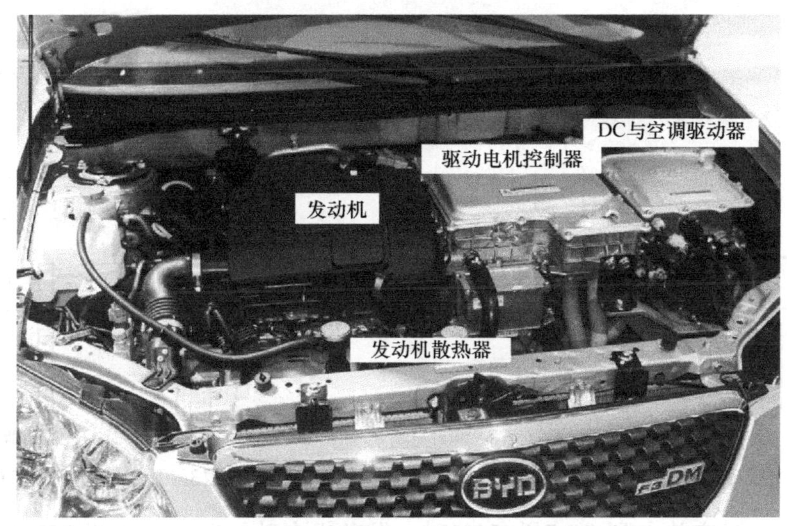

图 3–19　发动机舱内元件分布

（2）比亚迪 DM 系统工作模式

① EV 工作模式（图 3–20）。

纯电动工作模式下，动力电池提供电能，由电动机 M2 驱动车辆行驶。

② HEV 工作模式。

a）HEV 工作模式 A（图 3–21），发动机工作在最佳状态，直接驱动车辆，电动机随发动机转动，用于发电，为动力电池充电。

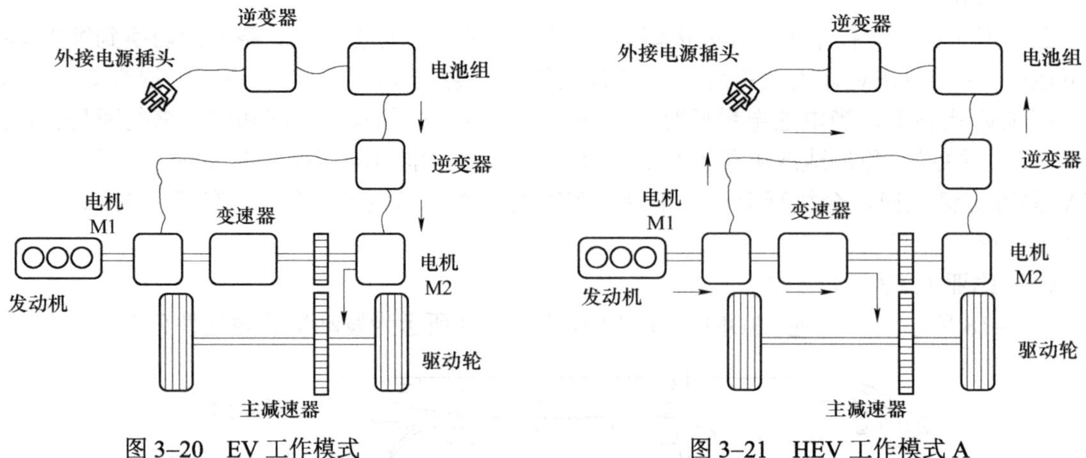

图 3–20　EV 工作模式　　　　图 3–21　HEV 工作模式 A

b）HEV 工作模式 B（图 3–22），在需要较高动力输出的模式下，发动机和电机 M2 一起驱动车辆，提供更高的输出功率。

c）HEV 工作模 C（图 3–23），在电量比较低而整车需要的动力输出也较低的模式下，发动机带动电机 M1（此时作为发电机）发电，电机 M2 利用电机 M1 发的电驱动车辆，多余的电能将存储在动力电池内。

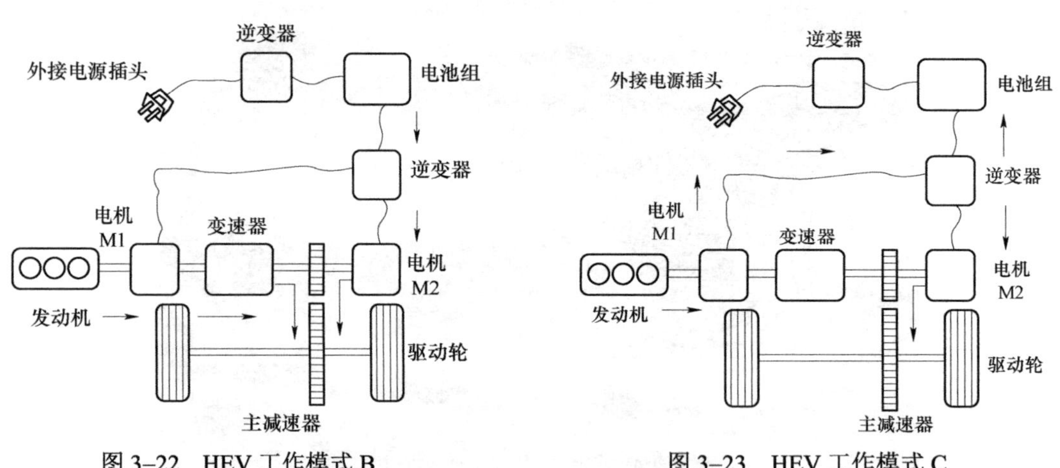

图 3–22　HEV 工作模式 B　　　　图 3–23　HEV 工作模式 C

为保护电池，当它放电到 SOC 为 20%时，发动机自动起动带动电机 M1（此时作为发电机）为电池充电。如果跑长途，则车辆长期处于混合动力模式，电机 M1 在电池电量只剩余 50%的时候就将起动，充电到 70%停止工作。在电量充足、超高速行驶或者急加速的情况下，电机 M1、电机 M2 和发动机协同工作提供动力。

3. F3DM 技术参数

比亚迪 F3DM 部件（发动机、主电机、副电机、动力电池）参数及性能指标（动力性、续驶里程、能耗）见表 3–4 和表 3–5。

表 3–4 主要部件性能参数

动力源	类型	排量/电压/容量	最大功率	最大转矩
发动机	直列 4 缸汽油内燃机	1.0L	50kW	90N•m
主电机	永磁同步交流型	560V	50kW	400N•m
副电机	永磁同步交流型	560V	25kW	200N•m
动力电池	锂离子动力电池串联	45A・h	—	—

表 3–5 整车性能参数

基本参数	
长×宽×高/（mm×mm×mm）	4533×1705×1520
整备质量/kg	1560
动力性能	
0～100km/h 的加速时间/s	＜10.5
最高车速/（km/h）	≥150
最大爬坡度（%）	≥30
续驶里程（EV）	
等速工况下（50km/h）	100km
15 工况下	80km
能耗	
百公里耗电（EV）	16kW•h

3.3.3 宇通插电式混合动力客车

宇通客车作为中国客车第一品牌，自 2010 年起至今，连续多年荣获世界客车联盟（BAAV）颁发的年度最佳客车制造商、年度最佳创新客车、年度最佳客车安全装备、年度最佳环保巴士、年度最佳客车等称号。宇通客车投入大量精力研制新型能源汽车，其中 ZK6125CHEVPG1、ZK6125CHEVPG2 等型号汽车为插电式混合动力客车，节油率达 50%以上，节能减排效果达到国内领先水平。

1. 客车车载电源系统

宇通客车的车载电源系统采用高功率、低成本、高可靠性的复合电源系统，可以降低整车使用成本，提高整车纯电续驶里程，进一步提高节油率。动力电池普遍采用的是磷酸铁锂电池，能量密度达到 112W・h/kg，电池都经过严格的测试，保证了耐久度，电池达到 4000 次充放电衰减后不低于 70%，即可达到 8 年电池衰减后不低于 70%。超级电容的功率密度为 3500W/kg，效率为 95%。车载电源系统具有交流车载充电和直流充电功能。

2. 客车混合动力系统

如图 3–24 所示，宇通客车采用混联式混合动力系统。该混联式混合动力客车兼并串联式和并联式结构的优点，能够实现低速纯电动起步和大功率制动能量回收，避免了发动机低速、低负荷工况的低效率运行及频繁制动的能量损失，更适合于城市工况运行的动力系统结构类型。

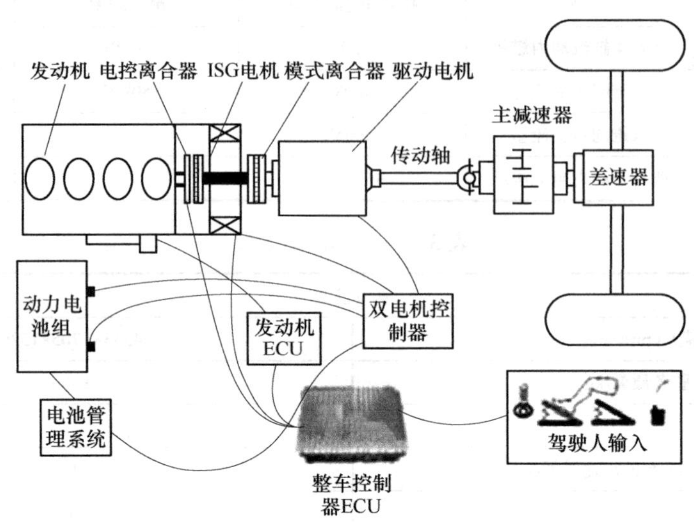

图 3-24　宇通插电式客车驱动系统

该混联式混合动力系统主要由发动机、两个电机[一个为 ISG（Integrated Starter Generator）电机，另一个为主驱动电机]、电池组和离合器组成。其具体的布置为：ISG 电机直接安装在发动机曲轴上，动力经过自动离合器，传递到另一个大功率的主电机上，车辆动力再经过主减速器，由半轴传递到车轮。

该新型混联式混合动力系统最大的特点在于只要控制离合器的状态就可实现串联和并联两种运行模式的转换：当自动离合器处于分离状态时，动力系统成为串联结构，发动机的运行状态和车辆行驶工况无直接关系，此时只有主驱动电机直接向车辆提供驱动力；当自动离合器处于接合状态时，动力系统又可变为并联结构，即发动机和两电机同轴通过驱动半轴连接到主减速器，此时发动机可和主驱动电机共同为车辆提供转矩，亦可实现发动机单独驱动。另外由于该系统取消了变速器，处于并联结构时，发动机的转速与车辆行驶车速对应成比例。

基于新型混联式混合动力系统的结构特点，以能量流的路径对该系统的工作模式进行划分：

① 纯电动模式：车辆处于低速工况或者低排放区域，且电池电量处于较高水平，离合器分离，由电机单独驱动。

② 串联式联合驱动模式：车辆处于低速且高负荷工况，电池电量处于中等水平，离合器分离，APU 与电池联合给电机供电。

③ 串联式行车充电模式：车辆处于低速工况，且电池电量处于较低水平，离合器分离，APU 提高驱动功率而且给电池充电。

④ 发动机单独驱动模式：车辆处于发动机最佳转速区域，离合器接合，发动机单独驱动。

⑤ 并联式联合驱动模式：车辆处于较高车速且负荷不断增加，发动机与电机联合进行驱动。

⑥ 并联式行车充电模式：车辆处于较高车速，负荷较低，电池电量低于中低水平，发动

机除了进行驱动外还给电池充电。

⑦ 再生制动模式：当车辆处于制动或减速滑行时，利用电机进行能量回收。

3. 客车技术参数

宇通 ZK6125CHEVPG1 客车参数（发动机功率、外形尺寸等）见表 3–6。

表 3–6 宇通 ZK6125CHEVPG1 客车参数

车辆型号	ZK6125CHEVPG1
发动机功率/kW	162
外形尺寸/（mm×mm×mm）	12 000×2550×2950
总质量/kg	18 000

3.4 增程式电动汽车系统及典型案例

增程器是 E–REV 驱动系统的关键组件，可以提供电能，增加电动汽车的行驶里程。为了获得最优的整车系统效率，E–REV 的控制策略要保证增程器和动力电池得到最佳的匹配，获得最优的整车系统效率。E–REV 的控制策略目的是在动力电池电能充足的情况下，保持在纯电动工作模式，将有害物质排放降到最低。

3.4.1 增程式电动汽车的增程器

发动机、发电机和发电机驱动控制装置共同组成了一个辅助动力单元（Auxiliary Power Unit，APU），也称增程器系统，增程器是 E–REV 驱动系统的关键组件，它只提供电能，用来驱动电动机或者为动力电池充电。发动机/发电机系统与驱动车轮在机械上是分离的，发动机的转速、转矩与车速、牵引转矩的需求无关，因此可控制发动机运行在其转速–转矩平面上的任意点，最佳的发动机运行状态是可以实现的。通常应控制发动机使其运行在最佳工况区，此时发动机的油耗和排放降到最低程度。发动机和驱动车轮没有机械连接，因此其与电驱动系统的运行模式和控制策略密切相关。

E–REV 的控制策略目的是在动力电池电能充足的情况下，保持在纯电动工作模式，将有害物质排放降到最低。这种模式下的控制策略与纯电动汽车类似，增程模式下的控制策略要保证增程器和动力电池得到最佳的匹配，获得最优的整车系统效率。

增程式电动汽车动力系统结构如图 3–25 所示。

增程式电动汽车动力系统由电驱动系统、发动机/发电机系统、功率分配装置、动力电池等组成。

电驱动系统由驱动电机及牵引力驱动控制装置组成，发动机到驱动电机之间没有机械连接，而是首先通过发电装置，将燃油的化学能转化成三相交流电，然后发电机驱动控制器将交流电转化成直流电，并通过发电机驱动控制装置到达功率分配装置，根据工况需要做出牵引力驱动控制的功率分配。发动机作为主要动力源时的动力传输如下：

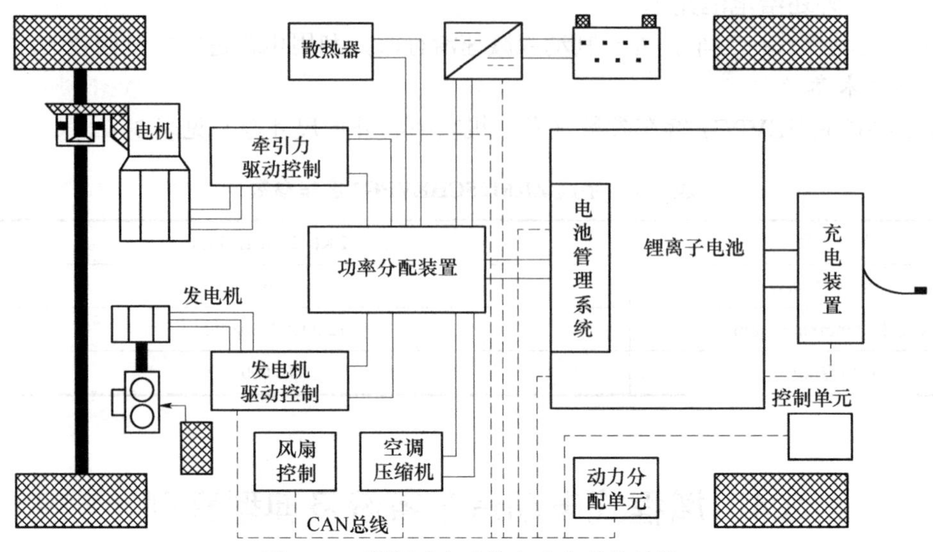

图 3–25　增程式电动汽车动力系统结构

注：粗线表示机械连接，细线表示电气连接，虚线表示 CAN 总线连接。

① 在需求功率比较大的时候，功率分配装置会直接将电能传递给驱动控制装置，驱动车辆行驶，不经过电池管理系统。根据车辆功率需求，驱动控制系统中的逆变器将直流电转化成三相交流电，驱动电动机运转。

② 在增程模式下，如果增程模块提供的电能有剩余，则多余的电能将为动力电池充电，动力电池在增程模式下起到平衡系统充电和放电的作用，稳定系统电压。

③ 停车时，可以通过外接充电装置为动力电池充电。此外，动力系统提供的电能要满足附件功率的需求，如散热器、风扇、空调压缩机等。

各个系统之间的数据传输可由 CAN 总线完成，实现控制单元上的信息传递和命令执行，根据驾驶人施加给加速踏板或者制动踏板的位置指令，获取需求功率信息，传递给主控制器，主控制器根据目前行驶状况和车辆的状态进行判断，确定当前 E–REV 的运行模式，将控制指令传递给部件控制器，如牵引力驱动控制器、电池管理系统、发动机驱动控制器、附件功率控制等。

3.4.1.1　增程器的分类

增程器（Range Extender，RE）是增程式电动汽车最重要的组件之一，它与车辆的性能、油耗、燃油替代、原始成本和运行成本密切相关，增程器分类方法如下：

1. 按结构组成分类

按照增程器的结构组成将目前已有的增程器分为以下几种：

（1）大容量动力电池增程器

大容量动力电池增程器的优点是便于统一标准和规格，研发周期短，成本低，容易实现量产。但是因为这种增程器是基于传统的动力电池，所以不可避免地存在能量密度较低、体积偏大、成本高等缺点，短距离行驶时的优势明显不足。

（2）燃料电池增程器

为了达到尽量避免使用燃油、实现零排放的目标，燃料电池增程器成为一种新的选择。可以采用功率为 5～10kW 的小型燃料电池作为增程器，与车载主动力电池协同工作，延长电动汽车的续驶里程。燃料电池增程器的动力结构如图 3–26 所示。

以氢燃料电池的增程器为例，把燃料电池增程器分为电源及其管理系统、氢气系统、燃料电池及其控制系统三个模块。其中电源及其管理系统子模块主要由压力传感器、电压传感器、电流传感器、DC/DC 变换器、继电器、控制器铝盒、控制器接插件集合而成。氢气系统子模块主要由氢瓶、氢传感器、氢气管路、减压阀集成。燃料电池及其控制系统子模块由电堆、电堆控制器、电池阀、单片检测接头、电堆输出端导线、燃料电池风扇 DC/DC 变换器组成，可以很方便地实现拆装。采用模块化布置法的氢燃料电池增程器系统整体结构如图 3–27 所示。

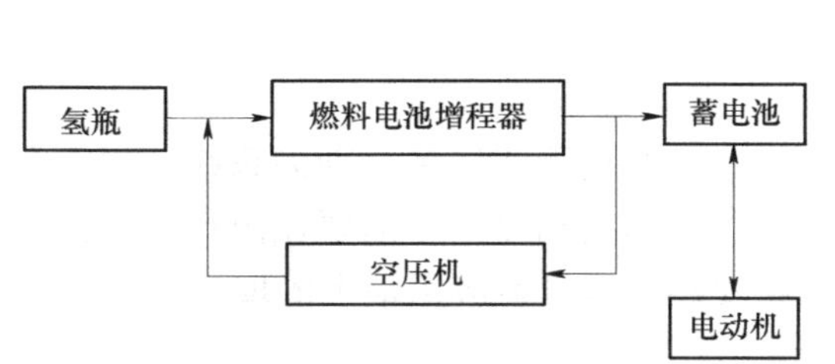

图 3–26　燃料电池增程器的动力结构

图 3–27　氢燃料电池增程器系统整体结构

目前燃料电池增程器处于开发阶段，从整车集成方面的要求来讲，需要克服的技术问题比较多。要求空压机体积小、重量轻，并需要良好的散热装置；要求压缩机具有较大的空气压缩比，同时保证输出的空气流量相对较小，所以要使燃料电池增程器能够成熟地运用于 E–REV，需要克服以上技术问题，目前在 E–REV 上的应用还处于研发阶段。

（3）发动机/发电机组增程器

发动机/发电机组增程器可以采用多种发动机与发电机组合成为增程式系统，可供选择的发动机有传统的活塞式发动机、转子发动机、小型燃气轮机等。这种增程系统的电能由发动机提供，经历了发动机/发电机的能量转换过程，因此发电机功率要大于增程系统功率，发动机到发电机之间存在能量损失，要求发动机功率大于发电机功率，在满足以上结构和配置的基础上，保证发动机和发电机都工作在转矩/转速高效率区内。发动机/发电机组的增程系统是目前应用最多和技术最成熟的增程系统。

2. 按布置位置分类

增程器包括发电装置和辅助能量存储装置，根据增程器与汽车的安装关系，增程器的安装位置可以分为挂车式、插拔式和车载式三种。

（1）挂车式增程器

挂车式增程器安装在拖车上，根据行驶距离的不同来决定是否使用增程器，出行前需要对出行距离做出预估，长距离行驶时需要拖挂增程器适时提供能量；市区短途行驶时取下拖车，此时完全变为一辆纯电动汽车使用。这种形式由于其结构的特殊性，实用性不高，更多地应用于室内场馆车。挂车式增程器的优点是其输出功率能够根据需要设计，增程器可以使用多种辅助燃料。但是缺乏使用的灵活性，拖车质量和体积都比较大，不易倒车。在不确定是否需要长距离行驶，或者有突发性事件时，都为驾乘者造成了很大的不便，限制了随意驾驶的自由度。

（2）插拔式增程器

插拔式增程器将增程器设置为可插拔的模块，考虑到短途行驶时，不需要携带增程器行驶，提出了这种方案。这种增程器需要将增程器系统模块，包括控制器和 DC/DC 变换器集中在一起，做成一个方便拆卸的独立单元。在日常短途行驶时，将增程器系统整体从车上拆下，此时只用动力电池的电能驱动车辆行驶，完全变为纯电动汽车，减少了车辆的整备质量，提高了能量利用率；长途行驶时，将增程器模块通过机械及电气接口与整车动力系统相连，增加续驶里程。这种形式的增程器对设计要求较高，并需要与动力部件及传动系统进行合理匹配，在匹配的基础上要求的控制策略非常复杂，还要解决振动噪声等附加问题，所以目前的 E–REV 价格偏高。

（3）车载式增程器

车载式增程器与纯电动汽车的动力系统固定在一起，结构形式简单，动力系统可以方便地实现结构布置，提高了整车的空间利用率，与插拔式增程器相比，不需要在出行前对出行距离进行预估，也不需要频繁地对增程器进行拆卸和安装，是目前应用最多的增程器系统。

3.4.1.2 E–REV 的能量管理系统

增程器只提供电能，电能用来驱动电动机或者为动力电池充电，增加电动汽车的行驶里程，发动机到驱动电机之间的传动路线没有机械连接，电能可以直接用于驱动车辆，不经过动力电池的充放电过程，降低了从增程系统到动力电池的能量传递损失。E–REV 的控制策略目的是在动力电池电能充足的情况下，保持在纯电动工作模式，将有害物质减到最少。这种模式下的控制策略与纯电动汽车类似，增程模式下的控制策略要保证增程器和动力电池得到最佳的匹配，获得最优的整车系统效率。

E–REV 主要利用电能作为驱动能源，增加一个发动机/发电机组作为增程器，在动力电池的 SOC 值达到最低限值的时候，启动增程器，在最佳的状况下工作，多余的电能用来为动力电池充电，降低排放甚至实现零排放。当车辆运行在日常的城市上下班道路时，几乎不需要起动发动机，电能足够满足驾驶人的出行需求。因此，E–REV 的控制策略可以分为两部分：一部分与纯电动汽车一样为纯电动行驶时候的控制策略；另一部分是增程模式下的控制策略，此时的控制策略要最大限度地降低能量转化带来的能量损耗。在保证动力性的前提下，达到燃油经济性最佳的目标，提高能量利用率，同时兼顾动力电池的充放电和循环使用寿命，提高整车的工作效率。

为了使两种能源得到最佳的组合和协调运行，应在保证动力性和驾驶性的基础上，使燃油经济性最好以及排放最低，故应采用合适的能源管理控制策略。在汽车行驶过程中，工况是多变且不可预测的，因此控制策略应可以根据不同的路况以及车辆的运行需求，适时合理地分配其能量流及做出合理的反应。对 E–REV 控制策略的要求如下：

① 纯电动模式和增程模式的切换控制要合理，充分利用动力电池驱动，实现零排放。

② 防止对动力电池的过充电和过放电，避免频繁充放电，延长动力电池的使用寿命。

③ 在启动增程模式下运行后，发动机的起停控制要合理。当发动机为动力电池充电的电量达到一定值的时候，才可关闭发动机/发电机组，继续用电能驱动，这样能量多级转化的损失比较小。但是如果发动机起动后提供给动力电池的电量比较小，就切换到纯电动运行模式，需要频繁地起动发动机，必然使发动机的寿命受到影响，也不利于实现降低排放的设计要求。

④ 发动机长期不用的时候，要设置成动力电池在 SOC 值最低的时候也能运行的特殊控制模式，以使长期不用的发动机/发电机组得到维护保养。

3.4.2 增程式电动汽车的典型案例

在现有的 E–REV 内，最具有代表性的车型是雪佛兰的 Volt。宝马 i3 增程式电动汽车也备受关注。

3.4.2.1 通用 Volt 增程式电动汽车

1. Volt 车载电源系统

Volt 所用动力电池是由 A123 系统公司生产的磷酸铁锂离子动力电池，动力电池的能量为 16kW · h，电池质量为 181.4kg。采用容量达 16kW · h 的锂电子动力电池，充满电就能够满足 64km 的续驶要求，同时保证其 SOC 不会降到 30%。

2. Volt 混合动力系统

Volt 的主要结构如图 3–28 所示，主要由锂离子动力电池、发动机/发电机组及驱动电机串联而成。在纯电动模式下，Volt 不燃烧汽油，也不会产生尾气排放。在这种基本模式下，Volt 通过储存在其锂离子电池内的电力进行驱动，Volt 在此模式下行驶 64km。当电池电量下降后，增程型汽油发电机开始无缝介入，为汽车提供足够的能量，并继续驱动汽车向前行驶最高达 490km 的距离。增程式汽油发电机消除了“里程焦虑症”，也让驾驶人放心驾驶，不必为电池电量耗尽所困扰。

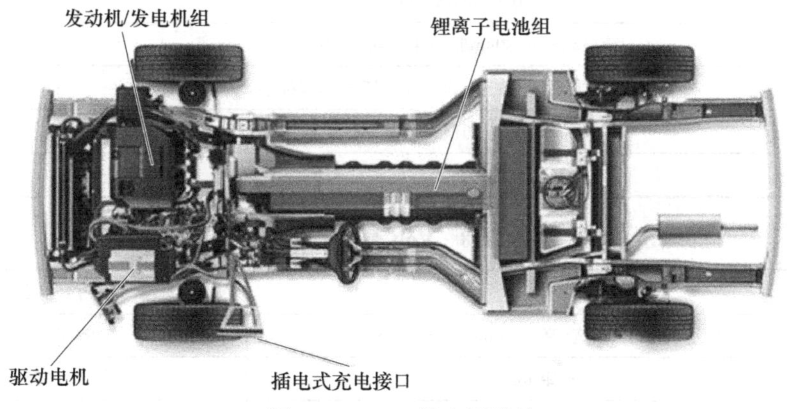

图 3–28 Volt 的主要结构

Volt 车的电动系统可产生 110kW 的输出功率、370N · m 的输出转矩，而最高车速为 161km/h。

Volt 具有以下明显的特点：

① 增程：Volt 在动力电池完全充满（100%的 SOC）的前提下纯电动续驶里程在 40～80km

之间，具体数值取决于路况、驾驶水平和环境温度等因素的影响。美国环保署（EPA）的实验结果是，Volt 在装满 35L 油箱和动力电池充满电的情况下，总的续驶里程可达到 610km。先以纯电动行驶，达到动力电池的临界点时再以增程模式驱动，当汽车燃油耗尽后，汽油机带动的发电机就会关闭，Volt 就会使用动力电池残存的电量，可保证额外行驶 4.8～6.4km。当残存的电量很低时，Volt 安全减速，直至停止。

② 节能：美国环保署（EPA）官方认定，Volt 在纯电动模式下的城市/高速公路综合燃油消耗量为 2.5L/100km。EPA 认定，在全汽油模式下 Volt 的燃油消耗量是 6.4L/100km，总的城市/高速公路燃油–电力综合燃油消耗量为 3.9L/100km。根据 Volt 汽车自 2010 年 12 月开始供货以来，经 OnStar Telematics 系统所采集的数据分析得知，Volt 车主每次加油后的行驶里程平均为 1300km；两次加油之间的平均周期为 30 天。且 Volt 车主们以纯电动行驶了大约 2/3 的里程，其余 1/3 的里程使用汽油机进行增程模式行驶。

③ 减排：EPA 认定 Volt 的排气管 CO_2 排放为 52.5g/km，就降低从排气管排放的温室气体而言，这个数据使得 Volt 优于丰田普锐斯。Volt 车的 CO_2 排放是在动力电池电量消耗至临界点，由纯电动模式转为增程模式后由内燃机产生的。对于其余污染空气的物质，Volt 排放的得分为 6（以 10 分为最佳）。

3. Volt 技术参数

Volt 的性能指标（动力性、续驶里程、能耗）及整车参数（外形尺寸、整车质量等）见表 3–7 和表 3–8。

表 3–7　Volt 性能参数

动力性	最高车速/（km/h）	＞160
	最大爬坡度（%）	＞25
	0～100km/h 的加速时间/s	＜9
经济性	纯电动模式 80km/h 等速电耗/（kW・h/100km）	＜16
	日行驶 100km 油耗/L（国家测试标准）	＜1.2
续驶里程	纯电动模式工况续驶里程	＞80
	油箱加满行驶里程/km	490

表 3–8　Volt 基本参数

尺寸参数	车型	两厢四座
	外形尺寸（长×宽×高）/（mm×mm×mm）	4498×1787×1439
	轴距/mm	2685
	最小离地间隙/mm	≥135
	油箱容积/L	35
	整车质量/kg	1700

增程式电动汽车的内燃机的功率决定于所期望的最高车速和持续爬坡能力，必须超过行驶所需平均功率。该发动机必须重量轻、体积小并且效率高，还要具有良好的 NVH（噪声、

振动和声振粗糙度三者的缩写）特性。在汽车开发研制的结构设计阶段，需要对各种发动机概念进行比较选择。柴油机虽然效率较高，但是为了满足排放和 NVH 要求，必须添加额外的系统，这就需要占用额外的体积并增加整车质量；安置增压发动机的增压空气冷却器也要预留较大的结构空间。通过比较，选择使用自然吸气的汽油机，最终选择的是通用第三代 0 系列自然吸气式汽油机。

通过限制发动机转速改善了雪佛兰 Volt 汽车中发动机的 NVH 特性，但也使得排量略有增大。通用第三代 0 系列自然吸气式汽油机利用三元催化转化器和理论当量混合气运行，有效降低了排放的污染。因为起步时 Volt 汽车是纯电动驱动，所以发动机的起动程序为使催化转化器快速工作，对原始排放和空气流量进行了优化。相比之下，PHEV 由于依靠发动机机械传动提供的转矩加速，就无法这样及时进行优化。辅助装置比较简单，省略了起动机和传统的发电机，水泵简单地通过一根 V 带传动，对机油滤清器壳体、节气门体和油底壳都进行了匹配。Volt 动力总成参数见表 3–9。

表 3–9 Volt 动力总成参数

动力总成结构参数		
发动机	排量/L	1.4
	最大功率/kW	63
	最大功率转速/（r/min）	4800
	最大转矩/N・m	126
	最大转矩转速/（r/min）	4259
变速器	档位个数	1
	变速器类型	AT
系统	电池类型	锂电池
	电池能量/（kW・h）	16
	电池质量/kg	181.4
驱动电机	形式	永磁直流无刷电机

3.4.2.2 宝马 i3 增程式电动汽车

宝马（BMW）i3 以其前瞻性的设计，定义了未来的车辆。在宝马高效动力策略（BMW Efficient Dynamics）技术范畴内开发的宝马 eDrive 电力驱动系统，不仅降低排放，而且能提供几乎没有噪声、无与伦比的驾驶体验。凭借智能的互联驾驶服务，可以方便快捷地抵达目的地。

1. i3 车载电源系统

宝马采用的是高压锂离子动力电池，电池容量为 19kW・h。通过专门研发的高压锂离子动力电池给驱动系统供电，这款动力电池奠定了能源效率的新基准。与同类动力电池相比，高压动力电池的智能加热/冷却系统可以减少电池温度波动对电池能量输出的影响，这样有助于提高电池的性能和使用寿命。高压动力电池的保用期为 8 年或者 100 000km。通过随车提供的充电电缆给动力电池充电，在 8h 之内即可完全充满电。

2. i3 混合动力系统

创新的宝马 eDrive 电力驱动技术是宝马高效动力策略多年来研发的成果。它有三个重要的特征给驾驶人带来了独一无二的零排放驾驶乐趣。

① 反应灵敏的电机，起步便可提供最大转矩，并可以不间断加速至最高车速。

宝马 i3 的电机是专为市区交通应用而设计的，采用了宝马 eDrive 技术，带有集成功率电子装置的混合动力同步电机、充电器和用于动能回收的发电机功能，最大输出功率达到 125kW，最大转矩达到了 250N·m；其中动能最大能够回收 50kW，与典型的电机一样，从静止状态起就有全额扭矩可供使用，并非像内燃发动机那样必须提高发动机转速才能建立起转矩。这就使得宝马 i3 在任何情况下均有特别高的灵活性，加速能力令人印象深刻。

② 冷却系统和强劲的高压锂电池组成了创新的动力电池，冷却系统让高压锂电池始终保持在最佳的工作温度上，从而提升性能和延长使用寿命。

③ 智能的能源管理系统让电机、高压锂电池优化协作，始终以尽可能最低的消耗产生最高性能。

智能能源管理系统为了在任何行驶情况下实现最佳续驶里程，在宝马 i3 的研发过程中特别注重电气部件的低能耗。车内暖风系统与传统型电加热装置相比节电可高达 30%，车内照明以及车外照明均使用节能的 LED。除此之外，电驱动系统还提供通过加速踏板进行制动的方式，当驾驶人将脚从加速踏板挪开时，电机就会起到发电机的作用，将动能转变成电流回馈到高压动力电池之中。通过这种能量回收方式产生制动力矩使得车辆有效减速，并且特别有益于预见性驾驶方式。

宝马 i3 选配一个 0.647L 的直列双缸汽油发动机，最大输出功率达到了 28kW、峰值转矩达到了 56N·m，可将纯电动的续驶里程 130～160km 提高到 240～300km，如果以特别节能的方式驾驶，甚至可达到 340km。增程发动机是一个运行非常平稳、安静的小型汽油机，可加注普通汽油。该发动机驱动发电机给高压动力电池充电，使得车辆能够继续使用电能行驶。

宝马 i3 还配备了一个单级自动变速器带有固定传动比。最高行驶速度被限制在 150km/h（通过程序限制）。宝马的结构如图 3–29 所示。

3. i3 技术参数

宝马 i3 汽车如图 3–30 所示，性能参数（动力性、经济性、续驶里程）及关键零部件参数（发动机、电机、电池）见表 3–10 和表 3–11。

图 3–29 宝马 i3 的结构

图 3–30 宝马 i3 插电式混合动力轿车

表 3–10 性能参数

动力性	最高车速/（km/h）	150
	最大爬坡度（%）	25
	0～100km/h 的时间/s	7.2
经济性	纯电动模式 80km/h 等速电耗/（kW・h/100km）	14
	日行驶 100km 油耗/L（国家测试标准）	0.7
续驶里程	纯电动模式工况续驶里程/km	115
	油箱加满行驶里程/km	490

表 3–11 关键零部件参数

动力源	类型	排量/电压/容量	最大功率	最大转矩
发动机	两缸汽油内燃机	排量为 0.647L	38kW	56N•m
电机	永磁同步交流型	电压为 380V	125kW	250N•m
动力电池	锂离子动力电池串联	容量为 19kW•h	—	—

第 4 章

燃料电池汽车

纯电动汽车能实现零排放，绿色出行，但电池有限的电量限制了汽车的续驶里程，且充电时间长。燃料电池汽车的燃料电池本身是一种能量转换装置，只要维持燃料供给，就能连续发电，汽车也就能持续行驶，且燃料补给的时间短，因此燃料电池汽车是一种可以持续使用电能的理想汽车。

4.1 燃料电池

燃料电池（Fuel Cell，FC）是一种化学电池，它直接把物质发生化学反应时释放出的能量变换为电能，工作时需要连续地向其供给燃料和氧化剂。它是把燃料通过化学反应释放出能量变为电能输出的，因此被称为燃料电池。

4.1.1 燃料电池的种类

燃料电池依据其中所用电解质类型进行分类，可分为五类。

1. *质子交换膜燃料电池*（Proton Exchange Membrane Fuel Cell，PEMFC）

质子交换膜燃料电池在原理上相当于水电解的“逆”装置。其单电池由阳极、阴极和质子交换膜组成，阳极为氢燃料发生氧化的场所，阴极为氧化剂还原的场所，两极都含有加速电极电化学反应的催化剂，质子交换膜为电解质。质子交换膜燃料电池的工作原理如图 4–1 所示。

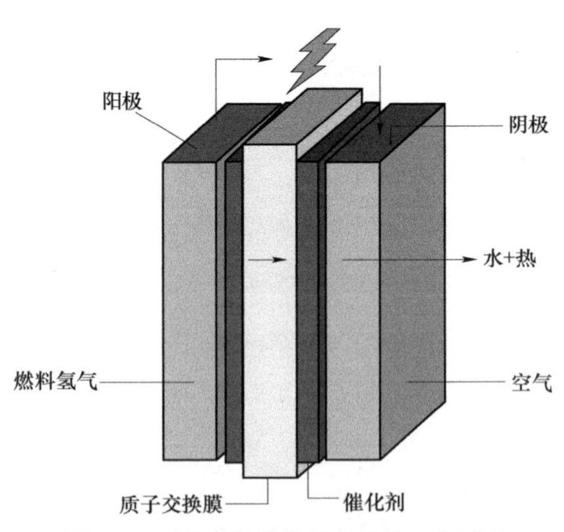

图 4–1 质子交换膜燃料电池的工作原理

导入的氢气通过阳极集流板经由阳极气体扩散层到达阳极催化剂层，在阳极催化剂的作用下，氢分子分解为带正电的氢离子并释放出带负电的电子，完成阳极反应；氢离子穿过膜到达阴

极催化剂层，而电子则由集流板收集，通过外电路到达电路形成电流，通过适当连接可向负载输出电能；在电池的另一端，氧气通过阴极集流板经由阴极气体扩散层到达阴极催化剂层。在阴极催化剂的作用下，氧与透过膜的氢离子及来自外电路的电子发生反应生成水，完成阴极反应；电极反应生成的水大部分由尾气排出，一小部分在压力差的作用下通过质子交换膜向阳极扩散。阳极和阴极发生的电化学反应为

$$2H_2 \rightarrow 4H^+ + 4e^- \tag{4-1}$$

$$4e^- + 4H^+ + O_2 \rightarrow 2H_2O \tag{4-2}$$

总的电化学反应为

$$2H_2 + O_2 \rightarrow 2H_2O \tag{4-3}$$

上述过程是理想的工作过程，实际上，整个反应过程中会有很多中间步骤和中间产物的存在。

2. 碱性燃料电池（Alkaline Fuel Cell，AFC）

图 4–2 所示为碱性石棉膜型氢氧燃料电池的工作原理。

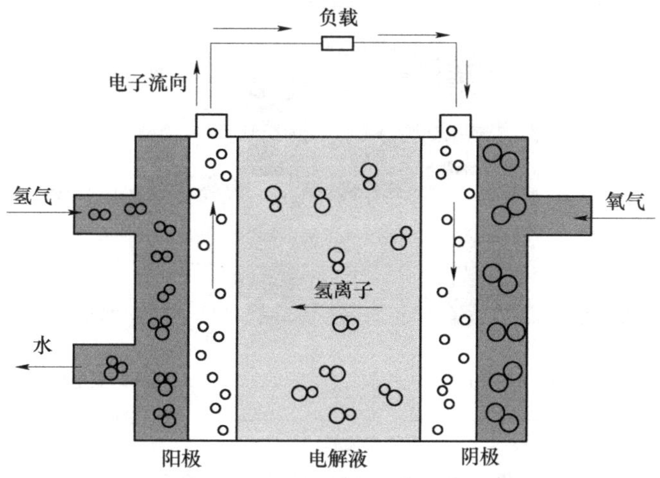

图 4–2　碱性石棉膜型氢氧燃料电池的工作原理

碱性燃料电池以强碱（如氢氧化钾、氢氧化钠）为电解质，氢气为燃料，纯氧或脱除微量二氧化碳的空气为氧化剂，采用 Pt/C、Ag、Ag–Au、Ni 等为电催化剂制备的多孔气体扩散电极为氧电极，Pt–Pd/C、Pt/C、Ni 制备的多孔气体电极为氢电极。以无孔炭板、镍板或镀镍甚至镀银、镀金的各种金属（如铝、镁、铁等）板为双极板材料，在板面上可加工各种形状的气体流动通道构成的双极板。

在阳极，氢气与碱中的 OH^- 在电催化剂的作用下，发生氧化反应生成水和电子，电子通过外电路达到阴极，在阴极电催化的作用下，参与氧气的还原反应，生成的 OH^- 通过饱浸碱液的多孔石棉膜迁移到氢电极。阳极和阴极发生的电化学反应为

$$H_2 + 2OH^- \rightarrow 2H_2O + 2e^- \tag{4-4}$$

$$O_2 + 2H_2O + 4e^- \rightarrow 4OH^- \tag{4-5}$$

总的电化学反应为

$$2H_2 + O_2 \rightarrow 2H_2O \quad (4\text{–}6)$$

3. 磷酸燃料电池（Phosphoric Acid Fuel Cell，PAFC）

磷酸燃料电池是以磷酸为导电电解质的酸性燃料电池。电池片由基材及肋条板触媒层所组成的燃料极、保持磷酸的电解质层、与燃料极具有相同构造的空气极构成。在燃料极，燃料中的氢原子释放电子成为氢离子，氢离子通过电解质层，在空气极与氧离子发生反应生成水。将数枚单电池片进行叠加，每数枚电池片中叠加为降低发电时内部热量的冷却板，从而构成输出功率稳定的基本电池堆。再加上用于上下固定的构件、供气用的集合管构成磷酸燃料电池的电池堆。

图 4–3 所示为磷酸燃料电池的工作原理。磷酸燃料电池使用液化磷酸为电解质，通常位于碳化硅基质中。当以氢气为燃料、氧气为氧化剂时，在电池内发生电化学反应。

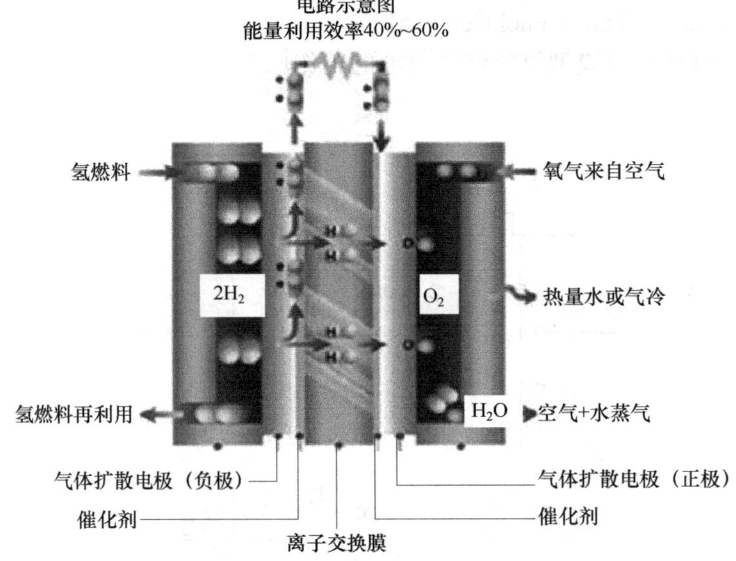

图 4–3　磷酸燃料电池的工作原理

阳极和阴极发生的电化学反应为

$$H_2 \rightarrow 2H^+ + 2e^- \quad (4\text{–}7)$$

$$O_2 + 4H^+ + 4e^- \rightarrow 2H_2O \quad (4\text{–}8)$$

总的电化学反应为

$$2H_2 + O_2 \rightarrow 2H_2O \quad (4\text{–}9)$$

4. 熔融碳酸盐燃料电池（Molten Carbonate Fuel Cell，MCFC）

熔融碳酸盐燃料电池是由多孔陶瓷阴极、多孔陶瓷电解质隔膜、多孔金属阳极、金属极板构成的燃料电池。

单体的熔融碳酸盐燃料电池一般是平板型的，由电极–电解质、燃料流通道、氧化剂流通道和上下隔板组成，如图 4–4 所示。单体的上下部分为隔板–电流板采集，中间部分是电解质板，电解质板的两侧为多孔的阳极极板和阴极极板，其电解质是熔融态碳酸盐。熔融碳酸

盐燃料电池的工作原理如图 4–5 所示。

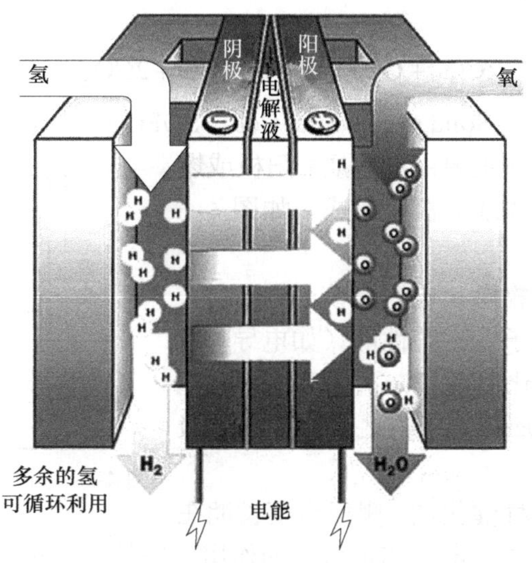

图 4–4 单体熔融碳酸盐燃料电池结构图

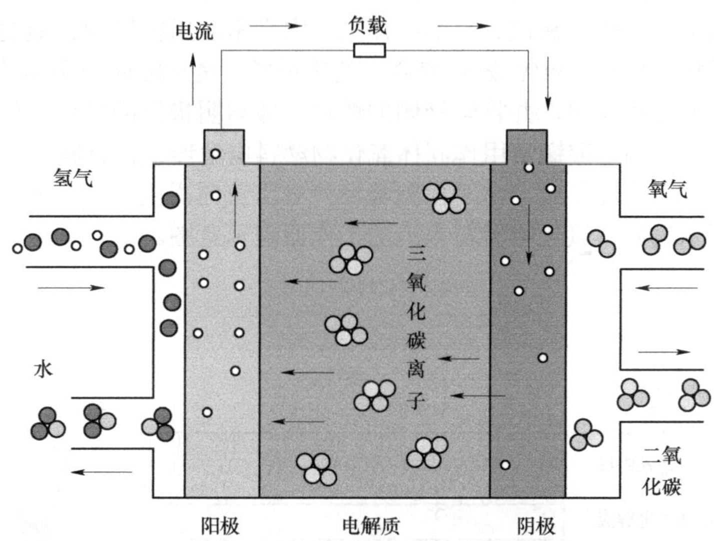

图 4–5 熔融碳酸盐燃料电池的工作原理

燃料电池工作过程实质上是燃料的氧化过程和氧化剂的还原过程，燃料和氧化剂气体流经阳极和阴极通道。氧化剂中的 O_2 和 CO_2 在阴极与电子进行氧化反应产生CO_3^{2-}，电解质板中的CO_3^{2-}直接从阴极移动到阳极，燃料气中的 H_2 与 CO_3^{2-} 在阳极发生反应，生成了 CO_2、H_2O 和电子。电子被集流板收集起来，然后到达隔板。隔板位于燃料电池单元的上部和下部，并和负载设备相连，从而构成了包括电子传输和离子移动在内的完整的回路。

阳极和阴极发生的电化学反应为

$$H_2 + CO_3^{2-} \rightarrow H_2O + CO_2 + 2e^- \tag{4–10}$$

$$2CO_2 + O_2 + 4e^- \rightarrow 2CO_3^{2-} \tag{4–11}$$

总的电化学反应为

$$2CO_2 + O_2 + 2H_2 \rightarrow 2H_2O + 2CO_2 \tag{4–12}$$

5. 固体氧化物燃料电池（Solid Oxide Fuel Cell，SOFC）

固体氧化物燃料电池单体主要由电解质、阳极或燃料极、阴极或空气极和连接体或双极板组成，如图 4–6 所示。

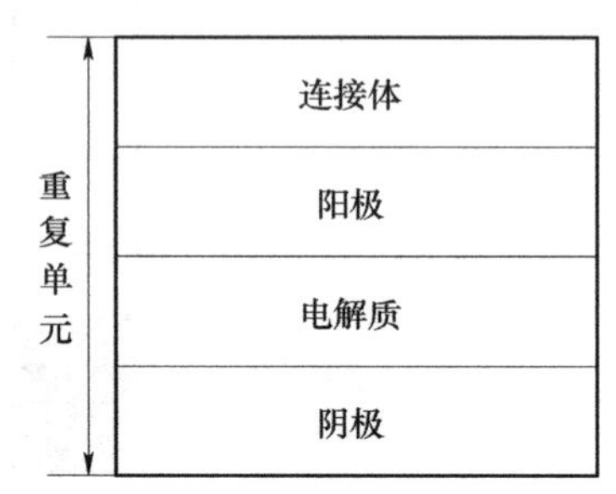

图 4–6　固体氧化物燃料电池的基本组成

固体电解质是固体氧化物燃料电池最核心的部件，它的主要功能在于传导氧离子，它的性能（如电导率、稳定性、热膨胀系数、致密化温度等）不但直接影响电池的工作温度及转换系数，还决定了与之相匹配的电极材料及其制备技术。

电极材料本身首先是一种催化剂。阴极需要长期在高温和氧化环境中工作，起传递电子和扩散氧的作用，应是多孔洞的电子导电性薄膜。固体氧化物燃料电池的工作温度高，只有贵金属或电子导电的氧化物适用于阴极材料，由于铂、钯等贵金属价格昂贵，一般只在试验范围内使用。实际常应用掺锶的锰酸镧作为固体氧化物燃料电池的阴极材料。目前，Ni/YSZ 陶瓷合金造价最低，是实际应用中的首选阳极材料。连接材料在单电池间起连接作用，并将阳极侧的燃料气体与阴极侧的氧化气体（氧气或空气）隔离开来。钙钛矿结构的铬酸镧常用作固体氧化物燃料电池连接体材料。

固体氧化物燃料电池工作时，电子由阳极经外电路流向阴极，氧离子经电解质由阴极流向阳极。图 4–7 所示为固体氧化物燃料电池的工作原理示意图。

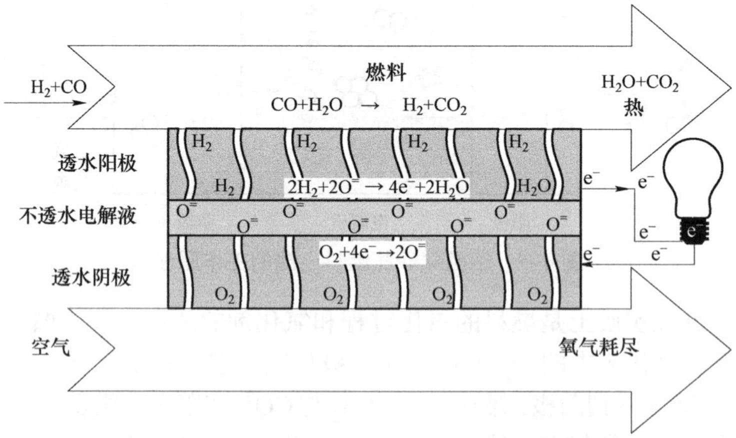

图 4–7　固体氧化物燃料电池的工作原理示意图

在阴极发生氧化剂（氧与空气）的电还原反应，即氧分子得到电子被还原为氧离子。阴极的电化学反应为

$$O_2 + 4e^- \rightarrow 2O^{2-} \tag{4–13}$$

氧离子在电解质隔膜两侧电位差与浓差驱动力的作用下，通过电解质隔膜中的氧空位定向跃迁到阳极侧。

在阳极发生燃料（氢或富氢气体）的电氧化反应，即燃料（如氢）与经电解质传递过来的氧离子进行氧化反应生成水，同时向外电路释放电子，电子通过外电路到达阴极形成电流。

4.1.2 燃料电池的特性

实验已经证明，燃料电池的静电压 V 一般低于由 ΔG 值计算得出的可逆电压 V_r^0。同样，电压降称为静电压降 ΔV_0。其原因是电极过程存在显著的动态延迟，不然就没有发生在 V_r^0 的热力学计算中所假设的那样的过程。通常，这一静电压降取决于电极材料和所使用的电解液种类。

当由燃料电池提取电流时，因电极和电解液中存在欧姆电阻而产生电压降，它正比于电流密度，即

$$\Delta V_\Omega = R_e i \tag{4-14}$$

式中，R_e 为按面积所得的等值欧姆电阻；i 为电流密度。

在燃料电池中，由于需要附加能量去克服活性势垒，故部分产生的能量损失存在于促成物质反应的过程之中。这些损耗称为活性损耗，并由活性电压降 ΔV_a 予以表达。该电压降与电极材料和催化剂密切相关。Tafel 关系式是应用于这一特性的最一般的数学描述，由此可得活性电压降为

$$\Delta V_a = \frac{RT}{\beta nF}\ln\left(\frac{i}{i_0}\right) \tag{4-15}$$

也可写为

$$\Delta V_a = a + b\ln i \tag{4-16}$$

式中，$a=-[RT/(\beta nF)]\ln i_0$；$b=RT/(\beta nF)$。其中 i_0 为平衡态条件下的交变电流；b 为取决于过程的常数。

当电流流通时，离子在邻近负极处放电，因此，在该区域中，离子浓度趋于减小。若为维持电流，则必须向电极输运离子。这一过程的发生自然归结于整体电解液中离子的分解，并起因于离子浓度梯度所形成的场直接输运的作用。由对流或扰动引起的整体电解液的运动，也有助于离子的增加。

因离子缺少所导致的电压降称为浓度电压降，因为它与紧邻电极处的电解液浓度的降低相关联。对应于较低的电流密度，浓度电压降通常较小。然而，当电流密度增加时，浓度电压降将达到其极限值，此时接近于离子趋于电极的最大可能输运率，并且在电极表面处离子浓度降至零。

在电极处离子被迁移（燃料电池中的阴极）条件下，由离子浓度所引起的电压降可表达为

$$\Delta V_{c1} = \frac{RT}{nF}\ln\left(\frac{i_L}{i_L - i}\right) \tag{4-17}$$

而在电极处离子被生成（燃料电池中的阳极）条件下，则为

$$\Delta V_{\mathrm{c1}}=\frac{RT}{nF}\ln\left(\frac{i_{\mathrm{L}}+i}{i_{\mathrm{L}}}\right) \tag{4–18}$$

式中，i_{L}为极限的电流密度。

因离子浓度所导致的电压降不仅限于电解液，当反应物或生成物是气态物时，在反应区中，局部压力的变化也表征了离子浓度的变化。例如，在氢氧燃料电池中，氧可以从空气中引入，当反应发生时，氧被迁移接近电极微孔中的电极表面，而在那里与在整体空气情况中相比，氧的局部压力必然下降。由局部压力变化所必然导致的电压降为

$$\Delta V_{\mathrm{cg}}=\frac{RT}{nF}\ln\left(\frac{p_{\mathrm{S}}}{p_0}\right) \tag{4–19}$$

式中，p_{S}为表面处的局部压力；p_0为所用多孔材料中的局部压力。

图4–8所示为氢氧燃料电池在温度为T=80℃条件下，其单元电压与电流密度的关系曲线。由图可见，由化学反应（包含活性和浓度变化）引起的压降是产生电压降的原因。同时也表明改进电极材料及其生产，采用新技术（例如，纳米技术和改进的催化剂），都将显著地减小电压降，并将因此提高燃料电池的效率。

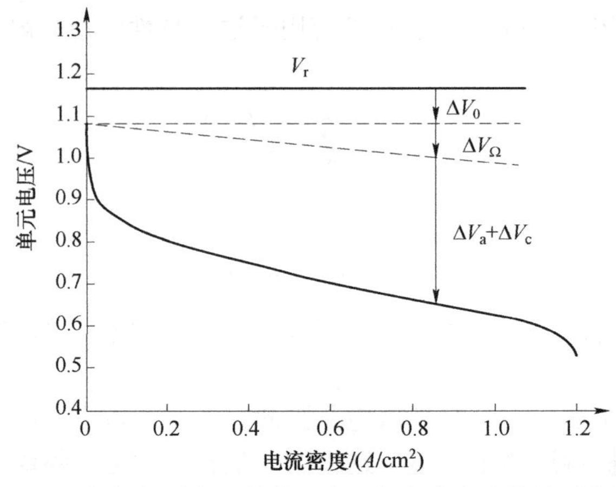

图4–8　氢氧燃料电池的单元电压与电流密度的关系曲线

燃料电池中的能量损耗可通过电压降予以表达，因此，燃料电池的效率可表示为

$$\eta_{\mathrm{fc}}=\frac{V}{V_{\mathrm{r}}^{0}} \tag{4–20}$$

式中，V_{r}^{0}为在标准条件下（p=1.01×10^{5}Pa（1atm），T = 298K）单元电池的可逆电压。

燃料电池的效率曲线与其电压曲线严格相似。氢氧燃料电池的效率–电流密度曲线如图4–9所示，随着电流增加，效率下降而功率增加。因此，在低电流下运用燃料电池，即在低功率下可获得高运行效率。然而，其辅助设备（如空气循环泵、冷却水循环泵等）所消耗的能量，由于其功率消耗占有较大的百分比，故很低功率（10%的最大功率）的运行，将导致较低的运行效率。

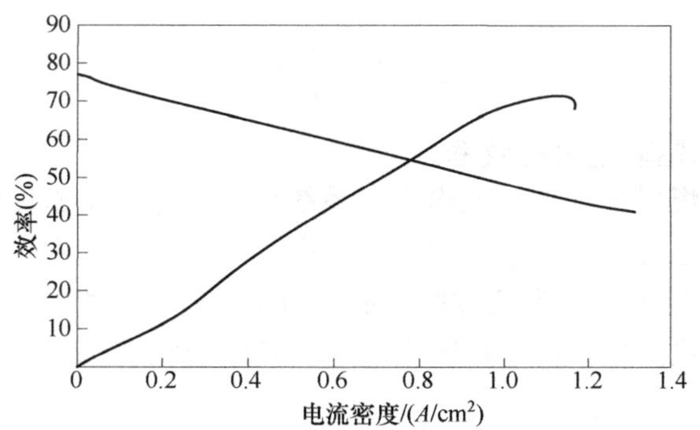

图 4–9　氢氧燃料电池中的运行效率随着电流密度的变化

实际上，燃料电池需要辅助设备支持其运行。辅助设备主要包括空气循环泵、冷却水循环泵、排气扇、燃料供应泵和电控设备，如图 4–10 所示。在辅助设备中，空气循环泵的能量消耗最大，其消耗功率（含驱动电机）约占燃料电池堆总输出功率的 10%，其他辅助设备消耗的能量比空气循环泵消耗的能量要小得多。

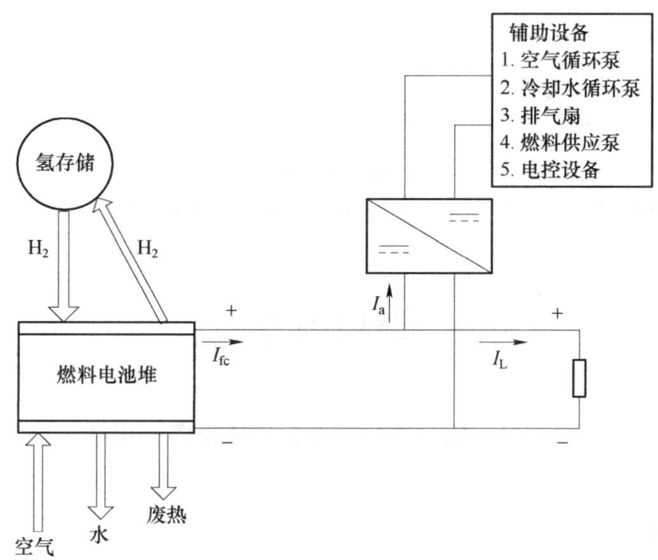

图 4–10　氢–空气燃料电池系统

在燃料电池中，为减小电压降，电极表面的空气压力 p 一般高于大气压力 p_0，根据热力学，质量流为 $\dot{m}_{air}$ 的空气从低压压缩至高压所需功率的计算式为

$$P_{air-comp}=\frac{\gamma}{\gamma-1}\dot{m}_{air}RT\left[\left(\frac{p}{p_0}\right)^{(\gamma-1)/\gamma}-1\right] \tag{4–21}$$

式中，γ 为空气比热系数，取 1.4；R 为空气的气体常数，取 287.1J/（kg・K）；T 为压缩机进口处温度，单位为 K。当计算空气循环泵消耗的功率时，必须计及空气泵和驱动电机中的能量消耗，因而总消耗功率为

$$p_{\text{air-cir}} = \frac{p_{\text{air-comp}}}{\eta_{\text{ap}}} \tag{4–22}$$

式中，η_{ap}为空气泵外加驱动电机的效率。

图 4–11 为氢–空气燃料电池的单元电压、系统效率和净功率密度随净电流密度变化的曲线。该图表明了该燃料电池系统的最佳运行区域在其电流范围的中间区域，估计在最大电流的 7%～50%范围内。大电流将导致低效率，是因为在燃料电池堆中产生了较大的电压降；另一方面，很小的电流导致低效率，则是因为辅助设备所消耗能量的百分比的增大。

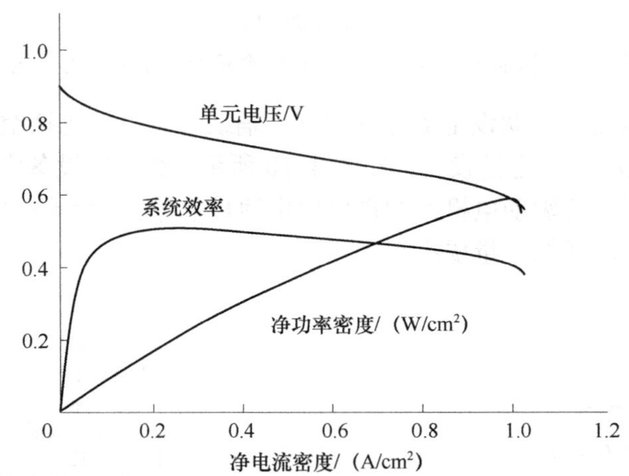

图 4–11　氢–空气燃料电池的单元电压、系统效率和净功率密度随净电流密度变化的曲线

4.2　燃料电池系统

燃料电池种类很多，但目前应用最多的是质子交换膜燃料电池，因此，本节重点介绍质子交换膜燃料电池。

4.2.1　燃料电池堆

4.2.1.1　膜电极组件

质子交换膜燃料电池的核心部件为膜电极集合体。将阳极、质子交换膜与阴极结合成三明治结构的单一组件称为膜电极集合体（Membrane Electrode Assembly，MEA）。膜电极集合体的结构如图 4–12 所示。膜电极集合体通常由 5 层组成：阴极扩散层、阴极催化剂层、质子交换膜、阳极催化剂层和阳极扩散层。

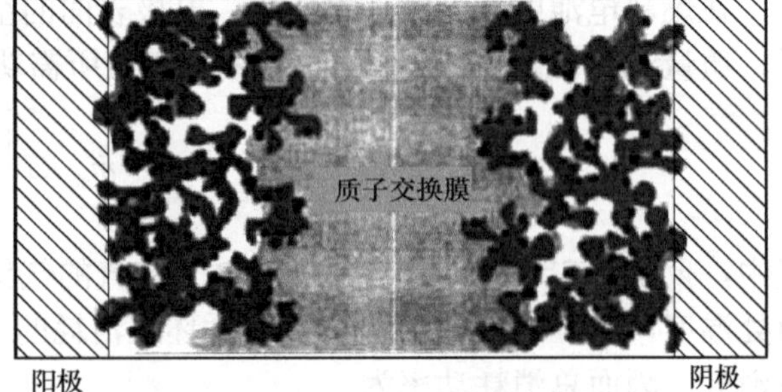

图 4–12　单体电池壳体及膜电极集合体

扩散层不仅是反应物质扩散的场所，也起着支撑催化层的作用。催化层与扩散层的接触电阻应尽量小；否则会因为整个电池的内阻增大，而不利于电池的放电。另外，扩散层直接与双极板流场接触，因此对扩散层的强度要有一定的要求，尤其是采用蛇行流场时，其要求相对于多孔体和网状流场来说要高一些。

下面介绍一下构成质子交换膜燃料电池的关键材料与元器件，即电极催化剂、质子交换膜、双极板和流场。

4.2.1.2　电极催化剂

催化剂是电极中最主要的部分，电催化剂的功能是加速电极与电解质界面上的电化学反应或降低反应的活化能，使反应更容易进行。在质子交换膜燃料电池中，催化剂的主要功能是促进氢气的氧化和氧气的还原。

一种催化剂要具有好的催化性能，必须具备以下几个条件：

（1）要有高的电催化活性

催化剂要对氢气氧化反应和氧气还原反应都具有较高的催化活性，而且还要对反应过程中存在的副反应具有较好的抑制作用。如对于阳极反应产生的中间产物具有较好的抗中毒能力，对于阴极反应具有较好的抗甲醇氧化的功能。一般来说，在各种金属元素中，无论是对于氢气的氧化，还是对于氧气的还原，Pt 的电催化活性都最高。

（2）要有高的电催化稳定性

催化剂的稳定性取决于其化学稳定性和抗中毒能力。化学稳定性好是指催化剂在电解质溶液中不腐蚀。抗中毒能力是指催化剂不易被一些物质毒化。如当氢气中含有 CO 时，它会强烈地吸附在 Pt 催化剂的表面而使 Pt 催化剂毒化。此时，必须在 Pt 催化剂中加入 Ru 等第二种或第三种组分，以提高 Pt 催化剂的抗中毒能力。

（3）要有大的比表面积

电催化活性一般与催化剂的比表面积有关。一般来说，比表面积大，电催化活性也高。

（4）要有适当的载体

催化剂的比表面积要大，其粒子一定要小，而且分散性要好。用适当的载体就能够达到这样的效果。常用的载体有活性炭、炭黑等，它们的比表面积大、导电性好。近年来，碳纳米管、导电聚合物、WC 等也被广泛研究；它们能与催化剂发生某种作用，而使催化剂性能进一步提高。

（5）要有好的导电性

因为氢或氧在催化剂上反应后的电子要通过催化剂传导，因此，催化剂必须具有较高的电导率。

根据上述要求，一般情况下，阴、阳极催化剂都使用碳载铂催化剂（Pt/C）。

4.2.1.3　质子交换膜

1. 质子交换膜的功能

质子交换膜是质子交换膜燃料电池的核心部件。它是一种绝缘体，作为隔膜，把阴、阳两极分开，防止电池短路，也防止氢气与氧气直接接触。它是一种质子导体，它能把氢在阳极氧化生成的 H^+输送至阴极，提供阴极反应所需要的 H^+，并使电池形成电回路。因此，质子交换膜最主要的性能是要有好的质子导电性。

全氟磺酸型膜由碳氟主链和带有磺酸基团的醚支链组成，具有高的电导率和化学稳定性，是质子交换膜燃料电池最适用的电解质之一。目前，广泛应用的是美国 DuPont 公司生产的 Nafion 系列膜，还有 Dow 化学公司生产的 DOW 膜、日本 Asahi 公司的 Aciplex 膜、Asahi Glass 公司的 Flemion 膜和氯碱工程公司的 C 膜等。商品化的全氟磺酸系列膜有 DuPont 公司开发的 Nafion 膜、Dow 公司开发的 DOW 膜等。膜在直接甲醇燃料电池中使用时的优缺点与其特定的组成及结构有关。

全氟磺酸膜的结构和聚四氟乙烯（PTFE）较相似，Nafion 膜与 DOW 膜的结构式如下所示：

$$-(CF_2-CF_2)_x-(CF-CF_2)_y-$$
$$-(OCF_2CF)_z-O(CF_2)_2SO_3H$$
$$CF_3$$

注：Nafion 膜，x=6～10，y=z=1

$$-(CF_2-CF_2)_x-(CF-CF_2)_y-$$
$$O(CF_2)_2SO_3H$$

注：DOW 膜，x=3～10，y=1

从以上两式可以看出，Nafion 膜与 DOW 膜的结构是相似的，只是 Nafion 膜侧链的基团比 DOW 膜的长。采用 DOW 膜作为质子交换膜燃料电池的电解质膜时，电池性能明显优于用 Nafion 膜的电池，但是由于 DOW 膜的树脂单体合成比 Nafion 膜的复杂，使得 DOW 膜的价格要明显高于 Nafion 膜。这类膜具有高化学稳定性、热稳定性和很长的使用寿命（如 Nafion 膜大于 10 000h，DOW 膜大于 50 000h）的原因是其碳–氟键有很高的键能（$4.85\times10^5 J\cdot mol^{-1}$）以及氟原子半径较大（$6.4\times10^{-11} m$）等因素，形成对聚合物碳–碳主链的保护，使其能抗拒强酸、强氧化剂的腐蚀与降解，以及热的冲击。全氟结构的合成难度大导致了其价格昂贵，如 Nafion 膜约 800 美元/m^2，DOW 膜的价格则约是其 3 倍。

2. Nafion 膜的性能

Nafion 膜是质子交换膜燃料电池中最常使用的质子交换膜，是一种全氟磺酸膜，看上去像包装食物用的半透明塑料膜。图 4–13 所示为 Nafion 膜的结构图。

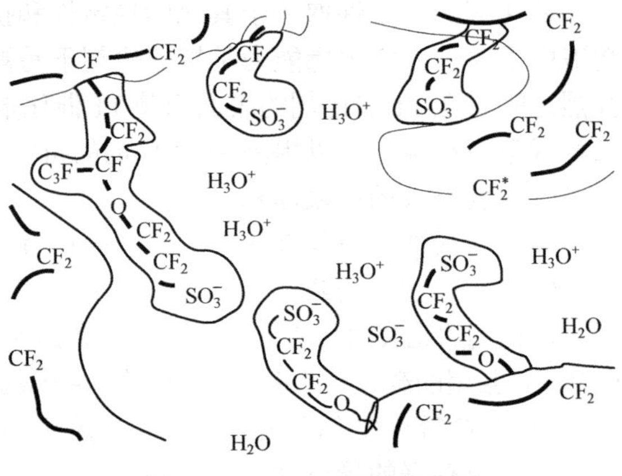

图 4–13　Nafion 膜的结构图

实际上，Nafion 是一系列不同厚度的聚全氟磺酸膜的总称。根据其厚度的不同，Nafion 膜分别以 Nafion–115、Nafion–117、Nafion–119 等命名，具体见表 4–1。

表 4–1　DuPont Nafion 膜厚度与质量（23℃，50% RH）

型号	厚度/μm	干膜单位面积质量/（$g\cdot m^{-2}$）
Nafion–111	25.4	50
Nafion–112	51	100
Nafion–1135 Nafion–1035	89 89	190 190
Nafion–115	127	250
Nafion–105		
Nafion–117	183	360

Nafion 膜有很好的质子导电性，但 H^+在 Nafion 膜内的迁移必须伴随着水的迁移，一个 H^+的迁移一般要伴随 0.6 个水分子的迁移。这种膜在缺水的情况下，H^+的传导性将显著下降，所以保持膜的适度湿润性非常重要。但电池内含水过多不利于气体反应物扩散到催化剂上，也会使电池性能降低。因此，质子交换膜燃料电池的水含量控制是一个很重要的问题。另外，水中含其他离子，如 Na、Ni、Cr、Fe 等也会使 Nafion 膜的 H^+迁移率降低，所以要注意电池中管道材料的防腐性，以免带入较多的无机离子。

对于质子交换膜的另一个重要的要求是有好的机械强度和柔韧性。干的 Nafion 膜有很好的机械强度，但当其含水量增加时，机械强度会降低，因此必须控制质子交换膜燃料电池的水含量。

虽然质子交换膜的厚度越薄，越有利于减小电池的内阻和提高 H^+的迁移速率，但膜太薄，氢气和氧气易透过膜，气体的透过率与膜的厚度成反比。因此，Nafion 膜的厚度要在一定的范围内。

Nafion 膜的另一个优点是有好的化学稳定性。因为氧的还原会产生中间产物 H_2O_2，具有很强的氧化性，而 Nafion 膜有很好的抗过氧化氢氧化的能力。

3. Nafion 膜存在的问题

Nafion 膜也存在一定的问题。首先是价格高，Nafion 膜的价格约为 500～800 美元/m^2。其次，H^+在 Nafion 膜内的扩散要伴随水的移动，因为 H^+以水合离子的形式存在，这使膜内水量的控制成为一个重要的问题。当膜内的相对湿度为 30%时，Nafion 膜的 H^+电导率严重下降；当相对湿度为 15%时，Nafion 膜已经成为绝缘体。而且，这也使质子交换膜燃料电池的操作温度不能超过 100℃（高温下失水严重引起电导率的显著降低），一般在 80℃左右。更麻烦的是由于膜内必须有水，因此，如电池处于 0℃以下，膜内的水会结冰而破坏膜的结构，这个问题至今还没有很好的解决办法。因而新型质子交换膜的研究成为目前质子交换膜燃料电池研究的热点。

4.2.1.4 双极板和流场

阴极、阳极和电解质构成一个单个燃料电池，其工作电压约为 0.7V。为了获得实际需要的电压，须将若干个单电池通过起导电作用的隔板串联连接起来成为电池堆。此隔板的一侧与前一个燃料电池的阳极侧接触，另一侧与后一个燃料电池的阴极侧接触，因此叫作双极板，如图 4–14 所示。

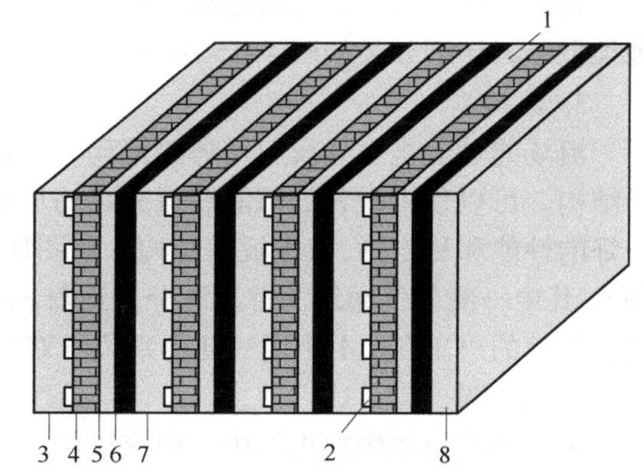

图 4–14 4 个燃料电池组成的电池堆示意图

1—氧气供应 2—氢气供应 3—阳极板 4—阳极 5—电解质 6—阴极 7—双极板 8—阴极板

1. 双极板的功能和要求

双极板又称集流板、隔板，是电池的核心部件之一。质子交换膜燃料电池的气室主要是由双极板构成的。每个双极板的两面形成两个气室：一面是氢气室；另一面是氧气室。双极板的中间是冷却管道。双极板有多种功能，它的主要作用是分隔反应气体并通过流场将反应气体导入燃料电池，收集并传导电流和支撑膜电极，同时还承担整个燃料电池系统的散热和排水功能。因此，对它也有多种要求。

① 提供气体通道。双极板必须具有合适的流场结构，而且能提供气体通道，使反应气体在气室内均匀分布和流动，并带出电池中生成的水气。

② 分开氢气和氧气。因为双极板要分开氢气和氧气，所以要求双极板的板必须有阻气功能，不能采用多孔材料。如果必须采用，则要采取措施堵孔。

③ 容易加工成形。

④ 价格低廉。

⑤ 集电流作用。单体电池通过双极板实现电连接，因此双极板必须有好的导电性。必须采用电的良导体，另外，双极板还必须是热的良导体，以保证电池组温度的均匀分布和排热方案的实施。

⑥ 控制电池温度。双极板中间设计有冷却水的通道，用来控制电池温度，因此，双极板必须是热的良导体。

⑦ 支撑隔膜和电极的组合体。双极板还起支撑隔膜和电极的组合体、保持电池堆结构稳定的作用，因此，双极板材料必须具有一定的强度。

⑧ 要有好的抗腐蚀性。质子交换膜燃料电池的电解质为酸，而且双极板所处的环境还存在氧化介质（如阴极燃料氧气）和还原介质（如氢气），这些对双极板都有一定的腐蚀性。一般地，质子交换膜燃料电池要运行上万小时，因此，双极板材料一定要有好的抗腐蚀性。

⑨ 双极板材料要价格低廉。

⑩ 双极板材料要重量轻。

⑪ 较低的面电阻、体电阻以及较小的与膜电极集合体扩散层的接触电阻。

⑫ 具有较高的机械强度。

2. 双极板的材料

双极板作为质子交换膜燃料电池的关键组件之一，其性能优劣直接影响电池的输出功率和使用寿命。

目前，质子交换膜燃料电池中广泛使用的双极板材料有石墨板、金属板和复合双极板三种类型，其详细分类如图 4–15 所示。

3. 流场

流场的功能是引导反应气体的流动方向，确保反应气体均匀分配到电极各处。合理的流场结构，可以使电极各处都能获得充足的反应物并及时把电池生成的水排出，保证电池具有较好的性能和稳定性。双极板的结构示意图如图 4–16 所示。极板的两表面均刻有导气通道（流场）。其中一侧导气通道的首末端分别连着燃料气氢气进出孔，另一侧导气通道的首末段分别连着氧气的进出孔，4 个通气孔分别位于双极板的 4 个角上。这里，密封圈的作用是防止反应气体的泄漏。

在质子交换膜燃料电池中，研究过的流场的种类较多，如点状流场、网状流场、多通道流场、蛇形流场、交错型流场、交指流场、螺旋流场、平行流场、平行蛇形流场和平行沟槽流场等，如图 4–17 所示。

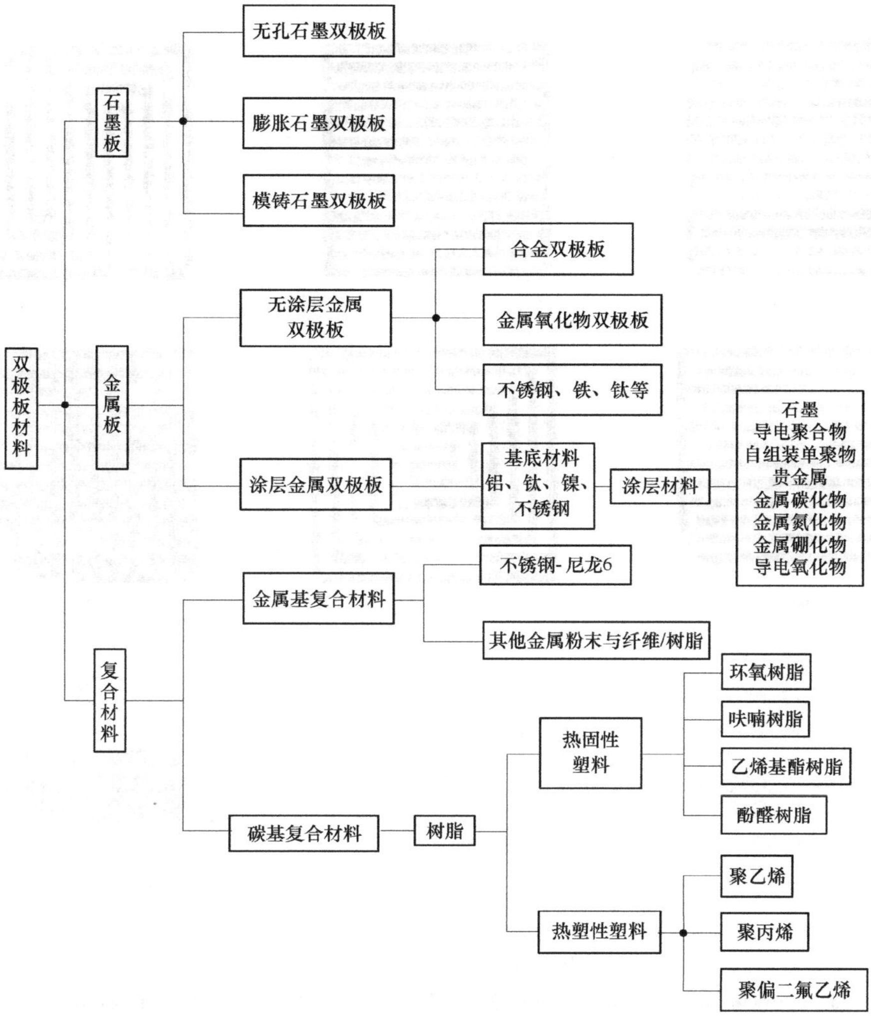

- 双极板材料
  - 石墨板
    - 无孔石墨双极板
    - 膨胀石墨双极板
    - 模铸石墨双极板
  - 金属板
    - 无涂层金属双极板
      - 合金双极板
      - 金属氧化物双极板
      - 不锈钢、铁、钛等
    - 涂层金属双极板
      - 基底材料 铝、钛、镍、不锈钢
        - 涂层材料
          - 石墨
          - 导电聚合物
          - 自组装单聚物
          - 贵金属
          - 金属碳化物
          - 金属氮化物
          - 金属硼化物
          - 导电氧化物
  - 复合材料
    - 金属基复合材料
      - 不锈钢- 尼龙6
      - 其他金属粉末与纤维/树脂
    - 碳基复合材料
      - 树脂
        - 热固性塑料
          - 环氧树脂
          - 呋喃树脂
          - 乙烯基酯树脂
          - 酚醛树脂
        - 热塑性塑料
          - 聚乙烯
          - 聚丙烯
          - 聚偏二氟乙烯

图 4–15 双极板材料的详细分类

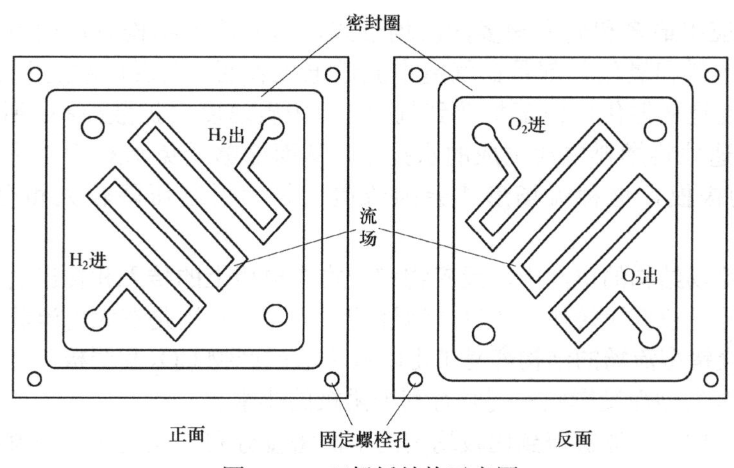

图 4–16 双极板结构示意图

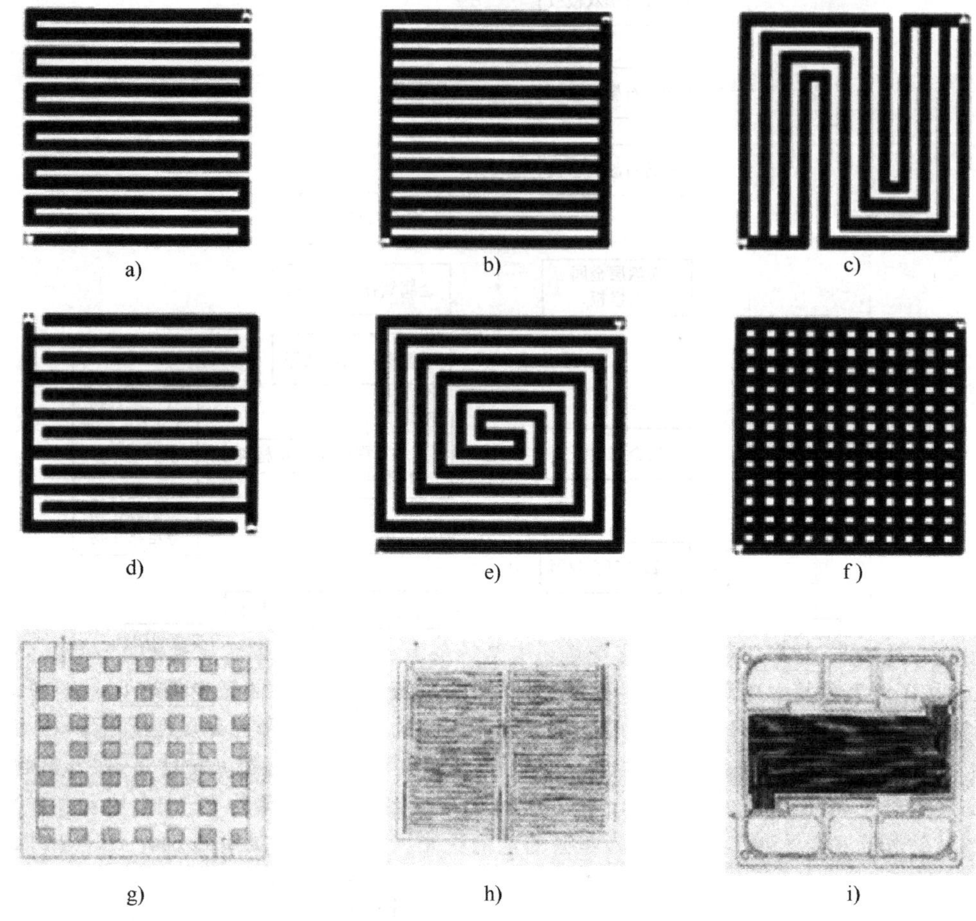

图 4–17　各种流场示意图

a）蛇形流场　b）平行流场　c）平行蛇形流场　d）交指流场　e）螺旋流场　f）网状流场

g）点状流场　h）复合型流场　i）多通道蛇形流场

蛇形流场是应用最多和研究最多的流场形式，这种流场结构有单通道和多通道之分。在蛇形流场中，燃料和氧化剂都是在气室中流过电极表面，然后扩散进入电极内部的催化层中，反应产物也是从催化层内部扩散到气室中，传质速度由扩散控制，所以速率比较低。它的优点是能快速地将燃料电池生成的水排出，从而能够避免水对流道的堵塞。但是，对于面积比较大的极板，这种流场形式会因流道过长而引起压降较大和电流密度分布不均匀。

而在交错型流场结构的电池中，反应物和产物在电极上的传入和传出由扩散控制转变为强制对流控制，传质速率比较快，所以电池性能比较好，特别是在大电流放电时，差别更明显。最重要的是交错型流场的结构容易带走阳极生成的产物 CO_2 和阴极产生的水，使阳极反应不因形成的 CO_2 气泡而受影响，同时有利于阴极的排水。

平行流场的结构设计能够得到比较均匀的电流密度分布。但是在这种流场设计中，水容易发生聚集而造成流道的阻塞。另外，如果设计不合理还会导致部分流道的流体流量小甚至

不流动，从而使得由于浓差极化的影响而使电池的性能降低。

交指流场又称为不连续流场，这种流场设计能够提高电池的功率密度。反应物能够比较充分地通过流道，并具有较好的排水能力，但是，由于扩散层的阻力较大，会使流场的压力降增大，而且容易发生短路或者沟流的情况。

螺旋流场同样具有较强的排水能力，而且，因为它在进口和出口处具有交错流场安排，所以使得物质的分布更为均匀。

点状流场的流场网络以任意形状的点销排列而成，销的形状为圆柱体或立方体，反应气体从这些销形成的沟槽里流过。这种流场使反应的气压降很小，但是反应气体倾向于从阻力较小的通道流过，导致反应气体在流道中分布不均匀。

复合型流场是由 Cavalca 等设计的。整个流场被分成几个独立的部分，有各自的进气口和出气口，每一部分又分成相互平行的一系列沟道，它兼有点状流场、平行流场和蛇形流场的优点，是目前流场发展的主要方向。

4.2.2　氢供给系统

在通常状况下，氢是无色、无味、无嗅的气体，极难溶解于水。在所有的气体中，氢的比热容最大、热导率最高、黏度最低。与其他气体能量载体不同的是，氢气难以液化，导致大规模的储氢非常困难，这已经成为氢能利用走向规模化的瓶颈。为了更大规模、更安全地储氢，人们进行了多种氢气存储方法的研究。

1. 压缩气体形式储氢

高压气罐储氢在技术上是最简单的方法，也是氢需求量小时使用最广泛的方法。通过压缩方式储存氢，对环境污染很小，使用比较安全。世界已有的燃料电池混合动力汽车示范项目中，采用这种车载储氢就占了大多数。不足之处是，即使在非常高的压力下，储存氢的质量也非常低。

2. 液态储氢

在 22K 左右的温度下以液态形式储存氢，是目前唯一使用最广泛的大规模储氢方式。但是由于低温容器的漏损，液氢的生产、储存、运输、加注存在安全隐患，同时氢液化要消耗大量能量，这使得液态储氢在混合动力汽车上的应用受到限制。

3. 可逆金属氢化物储氢

金属氢化物是氢和金属的化合物。金属氢化物在较低的压力（1×10^{-6}Pa）下具有较高的储氢能力。金属氢化物储氢虽然具有较高的容积效率且使用安全，但质量效率较低。如果质量效率能够被有效提高，那么这种储氢方式将是理想的车载燃料的储存方式。

4. 碳纳米纤维储氢

石墨碳纳米纤维长度为 50～100nm，直径为 5～100nm。各国学者对碳纳米材料的储氢研究刚刚开始，研究成果也各不相同。对于这些材料用于储氢系统的技术经济评价和实际可行性上，学术界还存在争议。尽管如此，纳米纤维储氢已经显示出了显著的优越性，有望成为未来储氢的有效方法。

综合以上分析，对几种储氢方法进行了比较，见表 4–2。

表 4-2 四种储氢方法的比较

方法	储氢质量分数（%）	每升储氢质量/kg	安全性	成本	应用领域
高压储氢	0.7～3.0	0.015	高	低	混合动力汽车
液氢	14.2	0.040	一般	高	航空航天、电站
金属氢化物	0.65	0.028	高	高	混合动力轮船、军用设备
纳米纤维	—	—	高	高	—

现阶段发展燃料电池汽车，从技术难度、成本能耗对氢气纯度的要求（高压储氢要求最低为 99%）等方面考虑，对储氢体积要求较低的燃料电池汽车，在高压储氢方面具有一定的优势。

用氢气作为燃料的质子交换膜燃料电池系统设备相对简单，起动快、性能稳定，对负荷变化的响应快，相对成本较低。因此采用质子交换膜燃料电池的燃料电池汽车受到了高度的重视。典型的车载供氢系统模型如图 4-18 所示。

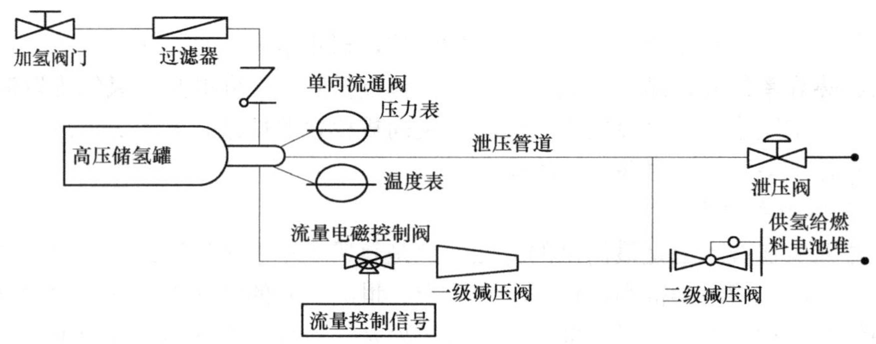

图 4-18 典型的车载供氢系统模型

如图 4-18 所示，过滤器的作用是给储氢罐提供高纯度氢气，具有单向截止的功能。高压气体通过减压后向燃料电池发动机提供稳定的氢气供应。流量电磁控制阀门开度大小的控制信号由过流保护装置发出。储氢罐口过流保护装置的设计构想如图 4-19 所示。

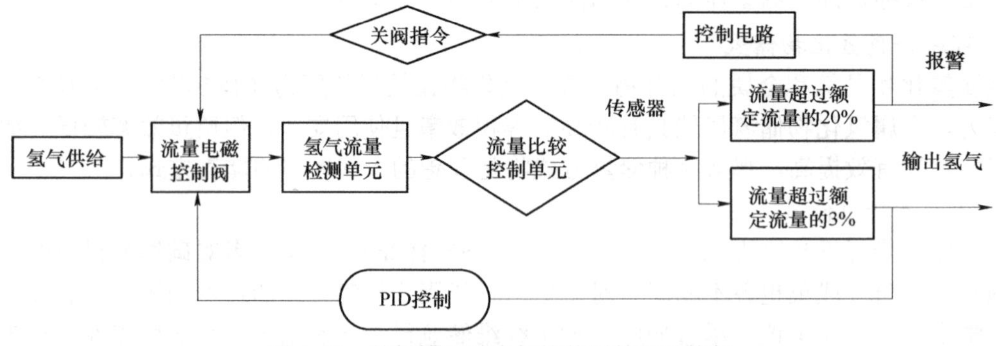

图 4-19 储氢罐口过流保护装置的设计构想

当供氢速度超过额定的氢气流量的 20%时，关闭氢气流量控制阀；当超过额定氢气流量的 3%时，由 PID 控制单元调节氢气流量电磁控制阀的开度，使氢气流量控制在设定的范围内。

4.2.3 热管理系统

质子交换膜燃料电池的能量转化效率为 40%～50%，因此，大约有一半的能量将转化为热。为了保持电池的恒温运行，并避免电池堆在高电流密度工作时造成局部过热，必须要进行热管理。质子交换膜燃料电池的热管理是指对电池温度的控制。温度较低时，电池存在较为明显的活化极化，而且质子交换膜的阻抗也较大，另一方面，如果温度较高，会使水的蒸发速度加快，这样会使反应气体带走过量的水而使质子交换膜脱水，使膜的性能变差，引起电池性能下降。因此，要求以 Nafion 膜作为质子交换膜的质子交换膜燃料电池的工作温度要低于 100℃，通常为 80℃。

目前，普遍采用的热管理技术是在双极板中设置冷却通道，将电池运行时产生的热量及时排出，使质子交换膜燃料电池在恒温下工作，以保持稳定的性能。对冷却剂也有一定的要求，如冷却剂必须不导电、不腐蚀和能防冻。一般使用的冷却剂是水，也可以在水中加入乙二醇，以使水不易结冰。用水作为冷却剂，对水质要求较高，以防止腐蚀发生。水中的重金属离子含量要低于百万分之一，氧的含量要在十亿分之一。

一般使用的冷却方式是采用冷却水循环方式，这种方式比较方便，但要消耗较多的动力。这种方法被称为利用水的显热，要在质子交换膜燃料电池组内加置排热板。冷却液可以采用水或者水与乙二醇的混合液。

另外一种冷却方式是利用液体的蒸发来控制温度，被称为利用液体的潜热。因为液体蒸发的潜热较大，所以，这种方法被认为是较有利的排热方式。在电池中，潜热冷却是利用电池组内部水分的蒸发潜热来冷却，这种方式效率高，是一种新的冷却方式。但是，质子交换膜燃料电池工作温度一般在 100℃以下，因此不能用冷却水的潜热冷却，可以采用乙醇等低沸点的液体的潜热来排热。

4.2.4 水管理系统

1. 水管理的原因

水管理在质子交换膜燃料电池中是十分重要的。电池中的水是由两个方面产生的：一方面是增湿带入一部分水；另一方面是反应生成的水。水在质子交换膜燃料电池中是以气态和液态存在的。水过多或过少都会为质子交换膜燃料电池的性能带来负面的影响。由于质子交换膜燃料电池中使用的 Nafion 膜的 H^+扩散一定需要水的伴随，Nafion 膜的 H^+电导率与膜内含水量成一定的比例关系，如膜内没有水分，Nafion 膜就不能传导 H^+，因此，没有水电池就不能工作。另外，氧在阴极上还原生成水，如不把生成的水排出，电池内含水过多后，会淹没电极，阻塞电极或气体扩散层的孔洞，使氢气和氧气都不能扩散到电极上，电池也不能正常工作。因此，质子交换膜燃料电池正常工作的一个重要条件就是要控制好电池内的水分，湿度要适宜。而且，电池内的水含量要均匀，局部的水分过多或过少，也会影响电池的性能。

2. 水管理的方式

实际上，质子交换膜燃料电池堆一般容易干燥。因为在氢电极一面，水会随 H^+迁移而迁移到氧电极一面。而在氧电极一面，用空气中的氧作氧化剂时，空气的流量较大，会把氧电极一面吹干。因此，在质子交换膜燃料电池堆中，一般都采用增湿的方式来控制水。常用的增湿方式可分为外增湿方式和内增湿方式。

（1）外增湿方式

① 鼓泡法。将反应气体通过水温可控的鼓泡器进行增湿，称为鼓泡法。这种方法一般适用于实验室使用，而不适用于实际的电池系统。

② 喷射法。将水喷射到反应气体中来使反应气增湿，称为喷射法。这种方法需要加压泵和阀门等，这些设备要消耗能量，但该技术比较成熟，一般在大型质子交换膜燃料电池堆上广泛使用。

③ 自吸法。该法是在电极的扩散层中加入灯芯，这些灯芯浸在水中，将水直接吸入 Nafion 膜内。这种方法可实现膜湿度的自我调节，缺点是灯芯的使用增加了电池的密封难度，因此现在较少使用。

（2）内增湿方式

有许多内增湿方式，较好的一种内增湿方式是让空气和氢气呈逆向流动排列，各干燥的反应气体在进入电池后从膜中吸收水分，而膜要从电池的潮湿反应气体中吸收水分，在电池组内部形成水循环，从而使安全操作成为可能。

4.2.5 氢安全系统

目前的燃料电池汽车大部分采用氢气作为燃料，而氢气的泄漏会造成爆炸等危险，燃料电池汽车必须考虑针对氢气的安全措施。通常采用两种措施：一是储氢装置和输送管路选用不易造成泄漏的材料和结构；二是实时监测燃料电池系统中氢的泄漏情况。

1. *燃料电池系统的安全保护措施*

（1）氢气源切断保护装置

当汽车发生碰撞时，氢气的泄漏将会引发严重的安全事故。为此，一些燃料电池汽车设置了相应的保护装置。当汽车发生碰撞事故时，保护装置会根据碰撞传感器所发出的信号及时切断电源和气源，以避免因氢气泄漏而造成更为严重的事故。

（2）用吸能车架保护燃料电池系统

一些燃料电池汽车车身、车架采取了特殊的结构措施，以保护燃料电池系统在汽车发生碰撞时不易受损。本田燃料电池汽车 FCX 的纵梁结构如图 4–20 所示。

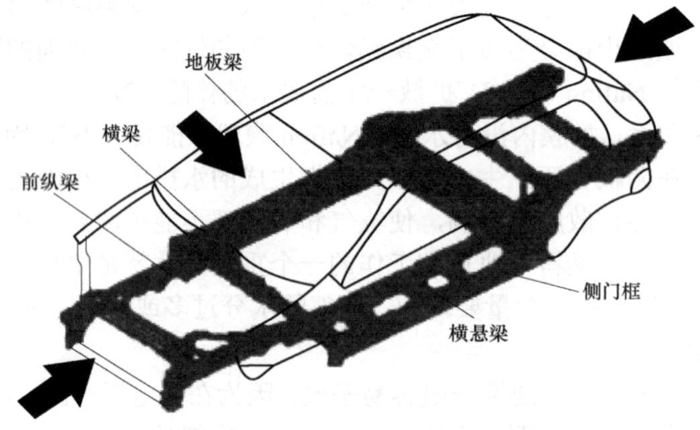

图 4–20　本田燃料电池汽车 FCX 的纵梁结构

该车架的结构特点是，当从前面碰撞时，前纵梁可吸收冲击能量，从而减少驾驶室的变形；如果侧面发生了碰撞，则地板梁可吸收能量，也可减少驾驶室的变形和对燃料电池系统的影响。

（3）储氢瓶的安全措施

储氢瓶压力高达 25～35MPa，当汽车发生碰撞时，如果高压储氢瓶受损破裂，则后果将不堪设想。为此，除了选用高强度的储氢瓶外，在汽车结构上还要考虑尽可能减小汽车碰撞时对储氢瓶的冲击。

2. 燃料电池汽车氢气监测系统

燃料电池汽车氢气监测系统通常由氢传感器、控制器、危险报警及安全处理装置等组成，如图 4–21 所示。氢传感器将周围氢气含量参数转换为电信号，并输送给控制器，然后控制器根据氢传感器的信号判断是否有氢气泄漏及泄漏的严重程度，并输出相应的控制信号，使危险报警装置发出危险警报，或使用安全处理装置进行控制（切断高压电路或关闭氢气源），及时排除安全隐患。

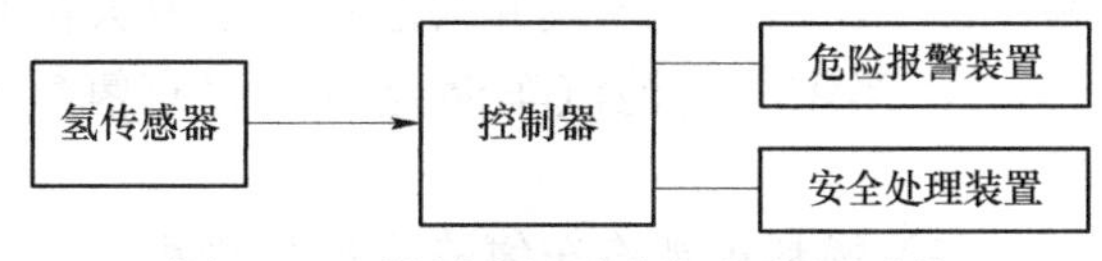

图 4–21 燃料电池汽车氢气监测系统

（1）车上氢安全控制系统

一些燃料电池汽车的氢安全控制系统配备有多个氢传感器。例如，某燃料电池电动客车在车顶部的储氢瓶舱、乘客舱、燃料电池舱和散热器附近各安装了一个氢传感器，以监测周围空气中氢气的含量。当任何一个传感器检测到氢气含量达到爆炸下限（v_H为 4%）的 10%、30%和 50%时，控制器就会发出 I 级、II 级或III级报警控制信号，使危险报警装置工作（声光报警继电器线圈通电，触点吸合）发出相应的声光报警信号。驾驶人可通过手动开关立即使燃料电池停止工作，并关闭储氢瓶出口电磁阀，以避免造成安全事故。

对于装有自动安全处理装置的车载氢安全控制系统，其控制器在起动危险报警装置的同时，也使安全处理装置通电工作，自动关闭燃料电池及氢气源出口，以确保安全。

（2）车库氢安全控制系统

存放燃料电池汽车的车库也存在氢泄漏的安全隐患，因而安装车库氢安全控制系统也十分必要。

车库氢安全控制系统通常由氢传感器、控制器、报警装置及排送风装置等组成。氢传感器安装在车库的顶部。当任何一个氢传感器监测到周围空气中氢的体积分数超过了爆炸下限的 10%、30%或 50%时，氢监测系统就会发出 I 级、II 级或III级报警信号，起动车库外报警装置，同时，自动开启排风扇或打开换气窗，以避免因车库内氢气的含量过高而引发安全事故。

3. 燃料电池汽车的其他安全措施

燃料电池汽车通常还采取防静电和防爆措施，并制定严格的氢操作规程，以确保安全。

（1）燃料电池汽车的防静电措施

在燃料电池汽车加氢时或在行车过程中，不可避免地会产生静电，这极易引发氢气燃烧或爆炸。为此，一些燃料电池汽车的车体底部通常设有接地导线，可及时将静电释放回大地，以确保燃料电池汽车的安全。

（2）燃料电池汽车的防爆措施

燃料电池汽车的防爆措施主要是防止电路中产生电火花，以避免电火花点燃氢气而产生燃烧或爆炸事故。防爆措施主要有：

① 采用防爆型氢传感器，不用触点式传感器。这是因为触点式传感器在氢气含量达到设定值时通过触点的动作输出信号，容易产生触点火花而引发事故。

② 在氢安全系统中采用防爆固态继电器，防止继电器触点动作时产生电弧放电而点燃氢气。

③ 当氢安全控制系统发出警告时，禁止进行开关电气设备的操作，以避免相关的电源插座、接触器、继电器及开关触点产生电火花而点燃氢气。

④ 当燃料电池汽车储氢瓶内存有氢气时，严禁在车上进行电焊等会产生电弧的相关操作。

（3）燃料电池汽车氢安全操作规程

为确保安全，燃料电池汽车在调试、起动、进库、出库过程中均应严格执行氢安全操作规程。燃料电池汽车氢安全操作规程主要有：

① 严禁在车库内进行大规模的加氢操作。

② 在燃料电池汽车起动前，应检查燃料电池系统管路的气密性，确保无泄漏。

③ 在调试及燃料电池汽车起动前，应用氮气吹扫管路，并且在调试时必须由专人配备便携式氢含量探测仪来检查氢泄漏情况。

④ 雷雨天气禁止进行系统的调试及其他相关的操作。

⑤ 当发现安全问题时，必须立即停止调试。

4.3　燃料电池汽车的类型及应用

在结构组成上，燃料电池汽车仍保留了传统内燃机汽车的车身、行驶系统、悬架系统、转向系统和制动系统等，不同之处在于它的动力驱动系统。

燃料电池汽车是以电力驱动作为唯一的驱动模式，按照驱动能源组合形式不同，可分为纯燃料电池（Pure Fuel Cell，PFC）驱动和混合驱动两种形式，混合驱动系统将燃料电池与辅助动力源相结合，燃料电池可以只满足持续功率需求，借助辅助动力源不仅可以提供加速、爬坡等所需的峰值功率，而且在制动时可以将回馈的能量存储在辅助动力源中。混合驱动包括燃料电池与辅助蓄电池联合驱动（Fuel Cell + Battery，FC+B）、燃料电池与超级电容联合驱动（Fuel Cell + Capacitor，FC+C）及燃料电池与蓄电池和超级电容联合驱动（Fuel Cell + Battery + Capacitor，FC+B+C）。

4.3.1　PFC 型燃料电池汽车

纯燃料电池电动汽车只有燃料电池一个动力源，汽车的所有功率负荷都由燃料电池承担。纯燃料电池电动汽车的动力系统如图 4–22 所示，DC–DC 变换器的作用是阻抗匹配，以解决燃料电池发动机输出特性偏软的问题。

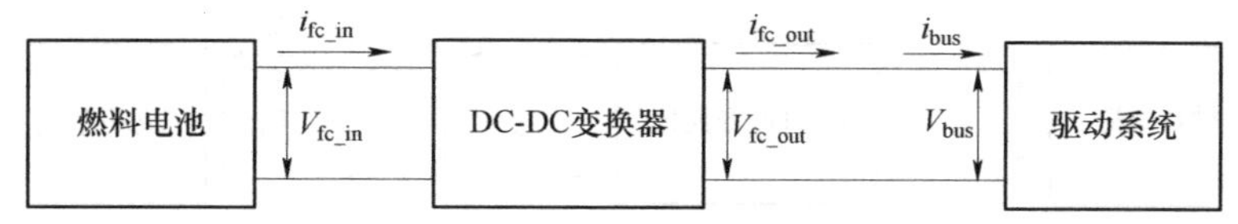

图 4–22 纯燃料电池电动汽车的动力系统

PFC 型燃料电池汽车的功率分配情况如下：

$$P_{req}=V_{bus}i_{bus}=V_{fc\_out}i_{fc\_out}=V_{fc\_in}i_{fc}\eta_{DC}=P_{fc}\eta_{DC} \quad (4\text{–}23)$$

式中，P_{req} 为驱动系统需求功率，单位为 kW；V_{bus} 为直流母线端电压，单位为 V；i_{bus} 为直流母线端电流，单位为 A；V_{fc_in} 为燃料电池端电压，单位为 V；i_{fc_in} 为燃料电池端电流，单位为 A；V_{fc_out} 为 DC–DC 变换器端电压，单位为 V；i_{fc_out} 为 DC–DC 端电流，单位为 A；P_{fc} 为燃料电池输出功率，单位为 kW。η_{DC} 为功率因数。

该燃料电池类型主要有以下优点：

① 系统结构简单，便于实现系统控制和整体布置。

② 系统部件少，有利于整车的轻量化。

③ 较少的部件使得整体的能量传递效率高，从而提高整车的经济性。

但这种系统也存在以下方面的问题：

① 由于燃料电池的功率很大，导致燃料电池制造成本上升及整车质量增加，引起整车消耗的功率增加。

② 尽管燃料电池系统效率较高，但燃料电池系统的氢气消耗量会增加，进而增加整车单位里程消耗的燃料，增加运营成本。

③ 当汽车功率需求较大时，燃料电池易发生过载，难以满足动态响应要求，系统寿命较短。

④ 系统无法实现再生制动。

因此，基于这些不利因素，一般情况下不采用单独燃料电池驱动的方式。为了有效地解决上述问题，目前的燃料电池汽车主要采用的是混合驱动形式，必须使用辅助能量存储系统作为燃料电池系统的辅助动力源，即在燃料电池的基础上增加了一组电池或超级电容作为另一个动力源，和燃料电池联合工作，组成混合驱动系统共同驱动汽车。

4.3.2 FC+B 型燃料电池汽车

FC+B（燃料电池＋辅助动力电池）型联合驱动的燃料电池电动汽车的动力系统从本质上来讲是一种混合动力结构，它与传统意义上的混合动力结构的差别仅在于发动机是燃料电池系统而不是内燃机。目前绝大多数燃料电池汽车动力系统都采用这种结构形式，如图 4–23 所示。该结构为一个典型的串联式混合动力结构，在该动力系统结构中，燃料电池和蓄电池一起为驱动电机提供能量，驱动电机将电能转化成机械能传给传动系统，从而驱动汽车前进。在汽车制动时，驱动电机变成发电机，动力电池将储存回馈的能量。在燃料电池和动力电池联合供能时，燃料电池能量输出变化较为平缓，随时间变化的波动较小，而能量需求变化的高频部分由动力电池分担。动力电池还可以单独以纯电动的模式驱动车辆，可以实现在燃料电池出现故障时的跛行返回。

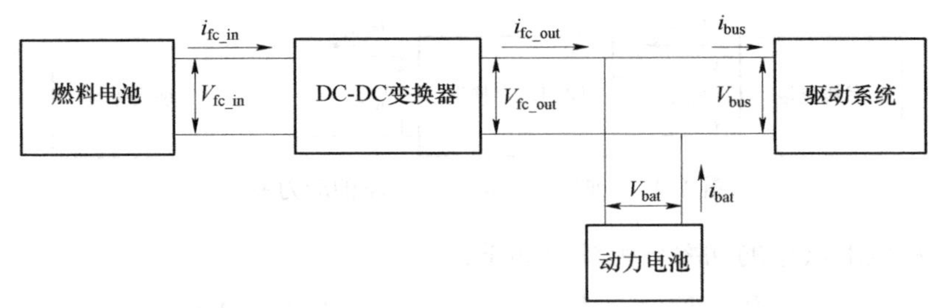

图 4–23　燃料电池+辅助蓄电池形式动力系统结构

FC+B 型燃料电池汽车的功率分配情况如下：

$$P_{req}=V_{bus}i_{bus}=V_{fc\_out}i_{fc\_out}+V_{bat}i_{bat}=V_{fc\_in}i_{fc\_in}\eta_{DC}+V_{bat}i_{bat}=P_{fc}\eta_{DC}+P_{bat} \tag{4–24}$$

式中，V_{bat} 为动力电池端电压，单位为 V；i_{bat} 为动力电池端电流，单位为 A；P_{bat} 为动力电池输出功率，单位为 kW。

该燃料电池系统主要有以下优点：

① 由于增加了价格相对低廉得多的动力电池组，从而大大地降低了整车成本，且动力电池技术比较成熟，可以在一定程度上弥补燃料电池技术上的不足。

② 燃料电池单独或与动力电池共同提供持续功率，而且在车辆起动、爬坡和加速等有峰值功率需求时，动力电池可以单独输出能量或者提供峰值功率。

③ 制动能量回馈的采用可以回收汽车制动时的部分动能，该措施可能会提高整车的能量效率。燃料电池可以在比较好的设定工作条件下工作，工作时燃料电池的效率较高。

④ 系统对燃料电池的动态响应性能要求较低。

但这种系统也存在以下方面的问题：

① 动力电池的使用使得整车的质量增加，动力性和经济性受到影响，这点在能量复合型混合动力汽车上表现得更为明显。

② 动力电池充放电过程会有能量损耗。

③ 系统变得复杂，系统控制和整体布置难度增加。

采用 FC+B 动力系统的燃料电池汽车比较典型的车型是奔驰 B 级燃料电池汽车，这款车将燃料电池汽车家族的车型范围拓展到运动旅行车。作为一款适合旅行、家庭和休闲的 B 级车，采用了奔驰创新的夹层式车身结构。这种独特的设计，非常便于应用燃料电池动力系统。B 级燃料电池车的高转矩电机，能输出超过 100kW 的功率，比前一代 A 级 “F–Cell” 的功率高出 35kW。在减少了燃料消耗并进一步提高了存储容量之后，B 级燃料电池车的续驶里程已达约 400km。2009 年底，B 级燃料电池车型正式投入批量生产，首批 200 台于 2010 年初交付欧洲和美国市场上的消费者。奔驰 B 级 F–Cell 车的透视图如图 4–24 所示，技术参数见表 4–3。

奔驰 B 级 F–Cell 燃料电池汽车，可乘坐 4 人，最高车速 170km/h，纯电动模式最大续驶里程达 385km，采用 700bar（1bar=0.1MPa）高压氢气为燃料，装置 100kW 的高效率和高性能的质子交换膜燃料电池，采用 FC+B 的动力结构，采用 1.4kW · h 容量的锂离子电池组为辅助电源，并搭载动力达 100kW、290N · m 的永磁同步电机，性能可以与 2.0L 汽油发动机的动力相媲美，在欧洲 NEDC 测试中，F–Cell 每百公里的燃料消耗仅相当于 3L 柴油油耗。

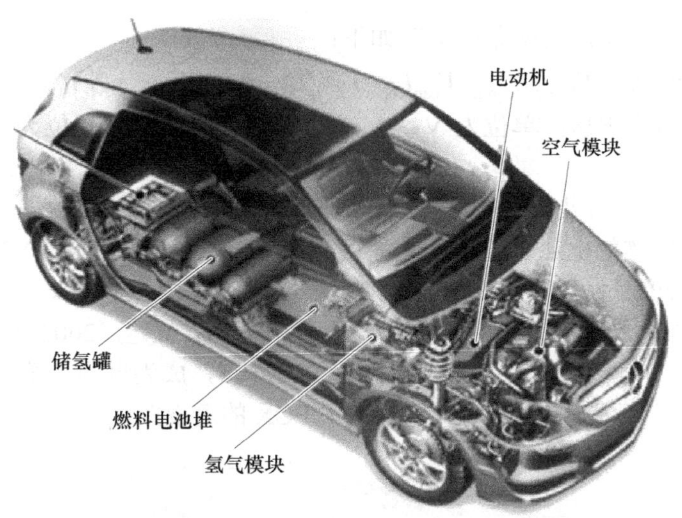

图 4–24 奔驰 B 级 F–Cell 车的透视图

表 4–3 奔驰 B 级燃料电池车技术参数

电机	最大功率：100kW；最大转矩：290N · m
蓄电池	锂离子电池；最大容量：1.4kW · h；最大输出：35kW
续驶里程	纯电动模式最大 385km
性能	0～100km/h 加速时间为 4.8s；最高时速为 170km/h
燃料消耗	等同于柴油 3L/100km
低温起动	–25℃以下

4.3.3 FC+C 型燃料电池汽车

这种结构形式与燃料电池+动力电池结构相似，只是把动力电池换成了超级电容，系统结构如图 4–25 所示。超级电容作为辅助动力源，相对于动力电池，它具有优良的功率特性，能以高放电率释放电能，比功率是动力电池的 10 倍左右，在回收制动能量方面比蓄电池有优势，充电时间更短，而且循环寿命达到百万次，可以降低使用成本。但是，超级电容存储的能量有限，只可以提供持续大约 1min 的峰值功率，其电压波动幅度很大。随着超级电容技术的不断进步，这种结构将成为重要的研究课题及发展方向。

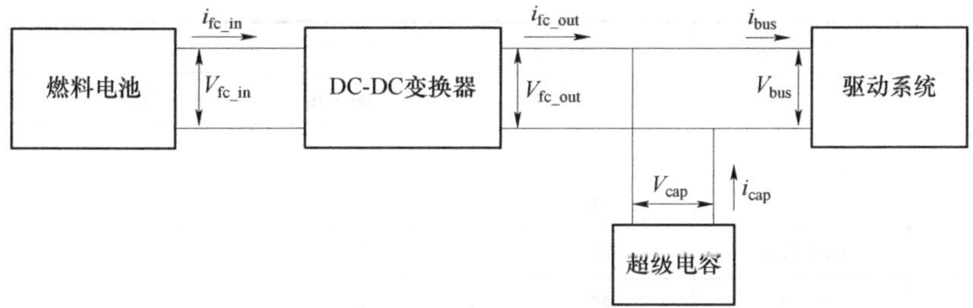

图 4–25 燃料电池+辅助超级电容形式动力系统结构

FC+C 型燃料电池汽车的功率分配情况如下：

$$P_{req}=V_{bus}i_{bus}=V_{fc\_out}i_{fc\_out}+V_{cap}i_{cap}=V_{fc\_in}i_{fc\_in}\eta_{DC}+V_{bat}i_{bat}=P_{fc}\eta_{DC}+P_{cap} \quad (4–25)$$

式中，V_{cap} 为超级电容端电压，单位为 V；i_{cap} 为超级电容端电流，单位为 A；P_{cap} 为动力电池输出功率，单位为 kW。

采用 FC+C 动力系统的燃料电池汽车广泛地应用在本田 FCX 系列的车型上，自 1999 年首次发布“FCX–V1”燃料电池试验车后，先后经过“FCX–V2”“FCX–V3”“FCX–V4”和“FCX–V5”5 代艰苦的开发历程。2002 年“FCX–V5”首次取得美国政府认定；同年 9 月“FCX–V5”首次获得美国环境保护厅（EPA）“零污染车辆”认定。2002 年 12 月 2 日，本田同时向日本政府和美国洛杉矶市政府交付了首批 FCX–V5，成为世界上第一家实现商品化销售的燃料电池汽车生产厂家。图 4–26 所示为本田 FCX 的透视图。

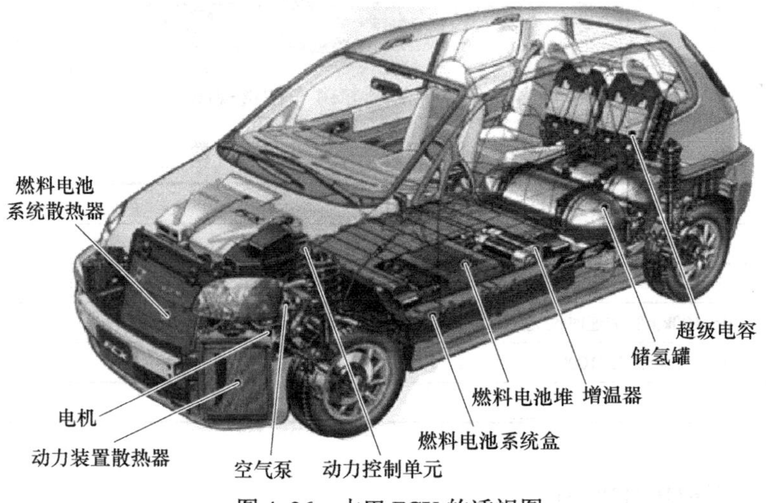

图 4–26　本田 FCX 的透视图

本田公司的 FCX 型燃料电池汽车可乘坐 4 人，总质量为 1680kg，最高车速为 150km/h，续驶里程达 95km，采用 156.6L、38kg、35MPa 的高压氢气为燃料，装有本田公司研发的 78kW 高效率和高性能的质子交换膜燃料电池，采用 FC+B 的动力结构，采用大容量的超级电容器组为辅助电源，永磁同步电机的功率为 60kW，最大功率达到 80kW，最大转矩为 272N · m。本田各代燃料电池汽车的参数见表 4–4。

表 4–4　本田各代燃料电池汽车的参数

	FCX–V1	FCX–V2	FCX–V3	FCX–V4	FCX– V5
氢气补给	储氢合金罐	储氢合金罐	高压储氢罐	高压储氢罐	高压储氢罐
氢气存储能力	—	—	100L	137L	156.6L
燃料电池堆	PEFC	PEFC	PEFC	PEFC	PEFC
动力辅助	动力电池	动力电池	超级电容	超级电容	超级电容
最大功率	49kW	49kW	60kW	60kW	60kW
最大转矩	—	—	238N · m	238N · m	273N · m

（续）

	FCX–V1	FCX–V2	FCX–V3	FCX–V4	FCX– V5
最高时速	—	—	130km/h	140km/h	150km/h
续驶里程	—	—	180km	315km	355km
座位数量	2	2	4	4	4
行李箱空间	—	—	—	98L	102L

4.3.4　FC+B+C 型燃料电池汽车

燃料电池+动力电池+超级电容联合驱动的电动汽车的动力系统如图 4–27 所示，该结构也为串联式混合动力结构。在该动力系统结构中，燃料电池、动力电池和超级电容一起为驱动电机提供能量，驱动电机将电能转化成机械能传给传动系统，从而驱动汽车前进；在汽车制动时，驱动电机变成发电机，动力电池和超级电容将储存回馈的能量。在采用燃料电池、动力电池和超级电容联合供能时，燃料电池的能量输出较为平缓，随时间变化波动较小，而能量需求变化的低频部分由动力电池承担，能量需求变化的高频部分由超级电容承担。在这种结构中，各动力源的分工更加明细，因此它们的优势也得到了更好的发挥。

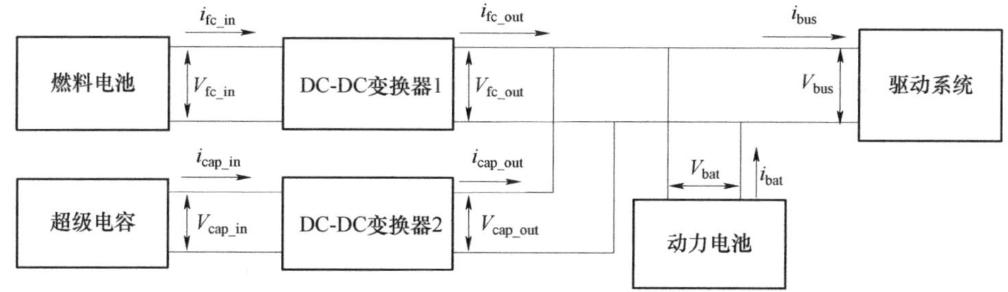

图 4–27　燃料电池+动力电池+超级电容形式动力系统结构

FC+B+C 型燃料电池汽车的功率分配情况如下：

$$P_{req}=V_{bus}i_{bus}=V_{fc\_out}i_{fc\_out}+V_{cap\_out}i_{cap\_out}+V_{bat}i_{bat}=V_{fc\_in}i_{fc\_in}\eta_{DC1}+V_{cap\_in}i_{cap\_in}\eta_{DC2}+V_{bat}i_{bat}=P_{fc}\eta_{DC1}+P_{cap}\eta_{DC2}+P_{bat} \tag{4–26}$$

式中，V_{cap_in} 为超级电容端电压，单位为 V；i_{cap_in} 为超级电容端电流，单位为 A；V_{cap_out} 为 DC–DC 变换器 2 端电压，单位为 V；i_{cap_out} 为 DC–DC 变换器 2 端电流，单位为 A；

这种结构的优点相比燃料电池＋动力电池的结构形式的优点更加明显，尤其是在部件效率、动态特性、制动能量回馈等方面更有优势。

而其缺点也一样更加明显：

① 增加了超级电容，整个系统的质量将可能增加。

② 系统更加复杂化，系统控制和整体布置的难度也随之增大。

总的来说，如果能够对系统进行很好的匹配和优化，这种结构在给汽车带来良好的性能方面具有很大的吸引力。

综合考虑上述各种结构形式的优缺点，燃料电池+动力电池的电–电混合动力系统方案具有结构和控制相对简单、易于实现、能够较好地提供峰值功率和再生制动能量回收等优点，而且随着动力电池技术水平的不断进步，其比功率特性也将得到大幅度的提高，因此目前绝大多数燃料电池汽车动力系统均采用了这种结构形式。

第 5 章
其他类型的新能源汽车

新能源汽车种类较多，上述章节重点介绍了纯电动汽车、插电式混合动力（增程式）电动汽车和燃料电池电动汽车等主流新能源汽车的基本内容。本章主要介绍新型电动汽车、动势能汽车和新型燃料汽车。

5.1 新型电动汽车

新型电动汽车主要是利用可再生能源进行车载发电，全部或部分由电机驱动的汽车，这类汽车以太阳能汽车、风能汽车及核能汽车为主。

5.1.1 太阳能电动汽车

太阳能汽车是利用太阳能电池将太阳能直接转化为电能，再利用电机驱动汽车的一种新型汽车。在光照情况下，通过光伏发电技术产生电流，并可以直接或者协同动力电池同时供电来驱动电机，或将多余的能量储存在动力电池中以便在阳光不足环境下利用。相比传统热机驱动的汽车，太阳能汽车不会向大气中排放废气，真正做到了零排放。另外，与石油燃料相比，太阳能取之不尽，用之不竭。

5.1.1.1 太阳能的转换

目前，太阳能的利用已日益广泛，包括太阳能的光热利用、太阳能的光电利用和太阳能的光化学利用等。将太阳能转换成不同形式的能量需要不同的能量转换器，集热器可以将太阳能转换成热能，利用光伏效应太阳电池可以将太阳能转换成电能，通过分解水可以将太阳能转换为氢能，通过光合作用植物可以将太阳能转换成生物质能等。原则上，太阳能可以直接或间接转换成任何形式的能量，但转换次数越多，太阳能转换的效率便越低。太阳能汽车是太阳能的光电利用在汽车领域中的应用。

1. 太阳能–热能转换

黑色吸收面吸收太阳辐射，将太阳能转换成热能。黑色吸收面吸收性能好，但辐射热损失大，所以黑色吸收面不是理想的太阳能吸收面。选择性吸收面具有高的太阳吸收比和低的发射比，吸收太阳辐射的性能好，且辐射热损失小，是比较理想的太阳能吸收面。这种吸收面由选择性吸收材料制成，简称为选择性涂层。

2. 太阳能–电能转换

电能是一种高品位能源，利用、传输和分配都比较方便。将太阳能转换为电能是大规模利用太阳能的重要技术基础，世界各国都十分重视，其转换途径很多，有光–电直接转换、光–热–电间接转换等。

3. 太阳能–氢能转换

氢能是一种高品位能源，太阳能可以通过分解水或其他途径转换成氢能，即太阳能制氢。

4. 太阳能–生物质能转换

通过植物的光合作用，太阳能把二氧化碳和水合成有机物（生物质能）并释放出氧气。光合作用是地球上最大规模转换太阳能的过程，现代人类所用燃料都是远古和当今光合作用太阳能的结果。目前，光合作用机理尚不完全清楚，能量转换效率一般只有百分之几，今后对其机理的研究具有重大的理论意义和实际意义。

5. 太阳能–机械能转换

物理学家通过实验证明了光具有压力，提出利用在宇宙空间中巨大的太阳帆，在阳光的压力作用下可推动宇宙飞船前进，将太阳能直接转换成机械能。通常，太阳能转换为机械能需要通过中间过程进行间接转换。

5.1.1.2 太阳能汽车的结构及应用

1. 太阳能汽车的结构

太阳能汽车主要由太阳能电池、控制器、电机驱动系统及一些机械装置等组成，具体结构如图 5–1 所示。

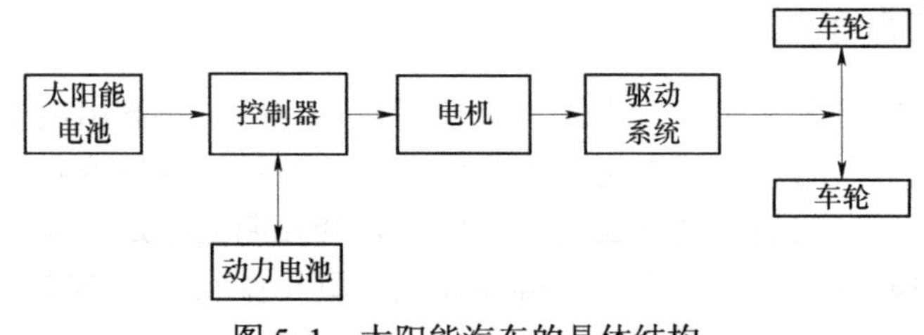

图 5–1 太阳能汽车的具体结构

2. 太阳能汽车的应用

（1）典型实例

俄罗斯里姆施塔特高等技术学校研制的太阳能汽车和美国密歇根（Michigan）大学设计的 Sun Runner 太阳能汽车是典型的实例。两种太阳能汽车的基本性能参数见表 5–1。

表 5–1 两种太阳能汽车的基本性能参数

参 数	密歇根大学设计的 Sun Runner 太阳能汽车	里姆施塔特高等技术学校研制的太阳能汽车
长×宽×高/（mm×mm×mm）	6000 × 2000 × 1270	4700×1800×1000
轴距/mm	2430	2500
满载质量（不计驾驶人）/kg	229	309（电池组质量 125）

（续）

参　数	密歇根大学设计的 Sun Runner 太阳能汽车	里姆施塔特高等技术学校研制的太阳能汽车
电动机形式	三相脉冲调制换流器的特制电机	异步电机
最大功率/kW	16	12
最大功率/kW	4.47	3
太阳能电池组	单晶硅	单晶硅
面积/m^2	8.3	5.6
最大功率/kW	0.6	0.54
动力电池	银锌电池	铅酸电池
动力电池组比能量	10 个 20.5V 电池为一组，2.8kW・h/kg	10 个 12V 电池为一组，4. 8kW・h/kg

图 5–2 所示为里姆施塔特高等技术学校研制的太阳能汽车的装备平面示意图。

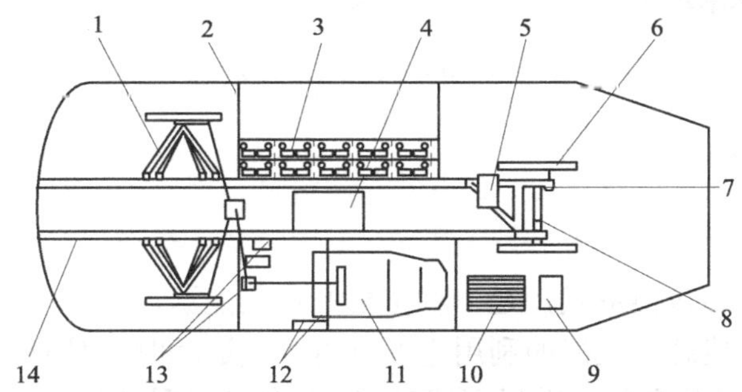

图 5–2　里姆施塔特高等技术学校研制的太阳能汽车的装备平面示意图

1—前桥与车身的横向连接支条　2—隔板　3—动力电池　4—动力系统转换装置　5—异步电机　6—从动带传动轮　7—盘式制动器　8—后桥　9—太阳电池组转换装置　10—充电器　11—驾驶人座椅　12—微处理控制装置　13—操纵踏板　14—车架

注：差速器处于工作状态/锁止状态

（2）其他应用实例

1996 年，清华大学按照日本能登竞赛规范，研制了“追日”号太阳能汽车。该车重 800kg 左右，最高车速达 80km/h，造价为 7.8 万美元。它采用的电池板是我国第五代产品，太阳能转化率达到 14%。

2001 年，“思源号”在上海交通大学诞生。该车无需任何助动燃料，只要在阳光下晒 3～4h，便能轻松跑上 10 多 km。之后，中山大学太阳能系统研究所也推出了一辆酷似公园电动车的太阳能电动车。该车可以搭乘 6 名乘客，但是速度最高只有 48km/h，持续行驶时间也就 1h。

2003 年，在澳大利亚太阳能汽车比赛中，由荷兰学生制造的“Nuna II”（纽纳 2 号）太阳能汽车取得了冠军。纽纳 2 号安装了欧洲太空局发明的太阳能电池，它以约 31h 的时间跑完了 3100km 的路程，创造了太阳能汽车最高速度 170km/h 的新世界纪录。

2006 年，我国首辆太阳能乘用车在南京亮相，这辆可以直接切换电能的太阳能汽车的行驶速度高达 88km/h。如果加上电能，这辆车晚上能跑 220km，白天可跑 290km。

2008 年 10 月 14 日，在浙江举行的第二十九届中国浙江国际自行车电动车展上，我国首批头顶太阳能电板的太阳能汽车闪亮登场。该车由浙江 001 集团与浙江大学历时 4 年研发，太阳能接收率可达 95%左右，太阳能转化率可达 14%～17%，充电时间 10h，续驶里程 150km。图 5–3 为 001 太阳能电动汽车。

图 5–3　001 太阳能电动汽车

5.1.2　风能电动汽车

5.1.2.1　风能的转换

风能是太阳能的一种转换形式，是一种重要的自然能源，也是一种储量巨大的、无污染的、永不枯竭的可再生能源。风能的利用主要是将大气运动时所具有的动能转化为其他形式的能量，一般利用风推动风车的转动以形成动能。风能的各种应用包括风力发电、风帆助航、风车提水、风力制热采暖等。风能转换与应用情况如图 5–4 所示。

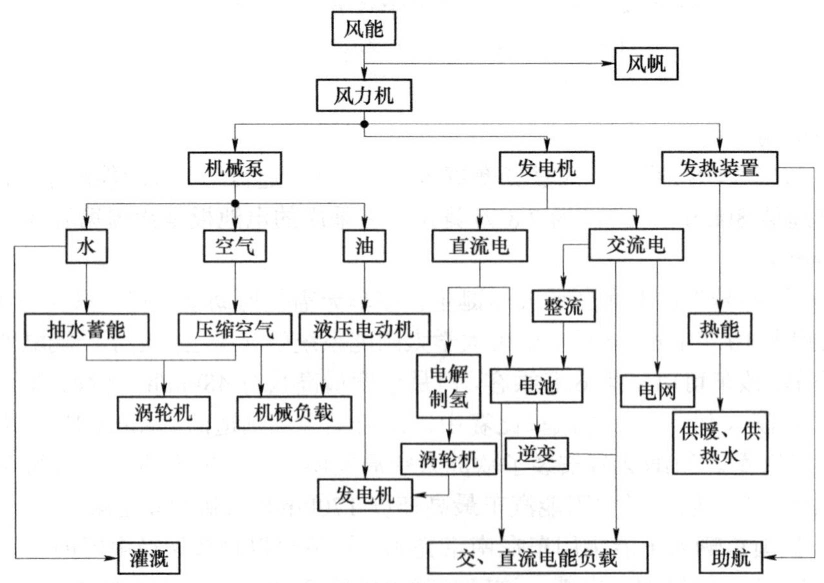

图 5–4　风能转换与应用情况

在风能的各种应用中，风力发电是风能利用的最重要的形式。从风力发电技术状况以及实际运行情况表明，它是一种安全可靠的发电方式。风力发电机组的生产和控制技术日渐成熟，产品商品化的进程加快，降低了风力发电成本，已经具备了和其他发电手段相竞争的能力。

5.1.2.2　风能电动汽车的结构及案例

1. 风能电动汽车的结构

风能电动汽车通过安装在汽车车头位置、汽车发动机位置、汽车顶棚位置上的由风轮、导流板、发电机、风筒等组成的筒式高效风力发电装置产生的强大电流，提供给汽车上的电动机运转、驱动汽车行驶及其他用电系统使用。风能电动汽车的主要动力来自锂电池，夜间利用便携式风力发电机为其充电，但有时会使用类似拖拽伞的风筝。

风能电动汽车的驱动方式与太阳能汽车类似，主要有直接驱动、间接驱动和混合驱动三种方式，其结构如图 5–5 所示。

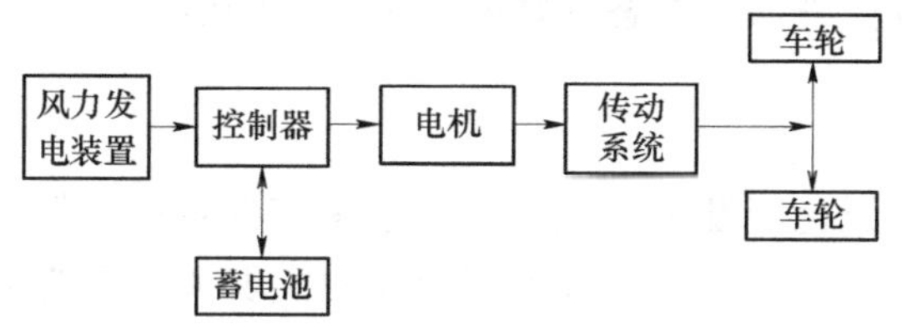

图 5–5　风能电动汽车的结构

风能电动汽车的最大优势在于改变了传统意义上汽车必须以燃料为动力的局限性，使汽车自身的能量通过转换再有效利用，为节能及环保汽车的开发提供了新的思路。

2. 风能电动汽车典型案例

“风力探测者”如图 5–6 所示，是由德国工程师德克 • 吉昂和斯特凡 • 塞默尔研制出的一款轻量型风能电动汽车，车身重量仅约 220kg，车内空间足够容纳两名乘员。车身呈鸡蛋状，由碳纤维材料制成，车架则由铝材料制成。四个轮胎则是专门定制的自行车轮胎，这样可以减小阻力。

图 5–6　“风力探测者”风能电动汽车

两位工程师驾驶着“风力探测者”从西澳大利亚珀斯市出发，18天后抵达悉尼。在澳大利亚惊人地完成了3000mile（约4828km）距离的测试旅行，从而创造了三项全新的纪录，而且实现了零排放，花费仅为13.5美元。这是首次由风力驱动穿越澳大利亚的旅行。3000mile的距离是由风力驱动的陆上交通工具完成的最长总距离。该汽车在36h内行驶了研制成功以来最远的一段距离。

这辆类似赛车风格的敞篷车，没有电池时车身质量仅为82kg，远远轻于一般汽车，且速度可达88km/h以上。其主要动力来自锂电池，夜间利用便携式风力发电机为其充电，但有时会使用类似拖拽伞的风筝。在白天行驶时，尤其是在穿越南澳大利亚纳勒博平原时，汽车可能会遭遇极强的风力，因此研究人员又采用了一种滑翔伞状的风筝来存储电能。即使在无风的时候，这种汽车也可以接入澳大利亚电网进行充电。

尽管测试旅行取得了不错的结果，但德克·吉昂和斯特凡·塞默尔也很清楚，他们那狭小的汽车空间和笨重的涡轮机天线可能无法代表着未来汽车的方向。不过，穿越旅行的零排放意义重大，这或许可以促进未来生态友好型汽车技术的研发。

5.1.3　核能电动汽车

尽管太阳能、风能等绿色能源越来越引起科学家们的重视，但是，上述这些能源由于受地理位置、气候条件等诸多因素限制，很难在短期内实现大规模的工业生产和汽车应用。

5.1.3.1　核能的转换

核能主要有两种，即核裂变能和核聚变能。核能有以下优点：

① 能量密集，功率高，为其他能源所不及。这一特点决定了它的运输量小，可以减缓交通运输压力。

② 在能量储存方面，核能比太阳能、风能等其他新能源容易储存。核燃料的储存空间不大，在核船舶或核潜艇中，通常两年才换料一次。相反，烧重油或烧煤设备需庞大的储存罐或占地面积很大。

③ 核能比较清洁，不会产生二氧化碳。世界上大量有机燃料燃烧后排出的二氧化硫、二氧化碳、氧化亚氮等气体，不仅会直接危害人体健康和农作物生长，还会导致酸雨和大气层的“温室效应”，破坏生态平衡。比较起来，核电站就没有这些危害。在全球限制温室气体的大环境下，发展核能几乎被认为是兼顾发展经济和减少温室气体排放的唯一途径。利用核能可有效地削减主要污染物的排放量，改善当地的环境空气质量，为人民群众创造良好的生产生活环境。

④ 核电比火电“经济”。电厂每度电的成本是由建造折旧费、燃料费和运行费三部分组成的。核电厂由于特别考究安全和质量，建造折旧费高于火电厂，一般要高出30%～50%，但燃料费则比火电厂低得多。据测算，火电厂的燃料费占发电成本的40%～60%，而核电厂的燃料费则只占20%～30%。经验证明，核电厂的发电成本要比火电厂低15%～50%。

5.1.3.2　核能汽车的结构及工作原理

核能汽车的结构及工作原理与纯电动汽车的相类似，不同之处在于储能系统，核能汽车通过核发电装置取代了纯电动汽车的动力电池或者超级电容。

核动力车主要是将核能转化为电能，核能转化为电能的装置包括反应堆和汽轮发电机组。

核能在反应堆中被转化为内能，内能将水变为蒸汽推动汽轮发电机组发电。核能汽车的结构如图 5–7 所示。

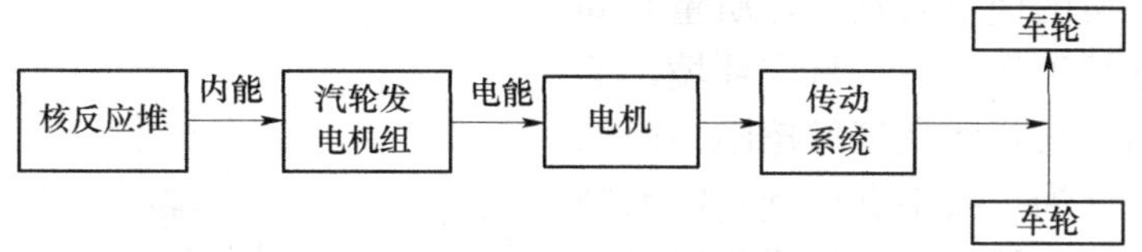

图 5–7　核能汽车的结构

核电池动力技术研究得较早并得到了一定应用，探月用的月球车就是用核电池作为备用电源。但是核电池动力技术存在一些难题，无法在民用汽车上使用：

① 核电池动力技术属于尖端技术，保密程度很高。

② 核电池动力技术并不是特别成熟，一旦发生核泄漏等问题，环境风险会很大。

③ 核电池动力成本很高，用于民用汽车还需时日。

5.2　动势能汽车

动势能汽车主要是通过动能或者将势能转化成动能，从而驱动汽车，这类新能源汽车主要有飞轮电池汽车、空气动力汽车及重力汽车。

5.2.1　飞轮电池汽车

5.2.1.1　飞轮电池

飞轮电池是 20 世纪 90 年代才提出的新概念电池，它突破了化学电池的局限，用物理方法实现储能。

1. 飞轮电池的结构原理

飞轮电池由飞轮、电动机、发电机和输入/输出电路共同组成，如图 5–8 所示。

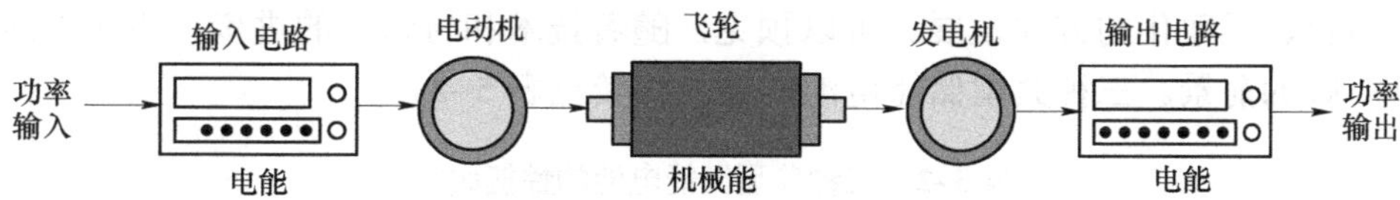

图 5–8　飞轮电池的构成

飞轮电池通过输入/输出电路与外部大功率的电气系统相连，外部系统所传输的能量经由电动机通过提升飞轮的转速将电能转化为机械能储存。当需要向负载输出功率时，飞轮通过发电机再将机械能转化为电能，同时飞轮的转速相应降低。由于飞轮电池系统的能量转换是单线程的，即不可能同时输入、输出能量，为了降低电池系统质量和制造成本，通常将电动机/发电机以及输入/输出电路集成在一起。

飞轮储能的关键在于降低机械能的损失，这部分能量损失主要由空气摩擦阻力和旋转摩擦阻力两部分组成。根据降低空气摩擦阻力方式的不同，可以将飞轮电池分为高速飞轮电池和低速飞轮电池。其中低速飞轮电池通过增加飞轮质量来降低空气摩擦所带来的影响，而高速飞轮电池则通过降低飞轮工作环境的空气压力来降低空气摩擦阻力，此类电池的飞轮由于新型高强度复合材料的使用而具有轻质量和高转速的特点，其理想工作环境为真空环境，但由于技术限制，通常只是将空气摩擦阻力降低至可以接受的程度。为了减小高速旋转时所产生的旋转摩擦阻力，飞轮电池系统通常通过两个磁悬浮轴承的非接触式支撑被固定在真空空间内。高速飞轮电池体积小，适合车载使用。

飞轮电池结构如图 5–9 所示，它主要由飞轮、轴、轴承、电动机、真空容器和电力电子变换器等部件组成。飞轮是整个电池装置的核心部件，它直接决定了整个装置的储能多少。电力电子变换器通常是由场效应晶体管和绝缘栅场效应晶体管组成的双向逆变器，它们决定了飞轮装置能量输入/输出量的大小。

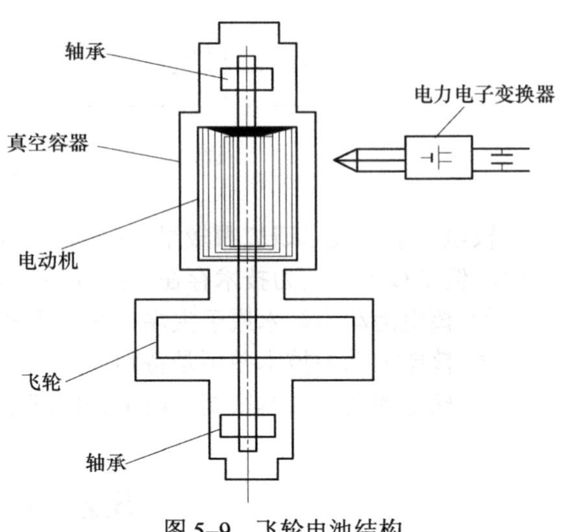

图 5–9　飞轮电池结构

2. 飞轮电池的性能

现在广泛使用的储能电池是基于电化学原理的化学电池，它将电能转变为化学能储存，再转化为电能输出。它的主要优点是价格低廉、技术成熟；但存在污染严重、效率低下、充电时间长、用电时间短、使用过程中电能不易控制等缺点。

另一种储能电池是超导电池，它把电能转化为磁能储存在超导线圈的磁场中。因为超导状态下线圈没有电阻，所以能量损耗非常小，效率也高，对环境污染也小。但由于超导状态是线圈处于极低温度下才能实现的，维持线圈处于超导状态所需要的低温需耗费大量能量，而且维持装置过大，不易小型化，民用的市场前景并不看好。

飞轮电池则兼顾了两者的优点，作为一种新型的储能方式，飞轮电池拥有传统化学电池无法比拟的优点而被人们广泛认同，它非常符合未来储能技术的发展方向。目前，飞轮电池正在向小型化、低廉化的方向发展。可以预见，随着技术和材料学的进步，飞轮电池必将有一个非常广阔的前景。三种典型储能电池的性能比较见表 5–2。

表 5–2　三种典型储能电池的性能比较

性能	储能电池		
	化学电池	飞轮电池	超导电池
储能方式	化学能	机械能	超导能
使用寿命/年	3～5	＞20	≈20
技术	成熟	验证	验证
温度范围	限制	不限	不限
外形尺寸（同功率）	大	最小	中间
储能密度	小	大	大

（续）

性能	储能电池		
	化学电池	飞轮电池	超导电池
放能深度	浅	深	深
价格	较高	高	较高
环境影响	污染	无污染	无污染

5.2.1.2 飞轮电池汽车的特点及应用

飞轮电池的比能量比镍氢电池大 2～3 倍；比功率高于一般化学电池和内燃机，其快速充电可在 18min 内完成且能量储存时间长，既能超快速充电也不存在化学电池的损寿问题，整个电池的使用寿命远长于各种化学电池。更重要的是，飞轮为纯机械结构，不会像内燃机那样产生排气污染，同时也没有化学电池的化学反应过程，不会造成腐蚀，也不存在废料的处理回收问题。

飞轮电池充电快，放电完全，非常适合应用于混合动力车辆中。飞轮电池汽车利用储存在随车飞轮中的机械能驱动汽车前进，它的推进系统由飞轮电池、电机控制器、电机和传动系统等组成。车辆在正常行驶和制动时，给飞轮电池充电，飞轮电池则在加速或爬坡时，给车辆提供动力，保证车辆运行在一种平稳、最优的状态下，可减少燃料消耗、空气和噪声污染、发动机的维护，延长发动机的寿命。

一辆用 20 节直径为 230mm、质量为 13.64kg 的飞轮电池的汽车，用市电充电需要 6h，快速充电只需 15min，一次充电行驶里程可达 560km。在充电时，飞轮中的电机以电动机的形式运行，在外接电源的驱动下带动飞轮旋转，达到极高的转速，从而完成电能–机械能转换的储能过程；放电时，飞轮中的电机以发电机的状态运行，在飞轮的带动下对外输出电能，完成机械能–电能转换的释放过程。

在 2010 年 10 月美国勒芒系列赛最后一轮比赛中，保时捷 911GT3 混合动力赛车首次正式使用了飞轮电池技术。911GT3 是保时捷第一辆混合动力赛车，如图 5–10 所示，它是 918 Spyder 混合动力车的前身，而后者在 2012 年推出。

图 5–10 保时捷 911GT3 混合动力赛车

保时捷 918 Spyder 混合动力车是将飞轮电池应用在前轮两个电动机上以补充发动机的动力。飞轮电池将制动所收集的动能转化为电能，并将能量储存于一个飞轮电池之中。在加速过程中，该能量将转移至前轮，前轮载有内燃机。这一过程将大大减少燃料消耗，并增加行驶范围；在赛车中，飞轮电池技术的一大优势在于赛车加油的次数较少，为其在赛场上赢得了宝贵的时间。在不牺牲速度和敏捷性的前提下，让汽车更有效率，这是一个令人振奋的进步。保时捷 918 Spyder 混合动力车仅需 3.2s，即能将速度从 0 提至约 100km/h。

5.2.2 空气动力汽车

近年来应时而生的空气动力汽车研发工作，正崭露头角，在绿色能源汽车中，它是后起之秀。

1. 空气动力汽车的国内外研发动态

若干年前，法国工程师丹尼斯·帕潘曾提出利用压缩空气作为动力的设想。事实上，气动工具已广泛用于工业和日常生活，如公交气门开关、气动制动、生产流水线传动、筑马路的风镐等举目皆是。

1998 年，法国人吉·涅格尔造出了世界上第一台气动汽车。吉·涅格尔原是一名一级方程式赛车维修工程师，曾用压缩空气作为赛车助推力，加速赛车高速启动，后来他到卢森堡一家小公司，开发了“MDIEV–3”混合动力轿车，在市区用压缩空气作动力源，在郊区用发动机驱动，后来一位墨西哥人看中这项发明，把他的专利技术买去了。美国乔普林气动公司也研发了一种气动轿车，利用本公司气动技术优势，减掉汽车发动机、变速器和油箱等部件，用 3 个压力气瓶和特制气动马达，使轿车行驶速度达到 60km/h，充气一次可行驶 150km，只要数分钟即可完成充气，方便的程度不亚于汽油机汽车。

2000 年非洲汽车博览会上，展出过一台空气动力汽车，行驶速度近 80km/h，行驶距离近 200km，使用成本非常低。

2002 年在巴黎举行的国际汽车展上，展出了一种不用燃油而使用高压空气推动发动机的小型汽车“城市之猫”（CityCAT，图 5–11），发明者为居伊·内格尔（Guy Negre）。它的发动机采用压缩技术，把空气压缩后储存在一个气缸内。发动机接上电源充气 4h 就可以以 80km 的平均时速行走 10h。它是一种非常规的能源科技，用于空气动力汽车的安全热源和气源动力系统装置，空气具有高度可压缩性，因而能够作为能量载体；利用压缩空气作为气动汽车的动力源，采用气体发生剂供给膨胀吸热的热源和气源，两相联合相得益彰。

2003 年浙江大学流体传动及控制实验室研发了气动汽车，时速达到 50km/h，续驶里程达 200km，接近于国外的一般水平。这辆气动汽车如果车速限制在 50km/h，将能够持续行驶 200km；如果放开速度行驶，时速可达 110km/h，但这样气体消耗较快。现在安装于气动汽车上的压缩空气罐，每个能储存 50L 的压缩空气，其大气压力达到 300atm（$1\text{atm}=1.01\times10^5\text{Pa}$）。在这样的大气压力下，为了避免压缩空气罐受到撞击

图 5–11 城市之猫

时像炸弹一样爆炸，研究者们采用了碳纤维作为气罐罐体材料。用这种材料做成的气罐，遇到问题顶多是罐体破碎，空气漏出，而不会出现危险情况。

2009 年 3 月，法国 MDI 公司在瑞士日内瓦国际车展上展示了一辆空气动力汽车 Airpod，如图 5–12 所示。Airpod 是一款是外形酷似甲壳虫的三轮汽车，前后各有一个向上开启的玻璃门。Airpod 是一款只能在城市行驶的车辆，是世界上最小的 3 座车辆，但也可乘坐 3 名成人和 1 名儿童。该空气动力汽车只需将插头插到墙上的插座内，汽车的空气压缩机就开始工作，使汽车气罐内的气压达到约 30.6MPa。达到这一气压大约需要 4h，然后气罐内的空气就会缓慢释放，牵动汽车的活塞运动。在车速低于 56km/h 时，这种空气动力汽车完全依赖气罐工作，只排放出冷空气。车速增高时，一个小型常规燃料的发动机就开始工作，加热气罐内的空气加速其释放，从而获得更高的速度。这个发动机也会给气罐加气，从而延长汽车的行驶里程和提高其速度。该空气动力汽车完全依靠压缩空气能够行驶 32km，当发动机发动后将能够再行驶数百英里，最高时速达到 154.5km/h。

图 5–12 空气动力汽车 Airpod

在我国，研发空气动力汽车的不乏其人，已公开专利的有好几家，深圳、河南、上海、浙江等地的发明者都有各自的特点。空气动力汽车名称尚不统一，有的叫压缩空气汽车，有的叫气动汽车，还有的叫气动马达汽车。

2. 空气动力汽车的基本原理

空气由氮气、氧气及极少量的惰性气体组成，每升质量约 1.2g，它具有高度可压缩性，因而气体分子可作为能量载体。空气动力汽车正是利用这一特性，把空气储存二三百个大气压储气罐作为汽车动力源。高压下的气体分子具有“分子排斥能”，就能做功。

空气动力汽车的动力系统由储气罐（瓶、箱等）、气动（风动）马达、管道和控制器等组成，动力系统以外均利用汽车现有成果。

根据动力学能量平衡原理，气体在压缩时为放热过程，反之，气体在膨胀时是吸热过程。空气动力汽车用压缩空气作动力过程中最关键最难解决的问题就是“降温现象”。

空气动力究其本质完全属于“清洁能源”，气体分子经压缩—膨胀过程中没有化学变化，根本没有污染产生，不存在“三废”问题，并且“相态”没有变化，空气动力做功过程中也就没有相变能量损耗，有效功率比燃油的有效功率高得多。

3. 空气动力汽车的特点

空气动力汽车的研发是对能源利用的一次重大变革。空气动力汽车有以下特点：

① 空气分子是无处不在的，随时随地可以“调遣”，而且是“取之不尽、用之不竭”的，最简单、最方便、不自燃、不付费，是一种流速比油料快的能源载体。

② 空气分子是绿色能源，气体分子在压缩—膨胀全过程中，没有化学变化，仅仅是气体分子占据空间的缩小，符合绿色能源标准。

③ 空气动力汽车目前实际水平：储气罐容积 200～300L；储气罐压力 200～300kg/cm^2；一般时速 50～60km；行驶里程 150～200km。市区公交车一般设十几站路约十几千米，按空气动力汽车目前达到的技术水平，足以行驶十多次来回，那将是减轻汽车尾气污染的一大福音。

④ 利用非常规能源——气体发生剂解决压缩空气膨胀做功的降温难题，这是创新能源应用方式的变革。气体发生剂是可再生的二次化学能源，来源于植物纤维素经硝化而获得，无资源枯竭之虑。气体发生剂可按照人们的意志控制、利用和操作。把它引进到汽车行业中来是一大创举，也为能源科技开辟了新的方向。

⑤ 空气动力汽车的基础装置是高压储气罐和高效气动马达两个关键装置，在人类已能上天入地的高科技时代，耐压几百千克的材料已不在话下，安全措施完全到位。

制备储气罐有多种材料可供选择，碳纤维、碳化纤、硼纤维、玻璃纤维等增强树脂，采用传递模塑法（RTM）或缠绕法制成；也可以采用铝合金、镁合金或合成橡胶等制成内胆，即使破裂，也仅仅像轮胎跑气一样安全，不会对人身造成伤害。

气动马达有活塞式和叶片式两种，关键是做到节气、高效和匹配。气动马达已是非常成熟的工艺技术。

最新的一种为空气动力汽车充气的空压机是“螺杆式空压机”，它性能卓越，效率高超，寿命长，噪声低，作为空气动力汽车的“加气站”恰似如虎添翼。

空气动力汽车的研制开发应借助两股“东风”：一是当代的新思路、新技术、新材料、新工艺，尽量采用当代最前沿的材料和技术，如非常规能源科技（气体发生剂）解决气动汽车关键难题，提供热源和气源；二是燃油汽车经过 100 多年的研究，有很多成熟的技术和宝贵的经验，值得气动汽车研发借鉴。也许不久的将来，空气动力汽车就会流光溢彩地穿梭在马路上，成为一道靓丽的风景线。

5.2.3 重力汽车

重力汽车的特征是依靠自身重力驱动行驶的车，实质是通过周期性地改变重心而达到依靠自身重力驱动行驶的目的。利用重力驱动汽车，既无化学燃料的消耗，又能实现零排放。

目前，这种类型的新型能源汽车只有沃尔沃公司推出了一款概念车，如图 5–13 所示，其他生产商并无推出相关的产品。

2005 年的 Volvo Extreme Gravity Car，以绝佳的空气动力学与工程设计，创下时速 87km/h 的下坡最速成绩。

图 5–13　沃尔沃重力概念汽车

沃尔沃研发的这款运用地心引力为动力的概念车，在没有使用发动机与任何燃油的条件下，让车速达到 87km/h。沃尔沃这款号称终极地心引力车（Extreme Gravity Car）的概念车，是沃尔沃位于加利福尼亚州的观察与概念中心（Volvo Monitoring and Concept Centre，VMCC），为参加一年一度的慈善下坡竞赛所

创作的产品。沃尔沃凭借优异的动力学与外观设计，让概念车时速顺利达到 87km/h，成功击败奥迪、宾利与克莱斯勒等强劲对手。

5.3　新型燃料汽车

新型燃料汽车主要是用新型清洁燃料全部或者部分取代内燃机中的汽油、柴油，再由内燃机驱动汽车。这类新能源汽车以醇类燃料汽车、生物柴油汽车、氢燃料汽车以及二甲醚汽车为主。

5.3.1　醇类燃料汽车

5.3.1.1　醇类燃料的来源及分类

醇类燃料由于来源广泛、丰富、抗爆性好、与石油燃料的理化性能相近，受到越来越多的关注。

1. 醇类燃料的来源

甲醇（木醇或木酒精）可以由一氧化碳和氢气合成，为无色透明的液体，高挥发性，易燃，主要由天然气（占 78%）、重油（占 10%）、液化石油气（占 3%）、煤炭（占 2%）、油页岩、木材和垃圾等物质提炼而成。

乙醇俗称酒精，其工业生产方法主要有发酵法、乙烯水合法等，我国一直以发酵法为主。

2. 醇类燃料的分类

（1）按醇类燃料的组成成分和性质分类

醇类主要指甲醇（CH_3OH）和乙醇（C_2H_5OH）。它们都是相对分子质量较小的单质，燃烧产物中基本没有炭烟，NO_x 的排放浓度也很低，是一种低污染性燃料。

醇类燃料汽车是指以甲醇汽油、乙醇汽油、甲醇、乙醇为燃料的汽车。其中，以甲醇为燃料的汽车称为甲醇汽车，以乙醇为燃料的汽车称为乙醇汽车。醇类燃料可以与汽油或柴油按一定比例配制而成混合燃料，也可以直接采用醇类燃料作为发动机的燃料。醇类燃料汽车与电动车、天然气汽车一样，都是新能源和清洁代用燃料汽车。

（2）按醇类燃料在汽车上应用分类

按醇类燃料在汽车上的应用分类，主要有掺烧、纯烧和改质三类。

① 掺烧是醇类燃料在汽车上的主要应用方式。为使内燃机燃用甲醇时能有良好的效果，可采用不同的掺烧方式，调整混合燃料的性质，改进发动机结构及设计良好的掺烧及控制装置。掺烧主要是指醇类燃料（甲醇或乙醇）以不同的体积比例掺入汽油（柴油）中。

掺烧的主要方法有三种：混合燃料法、熏蒸法和双供油系统法。前两种方法既可用于柴油机上，又可用于汽油机上，而双供油系统法仅用于柴油机上。醇类燃料易于自然吸水且相对密度小于柴油，故与柴油的互溶性较差，因此，一般情况主要针对醇类燃料与汽油的掺烧。

最常用的掺烧方法是混合燃料法，甲醇（或乙醇）与汽油的混合燃料称为甲醇（或乙醇）汽油或称汽醇，甲醇、乙醇与汽油的混合燃料分别用 MX 和 EX 表示，X 表示醇类燃料在燃料中所占的体积混合百分率。例如，甲醇汽油混合燃料表示为 M5（含甲醇 5%）、M10（含甲醇 10%)、M85(含甲醇 85%),纯甲醇燃料用 M100 表示。实际甲醇含量最多为 85%～90%,其他都是添加剂。通常掺烧 3%～5%甲醇时发动机无需任何改造。乙醇汽油混合燃料用 E10(含乙醇 10%,现在我国主要推广)、E20(含乙醇 20%)表示,纯乙醇燃料用 E100 表示。研究表明,如果掺烧的乙醇少于 10%,则发动机不必改造,只要经过适当的调整,汽车性能即可与燃烧汽油时相当。当掺烧比例加大时,可通过适当增大压缩比和增加发动机预热装置,便可保证汽车的各种使用性能。同时,在混合燃料中添加助溶剂,防止醇燃料与汽油分层。

② 纯烧类型是指单纯燃烧甲醇或乙醇燃料,主要方式有六种:裂解法、蒸汽法、火花塞法、电热塞法、炽热表面法和加入着火改善剂法。其中,后三种方法仅用于柴油机上,其他方法既可用于柴油机上,又可用于汽油机上。

纯烧类型的优点是发动机可以根据燃料的特点进行改造,如按醇燃料的理论空燃比设计和调整供油系统、加装发动机预热装置、加大油泵的供油量、改善零部件的抗腐蚀性等。通过改造发动机后,纯烧类型汽车的动力性和经济性比烧汽油时有较大的提高。

③ 改质类型现在主要是指醇类燃料的改质。甲醇改质是利用发动机的余热将甲醇生成为 H_2 和 CO_2,然后输送到发动机内燃烧。采用甲醇改质需要对发动机进行较大的改造,最好重新设计发动机。变性燃料乙醇是指乙醇脱水后再添加变性剂而生成的以乙醇为主的燃料。

5.3.1.2 醇类燃料的主要特性

甲醇和乙醇均是无色透明、易挥发的可燃液体。甲醇和乙醇与汽油相比,热值低、蒸发潜力大、抗爆性好、含氧量高。甲醇略带酒精味,有毒,进入人体会引起胃疼、肌肉痉挛、头昏、乏力等症状,严重时可导致失明甚至死亡。乙醇有强烈的酒精气味,对人体的大脑神经有麻痹作用。甲醇、乙醇性质类似之处很多,与汽油相比,它们的缺点和优点几乎相同,只是在程度上略有差别。另外,醇类燃料吸水性强,化学活性高,容易发生早燃等。甲醇、乙醇与汽油、柴油的理化性能比较见表 5–3。

表 5–3 醇类燃料与汽油、柴油的理化性能的比较

项目	汽油	柴油	甲醇	乙醇
分子式	C_4～C_{12} 烃化合物类	C_{16}～C_{23} 烃化合物类	CH_3OH	C_2H_5OH
相对分子质量	100～115	226	32	46
物理状态	液态	液态	液态	液态
车上的储存状态	液态	液态	液态	液态
液态的相对密度	0.72～0.75	0.82～0.88	0.791 4	0.784 3
沸点(常压)/℃	30～220	18～370	64.8	78
饱和蒸汽压/kPa	62.0～82.7	—	30.997	17.332
低热值/(MJ/kg)	44.52	43	20.26	2720
混合气热值/(kJ/m³)	3750	3750	3557	3660
汽化潜热/(kJ/kg)	297	—	1101	862
研究法辛烷值(RON)	90～106	—	112	111
马达法辛烷值(MON)	81～89	—	92	80

（续）

项目	汽油	柴油	甲醇	乙醇
十六烷值	27	40～60	3	8
闪点/℃	–43	60	11	221
自燃点/℃	260	—	470	420
理论空气量/（kg/kg）	14.9	14.5	6.52	9.05

醇类燃料在汽车上应用主要有以下特点：

① 醇类燃料中含氧量大，热值低，所需要的理论空气量比汽油或柴油少。从而保证发动机的动力性能不降低。

② 辛烷值比汽油高，是点燃发动机的比较好的代用燃料，可作为提高汽油辛烷值的优良添加剂，采用高压缩比提高热效率。普通汽油与 15%～20%的醇类燃料混合，辛烷值可以达到优质汽油的水平，但是醇类燃料的抗爆性敏感度大，中、高速时的抗爆性不如低速时好。

③ 常温下为液体，操作容易，储带方便。

④ 可燃界限宽，汽油的着火极限为 1.4～7.6；甲醇的着火极限为 6.7～36。燃烧速度快，火焰传播速度比汽油快，可以实现稀薄燃烧，利于排气净化和空燃比控制。

⑤ 与传统的发动机技术有继承性，特别是使用汽油–醇类混合燃料时，发动机结构的变化不太大，可减少燃烧室表面的燃烧沉积物和改善排放性能。

⑥ 由于十六烷值低，着火性差，着火延迟期长，在压燃式发动机中采用醇类燃料要困难得多，在点燃式发动机中应用较广。

⑦ 蒸发潜热大，使得醇类燃料低温启动和低温运行性能恶化。但在汽油中混合低比例的醇，有燃烧室壁面给液体醇以蒸发热，这一特点可成为提高发动机热效率和冷却发动机的有利因素。

⑧ 热值低。甲醇的热值只有汽油的 48%，乙醇的热值只有汽油的 64%。因此，与燃用汽油相比，在同等的热效率下，醇的燃料经济性低。

⑨ 沸点低，蒸汽压高，容易产生气阻。

⑩ 腐蚀性大。醇具有较强的化学活性，能腐蚀锌、铝等金属。甲醇混合燃料的腐蚀性随甲醇含量的增加而增加。另外，醇与汽油的混合燃料对橡胶、塑料的溶胀作用比单独的醇或汽油都强，混合 20%醇时对橡胶的溶胀作用最大。

醇混合燃料容易发生分层。醇的吸水性强，混合燃料进入水分后易分离为两相。因此，醇混合燃料要加助溶剂。

甲醇有毒，会刺激眼结膜，也会通过呼吸道、消化道和皮肤进入人体，刺激神经，造成头晕、乏力、气短等症状。

5.3.1.3 掺烧车式车用醇类燃料发动机的结构改进

巴西是世界上唯一不使用纯汽油作汽车燃料的国家，发动机结构专门为醇类燃料而设计，而我国的发动机则专为汽油或柴油而设计，混合比低于 10%的醇类混合燃料可以直接使用，发动机的基本结构与传统燃料发动机的基本相同。我国现在主要采用混合比为 10%的醇类混合燃料。但由于醇类燃料本身特性与传统燃料有所不同，以及混合比不同，发动机结构需要有所改进或不同。

掺烧是醇类燃料在汽车上的主要应用方式，为使发动机燃用醇类燃料时能有良好的效果，可采用不同的掺烧方式，调整混合燃料的性质，改进内燃机结构及设计良好的掺烧及控制装置。

1. 采用混合燃料法的醇类燃料汽车发动机结构改进

（1）在点燃式发动机中掺烧甲醇

在点燃式发动机中掺烧甲醇不仅可以以醇代油，而且与燃用纯汽油相比，还具有如下优点：辛烷值提高，可以在无铅汽油中加入甲醇，达到含铅汽油所具备的抗爆能力；可以扩大混合气的着火极限，燃用稀混合气，提高燃油经济性；可以提高压缩比，从而提高发动机的动力性和经济性；减少燃烧室表面的燃烧沉淀物；改善排放性能等。

汽油发动机使用低比例（M3～M5）的甲醇汽油，不需使用任何添加剂，发动机不需任何改造，车辆可以正常使用。汽油机使用比例 M15 甲醇汽油，发动机不需大的改动，使用技术成熟，气阻、腐蚀、溶胀、互溶等技术故障可解决。

我国在点燃式发动机中掺烧 15%的甲醇（M15）的试验研究工作进行的较多，因为 M15 是发动机稍作变动的最高可接受的掺烧比极限。国外正式成为商品的是 M3，使用这类混合燃料，发动机结构不需要改变，材料也是相容的。

（2）在压燃式发动机中掺烧甲醇

醇类易于自然吸水，而且相对密度小于柴油，所以与柴油的互溶性较差。醇类的十六烷值很低，着火性能差，使得醇类用作压燃式发动机燃料比用作点燃式发动机燃料更为困难，不是醇类燃料应用的主渠道。

在压燃式发动机中掺烧甲醇主要采用的改进方法有：加入点火促进剂、改善点火性能；高压缩比及废气再循环；电热塞法；柴油引燃法；高能电火塞法；采用乳化甲醇柴油等。其中，使用较多的是前两种方法。

柴油机燃用甲醇应用较多的国家有美国、德国、日本等，使用的汽车多为城市公交客车和载重汽车。但因点火促进剂或发动机制造成本较高，甲醇燃料未能在柴油机上普遍使用，同样乙醇柴油也因存在类似问题而导致研究工作及应用较慢。

（3）车用掺烧乙醇汽油发动机结构改进

掺烧是乙醇燃料在汽车上的主要应用方式。掺烧后的乙醇汽油的辛烷值比汽油高，燃用乙醇汽油发动机的压缩比可以提高。我国主要应用的掺烧比例比较小（< 10%），发动机的结构基本不变，大部分汽油车使用，如奥迪、红旗等。

2. 采用熏蒸法的醇类燃料汽车发动机结构改进

熏蒸法是利用醇类燃料表面张力小及黏度低的特点，通过不同方式将醇燃料雾化、汽化后从进气管送入燃烧室。可利用流动的空气流、机械部件等使醇燃料雾化，或者利用冷却水或排气的热量加热醇燃料，使其汽化。采用熏蒸法掺烧醇燃料都要在发动机上增加一些零部件。想要将含水醇燃料用作内燃机燃料，而又不愿采用价格较贵的助溶剂，采用熏蒸法是混合燃料法以外的另一种有参考价值的掺烧方法。

3. 双燃料喷射系统的醇类燃料汽车发动机结构改进

双燃料喷射系统是指柴油机具有两套独立的喷油泵—喷油器系统，或者一套喷油泵—喷油器，但能向气缸内喷射两种不同燃料。采用双燃料喷射系统的目的是能在柴油机上燃用大

比例的醇与柴油的混合燃料或者用少量的柴油引燃大量的醇燃料。

5.3.1.4　用高比例和纯醇类燃料发动机结构的改进

1. 甲醇点燃式发动机结构改进

这种发动机主要指甲醇（M85～M100）点燃式发动机。台架及行车试验表明，汽车尾气排放显著改善，燃油经济性提高。

通常，当燃用甲醇含量超过容积的 85%时，发动机需进行如下一系列设计修改：

① 提高电动汽油泵的供油压力，以避免产生气阻，影响供油，如有的汽油泵采用 3.0MPa 以上压力。

② 混合气的形成装置必须与甲醇较低的热值及较少的空气需要量相适应。

③ 采用高压缩比以充分利用甲醇高辛烷值的特性，压缩比可提高到 9～11。

④ 对混合气形成装置进行改进设计。

⑤ 压缩比提高后，宜采用冷型火花塞。

⑥ 解决冷起动不利的问题，如辅助汽油喷射、电加热、火焰起动装置、热分解燃油、催化分解燃油、增加点火能量、燃油的雾化、燃油中添加低沸点的添加剂。

⑦ 改善有关零件的抗腐蚀性和抗溶胀性等，尤其是提高供油管路的金属件、橡皮件和塑料的性能，如油压调节器的膜片。

⑧ 加大燃料箱，以保证必要的续驶里程；或采用双油箱结构。

⑨ 为充分利用醇类燃料高辛烷值的特点，应加大点火提前角 2°～5°。

2. 乙醇汽油发动机结构改进

纯烧乙醇应对发动机进行必要的改动：提高压缩比到 9～11，充分发挥乙醇辛烷值高的优势；压缩比提高后，宜采用冷型火花塞；加大输油泵的供油能力，以避免气阻；用附加供油系统及加强预热等措施，改善冷起动；加大燃料箱，以保证必要的续驶里程；改善有关零件的抗腐蚀性和抗溶胀性等。

3. 醇类燃料的柴油机结构改进

在柴油机中燃烧纯醇燃料，首先要解决能稳定着火及实现较好工作过程的问题。应用和研究的方案有火花塞法、电热塞法、高温表面着火法、裂解甲醇法、醇燃料蒸汽法、醇燃料加着火改善剂法、高压缩比压燃法。

除醇燃料加着火改善剂法外，以上每种方法都要改动柴油机的结构，增加一些零部件。原则上这些方法都适用于甲醇和乙醇，但由于乙醇产量少，价格偏高，过去主要在柴油机上采用这些方法进行甲醇试验研究。

（1）火花塞法

汽油机上本来就有火花塞，因此实现纯醇燃料奥托循环较方便。在柴油机上安装火花塞及点火系，用火花能量点燃纯醇燃料主要考虑以下几点：

① 燃料喷射时间及点火时间。由于醇的热值低，在同等的功率下，喷入缸内的甲醇在数量上比传统燃料大一倍多，因此要改变喷射速率及喷射时间，否则喷射结束过迟，就会降低燃烧效率。燃料喷射及点火时间不当，火花塞可能受到燃料喷注的浸湿，从而使燃料不能着火，产生丢火现象，因此要注意改变喷射速率，寻找最佳的喷射时间、点火时间及其相互配合。

② 火花塞的位置及电极长度。要慎重选择火花塞的位置，同时要采用较长的电极，使火

花塞的电极接触到较多的油雾，而又不受到过多的液体燃料的冲洗和污染。加长电极，既可以使火花塞伸入燃烧室内，又因一部分突出于壳体之外，使受热面加大，从而提高了低速低负荷时的电极温度，而在高速高负荷时，空气流动增加，突出部分得到较好的冷却。

（2）电热塞法

在传统的石油燃料发动机中，电热塞是用于改善冷起动性能的。醇燃料的自燃温度高，着火性能差，但容易受高温炽热表面的作用而着火。在燃烧室中安置电热塞是使醇燃料着火，并实现较为稳定燃烧的措施。

（3）裂解甲醇法

将无水或含水很少的甲醇分解成氢气及一氧化碳称为裂解甲醇。裂解甲醇燃料发动机的组成，如图 5–14 所示，其工作原理是，甲醇先在蒸发器 4 中变成气体，然后在裂解反应器 3 中分解为氢气及一氧化碳，然后经过冷却，与空气混合，进入发动机。蒸发器可以采用管式热交换器，用 90%～100%的循环冷却水或废气余热加热。裂解后气体可用水冷却。裂解反应器通常用废气加热。催化剂可用铂、铑、铜、锌、铝、铬或铜–氧化锌等。

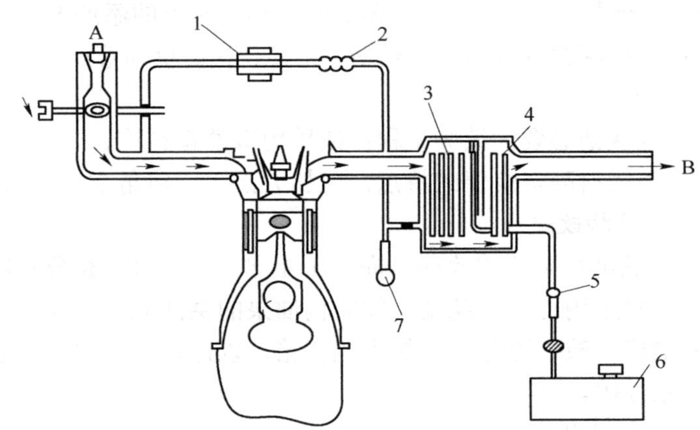

图 5–14　裂解甲醇燃料发动机的组成示意图

1—压力调节器　2—裂解气冷却器　3—裂解反应器　4—蒸发器　5—燃油泵
6—燃油箱　7—安全放气阀　A—空气　B—废气

（4）高温表面着火法

在汽油机中，由于高温点火引起的可燃混合气的早燃是一种不希望有的异常燃烧。甲醇的抗爆燃性虽较高，但比汽油在较低的表面温度下容易着火，而甲醇在柴油机中又难以着火。于是便产生了在柴油机燃烧室中，用外源能量形成高温表面，比如电阻丝加热带所产生的热量使不锈钢套燃烧室内表面的温度高于甲醇的着火温度，使甲醇着火的方案。

（5）醇燃料加着火改善剂法

在柴油机中使用加了着火改善剂的纯醇燃料，就无须对柴油机进行大的改动，并且随时可以改用柴油，是一种较简便理想的方法。其关键是要研究出优良的改善剂，如环乙基硝酸盐、三乙基氨硝酸锆、异丙基硝酸锆等。

（6）高压缩比压燃法

理论分析表明，要使醇燃料在原柴油机上不采用任何助燃措施，只用压燃方式形成燃烧

过程，需要压缩比达到 26 以上才可能实现。如此高的压缩比会使发动机机械负荷及热负荷增加，发动机容易发生零件损坏等方面的问题。因此，高压缩比压燃法适用于部分负荷工况下工作的时间较多的公共汽车的醇燃料发动机，主要的技术是高压缩比加助燃剂。

4. 甲醇改质发动机结构改进

将含水甲醇分解为 H_2 及 CO_2，称为改质甲醇。甲醇–汽油混合气易分层，纯甲醇燃料冷起动困难，而且它们的热效率也不很理想。人们试图寻求一种新的应用方式，以期达到更好的效果，甲醇改制重整又是燃料电池的一个重要方案。甲醇改质是利用发动机排气的余热将甲醇改成为 H_2 及 CO_2，然后再输往发动机。改质气的最大火焰传播速度仍然高达 215cm/s，远远大于汽油，这个特性有利于热效率的提高。

车用甲醇改质发动机结构改进主要有：甲醇改质气的着火极限很宽，下限为过量空气系数 a=7，提高热效率，改进控气装置；其辛烷值高，发动机的压缩比提高。其优点是：甲醇改质气有效回收了一部分排气热量，有利于热效率的利用，很容易实施稀混合气燃烧；由于采用稀混合气，a=1.7，燃烧温度低，CO 和 HC 排放少，NO_x 的排放浓度也较低。

5. 醇类灵活燃料发动机

（1）甲醇灵活燃料发动机

甲醇灵活燃料是指甲醇在混合燃料中的比例为 3%～60%的甲醇混合燃料，甲醇、汽油在 M3～M60 范围可任意比例混合使用，不经预混配过程，保持原车动力性、加速性、安全性，适用于捷达、桑塔纳、富康等轿车。

（2）乙醇灵活燃料发动机

乙醇灵活燃料指既可使用汽油，又可使用乙醇与汽油以任何比例混合的燃料。工作时由燃料传感器识别燃料成分，通过计算机提供发动机最佳运行参数。灵活燃料汽车的商业前景很好，已在福特汽车厂生产线上大批生产，但由于近年来汽油车性能的不断改进，汽油价格回落，影响了市场的发展。

5.3.1.5　醇类燃料汽车的发展

1. 甲醇燃料汽车的发展

甲醇燃料汽车是指利用甲醇作为能源驱动的汽车。甲醇作为燃料在汽车上的应用主要有掺烧和纯甲醇替代两种。掺烧是指将甲醇以不同的比例（如 M10、M15、M30 等）掺入汽油中，作为发动机的燃料，一般称为甲醇汽油；纯甲醇替代是指将高比例甲醇（如 M85、M100）直接用作汽车燃料。

我国甲醇燃料汽车的发展从未停止，与之相关的添加改善燃料性能、不同配比的燃油发动机改装、专用发动机的开发、运输与加注设施的改建技术、地方标准制定、示范运营等方面的工作，在争论声中不断取得实用性进展。

2. 乙醇燃料汽车的发展

乙醇汽车是使用车用乙醇汽油作为主要动力燃料的汽车。一直以来，生物乙醇燃料备受争议，因为有人批评大规模使用乙醇作为燃料，会导致食品价格上涨，此外，传统制造乙醇过程中会消耗很多能源，因此，从“油井到车轮”的全过程来看，乙醇燃料并不环保。但是，通用汽车打算结束这种争论。在 2008 年北美车展上，通用汽车推出了多款 E85 乙醇燃料车，同时，作为推动车用能源多样化的战略手段，它正式宣布与美国 Coskaca 能源公司携手，在乙醇燃料技术领域内开展合作。

事实上，通用汽车在乙醇以及乙醇燃料汽车技术研发领域中，一直走在业界的最前列。目前，通用在全球已经销售了 250 万辆可以使用 E85 的车辆（同时也可以使用汽油）。所谓 E85，就是由 85%的乙醇和 15%的汽油混合而成的乙醇燃料。在世界能源需求持续快速增长的背景下，乙醇成为不可再生的矿物燃料的可行替代品。

巴西是全球最早发展乙醇汽车的国家。根据巴西法律规定，巴西所有加油站出售的汽油也必须添加 25%的乙醇燃料。因此，巴西公路上跑的基本上都是乙醇汽油汽车。经过近 30 年的努力，巴西已成为世界上唯一不供应纯汽油的国家，也是世界上发展替代能源、采用乙醇为汽车燃料最为成功的国家之一。

在 2000 年以前，我国开展乙醇燃料研究及应用工作的机构并不多。但是这几年，越来越多的人开始关注能源短缺与环境压力，乙醇汽油的应用也越来越多。

5.3.2 生物柴油汽车

生物柴油是指以油料作物、野生油料植物、工程微藻等水生植物油脂以及动物油脂、餐饮废油等为原料，通过酯交换工艺制成的有机脂肪酸酯类燃料。生物柴油汽车就是指使用全部或部分的生物柴油作为燃料的汽车。

生物柴油的学名叫“FAME”，即脂肪酸甲基脂，它可以作为汽车的一种替代燃料，直接用于汽车动力上。生物柴油可以以 100%浓度用于柴油发动机，目前世界上主要的生物柴油还是将生物油与矿物油调和使用。行业上生物柴油的规模应用普遍为 B5（5%的生物柴油+95%的标准柴油）～B20（20%的生物柴油+80%的标准柴油）。

1. 生物柴油汽车的优缺点

生物柴油汽车的优点：

① 优异的环保性。生物柴油燃烧产生的 SO_2 和硫化物排放量低；不含芳香族烷烃；氧含量高，CO 的排放与普通柴油相比减少约 90%；无毒。

② 高度的安全性。目前世界各地生产的生物柴油闪点均高于 130℃，具备极好的热稳定性和抗爆性，在运输、储存和使用方面安全性很高。

③ 优异的低温起动性。无添加剂冷滤点达–20℃，可确保在低温环境下正常起动。

④ 好的可燃性和润滑性。生物柴油的十六烷值一般不低于石化柴油，燃烧性能优于普通石化柴油；其润滑性也很好，可以降低喷油泵、发动机缸体和连杆的磨损率，延长发动机使用寿命。

生物柴油汽车的缺点：

① 燃烧效果差。生物柴油的黏度约为 2#石化柴油的 12 倍，影响喷射时程，导致喷射效果不佳。生物柴油的低挥发性易造成燃烧不完全，影响汽车燃烧效率。

② 制取成本较高。消耗大量耕地资源，与石化柴油相比，加工制取的工艺较复杂。

③ 氧化安定性差。给实际使用和储存都造成了很大的困难。

发展生物柴油汽车的意义：

① 保障石油安全，解决能源危机。

② 生态环境友好，符合低碳理念。

③ 原料来源广泛，社会效益好。

④ 优化能源产业结构，促进农业发展。

2. 生物柴油汽车的发展现状

美国是最早研究生物柴油的国家。1983 年美国科学家 Graham Quick 首先将菜籽油甲酯用于发动机，并把来自动物或植物可再生的脂肪酸单酯定义为生物柴油（Biodiesel）。

美国对生物柴油的关注始于 1990 年的“空气清洁法案”，美国能源署及环保署要求联邦政府部门车辆部分使用生物柴油代替石化柴油。2005 年 3 月美国海军要求其符合条件的车船均使用 B20 燃料，许多联邦政府、州政府和地方政府相继效仿，如今大部分政府车辆、公共汽车和校车已经用上了 B20 生物柴油。

欧盟是全球最大的生物柴油生产国。目前，欧洲生物柴油份额已占成品油市场的 5%以上。

德国作为欧盟的代表已成为全球最大的生物柴油生产国，其生产和消费的生物柴油占世界总生产量的 1/3。自从 2004 年初德国政府授权常规柴油中强制加入最多 5%的生物柴油，生物柴油产业迎来了发展浪潮。德国 CHOREN 是世界上生物合成柴油和煤间接转化油生产领域的先驱者。

在欧洲，各大汽车制造商如奥迪、大众、奔驰、菲亚特等，均允许在其各款柴油轿车和载货车中使用满足欧盟标准 EN14214：2001–09 的生物柴油，并保证同样给予用户相应车辆的机械保证和保养。

我国生物柴油发展较晚，系统研究始于中国科学院的“八五”重点科研项目“燃料油植物的研究与应用术”。2007 年颁布的《柴油机燃料调合用生物柴油（BD100）国家标准》（2014 年更新为 GB/T 20828—2014 《柴油机燃料调合用生物柴油（BD100）》），使得生物柴油作为替代能源有了正式身份，但该标准只是一种化学品的产品标准。

5.3.3　氢燃料汽车

这里讨论的氢燃料汽车，与用氢气作燃料的燃料电池汽车有本质的区别。这里指的是以氢气作为内燃机的燃料，通过氢气的燃烧做功产生动力的汽车。

5.3.3.1　氢气的理化性质

氢气与汽油、柴油的理化性能比较见表 5–4。

表 5–4　氢气与汽油、柴油的理化性能比较

项目	氢气	汽油	柴油
分子式	H_2	C_4～C_{12}烃化合物类	C_{16}～C_{23}烃化合物类
相对分子质量	2.02	100～115	226
物理状态	气态	液态	液态
车上的储存状态	—	液态	液态
液态的相对密度	0.070 8	0.72～0.75	0.82～0.88
沸点（常压）/℃	–252.8	30～220	18～370

（续）

项目	氢气	汽油	柴油
低热值/（MJ/kg）	119.9	44.52	43
混合气热值/（kJ/m^3）	3180	3750	3750
汽化潜热/（kJ/kg）	447	297	270
最低点火能量/（MJ）	0.018	0.25～0.30	40～60
着火温度（常温下）/℃	400	260～370	250
火焰传播速度/（m/s）	2.91	0.35～0.47	—
理论空燃比	34.5	14.9	14.5
着火极限（%）	4～75	1.3～7.6	1～8.25
气/液体积比	845	150	150

氢气的具体特点如下：

① 氢气在常温、常压下是无色、无味、无毒的气体。

② 最轻。氢是最轻的元素。氢气的相对分子质量约等于2，其密度仅为空气的1/14.5。其他燃料的密度（相对空气）由小到大依次为，天然气16、甲醇32、液化石油气（丙烷）44、乙醇和二甲醚46、汽油114、柴油170。

③ 沸点最低。氢气的沸点为–252.8℃，属于超低温。其他燃料的沸点由低到高依次为：天然气–161.5℃，液化石油气（丙烷）–42℃、二甲醚–24.8℃、甲醇 64.8℃、乙醇 78.3℃、汽油30～220℃、柴油180～370℃。

④ 理论混合比最大。氢气的理论混合比为34.48。其他燃料的理论混合比由大到小依次为，天然气17.2、液化石油气（丙烷）15.6、汽油14.8、柴油14.3、二甲醚和乙醇8.98、甲醇6.47。

⑤ 质量低热值最大。氢气的质量低热值为119.9MJ/kg。其他燃料的低热值由大到小依次为，天然气49.54MJ/kg、液化石油气（丙烷）45.31MJ/kg、汽油44.52MJ/kg、柴油43MJ/kg、二甲醚27.6MJ/kg、乙醇27.2MJ/kg、甲醇20.26MJ/kg。

由于氢气的低热值遥遥领先，尽管它的理论混合比大，以质量计的理论混合气仍保持为最大，等于 3.38MJ/kg。其他燃料以质量计的理论混合气的热值由大到小依次为，汽油2.82MJ/kg、柴油2.81MJ/kg、二甲醚2.77MJ/kg、液化石油气（丙烷）2.73MJ/kg、乙醇2.73MJ/kg、天然气2.72MJ/kg、甲醇2.71MJ/kg。

⑥ 以容积计的理论混合气热值最小。虽然氢气的质量低热值和以质量计的理论混合气的热值最大，但因其密度太小，故以容积计的理论混合气热值反而最小，其值为 3.17MJ/m^3。其他燃料的以容积计的理论混合气热值由小到大依次为，天然气3.36MJ/m^3、甲醇3.56MJ/m^3，液化石油气（丙烷）3.59MJ/m^3、乙醇3.66MJ/m^3、二甲醚3.71MJ/m^3、汽油3.82MJ/m^3、柴油3.83MJ/m^3。

⑦ 分子变更系数最小。氢气是上列燃料中燃烧后的分子数比燃烧前少的唯一燃料，故分

子变更系数最小，等于 0.852 1。其他燃料的分子变更系数由小到大依次为，天然气 1、液化石油气（丙烷）1.037、汽油 1.049、甲醇 1.056、乙醇 1.060、柴油 1.062、二甲醚 1.035。

⑧ 氢气是不含碳的燃料，废气中的主要成分是燃烧后生成的 H_2O、空气中的 N_2，燃烧后空气中剩余的 O_2，以及在高温下生成的 NO_x，没有汽油及柴油车所排出的 CO、HC，以及微粒、铅、硫等有害物质，不会诱发光化学烟雾，也没有导致地球温室效应的 CO_2。其他燃料的含碳比例由小到大依次为甲醇 37.5%、乙醇和二甲醚 52.2%、天然气 75%、液化石油气（丙烷）82%、汽油 85.5%、柴油 87%。

⑨ 容积系数最小。氢气相对于汽油的容积系数为 3210。其他燃料相对于汽油的容积系数由大到小依次为天然气 927、甲醇 2.04、二甲醚 1.74、乙醇 1.54、液化石油气（丙烷）1.34、柴油 0.917 0。

⑩ 自燃点高。氢气的自燃点为 400℃，比汽油、柴油和二甲醚的高。

⑪ 火焰传播速度为 4.85m/s，比汽油的 0.83m/s 高很多。氢气是气态燃料，混合气形成质量好、分配均匀，加之火焰传播速度高，允许采用较稀的混合气。氢气的自燃温度比汽油高，辛烷值高，允许有较高的压缩比。这些因素都使得燃氢时，热效率较高，燃料消耗率较低。

⑫ 容积系数太小，加上沸点低，决定了氢气比其他燃料的储带难度都要大。质量很小的气态氢会有明显的挤占空气效应，质轻和理论混合比大导致氢以容积计的理论混合气热值小，另外，氢–空气混合气燃烧时分子变更系数小，都会影响氢气发动机的动力性。

氢的优点和缺点都十分明显，氢的突出优点使人们一直坚持不懈地对氢气发动机进行研究，而突出缺点也实实在在地制约了它实际应用的进度。

5.3.3.2　氢气的携带方式及氢气汽车的类型

氢气发动机属于点燃式发动机，可以由汽油机改制，也可以由柴油机改制。由汽油机改制要考虑喷氢器的安装，由柴油机改制则要考虑加装点火系统等问题。氢气携带方式主要有高压缩氢储存、低温液氢储存和吸附氢气储存三种形式。氢气汽车按照相应的氢气携带方式主要有压缩氢气汽车、液化氢气汽车和吸附氢气汽车三种。

1. 压缩氢气汽车

压缩氢气汽车是指以高压气态形式携带氢的氢燃料汽车，在压缩氢气汽车中，氢气以 20～25MPa 的压力储存于高压容器中，工作时经降压、计量和混合后进入气缸，也可以直接喷入气缸。16.2L 的这种装在高压瓶里压缩氢气的热量相当于 1L 汽油的热量。因此使用氢气，如果燃料箱的容积是汽油箱的 16.2 倍，将会占去汽车的大部分容积。这样大的高压容器，重量也不言而喻，显然，汽车上装用这样的燃料箱是不可能的。所以，实际中很少采用这种形式制造汽车。

2. 液化氢气汽车

液化氢气汽车是指以液态形式携带氢的氢燃料汽车，工作时液态氢经升温、降压和计量，然后直接喷入气缸，或在机外混合后进入气缸。一般是直接喷入气缸。

把气态氢变成液态氢也相当困难，因为氢气要在非常低温条件下（–252.8℃）才可液化成为液态氢。液态氢的相对密度约为 0.070 8，3.9L 液态氢的低热值相当于 1L 汽油，重量只有汽油的 1/2.7，这与汽油的情况相差不多。但是，氢气的液化工艺复杂，要求的条件较高，成本非常高。液态氢的缺点：液态氢容器必须耐–252.8℃的超低温，材料要求很高；管道及阀门要求有极高的绝热能力及耐低温能力；液体氢是很难密封的，各接头处密封性必须好。1990 年，日本用尼桑车改装的液态氢轿车使用容积为 100L、总质量为 60kg 的液氢罐，车速达 100km/h，一次加气可连续行驶 300km。

3. 吸附氢气汽车

吸附氢气汽车是指用金属氢化物或碳纳米管携带氢气的氢燃料汽车，工作时，储存于金属氢化物或碳纳米管中的氢释放出来直接喷入气缸，或在机外与空气混合后进入气缸。

目前试用最多的是金属氢化合物，在一定的压力和较低的温度条件下，将氢储于金属内，在降压和升温时，氢被释放，用作发动机的燃料。用这种方法可以将氢的体积缩小到 1/1000 左右，金属氢化合物的能量密度可达 0.6～2kW・h/kg。金属氢化合物类似蓄电池，氢释放完以后，可再次充氢，多次使用。充气时，氢与金属化合物放出一定的热量，释放时吸收一定的热量。在充氢气站，金属氢化合物容器的冷却可用水管通水冷却。使用中需加热时，可用发动机的排气热量或冷却系统的热量。美国、德国、法国等国家均采用金属氢化物储氢。我国已研制成功一种氢能汽车，使用储氢材料 90kg 就可以连续行驶 40km，车速达 50km/h。

氢气作为汽车的新能源是很理想的，但氢的制取、储存和使用还有许多技术难题尚待解决。目前氢气汽车还处于研究探索阶段，真正应用的很少。但是，随着石油资源的减少和人类科技的不断进步，氢气汽车的前景十分光明。

5.3.3.3 氢燃料汽车的应用

1. 氢燃料汽车的发展现状

氢燃料汽车是在传统内燃机的基础上加以修改后可以直接用氢为燃料燃烧，产生动力的汽车。它是一种真正实现零排放的交通工具，排放出的是纯净水，其有无污染、零排放、储量丰富等优势。因此，氢动力汽车是传统汽车最理想的替代方案。

早在 1984 年，宝马公司就着手开发以氢为燃料的氢内燃机，经过 20 多年的努力，开发出了多款氢发动机汽车。宝马公司生产的第一辆氢汽油双燃料汽车 BMW 745i Turbo 奠定了这一新技术应用的基础，它采用直列 6 缸发动机。2006 年，宝马推出世界上第一款氢动力豪华轿车——BMW 氢能 7 系，该车型的研发采用了同所有其他 BMW 批量生产的车一样的标准开发流程。宝马公司生产的 Hydrogen 7 系的氢动力汽车是在宝马 760Li 的基础上改装的，由能够使用氢燃料和汽油的 191kW 的 12 缸发动机提供动力，最小转弯直径为 12.6m；综合油耗为汽油 13.9L/ 100km；综合氢耗，液氢为 3.6kg/100km；排放达标为 EU4；汽油模式续驶里程为 500km；液氢模式续驶里程为 200km，总续驶里程为 700km；0～100km/h 加速时间为 9.5s；最高车速为 230km/h。图 5–15 是宝马 7 系列氢/汽油双燃料内燃机汽车。

福特汽车公司成为世界首个正式生产氢燃料发动机的汽车制造商。图 5–16 是这款增压式 6.8L V10 氢内燃发动机。该发动机排量为 6751cm^3，压缩比为 9.4，功率为 172.84kW/4000r/min，升功率为 25.73kW，最大增压压力为 124.02～137.80kPa。

福特首批生产的 6.8L V10 氢燃料发动机将作为福特 E–450 型氢燃料汽车的动力装置，如图 5–17 所示。它于 2005 年在北美国际汽车展览会上首次亮相。

图 5–15　宝马 7 系列氢/汽油双燃料内燃机汽车

图 5–16　福特增压式氢内燃发动机

图 5–17　福特 E–450 型氢燃料汽车

日本马自达公司在2003年便已在东京车展上展出RX–8 Hydrogen RE氢动力汽车，如图5–18所示。该车是全球第一辆同时搭载氢燃料与转子发动机科技的先进环保车，配置高压氢燃料储存槽和汽油油箱，可同时使用汽油与氢气，提供车辆动力来源。RX–8 Hydrogen RE在氢动力驱动模式下，最大输出功率为80kW，最大转矩为140N·m；在汽油驱动模式下，最大输出功率为154kW，最大转矩为222N·m；变速器为4AT；氢动力驱动模式下续驶里程为100km；汽油箱的容积为61L，汽油驱动模式下续驶里程大于450km。

图5–18 马自达 RX–8 Hydrogen RE氢动力汽车

2. 动力性

氢燃料内在的气态、火焰传播速度高和辛烷值高等特性，使氢燃料发动机具有较高的热效率，相应地氢燃料发动机的燃料消耗率和氢燃料汽车的燃料消耗较低。因进气量少、混合气热值低，故氢燃料发动机的动力性较差，这意味着氢燃料发动机的功率、转矩和氢燃料汽车的爬坡能力、加速能力较差，最高车速较低。但若采用缸内喷气等措施，动力性能有所提高。汽油机改用氢燃料，可使热效率提高15%～45%，而功率降低20%～30%。在掺烧情况下（即掺烧一定比例的氢），热效率可提高10%～35%。

3. 排放性

氢气完全燃烧的产物只有H_2O这么一种无害的物质。实际上，由于空气参与燃烧，空气中的氮气在燃烧的高温下会生成NO_x，在废气中还会含有未参与燃烧的氮气和剩余的氧气，以及没有来得及燃烧的氢气。

对于氢燃料汽车而言，因窜油导致的HC和CO排放虽然不可避免，但排放量极少，除非发动机有故障。燃烧时产生的NO_x也很少。当采用液氢缸内喷射时，NO_x排放在各类发动机中最低。

4. 氢气汽车的使用安全

一般来说，氢气的危险性与汽油或丙烷相当。在安全性方面，各种燃料均有不同的特点。氢燃料在安全性方面的优点：

① 氢气的自燃温度高，若无高温火源，一般不会着火。

② 氢气的密度小，扩散系数大，即使发生泄漏，也会很快扩散到空气中去。因此在开放空间，氢气几乎不会着火燃烧。

③ 石油及煤燃烧时，均发出强烈的红色辐射热，而氢气燃烧时火焰为无色，且辐射十分微弱，除上方外，其下方或侧面的高温危险区十分狭窄。

氢燃料在安全性方面的缺点：

① 氢气点燃所需的点火能量很低，因此能被高温炽热点燃。

② 氢气的着火极限很宽广，即使是极为稀薄的氢气与空气的混合气，也能被点燃着火。

③ 氢气能从很窄的缝隙中泄漏出来。

5.3.4 二甲醚汽车

5.3.4.1 二甲醚及其来源

二甲醚（Dimethyl Ether，DME）简称甲醚，属于醚的同系物，但与用作麻醉剂的乙醚不一样，虽然对皮肤有轻微的刺激作用，但二甲醚毒性极低，具有优异的环境性能指标。在大气中二甲醚能够在短时间内分解为水和二氧化碳，不会对环境造成破坏；作为柴油机代用燃料，二甲醚具有十六烷值高的特点，在 55 以上（天然气、液化石油气和醇类燃料十六烷值小于 10，不能直接作为柴油机代用燃料使用，而只能作为汽油机的代用燃料）。二甲醚不含硫和氮等杂质，组成中含氧，尾气排放造成的环境污染少，其 CO 和 HC 的排放比以柴油为燃料的柴油机有较大幅度的下降，因而是城市车辆比较理想的清洁燃料。研究表明，大规模生产二甲醚的成本不会高于柴油，成本和污染都低于丙烷和压缩天然气等低污染替代燃料。

自然界中不存在二甲醚，必须用原料来制成。其制取原料主要有天然气、煤和生物质等。

5.3.4.2 二甲醚的特点

二甲醚的理化性能与柴油的比较见表 5–5。

表 5–5 二甲醚的理化性能与柴油的比较

比较项目	二甲醚	0 号柴油	比较项目	二甲醚	0 号柴油
十六烷值	55～60	40～60	气/液容积比（15℃）	624	150
H/C 原子比	3	2～2.3	理论空燃比	8.98	14.3
含氧量（%）	34.8	0	低热值/（MJ/ kg）	27.6	42.5
密度（液相）/（kg/m^3）	66（–24.81℃）	780～860	理论混合气热值/（MJ/m^3）	3.71	3.79
沸点（常压）/℃	–24.8	200～300	着火极限（%）	3.4～19	1.5～8.2
蒸发潜热/（kJ/kg）	467（–24.8℃）	270	着火温度（常压）/℃	235	250

二甲醚的理化性质有以下特点：

① 常温常压下二甲醚是一种无色无味无毒的气体，其化学式是 CH_3OCH_3。二甲醚的组成决定了其理化性能。

② 二甲醚是最简单的醚类化合物，只有 C–H 和 C–O 键，又是含氧（氧质量分数为 34.8%）燃料，容易完全燃烧，在燃烧时不会向柴油那样产生碳烟，既有利于减少燃烧生成的烟度和微粒，同时，还可以使用更大的废气再循环，降低 NO_x 排放。

③ 二甲醚的十六烷值为55～60，一般柴油的只是40～55；二甲醚的着火温度为235℃，着火性能优于柴油。在柴油机上燃用二甲醚不需采用助燃措施。

④ 二甲醚不发生光化学反应，对人体无毒，当体积分数超过 10%时，才会产生轻微的麻醉作用，因此对环境和人体无害。

⑤ 二甲醚是一种可再生燃料，不仅可以从石油及天然气中提取合成，而且可从煤、植物、生活垃圾中提取合成。

⑥ 醚的低热值只有柴油的 64.7%，为达到柴油机的最佳动力性，必须增大二甲醚的循环供应量。

⑦ 二甲醚在常温、常压下的饱和蒸汽压为 0.5MPa。随着温度的升高，其饱和压力增大，为防止气阻现象发生，燃料供给系统的压力远高于柴油机燃料供给系统的压力。

二甲醚的分子式与乙醇相同，单分子结构不同，因此其性质与乙醇有很大差异。例如，乙醇属于高辛烷值类燃料，而二甲醚属于高十六烷值（55～60）类燃料，从而决定了它们应用的主方向不同，前者主要应用于点燃式发动机，后者主要应用于压燃式发动机；乙醇常态下是液态，二甲醚常态下是气态，从而决定了它们的储运方式不同，前者以常态储运，后者则是加压储运；乙醇的沸点为 78.3℃，而二甲醚的沸点为–24.8℃，从而决定了它们有不同的密封要求，前者的储存容器无需专门的密封，后者的储存容器需设置专门的密封。

此外，二甲醚与柴油虽然同属于高十六烷值类燃料，但因二甲醚分子组成中含有 34.8%的氧且二甲醚有高挥发特性，因而具有良好的减烟效果。

二甲醚和液化石油气都在几个大气压下变成液态，故两者的储运方式基本一样。

5.3.4.3 二甲醚在汽车上的应用方式

二甲醚在汽车上主要用作压燃式发动机的燃料，其使用方式主要有纯液态二甲醚和以二甲醚作为点火促进物质两种方式。二甲醚除应用于压燃式发动机之外，也可以以复合燃料方式应用于点燃式发动机。

1. 纯液态二甲醚缸内直喷压燃式

由于二甲醚的十六烷值高，适于用作压燃式发动机的燃料，尤其是纯烧二甲醚可以获得相当优良的综合性能。利用燃油喷射装置直接向气缸内喷射液态二甲醚，靠发动机的活塞压燃着火的方式是二甲醚在发动机上最常见的应用方式。

柴油机改造成为二甲醚发动机主要是在柴油机上加装一定压力的气瓶，同时还需要配备用于保证二甲醚保持液态的加压设备，如高压氮气瓶。工作时，在压缩行程终了附近，液态二甲醚经由原柴油机供油系统中的高压泵和喷油器喷入气缸，迅速与缸内的空气混合并在缸内的高温作用下自燃、进行扩散燃烧。纯二甲醚发动机保留了柴油机的主要特征：压燃。

直喷式涡轮增压柴油机上进行的燃用二甲醚的研究表明，在未改变原有供油系统的情况下，就可获得低的 NO_x 排放和无烟运行，在所有的工况下，颗粒物 PM 排放为零。就经济性而言，燃用二甲醚时能量的消耗与燃用柴油时相当。

在改进了喷油器，安装了防止进气温度升高的中冷器后，在各种转速和负荷下，甚至在过量空气系数小于 1 的情况下，发动机实现无 PM 排放意味着可以采用大比例的 EGR，使得 NO_x 排放降到很低的水平。由于二甲醚沸点低，容易形成良好的可燃混合气。二甲醚的喷射无需很高的压力，采用峰值为 22MPa 的压力即可获得无烟运行等好的排放指标。热量消耗率

在任意给定的 NO_x 排放水平均低于燃用柴油。

2. 二甲醚作为点火促进物质在柴油机上的应用

把二甲醚作为部分燃料使其进入发动机气缸，可以从进气道与空气同时进入，也可以采用其他方式。作为促进点火的物质主要是考虑二甲醚的十六烷值高、自燃性好，因而使少量二甲醚在进气行程进入气缸，在压缩行程后期先行燃烧，使得气缸内温度升高，对主燃料的着火起促进作用，进而改善发动机的性能和排放特性。按燃料供给方式的不同可分为混合喷射式和二甲醚预混柴油（或甲醇）喷射式两种。

3. 二甲醚混合燃料在点燃式发动机上的应用

适当加入抑制自燃的物质之后，二甲醚也可应用于预混的点燃式发动机。

二甲醚应用于点燃式发动机的方式按二甲醚的储存形式主要有气态和液态两种。

① 常压气态。高压储存，有单一复合燃料式和复合燃料–汽油两用燃料式之分。单一复合燃料式是用二甲醚、液化石油气等制成复合燃料，其在汽车上的储存和工作方式与液化石油气汽车相同，可以采用与液化石油气汽车通用的燃料供给系统。复合燃料–汽油两用燃料式在汽车上的储存和工作方式与液化石油气–汽油两用燃料汽车相同。

② 常压液态。用二甲醚、烃类和抑制自燃的物质混合制成液态复合燃料，在汽车上的储存和工作方式与汽油车相同，可以采用与汽油车通用的燃料供给系统。这种混合燃料需要解决燃料物因蒸发而迅速变化的问题。

第 6 章

电动汽车核心技术

我国电动汽车发展的技术路线和需要突破的核心技术，主要指电池、电机和电控三大核心技术。

“电池”是指铅酸电池、镍氢电池、锂离子电池、超级电容等；“电机”是指永磁同步电机、交流异步电机、开关磁阻电机等；“电控”是指整车控制器和整车控制策略等。

6.1　动力电池、超级电容及其管理技术

6.1.1　动力电池及其管理技术

电池是电动汽车的动力源，是能量的存储装置，也是目前制约电动汽车发展的关键因素。要使电动汽车能与燃油汽车相竞争，关键是开发出比能量高、比功率大、使用寿命长、成本低的电池。迄今已经实用化的车用动力电池有铅酸电池、镍氢电池和锂离子电池等。

6.1.1.1　铅酸电池

铅酸电池应用的历史最长，也是最成熟、成本售价最低廉的蓄电池，但现在基本不再作为动力电池应用在新能源汽车上，只在部分低速车上有所应用。这里只进行简单介绍。

1. 铅酸电池的分类与结构

（1）铅酸电池的分类

铅酸电池分为免维护铅酸电池和阀控密封式铅酸电池。免维护铅酸电池由于自身结构上的优势，电解液的消耗量非常小，在使用寿命内基本不需要补充蒸馏水。阀控密封式铅酸电池在使用期间也不用加酸加水维护，电池盖子上设有溢气阀（也称安全阀），当电池内部气压升高到一定值时，溢气阀自动打开，排出气体，然后自动关闭，防止空气进入电池内部。阀控密封式铅酸电池分为 AGM（阀控式）和 GEL（胶体）电池两种。电动汽车使用的动力电池一般是阀控密封式铅酸电池。

（2）铅酸电池的结构

铅酸电池由正负极板、隔板、电解液、溢气阀、外壳等部分组成。极板是铅酸电池的核心部件，正极板上的活性物质是二氧化铅，负极板上的活性物质为海绵状纯铅。隔板可隔离

正、负极板，防止短路，它作为电解液的载体，能够吸收大量的电解液，起到促进离子良好扩散的作用，它还是正极板产生的氧气到达负极板的“通道”，以顺利建立氧循环，减少水的损失。电解液由蒸馏水和纯硫酸按一定比例配制而成，主要作用是参与电化学反应，是铅酸电池的活性物质之一。电池槽中装入一定密度的电解液后，由于电化学反应，正、负极板间会产生约为 2.1V 的电动势。溢气阀位于电池顶部，起到安全、密封、防爆等作用。铅酸电池的基本结构如图 6–1 所示。

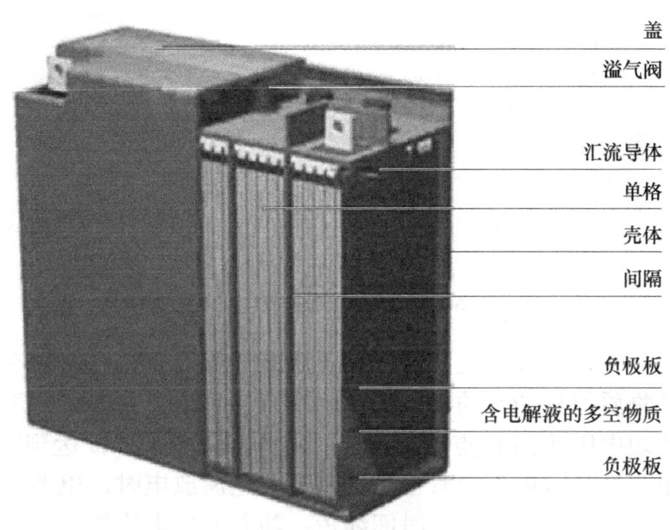

图 6–1　铅酸电池的基本结构

2. 铅酸电池的工作原理

铅酸电池工作时，把化学能转换为电能的过程叫作放电。在使用后，借助于直流电在电池内进行化学反应，把电能转变为化学能而储蓄起来，这种蓄电过程称作充电。铅酸电池是酸性电池，其化学反应式为

$$PbO + H_2SO_4 = PbSO_4 \downarrow + H_2O \tag{6–1}$$

充电时的总反应为

$$2PbSO_4 + 2H_2O = Pb + PbO_2 + 2H_2SO_4 \tag{6–2}$$

放电时总的反应为

$$Pb + PbO_2 + 2H_2SO_4 = 2PbSO_4 \downarrow + 2H_2O \tag{6–3}$$

3. 铅酸电池的充放电特性

（1）铅酸电池的放电特性

在铅酸电池不放电的情况下，铅酸电池中的活性物质微孔中的电解液 H_2SO_4 的密度与极板外的电解液密度相同。铅酸电池放电后，活性物质表面的电解液密度立即下降，而极板外的电解液是缓慢地向活性物质表面扩散，不能立即补偿活性物质表面电解液的密度。随着放电过程的进行，活性物质表面的电解液密度继续下降。结果导致铅酸电池的端电压下降，如图 6–2 中 *AB* 段所示。

铅酸电池继续放电，在活性物质表面的电解液浓度下降的同时，极板外的电解液向活性物质表面扩散，补充了活性物质表面的电解液的浓度并保持了一定的浓度，活性物质表面的电解液的浓度变化缓慢，使铅酸电池的端电压也随即保持稳定，如图 6–2 中 *BC* 段所示。

铅酸电池继续放电，极板外的电解液的整体浓度也逐渐降低，在活性物质表面的电解液的浓度也随之降低，又由于电解液和活性物质被消耗，其作用面积也不断地减小，结果是铅酸电池的端电压也随着下降，如图 6–2 中 *CD* 段所示。

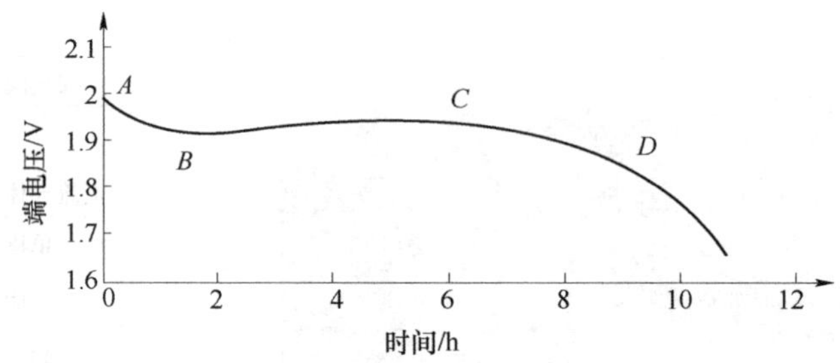

图 6–2　铅酸电池的放电曲线

在放电末尾阶段，正、负极板上的活性物质逐渐转变为 $PbSO_4$， $PbSO_4$ 的生成使活性物质孔隙率降低，活性物质与 H_2SO_4 的接触更加困难，并且由于 $PbSO_4$ 使不良导体铅酸电池的内阻增加，当电池的端电压达到 *D* 点后，电池的端电压急剧下降，达到所规定的终止电压。

铅酸电池的放电特性与放电电流有密切关系，大电流放电时，电池的电压下降明显，平缓部分缩短，曲线的斜率也很大，放电时间缩短；随着放电电流的减小，电池的电压下降趋缓，曲线也较平缓，放电时间延长。这种放电特性对铅酸电池的正确使用有重要的意义。

（2）铅酸电池的充电特性

在铅酸电池充电开始后，首先活性物质表面的 $PbSO_4$ 转换为 Pb，并在活性物质表面附近生成 H_2SO_4，电池的端电压迅速地上升，如图 6–3 中 *AB* 段所示。当达到 *B* 点以后，活性物质表面和微孔内的 H_2SO_4 浓度平缓地增加，电池的端电压上升也比较缓慢，如图 6–3 中 *BC* 段所示，随着充电过程继续进行，达到充电量 90%左右，反应的极化增加，电池的端电压明显地再次上升，如图 6–3 中 *CD* 段所示，这时电池的端电压达到 *D* 点，电池的两极开始大量析出气体。超过 *D* 点以后进行的电解过程，使电池的端电压又达到一个新的稳定值。

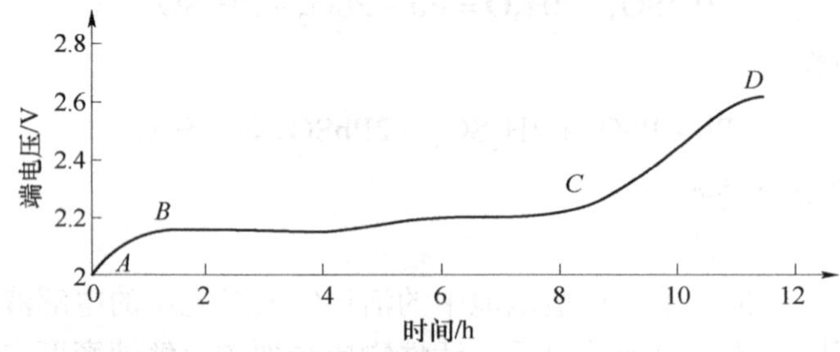

图 6–3　铅酸电池的充电曲线

铅酸电池充电还受到充电电流条件的影响，充电电流越大，活性物质的反应越快，反应生成的 H_2SO_4 速度越快，其浓度增加越快，蓄电池的端电压上升也越快。一般来说，用较大

的电流来充电时，固然可以加快充电过程，但能量的损失也大，在充电终期大部分的电能用于产生热量和分解水。另外，用较大的电流来充电时在电极上的电流分布也更加不均匀，电流分布多的部分活性物质的反应越快，电流分布少的部分活性物质不能充分转化。所以，在铅酸电池充电的后期应减少充电电流。

另外，铅酸电池充电时电池端电压的变化，是随充电时的电流变化而变化，电流大，蓄电池端电压也高，电流小，铅酸电池端电压也较低。

6.1.1.2　镍氢电池

随着技术的进步，镍氢电池取得了很大的发展，具有无污染、高比能量、大功率、快速充放电、耐用性等许多优异特性，比能量比铅酸电池大 1 倍，其他性能也优于铅酸电池，但现在在新能源汽车上应用较少。故这里进行简单介绍。

1. 镍氢电池的分类与结构

镍氢电池按照形状可以分为方形镍氢电池和圆形镍氢电池，主要由正极、负极、极板、隔板、电解液、安全阀、绝缘膜、外壳等组成，如图 6–4 所示。

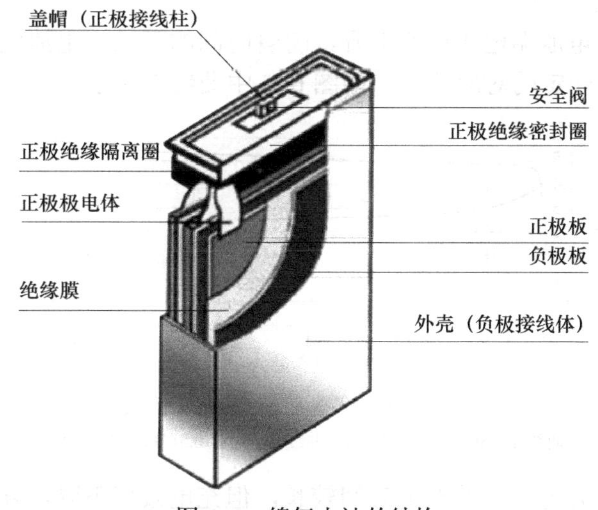

图 6–4　镍氢电池的结构

镍氢电池正极是活性物质氢氧化镍，负极是储氢合金，用氢氧化钾作为电解质，在正负极之间有隔膜，共同组成镍氢单体电池。在金属铂的催化作用下，完成充电和放电的可逆反应。

镍氢电池的基本单元是单体电池，按使用要求组合成不同电压和不同电荷量的镍氢电池总成。

2. 镍氢电池的工作原理

镍氢电池是将物质的化学反应产生的能量直接转化成电能的一种装置。镍氢电池由镍氢化合物正电极、储氢合金负电极以及碱性电解液（如 30%的氢氧化钾溶液）组成。密封一次镍氢电池的性能特点主要取决于本身体系的电极反应。

充电时正、负极的电化学反应为

$$Ni(OH)_2 - e^- + OH^- \rightarrow NiOOH + H_2O \tag{6–4}$$

$$2MH + 2e^- \rightarrow 2M + H_2 \qquad (6\text{–}5)$$

放电时正、负极的电化学反应为

$$NiOOH + H_2O \rightarrow Ni(OH)_2 + OH^- \qquad (6\text{–}6)$$

$$2M^- + H_2 \rightarrow 2MH + 2e^- \qquad (6\text{–}7)$$

当镍氢电池以标准电流放电时，平均工作电压为 1.2V。当电池以 8*C* 率放电，端电压降至 1.1V 时，则认为放电已完。电压 1.1V 称为 8*C* 率放电时的放电终止电压（0.6～0.8V）。

3. 镍氢电池的充放电特性

镍氢电池的充放电特性可以通过对电池进行不同倍率的充放电实验获得。通常电池在一定电流下进行充电和放电时都是使用曲线来表示电池的端电压和温度随时间的变化，这些曲线称为电池的特性曲线。

一般充放电电流的大小常用充放电倍率来表示，即充放电倍率=充放电电流/额定容量。例如，额定容量为 100A・h 的电池用 20A 放电时，其放电倍率为 0.2*C*。

（1）镍氢电池的充电特性

在充电起始阶段，电池端电压迅速上升，随着时间的延长，电池电压上升减缓，电池的容量与电池的端电压有一定的对应关系，如图 6–5 中曲线 1 所示。

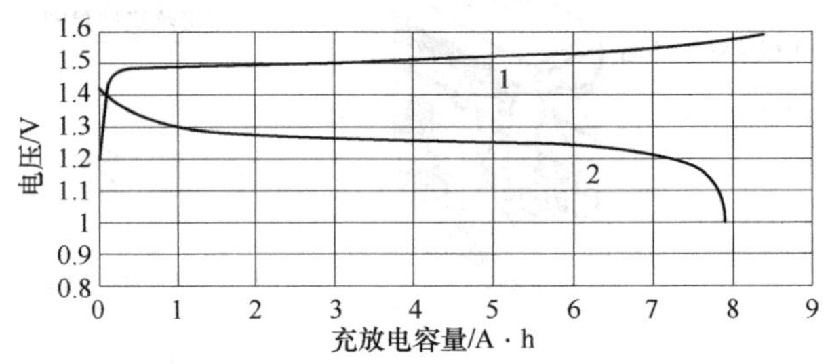

图 6–5 镍氢电池常温 5*C* 充电曲线

曲线 1—5*C* 充电 8.4A・h 曲线 2—常温 0.5*C* 放电至 1.0V

电池在高温情况下充电，虽然充电时间较长，但充电效率下降，导致放电容量减少，如图 6–6 所示。

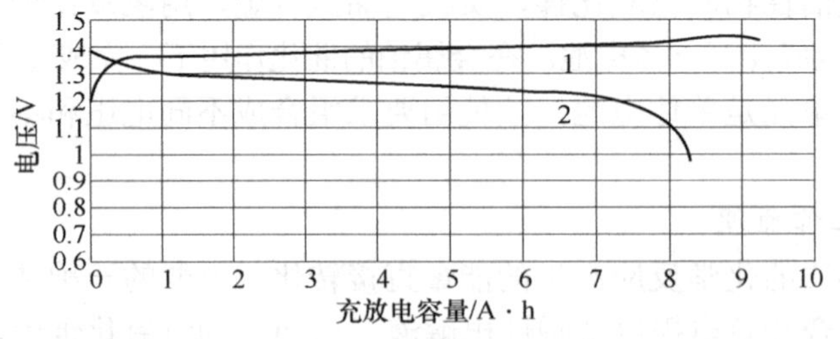

图 6–6 镍氢电池高温（45℃）充电曲线

曲线 1—高温（45℃）1*C* 充电 9.24A・h 曲线 2—常温 0.5*C* 放电至 1.0V

在充电电流的作用下，电池的端电压迅速上升，而且充电电流越大，充电效率越低；在充电结束后，由于电池极化作用，电池端电压逐渐下降。

（2）镍氢电池的放电特性

随着放电的进行，总的趋势是随着放电时间的延续，电池的端电压不断下降。放电电流越大，电池所能放出的容量越小，电池的端电压越低，如图 6–7 所示。

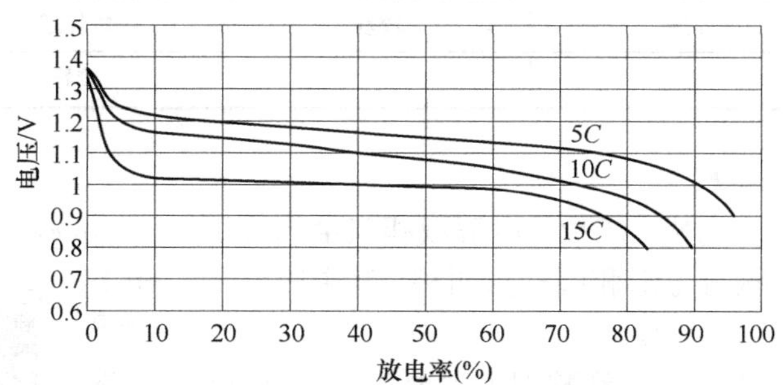

图 6–7　电池常温下不同倍率放电曲线

在相应电流下，可得出温度随充放电过程的变化情况，同时也可以根据充放电电流的大小和时间计算出充放电容量。

虽然常温下延长了充电时间，但在低温情况下，电池放电容量将会下降，如图 6–8 所示。

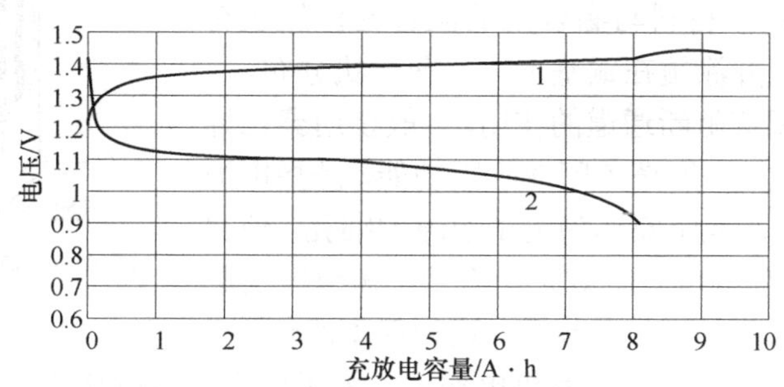

图 6–8　电池低温（–18℃）放电曲线

曲线 1—常温 0.5C 充电 9.24A • h　曲线 2—低温（–18℃）1C 放电至 0.9V

6.1.1.3　锂离子电池

锂离子电池具有工作电压高、寿命长、体积与质量小、自放电率低、比能量高等优点。

1. 锂离子电池的分类与结构

（1）锂离子电池的分类

适用于电动汽车的锂离子电池，按照锂离子电池正极材料的不同，主要分为锰酸锂离子电池、磷酸铁锂离子电池、钴酸锂离子电池和三元聚合物锂离子电池。以上四种锂离子电池的性能对比见表 6–1。

表 6–1　四种不同正极材料的锂离子电池性能对比

项目	磷酸铁锂	钴酸锂	锰酸锂	三元聚合物
克容量/（mA • h /g）	160～170	140～160	110～120	130～220
放电平台/V	3.2～3.3	3.6～3.7	3.6～3.7	3.7
循环寿命（次）	＞2000	＞500	＞300	＞500

（续）

项目	磷酸铁锂	钴酸锂	锰酸锂	三元聚合物
工作温度/℃	0～70	0～45	0～45	–20～60
安全性能	优越	较差	较优越	较优越
倍率放电	较好	较好	较好	较好

（2）锂离子电池的结构

锂离子电池由正极、负极、隔板、电解液和安全阀等组成。锂离子电池外形形状有方形和圆柱形两种，其中圆柱形锂离子电池结构如图 6–9 所示。

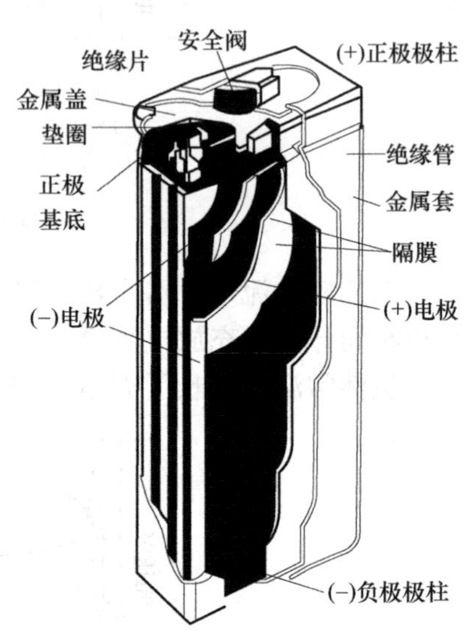

图 6–9　圆柱形锂离子电池结构

正极物质在锰酸锂电池中以锰酸锂为主要原料；在磷酸铁锂电池中以磷酸铁锂为主要原料；在镍钴锂电池中以镍钴锂为主要原料；在镍钴锰锂电池中以镍钴锰锂为主要材料。在正极活性物质中再加入导电剂、树脂黏合剂，并涂覆在铝基体上，呈细薄层分布。

负极活性物质是由碳材料与黏合剂的混合物再加上有机溶剂调和制成糊状，并涂覆在铜基上，呈薄层状分布。

隔板的功能是关闭或阻断通道的作用，一般使用聚乙烯或聚丙烯材料的微多孔膜。所谓关闭或阻断功能，是指电池出现异常温度上升，阻塞或阻断作为离子通道的细孔，使蓄电池停止充放电反应。隔板可以有效防止因外部短路等引起的过大电流而使电池产生异常发热现象。这种现象即使产生一次，电池以后也不能正常使用。

电解液是以混合溶剂为主体的有机电解液。为了使主要电解质成分的锂盐溶解，必须具有高电容率，并且具有与锂离子相容性好的溶剂，即不阻碍离子移动的低黏度的有机溶液为宜，而且在锂离子电池的工作温度范围内，必须呈液体状态，凝固点低，沸点高。电解液对于活性物质具有化学稳定性，必须良好适应充放电反应过程中发生的剧烈的氧化还原反应。又由于使用单一溶剂很难满足上述严酷条件，因此电解液一般混合不同性质的几种溶剂使用。

为了保证锂离子电池的使用安全性，一般通过对外部电路的控制或者在电池内部设有异常电流切断的安全装置。即便这样，在使用过程中也有可能因为其他原因引起电池内压力异常上升。因此，设有安全阀以释放气体，从而防止电池破裂。安全阀实际上是一次性非修复式的破裂膜，一旦进入工作状态，可保护电池使其停止工作，因此是锂离子电池的最后保护手段。

2. 锂离子电池的工作原理

锂离子电池正极材料采用锂化合物 $LiCoO_2$、$LiNiO_2$ 或 $LiMn_2O_4$，负极采用锂–碳层间化合物工 Li_xC_6，电解液为有机溶液。典型的电池体系为（－）C| $LiPF_6$ – EC + DEC| $LiCoO_2$（+）。图 6–10 所示为锂离子电池的工作原理，电池在充电时，锂离子从正极材料的晶格中脱出，通过电解质溶液和隔膜，嵌入负极中；放电时，锂离子从负极脱出，通过电解质溶液和隔膜，

嵌入正极材料晶格中。在整个充放电过程中，锂离子往返于正负极之间。

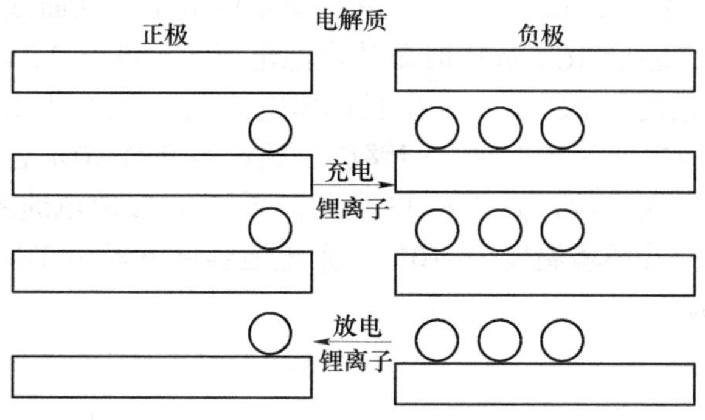

图 6–10　锂离子电池的工作原理

以 $LiCoO_2$ 为正极材料，石墨为负极材料的锂离子电池，正、负极的电化学反应为

$$LiCoO_2 \rightarrow Li_{1-x}CoO_2 + xLi^+ + xe^- \tag{6–8}$$

$$C + xLi^+ + xe^- \rightarrow Li_xC_6 \tag{6–9}$$

总反应为

$$LiCoO_2 + 6C \rightarrow Li_{1-x}CoO_2 + Li_xC_6 \tag{6–10}$$

由于锂离子电池只涉及锂离子而不涉及金属锂的充放电过程，从根本上解决了由于锂枝晶的产生而带来的电池循环性和安全性的问题。

3. 锂离子电池的充放电特性

（1）充电特性

锂离子电池（500mA・h）的充电特性曲线如图 6–11 所示。单体锂离子电池的充电电压必须严格保持在 4.1V 左右，充电电流通常限制在 1C 以下。若充电电压超过 4.5V，则可能造成锂离子电池永久性的损坏。锂离子电池通常采用恒流转恒压充电模式，首先用 1C 充电速率充电，在此过程中充电电流稳定不变，电池电压逐渐上升；当单体电池的电压上升到 4.1V 或 4.2V 时，充电器应立即转入恒压充电，充电电压波动应控制在 50mV 以内。在恒压充电过程中，充电电流逐渐减小，当电池充足电时，电流下降到涓流充电电流。用这种方法，大约两个小时电池可充到额定容量。

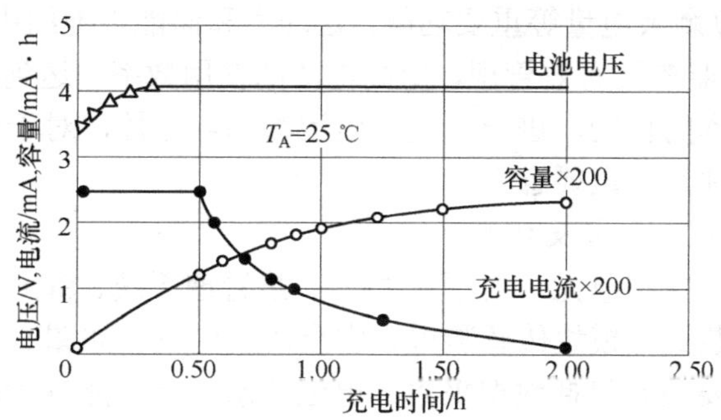

图 6–11　锂离子电池的充电特性曲线

（2）放电特性

当环境温度为 25℃时，500mA・h 的锂离子电池的放电特性曲线如图 6–12 所示。锂离子电池放电电流通常不应超过 3*C*。放电时单体电池电压不得低于 2.2V。电池电压低于 2.2V，就会造成永久性损坏。采用 0.2*C* 放电速率且单体电池电压下降到 2.7V 时可放出额定容量 500mA・h；采用 1*C* 放电速率放电时，能够放出额定容量的 90%左右。应当说明，环境温度对电池的放电容量有较大影响，如图 6–13 所示。采用 0.2*C* 放电速率时，若环境温度为 25℃，则可放出额定容量；若环境温度为–10℃，则电池容量下降约 5%；若环境温度为–20℃，则电池容量下降约 10%。

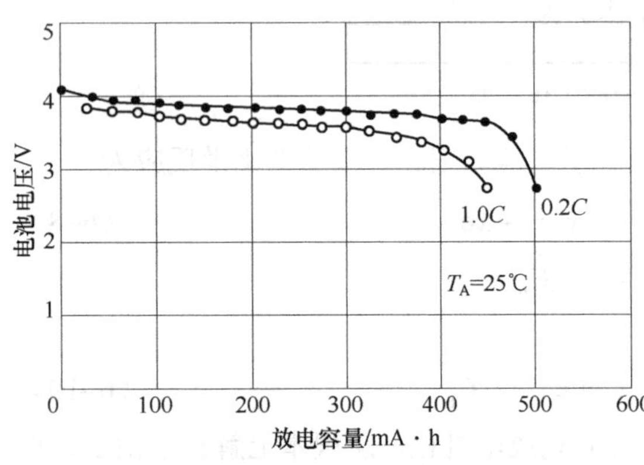

图 6–12 锂离子电池的放电特性曲线

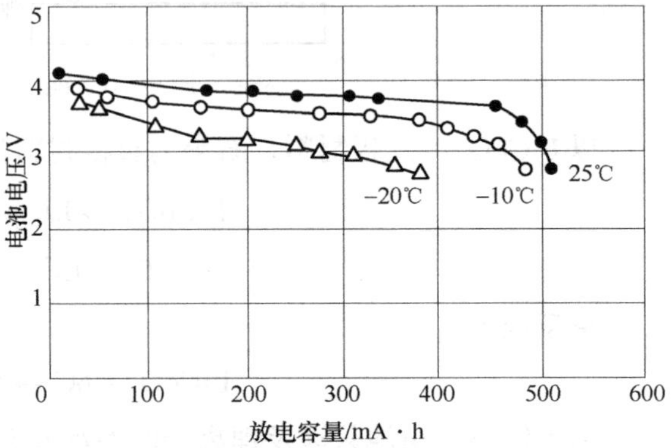

图 6–13 环境温度与电池容量的关系

目前锂离子电池是所有二次电池中综合性能最优的一种新型电池。与其他动力电池相比，锂离子电池应用于电动汽车，在容量、功率方面均具有较大优势。锂离子电池的能量密度、功率密度、循环寿命及安全性等，均满足美国 USABC 制定的电动汽车用动力电池的中期目标。目前锂离子电池仍然存在的主要问题是：电池单体一致性差、成组后性能衰减大、循环寿命和安全性很难保障、成本高等。此外，锂离子电池的安全性也是重要问题，在过充电或滥用的条件下，锂离子电池可能发生火灾或爆炸。为确保锂离子电池的安全使用，必须重视电池的成组技术，研发更可靠的热管理系统和电池管理系统等技术。

6.1.1.4 动力电池管理系统

动力电池管理系统（BMS）作为实时监控、自动均衡、智能充放电的电子系统，具有保障安全、延长寿命、估算剩余电量等重要功能，是动力和储能电池组中不可或缺的重要部件。BMS 对电池组进行安全监控及有效管理，提高电池的使用效率，达到增加续驶里程、延长其使用寿命、降低运行成本的目的，进一步提高电池组的可靠性，对于电动汽车的整车控制、安全管理以及提高可靠性具有重要意义。

1. 电池管理系统的基本组成及功能

电池管理系统由电池控制单元、主/辅充电器、热管理系统、SOC（State of Charge，荷电状态）估计、电池警报装置、模块传感装置、安全模块构成，如图 6–14 所示。

电池管理系统的主要功能包括数据采集、电池状态估计、能量管理、热管理、安全管理和通信功能等，如图 6–15 所示。

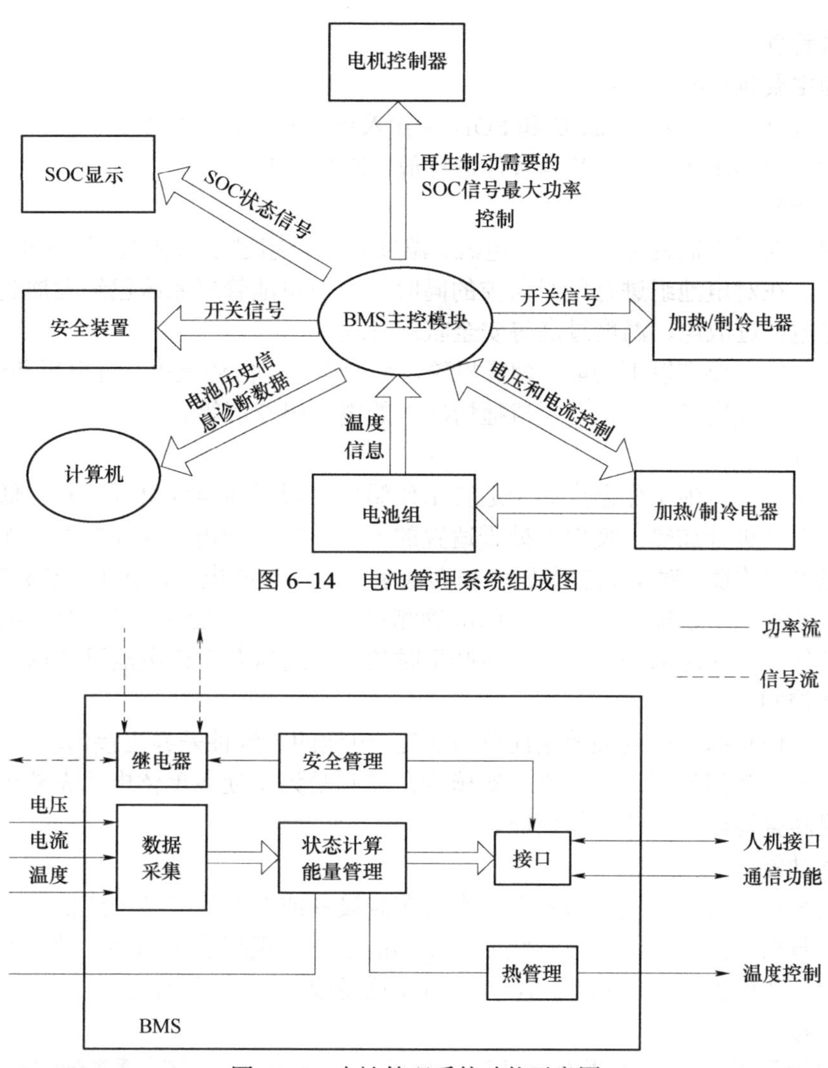

图 6–14　电池管理系统组成图

图 6–15　电池管理系统功能示意图

（1）数据采集

电池管理系统的所有算法均以采集的动力电池数据作为输入，采样速率、精度和前置滤波特性是影响电池系统性能的重要指标。电动汽车电池管理系统的采样速率一般要求大于 20Hz。

（2）电池状态计算

电池状态计算主要包括 SOC 和电池组健康状态（State of Health，SOH）两方面。SOC 用来提示动力电池组剩余电量，是计算和估计电动汽车续驶里程的基础。SOH 用来提示电池技术状态、预计可用寿命等健康状态的参数。

SOC 是防止动力电池过充电和过放电的主要依据，只有准确估计电池组的 SOC，才能有效提高动力电池组的利用效率，保证动力电池组的使用寿命。在电动汽车中，准确估计蓄电池 SOC，可以保护蓄电池，提高整车性能，降低对动力电池的要求以及提高经济性等。

（3）能量管理

能量管理主要包括两部分：

① 以电流、电压、温度、SOC 和 SOH 为输入进行充电过程控制。

② 以 SOC、SOH 和温度参数为条件进行放电功率控制。

（4）安全管理

安全管理主要用于监视电池电压、电流、温度等是否超过正常范围，防止电池组过充电、过放电。现在，在对电池组进行整组监控的同时，多数电池管理系统已经发展到对极端单体电池进行过充电、过放电、温度过高等安全状态管理。

安全管理系统主要有以下功能：烟雾报警、绝缘检测、自动灭火、过电压和过电流控制、过放电控制、防止温度过高及在发生碰撞情况下的电池组裂解等。

（5）热管理

热管理主要用于电池工作温度高于适宜工作温度上限时对电池进行冷却，低于适宜工作温度下限时对电池进行加热，使电池处于适宜的工作温度范围内，并在电池工作过程中保持电池单体间温度的均衡。对于大功率放电和高温条件下使用的电池，电池的热管理尤为必要。

热管理主要有以下功能：电池温度的准确测量和监控、电池组温度过高时的有效散热和通风、低温条件下的快速加热、有害气体产生时的有效通风及保证电池温度场的均匀分布。

（6）均衡控制

电池组的工作状态由组内最差电池单体决定，电池的一致性差异直接影响电池组的性能。在电池组各个电池之间设置均衡电路、实施均衡控制是为了使各单体电池充放电的工作情况尽量一致，提高整体电池组的工作性能。

（7）通信功能

通过电池管理系统实现电池参数和信息与车载设备或非车载设备的通信，为充放电控制、整车控制提供数据依据是电池管理系统的重要功能之一。根据应用需要，数据交换可采用不同的通信接口，如模拟信号、PWM 信号、CAN 总线或 I2C 串行接口。

（8）人机接口

人机接口用于根据设计需要设置显示信息以及控制按键、旋钮等。图 6–16 所示为某电池管理系统的监控信息显示界面。

图 6–16　某电池管理系统的监控信息显示界面

2. 电池管理系统关键技术

电池管理系统关键技术有电池荷电状态（SOC）估计、电池安全技术、电池热管理技术、电池均衡技术等。

（1）电池荷电状态（SOC）估计

电池 SOC 估计是 BMS 的关键和核心，它是多项控制策略都准确制定的前提。整车能量管理时，实现蓄电池的 SOC 准确估计，能够避免对蓄电池造成损害、合理利用蓄电池提供的电能、提高电池的利用率、延长电池组的使用寿命。SOC 估计有其特殊性，温度不同、倍率不同、SOC 点不同、充放电效率也不同；电池放电倍率越大，放出电量越少；电池工作的温度过高或过低，可用容量降低；由于有老化和自放电因素的存在，SOC 值需要不断修正。

① 放电实验法。放电实验法是最可靠的 SOC 估计方法，采用恒定电流进行连续放电，放电电流与时间的乘积即为剩余电量。放电实验法在实验室中经常使用，适用于所有电池。但它有两个显著缺点：一是需要大量时间；二是电池进行的工作要被迫中断。放电实验法不适合行驶中的电动车，可用于电动汽车电池的检修。

② 安时计算法。安时计算法是最常用的 SOC 估计方法。如果充放电起始状态为 SOC_0，那么当前状态的 SOC 为

$$SOC = SOC_0 - \frac{1}{C_N}\int_0^t \eta I \mathrm{d}t \tag{6-11}$$

式中，C_N 为额定容量；I 为电池电流；η 为充放电效率，不是常数。

安时计算法应用中存在的问题：电流测量不准，造成 SOC 计算误差，长期积累，误差越来越大；要考虑电池充放电效率；在高温状态和电流波动剧烈的情况下误差较大。电流测量可通过使用高性能电流传感器解决，但成本增加。解决电池充放电效率要通过事前大量试验，建立电池充放电效率经验公式。安时计算法可用于所有电动汽车电池，若电流测量准确，有足够的估计起始状态的数据，则它就是一种简单、可靠的 SOC 估算方法。

③ 开路电压法。电池的开路电压在数值上接近电池电动势。电池电动势是电解液浓度的函数，电解液密度随电池放电成比例降低，用开路电压可估计 SOC。镍氢电池和锂离子电池的开路电压与 SOC 关系的线性度不如铅酸电池好，但根据其对应关系也可以估计 SOC，尤其在充电初期和末期效果较好。

开路电压法的显著缺点是需要电池长时间静置，以达到电压稳定。电池状态从工作恢复到稳定，需要几个小时甚至十几个小时，这给测量造成困难；静置时间如何确定也是一个问题，所以该方法单独使用只适于电动汽车驻车状态。开路电压法在充电初期和末期 SOC 估计效果好，常与安时计算法结合使用。

④ 负载电压法。电池放电开始瞬间，电压迅速从开路电压状态进入负载电压状态，在电池负载电流保持不变时，负载电压随 SOC 变化的规律与开路电压随 SOC 的变化规律相似。

负载电压法的优点：能够实时估计电池组的 SOC，尤其在恒流放电时，具有较好的效果。在实际应用中，剧烈波动的电池电压给负载电压法应用带来困难。解决该问题，要储存大量电压数据，建立动态负载电压和 SOC 的数学模型。负载电压法很少应用到实车上，但常用来作为电池充放电截止的判据。

⑤ 内阻法。电池内阻有交流内阻（常称交流阻抗）和直流内阻之分，它们都与 SOC 有密切关系。电池交流阻抗是电池电压与电流之间的传递函数，是一个复数变量，表示电池对交流电的反抗能力，要用交流阻抗仪来测量。电池交流阻抗受温度影响大，是在电池处于静置后的开路状态还是在电池充放电过程中进行交流阻抗测量，存在争议，所以很少用于实车上。直流内阻表示电池对直流电的反抗能力，等于在一段很短的时间内，电池电压变化量与电流变化量的比值。在实际测量中，将电池从开路状态开始恒流充电或放电，相同时间内负载电压和开路电压的差值除以电流值就是直流内阻。铅酸电池在放电后期，直流内阻明显增大，可用来估计电池 SOC；镍氢电池和锂离子电池直流内阻变化规律与铅酸电池不同，应用较少。直流内阻的大小受计算时间段影响，若时间段小于 10ms，则只有欧姆内阻能够检测到；

若时间段较长，则内阻将变得复杂。准确测量单体电池内阻比较困难，这是直流内阻法的缺点。内阻法适用于放电后期电池 SOC 的估计，可与安时计算法组合使用。

除此之外，还有线性模型法、神经网络法、卡尔曼滤波法等。

对各种估算方法的优缺点、适用场合进行比较分析可知：对于恒定小电流或者电流缓变的情况，除开路电压法、负载电压法、放电实验法外，其他各种估算方法都具有很好的适应性，同时其估算的精度也满足要求；对于大电流或者电流波动剧烈的场合，卡尔曼滤波法和神经网络法具有较好的适应性，其余估算方法均出现不同程度的不适应性。但卡尔曼滤波法和神经网络法虽然能够适应该场合，但是由于能力要求高，实现起来具有较高难度，这些缺点使得这两种方法在实际应用中受到限制。

（2）电池安全技术

① 电池安全。对于车用锂离子电池，我国国家标准和美国先进电池协会有严格的滥用性能测试要求及测试项目。滥用测试性能等级要求有 1～7 级，等级大于 2 级，即说明电池遭到了不可修复的损坏。滥用测试项目分为三大类，包括机械、热和电滥用总共 16 个项目。每个量产的电池产品都必须完成以上滥用测试。

如果车用锂离子电池系统使用不当，如在过充电、过放电、过热、碰撞等条件下则可能产生以下安全隐患：

a. 内部短路。钴酸锂电池在过充电时（甚至正常充放电时），锂离子在负极堆积形成枝晶，刺穿隔膜，形成内部短路。

b. 产生大电流。包括外部短路时，电池瞬间大电流放电，产生巨大热能，内部短路，隔膜穿透，温度上升，短路扩大，形成恶性循环。

c. 气体排放。如有机电解液在大电流、高温条件下电解，产生气体，导致内压升高，严重时冲破壳体。

d. 燃烧。在壳体破裂时金属锂与空气接触，导致燃烧，同时引燃电解质发生爆炸。

因此在设计车用锂离子动力电池系统时，应从电池材料（包括正负极材料、隔膜、电解液）、电芯的设计和制造（包括电池结构、安全设计、均一性）、电池系统的安全功能（包括电池管理系统、热管理系统、高压安全、外壳等）、整车安全功能等不同层面进行研究和分析，以确保它在车上的安全使用。

② 高压互锁回路。设计车用锂离子电池系统时，电池管理系统要提供一个手动开关。手动开关内部集成主回路的熔丝及主回路的高压互锁电路。当手动开关从电池系统中拔出时，要保证电池系统的输出端没有任何潜在的危险电压。电池管理系统同时要为充电器提供另一个高压互锁电路。电池管理系统要实时监控高压动力母线以及充电器的高压互锁电路，电池管理系统提供高压互锁电路的输出源，同时在 CAN 总线上给出当前高压互锁电路的监控信息。所有的高压部件都应提供高压互锁连接装置，这些高压互锁连接装置通过串行方式进行连接。

③ 绝缘电阻测量。SAE–J1766 规定了高压动力源与车辆底盘的绝缘电阻要求。标准规定：高压系统绝缘电阻要大于 1000Ω/V。因此，要求 BMS 控制器应实时监测高压系统的绝缘故障，当出现故障时，执行相应的操作。BMS 要实时测量高压动力母线正负极和车身绝缘电阻的状态，并通过 CAN 总线上报当前的绝缘电阻值。如果当前测量的绝缘电阻值小于设

定值，电池管理系统就要给出报警信号。例如：对于最高电压为 400V 左右的系统，当绝缘电阻为 400kΩ时，电池管理系统给出报警信号；如果当前测量的绝缘电阻值小于设定值，例如 200kΩ时，电池管理系统就要给出危险信号并切断所有的主接触器。

④ 碰撞安全。车辆在行驶过程中，发生碰撞事故是难免的。出于安全考虑，电池系统主回路上必须安装碰撞开关，且要求车用锂离子电池管理系统的正负极主接触器及预充电接触器的电源由碰撞开关提供。同时，电池管理系统需要控制正负极主接触器及预充电接触器的电源负极。当碰撞开关断开后，正负极主接触器及预充电接触器的电源会被切断。

（3）电池热管理技术

电池在不同的温度下会有不同的工作性能，温度的变化会使电池的 SOC、开路电压、内阻和可用能量发生变化，甚至会影响电池的使用寿命。另外温度的差异也是引起电池均衡问题的原因之一。为了保证电池系统的性能和寿命，车用锂电池系统都必须装有热管理系统。

在热管理方面存在的主要问题是：充放电产生的反应热如何散出；电池组模块内部单体之间的温度如何均衡；在寒冷环境下，如何将电池预热到设定的温度范围等。在设计电池热管理系统时，一般的要求如下：a. 电池温度的准确测量和监控；b. 电池主动制冷和主动制热功能；c. 电池组温度过高时的有效散热和通风；d. 低温条件下的快速加热，满足电池低温起动性能要求；e. 有害气体产生时的有效通风；f. 保证电池组温度场的均匀分布；g. 电池满功率工作的温度区间定义，电池降功率工作区间定义；h. 电池隔热功能。

在电池热管理中，国内外的研究中主要有液冷和风冷两种冷却方式。液冷方案设计主要考虑冷却管道、流场，进出口冷却剂的流量、温度、压降，以及水泵和整车空调压缩机的控制策略等。风冷方案设计主要考虑电池系统结构的设计、风道、风扇的位置及功率的选择，以及风扇的控制策略等。风冷的方式主要有串行冷却式和并行冷却式，如图 6–17 所示。目前国内普遍采用并行风冷的方式。

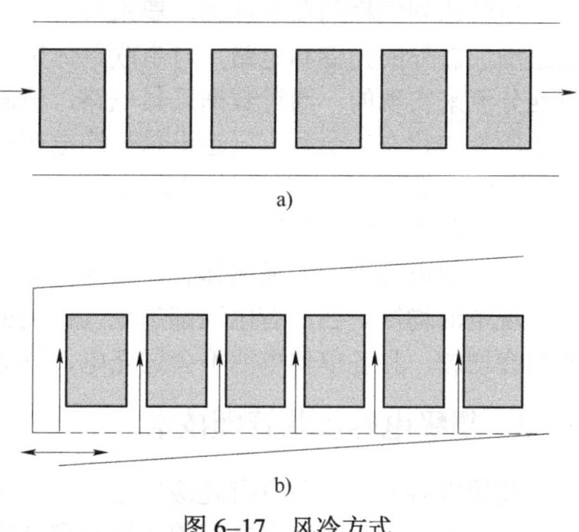

图 6–17　风冷方式

a）串行冷却方式　b）并行冷却方式

风冷方式的主要优点：结构简单，质量相对较小；没有发生漏液的可能；有害气体产生时能有效通风；成本较低。缺点在于：与电池壁面之间的换热系数低，冷却、加热速度慢。

液冷方式的主要优点：与电池壁面之间换热系数高，冷却、加热速度快；体积较小。主要缺点：存在漏液的可能；质量相对较大；维修和保养复杂；需要水套、换热器等部件，结构相对复杂。

电池箱内电池组的温度分布一般是不均匀的，因此需要知道不同条件下电池组热场分布以确定危险的温度点。测温传感器数量多，虽然有测温全面的优点，但也会增加系统成本。考虑到温度传感器有可能失效，整个系统中温度传感器的数量不能太少，至少为两个。根据不同的实际工程背景，理论上利用有限元分析、试验中利用红外热成像或者实时的多点温度监控的方法可以分析和测量电池组、电池模块和电池单体的热场分布，决定测温点的个数，找到不同区域合适的测温点。一般的设计应该保证温度传感器不被冷却风扇吹到，以提高温度测量的准确性和稳定性。在设计电池时，要考虑到预留测温传感器空间，比如可以在适当位置设计合适的孔穴。日本丰田公司普锐斯混合动力汽车的电池组有 228 个单体电池，温度的监测仅由 5 个温度传感器完成。

（4）电池均衡技术

在实际使用中，由于单体电池之间的差异，电池组的容量只能达到最弱的电池的容量。在串联电池组中，虽然通过单体电池的电流相同，但是由于其容量不同，电池的放电深度也会不同，容量大的总会浅充浅放，容量小的总会过充过放，这就造成容量大的电池衰减缓慢、寿命延长，容量小的电池衰减加快，寿命缩短，两者之间的差异会越来越大。因此小容量电池的失效会导致整个电池组的提前失效。

电池匹配失衡主要表现在两个方面：电池荷电状态失衡（即所有单体的容量相同，但在电池组制作或搁置过程中，单体的荷电状态不同）和电池容量或能量的失衡。采用电池均衡处理技术便可解决以上两种失衡问题，从而改进串联电池组的性能。电池荷电状态失衡需在电池组初次充、放电时进行均衡调整电池，此后只需在充电期间进行均衡即可，而容量或能量失衡则必须在充、放电过程都进行均衡。

电池达到同样的荷电状态，要求一些电池的充电量或放电量比其他电池多，所以要给电池组增加额外的元件和电路，对串联单体进行均衡管理。这种均衡是通过对电压最高的单体电池分流来实现的。通过数据采集电路，检测每只串联电池的电压，进而判断它在整个电池组中所处的状态。当其电压超出总平均电压一定幅度后，控制与该只电池并联的分流电路导通，进行分流。通常的分流电路是由一个晶体管和限流电阻串联，再与单体电池并联组成的。在充电过程中控制晶体管导通，将高电压电池的电流部分分流，从而使其充电速度比其他电池慢；在放电过程中导通晶体管，增加高电压电池的负载，使其放电速度比其他电池快，从而实现电池均衡。当所有电池都达到同样的荷电状态时，从电池组中获得的总电能相对于均衡前会增加，且各单体电池不会过充电、过放电，从而延长电池组的使用寿命。

6.1.2 超级电容及其管理技术

超级电容器是一种具有超级储电能力、可提供强大脉冲功率的物理二次电源。它是介于蓄电池和传统静电电容器之间的一种新型储能装置。超级电容器主要是利用电极/电解质界面电荷分离所形成的双电层，或借助电极表面快速的氧化还原反应所产生的法拉第准电容来实现电荷和能量的储存。它是一种电化学元件，在电极与电解液接触面间具有极高的比电容和非常大的接触表面积，但其储能的过程并不发生化学反应，并且这种储能过程是可逆的，因此超级电容器的循环寿命非常长。

6.1.2.1 超级电容的分类与结构

按超级电容器的电极材料分有碳电极双层超级电容器、金属氧化物电极超级电容器、高分子聚合物电极超级电容器、碳镍体电极超级电容器等。

超级电容单体主要由电极、电解质、集电极、隔离膜、连线极柱、密封材料和排气阀等组成。电极材料要求电极内阻小，电导率高，表面积大，尽量薄；电解质需要有较高导电性

和电化学稳定性，电解质材料分为有机类和无机类，或分为液态和固态类；集电极选用导电性能良好的金属和石墨等来充当；隔离膜防止超级电容相邻两电极短路，保证接触电阻较小，尽量薄，通常使用多孔隔膜。有机电解质通常使用聚合物或纸作为隔膜，水溶液电解质可采用玻璃纤维或陶瓷隔膜。双层超级电容的结构如图 6–18 所示。

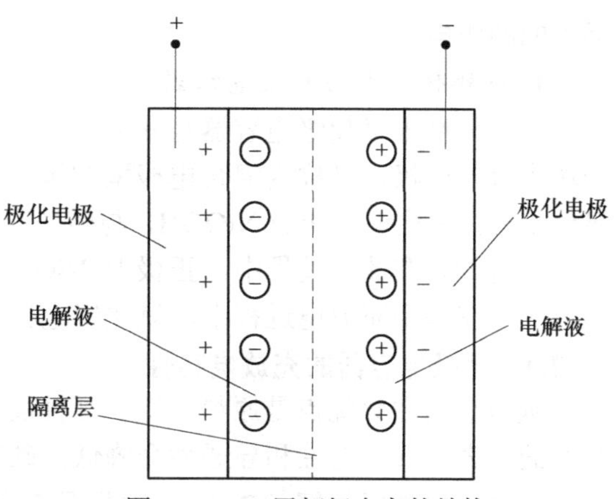

图 6–18　双层超级电容的结构

6.1.2.2　超级电容器的工作原理

1. 碳电极双电层超级电容器

碳电极双电层超级电容器（Double Layer Capacitor，DLC）采用多孔碳制成的碳纤维或碳布为电极，用碳纤维或碳布为电极的活性面积层。超级电容的两个电极浸泡在电解液中。当超级电容器的端电压为 0 时，电极上没有电荷，超级电容器中的离子自由分布。当超级电容器的两个电极施加电压后，在正负电极表面分别聚集了正、负电荷。在正电荷的电力作用下，吸附负极表面和电解液中的阴离子，向正极聚集，并在正极形成与正、负电荷相对称的双电层。同时在负电荷的电力作用下，吸附正极表面和电解液中的阳离子，向负极聚集，并在负极形成与负、正电荷相对称双层。超级电容器在充电时用电极界面上发生电吸附来储存电能，在放电时用氧化还原反应来释放电能。

采用碳纳米管制造的碳薄膜电极，厚度仅 25.4μm，比电容达到 49～13 F / g，电容密度达到 39.2～0.4 F / cm^3 。

2. 金属氧化物电极超级电容器

金属氧化物电极超级电容以氧化铱（IrO_2）、氧化钌（RuO_2）等作为电极活性物质，应用“法拉第”效应原理储存电能。在发生氧化还原反应过程中进行电子快速传递。以氧化钌（RuO_2）超级电容的充电和放电为例，当金属氧化物（RuO_2）超级电容器充电时，一个电极吸附氢离子；另一个电极释放氢离子；当金属氧化物电容器放电时，原来吸附氢离子的电极转为释放氢离子，另一个原来释放氢离子的电极，转为吸附氢离子。超级电容在充、放电过程中，氢离子被吸附/释放，进入/离开，在氧化钌的晶体内部循环交替进行。无论是充电或放电，电解质中氢离子的浓度总是保持不变。氧化钌（RuO_2）的化合价在反应过程中会在 3 价到 6 价之间变化，相当于动力电池中的化学反应效应。

因此，金属氧化物电极超级电容器兼有双层电容器和动力电池的效应，电能的储存密度超过双层超级电容器。

3. 导电高分子聚合物电极超级电容器

导电高分子聚合物电极超级电容器中的导电高分子聚合物，经过杂化处理，应用“法拉第”准电容效应原理储存电能。聚合物在充电和放电时的氧化还原反应过程中，在导电高分子聚合物上快速产生 N 型或 P 型掺杂和去掺杂的氧化还原反应过程，使导电高分子聚合物储存和释放高密度的电荷。因此储能方式与动力电池相类似，被称为“准”电容。导电高分子聚合物电极超级电容器，具有高的工作电压和电能的储存密度、比能量和比功率，超过其他类型的超级电容器。

4. 碳镍体系电极超级电容器

碳镍体系电极超级电容器与其他超级电容器的不同之处在于，只有一块碳电极，而另外一块为金属电极，又称为混合电极型超级电容器。在充电过程中，在正极氧化镍电极上发生氧化反应，氧化镍转变成 NiOOH，与碱性镍氢电池类似，负极上碳电极依然通过双电层效应来存储能量。在放电过程中，正极上 NiOOH 转变回氧化镍，负极上双电层结构逐渐减弱直至消失。在整个充放电过程中，氧化镍电极都显示出良好的可逆性。

6.1.2.3 超级电容器的充放电特性

碳电极的主要优点是原料广泛、活性面积大、制造技术成熟、价格低廉等，但随着活性面积的增大，其稳定性和导通性会降低，碳电极双层超级电容器充放电曲线如图 6–19 所示。

金属氧化物氧化钌（RuO_2）电极具有高导通率、低衰退率和良好的可逆性，RuO_2 电极的比电容可达到 750 F / g，远远超过碳电极双层超级电容器 100 F / g 的比电容。与碳电极相比，金属氧化物电极的电导率比碳电极大 2 个数量级，充电性能好，循环寿命长。但金属氧化物氧化钌（RuO_2）超级电容器存在额定电压较低、采用的电解质有限制等缺点（钌在地球上储存量稀少，氧化钌成本太高），因此难以实现大规模产业化生产。金属氧化物电极超级电容器充放电单体电压变化如图 6–20 所示。

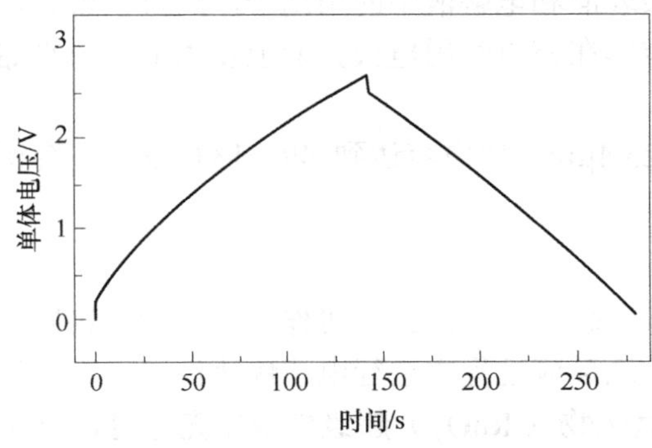

图 6–19 碳电极双层超级电容器充放电曲线

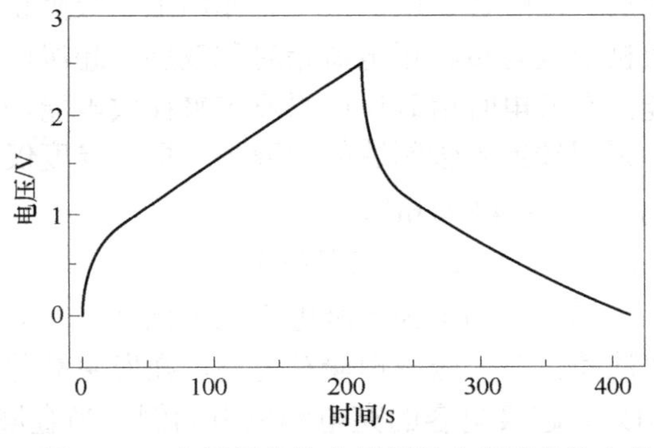

图 6–20 金属氧化物电极超级电容器充放电曲线

高分子聚合物材料在循环充放电过程中，会发生体积膨胀和老化，在长期工作时会出现性能恶化、稳定性较差和寿命较短的缺点。导电高分子聚合物电极超级电容器充放电单体电压变化如图 6–21 所示。

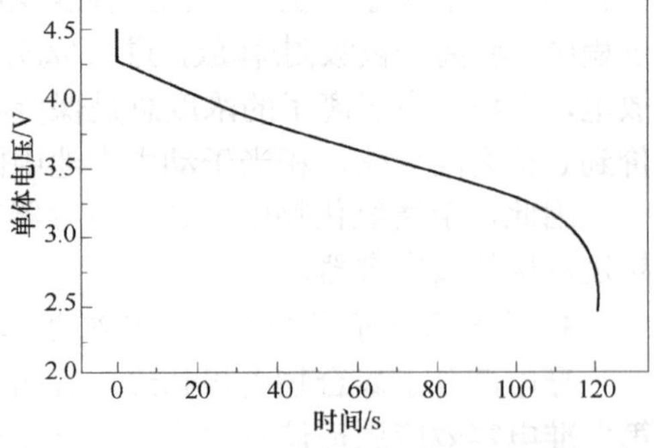

图 6–21 导电高分子聚合物电极超级电容器充放电单体电压变化

6.1.2.4 超级电容器的管理系统

超级电容管理系统可以实现电容对单体电容工作状态的实时监控、测量、保护及信息上报，具有电压均衡、过电压保护、故障定位、自行诊断、监测报警等功能，管理系统对超级电容工作状态进行实时监测与控制，可大大提高其安全性、可靠性，保证模块稳定运行，具有节能减排、绿色能源的实质性技术特点

和显著效果，在工程上具有广阔的应用前景。

1. 超级电容管理系统的组成及功能

超级电容器组的能量管理系统由以下几部分组成：单体检测单元、数据采集单元、能量管理单元和数据管理单元等。

（1）单体检测单元

该单元包括单体超级电容器失效监测电路，当某一单体超级电容器因各种原因失效，监测电路都会在第一时间内向超级电容器组能量管理系统报警。具体的每一个监测电路都确定四个监测阀值电压，然后通过相应的逻辑变换电路，转化成为子机控制单元能够识别的电压监测单元数据。具体每组单元故障判别都是通过相应的逻辑电路来实现的。

（2）数据采集单元

数据采集单元主要包括电压检测模块、温度检测模块、单体故障判别模块等。数据采集单元的主要功能是，采集各个单体电容器的电压监测单元数据，连接各单体故障判别单元数据，另外还要采集各个超级电容器的温度状态，实时监测各个单体超级电容器的温度。

该单元采用电器隔离和抗干扰技术完成电容器组各单体电容器的电压、温度等数据的实时测量，实时监测单体电压完成故障诊断与报警状态的判别，并通过内部总线将结果提供给能量管理单元。

（3）能量管理单元

能量管理单元通过内部总线得到各单体电容器的电压、温度等数据，判断出电容器的实时状态，并实时监测单体电压完成故障诊断与报警状态的判别。

（4）数据管理单元

数据管理单元主要完成管理历史数据的任务，完成与 PC 连接，能够通过液晶屏显示相应的信息。

超级电容器组管理系统的主要功能为，超级电容器的电压、电流等电能数据和热量数据等的检测、采集和监管；控制超级电容器的充放电、解决超级电容器组中单体超级电容器的均衡问题和热量管理系统等。

2. 超级电容器管理系统的关键技术

（1）超级电容器的等效电路模型的建立

超级电容器的等效电路模型是应用一般的电器元件，来研究和描述超级电容的外特性，以解决对超级电容器的理论分析和控制策略研究的要求。超级电容器有多种等效电路，主要有充放电等效电路模型和变参数等效电路模型。

在超级电容器的充放电等效电路模型中，超级电容器用一个简单的 *RC* 回路来描述，在 *RC* 回路的图形中，*C* 为理想超级电容器，U_{SCAP} 为超级电容器的工作电压，*i* 为充放电时的电流，如图 6–22 所示。

充放电等效电路模型结构简单，可以在一定的精度范围内对超级电容器的特性进行描述。但电动汽车电力驱动系统的实际工况非常复杂，超级电容器实际工作在大电流脉动状态下，电压、电流、环境温度都处于波动状态，基本的等效电路不能适应超级电容器的动态特性描述。

变参数等效电路模型考虑到实际超级电容器在工作时的动态等效电路模型是根据理想电容器的容量 C、等效串联电容内阻 R_{ESR} 的电阻、超级电容器自放电电阻 R_p 的电阻值（此值较大），都是随超级电容器工作环境变化而变化的函数，来建立的动态等效电路模型，如图 6–23 所示。

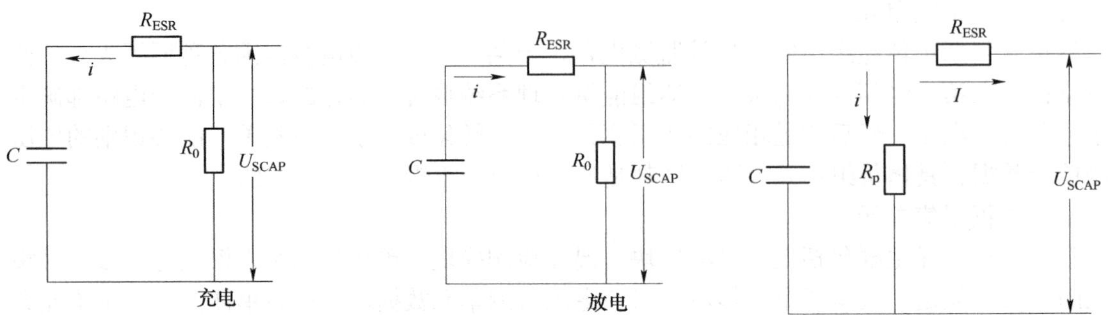

图 6–22　超级电容器基本的充放电等效电路　　图 6–23　超级电容变参数等效电路模型

（2）超级电容器的均压问题

单体超级电容器由于材质不均匀、有制造误差、电容器内阻不同和自放电率不同等因素的影响，各个单体超级电容器的电压会出现“不一致”性，相互之间的容量偏差量可达到 –10%～30%，上下偏差±1.44。在大量使用串联超级电容器组时，应选用电容量基本一致的超级电容器，但实际上较困难，且会增加超级电容器的成本。

引起超级电容器组“不一致”的原因有以下几种：

① 超级电容器电容量的“不一致”。当多个电容量不一致的超级电容器串联使用时，如果电容量最小的超级电容器最先达到额定电压，而电容量最大的超级电容器只达到 69%左右的电压，则它的储能量只有额定储能量的 0.69 左右。这直接影响了超级电容器组的充放电的电容量，并降低了超级电容器组的寿命。

② 超级电容器的等效内阻 R_{ESR} 的 “不一致”。当多个等效内阻不一致的超级电容器串联使用时，在充放电过程中，电容器等效内阻 R_{ESR} 大的单体电容器最先达到充放电的终点，而单体电容器等效内阻 R_{ESR} 小的则充放电不充分。通常等效内阻 R_{ESR} 相对较大，随着反复充放电的次数增加，超级电容器的性能也逐步衰减，等效内阻 R_{ESR} 因超级电容器性能的衰减，不一致性也越来越大。

③ 超级电容器的漏电流“不一致”。超级电容器组各个单体电容器保持电荷的能力有所不同，在较长静置时间时，保持电荷能力较差的电容器的电荷会发生泄漏。充电时，漏电流小的电容器最先达到充电终点，而漏电流大的电容器仍然需要继续充电。放电时，漏电流大的电容器最先将电荷放完，达到放电终点，而漏电流小的电容器仍然保持剩余的电荷。

6.2　驱动电机及其控制技术

驱动电机是电动汽车驱动系统的核心部件，其性能好坏直接影响电动汽车驱动系统的性

能。驱动电机一般有直流电机、交流电机、永磁电机和开关磁阻电机四种。由于直流电机在电动车上的应用较少，本节主要介绍永磁同步电机、交流异步电机、开关磁阻电机三种电机及其控制技术。

6.2.1 永磁同步电机及其控制技术

永磁同步电机（Permanent Magnet Synchronous Motor，PMSM）具有高效、高控制精度、高转矩密度、良好的转矩平稳性及低振动噪声的特点，通过合理设计永磁磁路结构能获得较高的弱磁性能。它在电动汽车驱动方面具有很高的应用价值，受到国内外电动汽车界的高度重视，是最具竞争力的电动汽车驱动电机系统之一。

6.2.1.1 永磁同步电机的结构与特点

1. 永磁同步电机的结构

永磁同步电机分为正弦波驱动电流的永磁同步电机和方波驱动电流的永磁同步电机两种。这里以三相正弦波驱动的永磁同步电机为例，阐述永磁同步电机的结构与特点。

永磁同步电机的结构如图 6–24 所示，和传统电机一样，它主要由定子和转子两大部分构成。

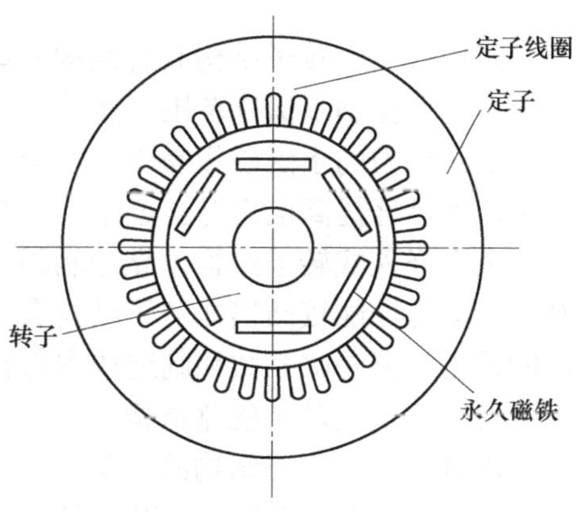

图 6–24 永磁同步电机的结构

定子与普通异步电机的定子基本相同，由电枢铁心和电枢绕组构成。电枢铁心一般采用 0.5mm 硅钢冲片叠压而成，对于具有高效率指标或频率较高的电机，为了减少铁耗，可以考虑使用 0.35mm 的低损耗冷轧无取向硅钢片。电枢绕组则普遍采用分布、短距绕组；对于极数较多的电机，则普遍采用分数槽绕组；需要进一步改善电动势波形时，也可以考虑采用正弦绕组或其他特殊绕组。

转子主要由永磁体、转子铁心和转轴等构成。其中永磁体主要采用铁氧体永磁和钕铁硼永磁材料；转子铁心可根据磁极结构的不同，选用实心钢，或采用钢板、硅钢片冲制后叠压而成。与普通电机相比，永磁同步电机还必须装有转子永磁体位置检测器，用来检测磁极位置，并以此对电枢电流进行控制，达到对永磁同步电机驱动控制的目的。

根据永磁体在转子上位置的不同，永磁同步电机的磁极结构可分为表面式和内置式两种。

（1）表面式转子磁路结构

在表面式转子磁路结构中，永磁体通常呈瓦片形，并位于转子铁心的外表面上，永磁体提供磁通的方向为径向。表面式结构又分为凸出式和嵌入式两种，如图 6–25 所示。对采用稀土永磁材料的电机来说，因为永磁材料的相对回复磁导率接近，所以表面凸出式转子在电磁性能上属于隐极转子结构；而嵌入式转子的相邻两永磁磁极间有着磁导率很大的铁磁材料，故在电磁性能上属于凸极转子结构。

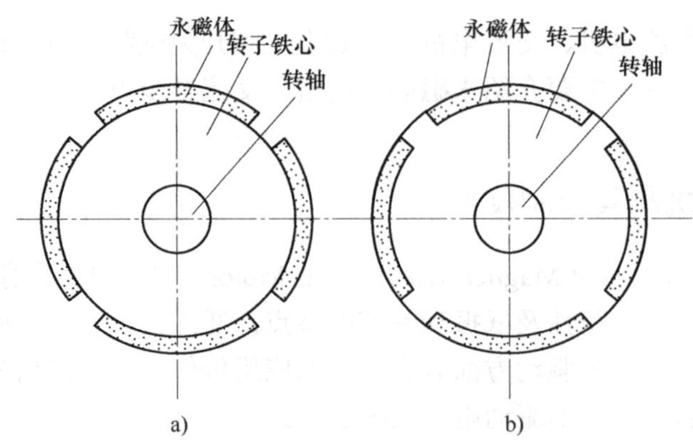

图 6–25　表面式转子磁路结构

a）凸出式　b）嵌入式

表面凸出式转子结构具有结构简单、制造成本较低、转动惯量小等优点，在矩形波永磁同步电机和恒功率运行范围不宽的正弦波永磁同步电机中得到了广泛应用。此外，表面凸出式转子结构中的永磁磁极易于实现最优设计，它能使电机气隙磁密波形趋近于正弦波的磁极形状，可显著提高电机乃至整个传动系统的性能。

表面嵌入式转子结构可充分利用转子磁路不对称性所产生的磁阻转矩，提高电机的功率密度，动态性能较凸出式转子结构有所改善，制造工艺也较简单，常被某些调速永磁同步电机所采用，但漏磁系数和制造成本都较凸出式大。

（2）内置式转子磁路结构

内置式转子磁路结构的永磁体位于转子内部，永磁体外表面与定子铁心内圆之间有铁磁物质制成的极靴。极靴中可以放置铸铝笼或铜条笼，有阻尼或起动作用，动态和稳态性能好，广泛用于要求有异步起动能力或动态性能高的永磁同步电机。内置式转子内的永磁体受到极靴的保护，其转子磁路结构的不对称性所产生的磁阻转矩也有助于提高电机的过载能力或功率密度，而且易于弱磁扩速。

按永磁体磁化方向与转子旋转方向的相互关系，内置式转子磁路结构可分为径向式、切向式和混合式三种，如图 6–26 所示。

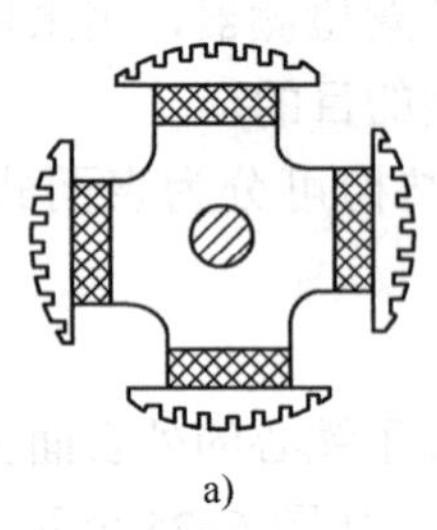

图 6–26　内置式转子磁路结构

a）径向式　b）切向式　c）混合式

径向式转子结构的永磁同步电机的磁钢或者放在磁通轴的非对称位置上，或同时利用径向和切向充磁的磁钢以产生高磁通密度。该结构的优点是漏磁系数小，转轴上不需要采取隔

磁措施，极弧系数易于控制。转子冲片机械强度高，安装永磁体后转子不易变形等。

切向式转子结构的转子有较大的惯性，漏磁系数较大，制造工艺和成本较径向式有所增加。其优点是一个极距下的磁通由相邻两个磁极并联提供，可得到更大的每极磁通。尤其当电机极数较多、径向式结构不能提供足够的每极磁通时，这种结构的优势就显得更为突出。此外，采用该结构的永磁同步电机的磁阻转矩可占到总电磁转矩的 40%，对提高电机的功率密度和扩展恒功率运行范围都是很有利的。

混合式转子结构集中了径向式转子结构和切向式转子结构的优点，但结构和制造工艺都比较复杂，制造成本也比较高。

2. 永磁同步电机的特点

永磁同步电机与其他电机相比，具有以下优点：

① 用永磁体取代绕线式同步电机转子中的励磁绕组，从而省去了励磁线圈、集电环和电刷，以电子换相实现无刷运行，结构简单，运行可靠。

② 永磁同步电机的转速与电源频率间始终保持准确的同步关系，控制电源频率就能控制电机的转速。

③ 永磁同步电机具有较硬的机械特性，对于因负载变化而引起的电机转矩的扰动具有较强的承受能力，瞬间最大转矩可以达到额定转矩的 3 倍以上，适合在负载转矩变化较大的工况下运行，适合电动汽车的起动加速。

④ 永磁同步电机转子为永久磁铁，无须励磁，因此电机可以在很低的转速下保持同步运行，调速范围宽。

⑤ 永磁同步电机与异步电机相比，不需要无功励磁电流，因而功率因数高，定子电流和定子铜耗小，效率高。

⑥ 体积小、质量小。近些年来随着高性能永磁材料的不断应用，永磁同步电机的功率密度得到很大提高，与同容量的异步电机相比，体积和质量都有较大的减小，适合电动汽车空间有限的特点。

⑦ 结构多样化，应用范围广。永磁同步电机由于转子结构的多样化，产生了特点和性能各异的许多品种，从工业到农业，从民用到国防，从日常生活到航空航天，从简单电动工具到高科技产品，几乎无所不在。

但是，永磁同步电机还存在以下缺点：

① 由于永磁同步电机转子为永磁体，无法调节，必须通过加定子直轴去磁电流分量来削弱磁场，这会增大定子的电流，增加电机的铜耗。

② 永磁同步电机的磁钢价格较高。

由此可见，永磁电机体积小、质量小、转动惯量小、功率密度高，适合电动汽车空间有限的特点需要。另外它过载能力强，尤其低转速时输出转矩大，适合电动汽车的起动加速。因此永磁同步电机得到国内外电动汽车界的广泛重视，并得到了普遍应用。

6.2.1.2　永磁同步电机的工作原理与运行特性

1. 电枢反应

永磁同步电机带负载时，气隙磁场是永磁体磁动势和电枢磁动势共同建立的。电枢磁动势对气隙磁场有影响，电枢磁动势的基波对气隙磁场的影响称为电枢反应。电枢反应不仅使气隙磁场波形发生畸变，而且还会产生去磁或增磁作用。因此，气隙磁场将影响永磁同步电机的运行特性。

对永磁同步电机进行分析时，需要采用双反应理论，即需要把电枢电流和电枢电动势分解成交轴和直轴两个分量。交轴电枢电流产生交轴电枢电动势，发生交轴电枢反应；直轴电枢电流产生直轴电枢电动势，发生直轴电枢反应。

2. 电压方程式

忽略磁饱和效应的影响，永磁同步电机的电压方程式为

$$U = E_0 + i_a R_a + \mathrm{j} i_d X_d + \mathrm{j} i_q \tag{6-12}$$

式中，U 为电枢端电压；E_0 为励磁电动势；i_a 为电枢电流，$i_a = i_d + i_q$；i_d 为电枢电流在 d 轴的分量；i_q 为电枢电流在 q 轴的分量；R_a 为电枢绕组电阻；X_d 为直流同步电抗；X_q 为交轴同步电抗。

3. 功率与转矩

当永磁同步电机具有滞后功率因数并考虑电枢电阻的影响时，电机从电网输入的电功率为

$$P_1 = mUI_a\cos\varphi = \frac{mU[E_0(X_q\sin\theta - R_a\cos\theta) + R_aU + U(X_d - X_q)\sin 2\theta/2]}{R_a^2 + X_dX_q} \tag{6-13}$$

式中，θ 为电机的功率角。

电机的电磁功率为

$$P_e = P_1 - P_{cua}$$

式中，P_{cua} 为电机的电枢绕组铜耗。

如果忽略电枢电阻的影响，则

$$P_e = \frac{mE_0U}{X_d}\sin\theta + \frac{mU^2}{2\left(\frac{1}{X_q} - \frac{1}{X_d}\right)\sin 2\theta} \tag{6-14}$$

式中的前半部分称为基本电磁功率，由永磁磁场与电枢磁场相互作用产生；后半部分因凸极效应产生，称为附加电磁功率或磁阻功率。对于永磁同步电机，充分利用磁阻功率是提高电机功率密度和效率的有效通径。

电磁功率与功率角的关系称为永磁同步电机的功角特性，如图 6–27 所示。如果把纵坐标改用转矩，则表示了电磁转矩与功率角之间的关系，称为永磁同步电机的矩角特性。与基本电磁功率相对应的转矩分量称为基本电磁转矩，也称为永磁转矩；与磁阻功率相对应的转矩分量称为磁阻转矩。

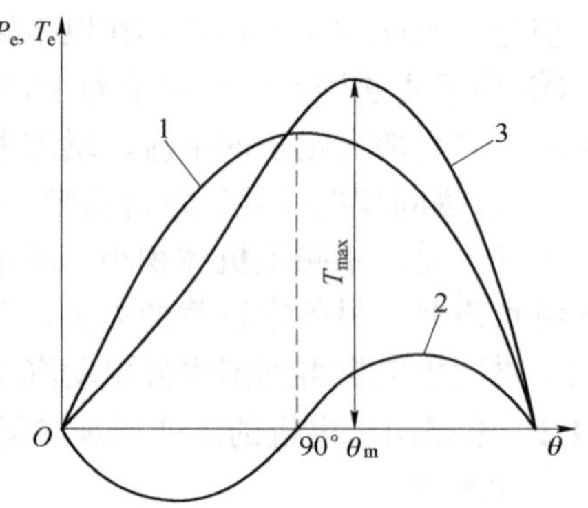

图 6–27　永磁同步电机的功角特性和矩角特性

1—基本电磁功率　2—磁阻功率　3—合成电磁功率

4. 永磁同步电机的运行特性

永磁同步电机的运行特性主要包括机械特性和工作特性。

永磁同步电机稳态正常运行时，转速始终保持同步转速不变。因此，其机械特性为平行于横轴的直线，调节电源频率来调节电机转速时，转速将严格地与频率成正比例变化，如图 6–28 所示。

永磁同步电机的工作特性是指当电源电压恒定时，电机的输入功率 P_1、电枢电流 I_a、效率 η、功率因数 $\cos\varphi$ 等随输出功率变化的关系，如图 6–29 所示。

从图 6–29 中可以看出，在正常工作范围内，永磁同步电机的功率因数比较平稳，效率特性也保持较高水平。电机的输入功率和电枢电流近似与输出功率成正比例。

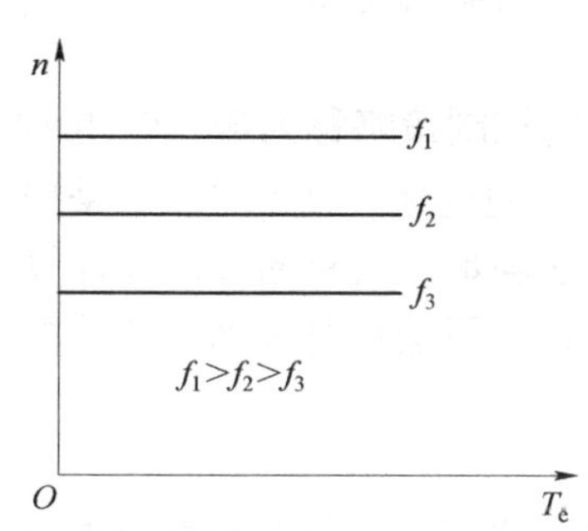

图 6–28 永磁同步电机的机械特性

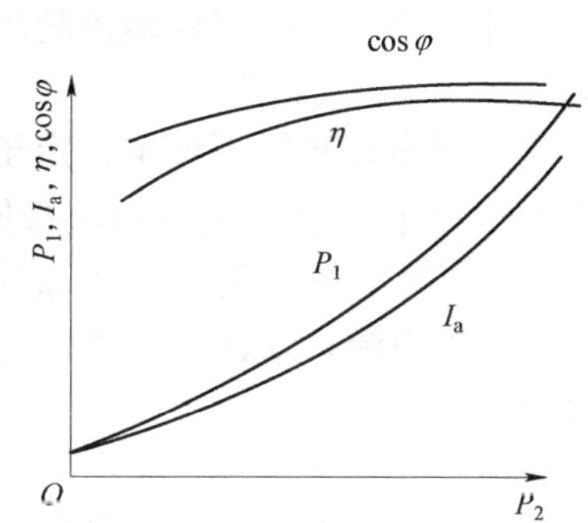

图 6–29 永磁同步电机的工作特性

6.2.1.3 永磁同步电机的控制

为了提高永磁同步电机控制系统性能，使其具有更快的响应速度、更高的转速精度及更宽的调速范围，使其动态、静态响应能够与直流电机系统相媲美，人们提出了各种新型控制策略用于永磁同步电机控制。

1. 恒压频比开环控制

恒压频比开环控制（VVVF）的控制变量为电机的外部变量（即电压和频率）。控制系统将参考电压和频率输入实现控制策略的调制器中，最后由逆变器产生一个交变的正弦电压施加在电机的定子绕组上，使之运行在指定的电压和参考频率下。按照这种控制策略进行控制，使供电电压的基波幅值随着速度指令成比例地线性增长，从而保持定子磁通的近似恒定。VVVF 控制策略简单、易于实现，转速通过电源频率进行控制，不存在异步电机的转差和转差补偿问题。但同时，由于系统中不引入速度、位置等反馈信号，因此无法实时捕捉电机状态，致使无法精确控制电磁转矩；在突加负载或者速度指令时，容易发生失步现象；也没有快速的动态响应特性。因此，VVVF 控制电机磁通而没有控制电机的转矩，控制性能差。VVVF 通常只用于对调速性能要求一般的通用变频器上。

2. 矢量控制

矢量控制理论的基本思想：以转子磁链旋转空间矢量为参考坐标，将定子电流分解为相互正交的两个分量：一个与磁链同方向，代表定子电流励磁分量；另一个与磁链方向正交，代表定子电流转矩分量。分别对其进行控制，获得与直流电机一样良好的动态特性。矢量控制因其控制结构简单，控制软件实现较容易，已被广泛应用到调速系统中。

永磁同步电机矢量控制策略与异步电机矢量控制策略有些不同。由于永磁同步电机转速和电源频率严格同步，其转子转速等于旋转磁场转速，转差值恒等于零，没有转差功率，控制效果受转子参数影响小。因此，在永磁同步电机上更容易实现矢量控制。

永磁同步电机输出电磁转矩对应多个不同的交、直轴电流组合，不同组合对应着不同的系统效率、功率因数以及转矩输出能力，因此永磁同步电机有不同的电流控制策略。

（1）$i_d=0$ 控制

目前，在永磁同步电机伺服系统中，$i_d=0$ 矢量控制是主要的控制方式。通过检测转子磁极空间位置 d 轴，控制逆变器功率开关器件的导通与关断，使定子合成电流位于 q 轴。此时 d 轴定子电流分量为零，永磁同步电机电磁转矩正比于转矩电流，即正比于定子电流幅值，只需控制定子电流大小就可以很好地控制永磁同步电机的输出电磁转矩。

（2）最大转矩/电流比控制

在电机输出相同电磁转矩下使电机定子电流最小的控制策略称为最大转矩/电流比控制。

最大转矩/电流比控制实质是求电流极值问题，可以通过建立辅助方程，采用牛顿迭代法求解。但是计算量较大，在实际应用中系统实时性无法满足，只有通过离线计算出不同电磁转矩对应的交、直轴电流，以表的形式存放于 DSP 中，实际运行时根据负载情况查表求得对应的 i_d 、i_q 进行控制。

（3）弱磁控制

永磁同步电机弱磁控制思想来自他励直流电机调磁控制。对于他励直流电机，当其电枢端电压达到最高电压时，为使电机能运行于更高转速，采取降低电机励磁电流的方法，以平衡电压。在永磁同步电机电压达到逆变器所能输出的电压极限后，要想继续提高转速，也要采取弱磁增速的办法。

永磁同步电机励磁磁动势由永磁体产生，无法像他励直流电机那样通过调节励磁电流实现弱磁。传统方法是通过调节定子电流 i_d 和 i_q ，增加定子直轴去磁电流分量实现弱磁升速。为保证电机电枢电流幅值不超过极限值，转矩电流分量 i_q 应随之减小，因此这种弱磁控制过程本质上就是在保持电机端电压不变情况下减小输出转矩的过程，永磁同步电机直轴电枢反应比较微弱，因此需要较大的去磁电流才能起到去磁增速作用。在电机工作在额定电流情况下，去磁电流的增加有限，因此采用这种方法所能得到的弱磁增速范围也是有限的。

图 6–30 是某电动汽车用永磁同步电机矢量控制系统框图。从图中可知，通过分别比较控

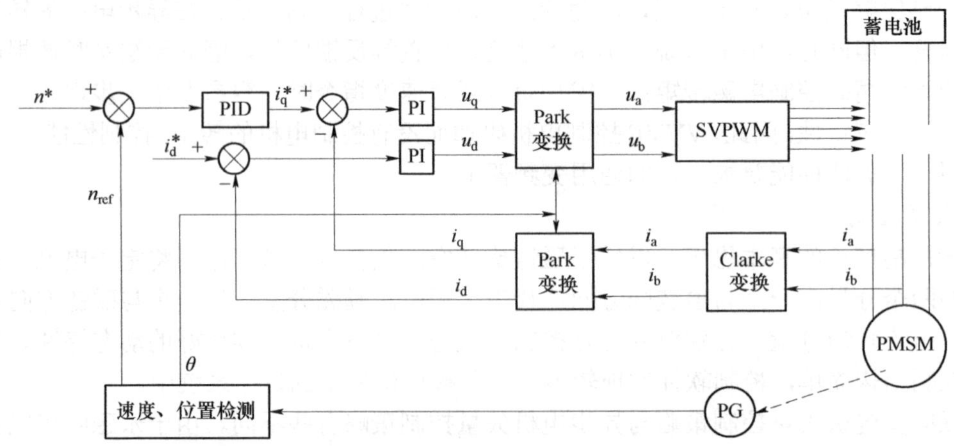

图 6–30　某电动汽车用永磁同步电机矢量控制系统框图

制永磁同步电机的实际电流值 i_d、i_q，与给定电流值 i_d^*、i_q^*，实现其转速和转矩控制。由于 i_d 和 i_q 独立控制，便于实现各种先进的控制策略。

3. 直接转矩控制

永磁同步电机直接转矩控制系统原理图如图 6–31 所示，它由永磁同步电机、逆变器、磁链和转矩计算及扇区判断模块、速度传感器、开关表以及调节器模块组成。其工作原理及控制过程如下：通过检测逆变器输出的三相电流以及逆变器直流侧电压，利用坐标变换和系统控制规律可计算出电机的定子磁链；根据计算的磁链和实测的电流来计算电机的瞬时转矩；再根据 $\alpha\beta$ 轴定子磁链来判别其位置所在的扇区 θ；速度调节器根据转速参考值和实际转速的偏差来确定转矩参考值，并与反馈转矩相比较，得到的偏差经滞环比较器得到转矩的控制信号 τ，电机的转速可通过光电编码器获得，也可以通过定子磁链的旋转速度估计得到，实现无速度传感器运行；定子磁链参考值与实际值比较后得到的偏差经同样滞环比较器产生磁链的控制信号 φ；三个控制信号 τ、φ、θ 经过开关表选取电压矢量，确定出适当的开关状态，控制逆变器进而驱动永磁同步电机。

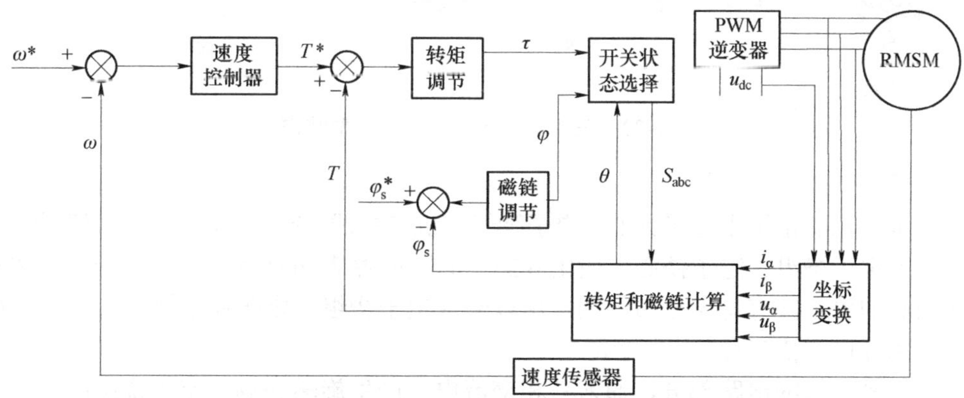

图 6–31　永磁同步电机直接转矩控制系统原理图

4. 智能控制

为了提高永磁同步电机的控制性能和控制精度，模糊控制、神经网络控制等开始应用于同步电机的控制。采用智能控制方法的永磁同步电机控制系统，在多环控制结构中，智能控制器处于最外环充当速度控制器，而内环电流控制、转矩控制仍采用 PI 控制、直接转矩控制这些方法。这主要是因为外环是决定系统的根本因素，而内环的主要作用是改造对象特性以利于外环的控制，各种扰动给内环带来的误差可以由外环控制或抑制。

在永磁同步电机系统中应用智能控制时，也不能完全摒弃传统的控制方法，必须将两者很好地结合起来，才能彼此取长补短，使系统的性能达到最优。

6.2.2　交流异步电机及其控制技术

异步电机（Induction Motor，IM），是由气隙旋转磁场与转子绕组感应电流相互作用产生电磁转矩，从而实现电能转换为机械能的一种交流电机。

异步电机的种类很多，最常见的分类方法是按转子结构和定子绕组相数分类。按照转子结构来分，有笼型异步电机和绕线转子异步电机；按照定子绕组相数来分，有单相异步电机、两相异步电机和三相异步电机。异步电机是各类电机中应用最广、需求量最大的一种电机。在电动汽车中，主要使用笼型异步电机。下面介绍的异步电机就是指三相笼型异步电机。

6.2.2.1 交流异步电机的结构与特点

1. 交流异步电机的结构

交流异步电机主要由静止的定子和旋转的转子两大部分组成，定子和转子之间存在气隙。此外，还有端盖、轴承、机座和风扇等部件。图 6–32 所示为三相交流异步电机的典型结构。

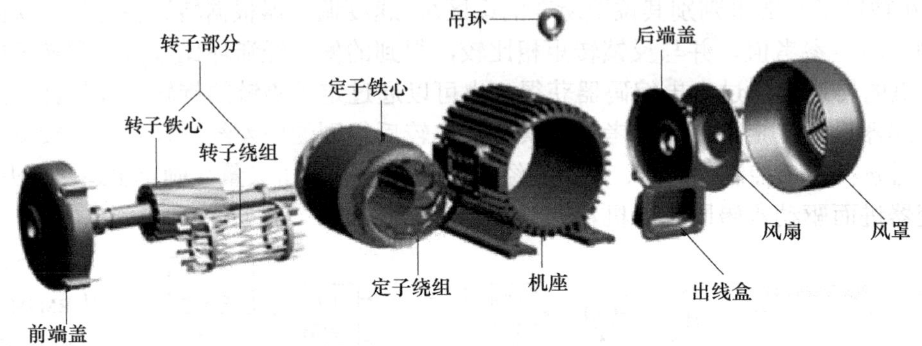

图 6–32 三相交流异步电机的典型结构

（1）定子

交流异步电机的定子由定子铁心、定子绕组和机座构成。定子铁心是电机磁路的一部分，并在其上放置定子绕组。定子铁心一般由 0.35～0.5mm 厚表面具有绝缘层的硅钢片冲制叠压而成，在铁心的内圆冲有均匀分布的槽，用以嵌放定子绕组。定子铁心槽型有半闭口型槽、半开口型槽和开口型槽三种。

定子绕组是电机的电路部分，通入三相交流电，产生旋转磁场。定子绕组由三个在空间互隔 120° 电角度、对称排列的结构完全相同的绕组连接而成。这些绕组的各个线圈按一定规律分别嵌放在定子各槽内。

机座主要用于固定定子铁心与前后端盖，以支撑转子，并起防护、散热等作用。机座通常为铸铁件，大型交流异步电机机座一般用钢板焊成，微型电机的机座采用铸铝件。封闭式电机的机座外面有散热筋以增加散热面积，防护式电机的机座两端端盖开有通风孔，使电机内外的空气可直接对流，以利于散热。

（2）转子

交流异步电机的转子由转子铁心、转子绕组和转轴组成。转子铁心也是电机磁路的一部分，并在铁心槽内放置转子绕组。转子铁心所用材料与定子一样，由 0.5mm 厚的硅钢片冲制叠压而成，硅钢片外圆冲有均匀分布的孔，用来安置转子绕组。通常用定子铁心冲落后的硅钢片内圆来冲制转子铁心。一般小型交流异步电机的转子铁心直接压装在转轴上，大、中型交流异步电机（转子直径在 300～400mm 以上）的转子铁心则借助于转子支架压在转轴上。

转子绕组是转子的电路部分，其作用是切割定子旋转磁场产生感应电动势及电流，并形成电磁转矩而使电机旋转。转子绕组分为笼型转子和绕线式转子两种。

转轴用于固定和支撑转子铁心，并输出机械功率。转轴材料一般用中碳钢。

（3）气隙

交流异步电机定子与转子之间有一个小的间隙，称为电机气隙。气隙的大小对交流异步电机的运行性能有很大影响。中小型交流异步电机的气隙一般为0.2～2mm；功率越大，转速越高，气隙尺寸就越大。

2. 交流异步电机的特点

交流异步电机的基本特点：转子绕组不需与其他电源相连，其定子电流直接取自交流电力系统；与其他电机相比，交流异步电机的结构简单、维护方便、运行可靠、质量小、成本低。以三相交流异步电机为例，与同功率、同转速的直流电机相比，前者质量只及后者的1/2，成本仅为1/3。交流异步电机还容易按不同环境条件的要求，派生出各种系列产品。它还具有接近恒速的负载特性，能满足大多数工农业生产机械拖动的要求。

交流异步电机的转速与其旋转磁场的同步转速有固定的转差率，因而调速性能较差，在要求有较宽广的平滑调速范围的使用场合，不如直流电机经济、方便。此外，交流异步电机运行时，从电力系统吸取无功功率以励磁，这会导致电力系统的功率因数变坏。因此，在大功率、低转速场合不如用同步电机合理。

6.2.2.2 交流异步电机的工作原理与运行特性

当交流异步电机的三相定子绕组通入三相交流电后，将产生一个旋转磁场，该旋转磁场切割转子绕组，从而在转子绕组中产生感应电动势，电动势的方向由右手定则来确定。由于转子绕组是闭合通路，转子中便有电流产生，电流方向与电动势方向相同。而载流的转子导体在定子旋转磁场作用下将产生电磁力，电磁力的方向可用左手定则确定，由电磁力进而产生电磁转矩驱动电机旋转，并且电机旋转方向与旋转磁场方向相同。交流异步电机的工作原理图如图 6–33 所示。

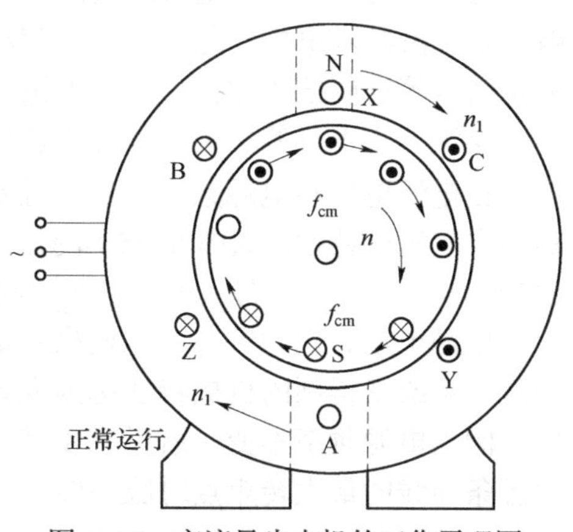

图 6–33 交流异步电机的工作原理图

交流异步电机的转子转速不等于定子旋转磁场的同步转速，这是交流异步电机的主要特点。

如果电机转子轴上带有机械负载，则负载被电磁转矩拖动而旋转。当负载发生变化时，转子转速也随之发生变化，使转子导体中的电动势、电流和电磁转矩发生相应变化，以适应负载需要。因此，交流异步电机的转速是随负载变化而变化的。

交流异步电机的转子转速与定子旋转磁场的同步转速之间存在转速差，它的大小决定着转子电动势及其频率的大小，直接影响交流异步电机的工作状态。通常将转速差与同步转速的比值用转差率表示，即

$$s=\frac{n_1-n}{n_1} \tag{6–15}$$

式中，s 为转差率；n_1 为定子旋转磁场的同步转速；n 为转子转速。

转差率是交流异步电机运行时的一个重要物理量。交流异步电机运行时，取值范围为 $0<s<1$。在额定负载条件下运行时，一般额定转差率 s=0.01～0.06。

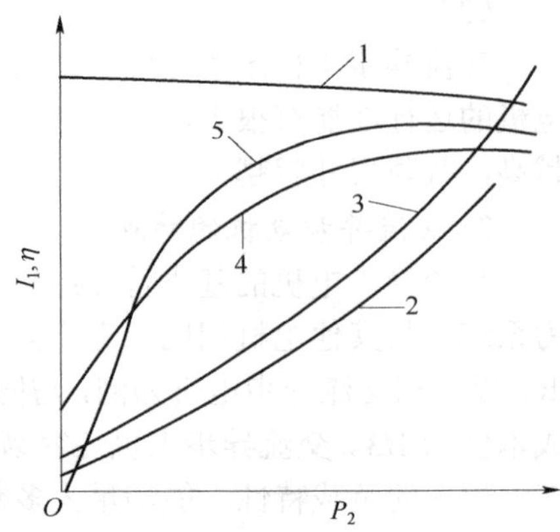

图 6–34　交流异步电机的工作特性

1—转速特性　2—转矩特性　3—定子电流特性　4—功率因数特性　5—效率特性

交流异步电机的运行特性包括工作特性和机械特性。

① 交流异步电机的工作特性是指电机在保持额定电压和额定频率不变的情况下，电机的转速、电磁转矩、定子电流、效率和功率因数随输出功率变化的特性。工作特性一般通过负载试验来测取。交流异步电机的工作特性如图 6–34 所示。

工作特性是交流异步电机的重要特性。转速特性和电磁转矩特性关系到电机与机械负载匹配的合理性；定子电流特性可以表明电机的发热情况，关系到电机运行的可靠性和使用寿命；效率特性和功率因数特性关系到电机运行的经济性。

② 交流异步电机的机械特性是指电机在恒定电压和恒定频率的情况下，电机的转速与转矩之间的关系，是电机的重要特性。机械特性曲线一般包括交流异步电机的起动转矩，起动过程的最小转矩、最大转矩、额定转矩、同步转速、额定转速等重要技术数据，以及电机转速随转矩变化的情况。

交流异步电机的机械特性分为自然机械特性和人为机械特性。

在电源电压和电源频率恒定，且定子、转子回路不接入任何附加设备情况下的机械特性称为自然机械特性，如图 6–35 所示。图中，T_{st} 为交流异步电机的起动转矩；T_{min} 为起动过程的最小转矩；T_{max} 为最大转矩；T_N 为额定转矩；n_1 为同步转速；n_N 为额定转速。

电源电压、电源频率、电机极对数、定子或转子回路接入其他附属设备等，这些条件中任意一项改变得到的机械特性称为人为机械特性。图 6–36 为电源电压改变时的人为机械特性。因为电源频率不变，所以同步转速点不变。电磁转矩与电源电压的二次方成比例变化，但各条曲线的最大转矩点对应的转差率基本保持不变。

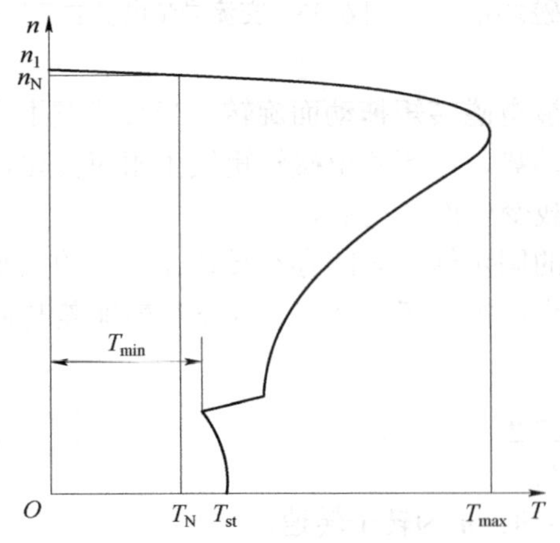

图 6–35　交流异步电机的自然机械特性

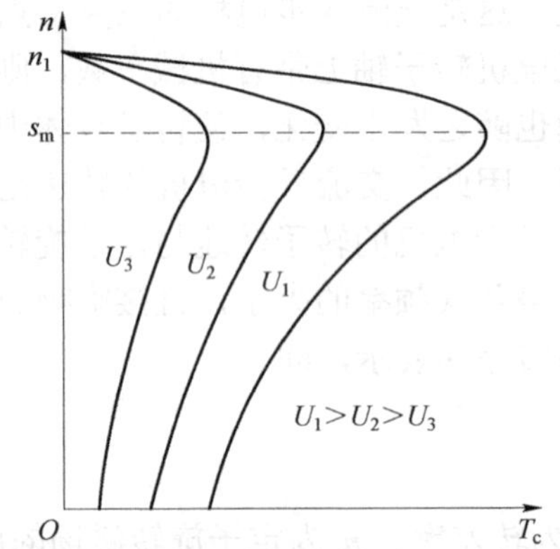

图 6–36　电源电压改变时的人为机械特性

6.2.2.3 交流异步电机的控制

交流异步电机是一个多变量（多输入输出）系统，其中变量电压（电流）、频率、磁通、转速之间又相互影响，所以是强耦合的多变量系统。对这样一个非线性、多变量、强耦合的复杂系统进行有效控制，成为研究的重点。把经典理论与现代控制理论相结合，已经形成了诸多有效的控制策略与方法。

目前对交流异步电机的调速控制主要有恒压频比开环控制（VVVF）、转差控制、矢量控制（VC）以及直接转矩控制（DTC）等。

恒压频比开环控制实际上只控制了电机磁通而没有控制电机的转矩，采用这样的控制系统对异步电机来讲根本谈不上控制性能，通常只用于对调速性能要求一般的通用变频器上。

转差控制根据交流异步电机电磁转矩和转差频率的关系来直接控制电机的转矩，可以在一定的转差频率范围内、一定程度上通过调节转差来控制电机的电磁转矩，从而改善调速系统的控制性能，但其控制理论是建立在交流异步电机的稳态数学模型基础上的，它适合于电机转速变化缓慢或者对动态性能要求不高的场合。这里主要介绍交流异步电机的矢量控制和直接转矩控制。

1. 交流异步电机的矢量控制

矢量控制理论采用矢量分析的方法来分析交流电机内部的电磁过程，是建立在交流电机的动态数学模型基础上的控制方法。它模仿直流电机的控制技术，将交流电机的定子电流解耦成互相独立的产生磁链的分量和产生转矩的分量。分别控制这两个分量就可以实现对交流电机的磁链控制和转矩控制的完全解耦，从而达到理想的动态性能。

交流异步电机的矢量控制是基于磁场定向的方法，其调速控制系统的方式比较复杂，常用的控制策略有以下四种。

（1）转子磁场定向矢量控制原理

交流电机的转矩与定子、转子旋转磁场及其夹角有关，要控制好转矩，必须精确检测和控制磁通，在这种控制方式中，检测出定子电流的 d 轴（电机转子上建立一个坐标系，此坐标系与转子同步转动，转子磁场方向为 d 轴，垂直于转子磁场方向为 q 轴）分量，就可以观测出转子磁链的幅值，当转子磁链恒定时，电磁转矩和电流的 q 轴分量成正比。忽略反电动势引起的交叉耦合，可以由电压方程 d 轴分量控制转子磁通，q 轴分量控制转矩，目前大多数变频系统使用此种控制方法，它实现了系统的完全解耦，但是其最大的缺点是转子磁通的观测受转子时间常数的影响。

（2）转差率矢量控制原理

如果使电机的定子、转子或气隙磁场中的任何一个保持不变，电机的转矩就主要由转差率决定。因此，此方法主要考虑转子磁通的稳态方程式，从转子磁通直接得到定子电流 d 轴分量，通过对定子电流的有效控制，形成了转差矢量控制，避免了磁通的闭环控制，不需要实际计算转子的磁链，用转差率和测量的转速相加后积分来计算磁通相对于定子的位置，此种方法主要应用在低速系统中，而且系统性能同样受转子参数变化的影响。

（3）气隙磁场定向矢量控制原理

除了转子磁场的定向控制以外，还有一些控制系统使用的是气隙磁场的定向控制，此种方法比转子磁通的控制方式复杂，但它利用了气隙磁通易于观测的优点，保持气隙磁通的恒定，从而使转矩与 q 轴电流成正比，直接对 q 轴电流控制，达到控制电机的目的。

（4）定子磁场定向矢量控制原理

由于转子磁通的检测容易受电机参数的影响。气隙磁通的检测需要附加一些额外的检测器件等，国内外兴起了定子磁场的定向矢量控制方法。此种方法是通过保持定子磁通不变，控制与转矩成正比的 q 轴电流，从而控制电机。但是，此种方法和气隙磁场定向的矢量控制一样，需要对电流进行解耦，而且以定子电压作为被测量，容易受到电机转速的影响。

2. 交流异步电机的直接转矩控制

直接转矩控制是将电机输出转矩作为直接控制对象，通过控制定子磁场矢量控制电机转速。它不需要复杂的坐标变换，也不需要依赖转子数学模型，只是通过控制 PWM 型逆变器的导通和切换方式，控制电机的瞬时输入电压，改变磁链的旋转速度来控制瞬时转矩，使系统性能对转子参数呈现鲁棒性。这种方法已被推广到弱磁调速范围。逆变器的 PWM 采用电压空间矢量控制方式，性能优越，但同时不可避免地产生了转矩脉动、调速性能降低的问题。此外，该方法对逆变器开关频率提高的限制较大，定子电阻对电机低速性能也有较大影响，如在低速区，定子电阻的变化会引起定子电流和磁链的畸变，以及转矩脉动、死区效应和开关频率等问题。

（1）交流异步电机直接转矩控制系统的结构与原理

交流异步电机直接转矩控制系统主要包括磁链调节器、转矩调节器、磁链和转矩观测器、转速调节器等，如图 6–37 所示。其中磁链观测器对磁链的观测是否准确对整个控制系统的稳定性有着举足轻重的作用，而开关策略和磁链、转矩调节是先进控制算法的核心部分。

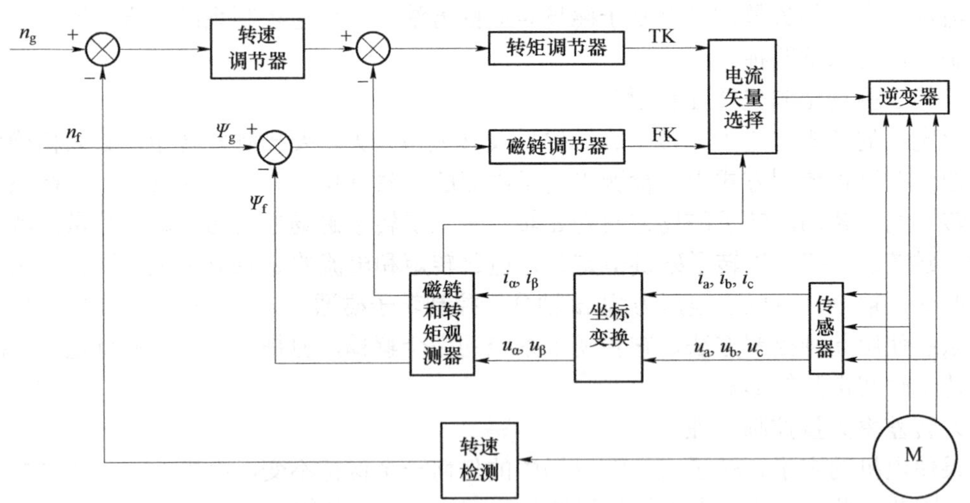

图 6–37　直接转矩控制系统框图

① 磁链观测器。定子磁链观测器的准确性，是直接转矩控制技术实现的关键。定子磁链无论是幅值还是相位，若出现较大的误差，控制性能都会变坏，或者出现不稳定。解决磁链问题的较为通用的方法为间接测量方法，即通过测量的定子电压、定子电流和转速等建立定子磁链的观测模型，在控制中实时准确地计算出定子磁链的幅值和相位，常用的磁链观测模型有基于定子电压和电流的磁链观测模型、基于定子电流和转速的磁链观测模型和基于定子

电压和转速的磁链观测模型。

② 磁链调节器。控制定子磁链在给定值的附近变化，输出磁链控制信号。

③ 转矩观测器。转矩观测器的任务是用状态检测转矩模型，完成电磁转矩的计算。

④ 转矩调节器。转矩调节器的任务是实现对转矩的直接控制，直接转矩控制的名称由此而来。为了控制转矩，转矩调节必须具备两个功能：一是转矩调节器直接调节转矩；二是在调节转矩的同时，控制定子磁链的旋转方向，以加强转矩的调节。

⑤ 转速调节器。在直接转矩控制系统中，主要是通过控制电压空间矢量来控制转速，从而控制转矩。而转矩的控制又成为转速控制的基础，故在系统中应用闭环控制，闭环控制系统具有简洁、直观等特点。从传感器中引出转速反馈信号与转速给定信号做比较后送入 PI 调节器，调节器的输出直接作为转矩的给定值，便可以实现转速的闭环控制。

直接转矩控制过程如下：通过传感器检测得到定子电流、电压的$\alpha-\beta$分量，然后通过磁链观测器和转矩观测器分别获得定子磁链的实际值Ψ_f和转矩的实际值T_f，将定子磁链的实际值Ψ_f与给定值Ψ_g输入磁链调节器，通过滞环比较器实现磁链的自控制。转速给定值n_g与通过速度测量得到的转速n_f之差经过转速调节器得到转矩给定值T_g，将转矩的实际值T_f与给定值T_g输入转矩调节器，实现转矩的自控制。

6.2.3 开关磁阻电机及其控制技术

开关磁阻电机（Switched Reluctance Motor，SRM）是继直流电机和交流电机之后，又一种极具发展潜力的新型电机。

6.2.3.1 开关磁阻电机的结构与特点

1. 开关磁阻电机的结构

开关磁阻电机由双凸极的定子和转子组成，其定子、转子的凸极均由普通的硅钢片叠压而成。定子极上绕有集中绕组，把沿径向相对的两个绕组串联成一个两级磁极，称为“一相”；转子既无绕组又无永磁体，仅由硅钢片叠成。开关磁阻电机的结构如图 6–38 所示。

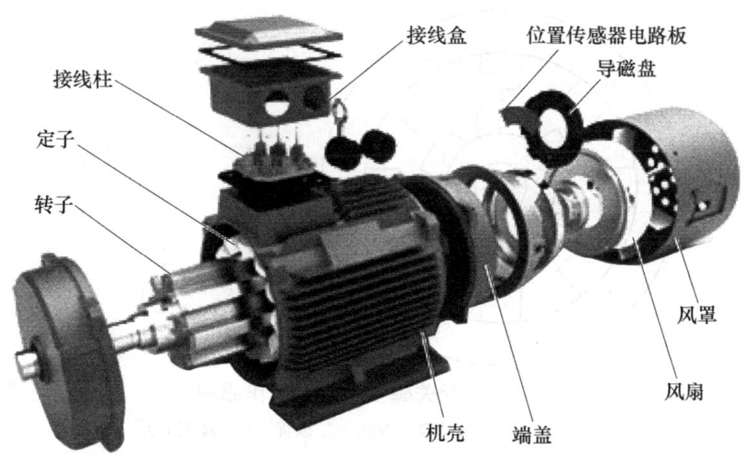

图 6–38　开关磁阻电机的结构

开关磁阻电机有多种不同的相数结构，如单相、两相、四相及多相等，且定子和转子的极数有多种不同的搭配。低于三相的开关磁阻电机一般没有自起动能力。相数多有利于减小转矩脉动，但结构复杂，主开关器件多，成本增高。目前应用较多的是四相 8/6 极结构和三相 6/4 极结构。下面以四相 8/6 的开关磁阻电机为例进行介绍。

2. 开关磁阻电机的特点

开关磁阻电机与其他电机相比，具有以下优点：

① 可控参数多，调速性能好。可控参数有主开关开通角、主开关关断角、相电流幅值、直流电源电压，控制方便，可四象限运行，容易实现正转、反转和电动、制动等特定的调节控制。

② 结构简单，成本低。开关磁阻电机转子无绕组，也不加永久磁铁，定子为集中绕组，比传统的直流电机、永磁电机及异步电机都简单，制造和维护方便，它的功率变换器比较简单，主开关元件数较少，电子器件少，成本低。

③ 损耗小，运转效率高。开关磁阻电机的转子不存在励磁及转差损耗，功率变换器元器件少，相应的损耗也小；控制灵活，易于在很宽转速范围内实现高效节能控制。

④ 起动转矩大，起动电流小。在 15%额定电流的情况下就能达到 100%的起动转矩。

但是，由子开关磁阻电机的特殊结构和工作方式，也存在如下一些缺点：

① 转矩脉动现象较严重。

② 振动和噪声相对较大，特别是在负载运行的时候。

③ 电机的出线头相对较多，还有位置检测器出线端。

④ 电机的数学模型比较复杂，其准确的数学模型较难建立。

⑤ 控制复杂，依赖于电机的结构。

6.2.3.2　开关磁阻电机的工作原理与运行特性

1. 开关磁阻电机的工作原理

开关磁阻电机的工作原理如图 6–39 所示。

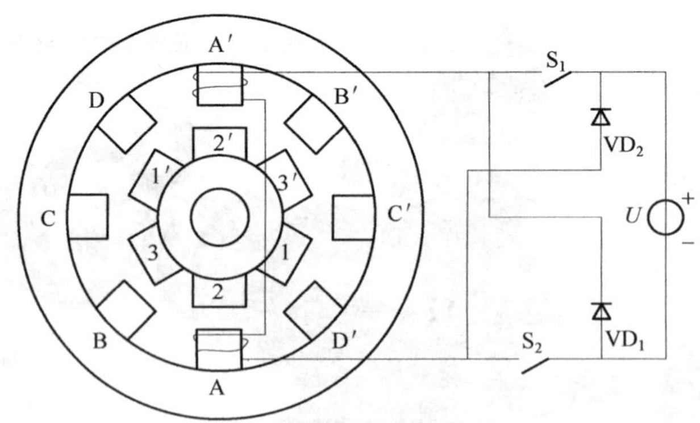

图 6–39　开关磁阻电机的工作原理

S_1、S_2—电子开关　VD_1、VD_2—二极管　U—直流电源

电机的定子和转子呈凸极形状，极数互不相等，转子由叠片构成，转子带有位置检测器以提供转子位置信号，使定子绕组按一定的顺序通断，保持电机的连续运行。

开关磁阻电机的磁阻随着转子磁极与定子磁极的中心线对准或错开而变化。因为电感与磁阻成反比，所以当转子磁极在定子磁极中心线位置时，相绕组电感最大；当转子磁极中心线对准定子磁极中心线时，相绕组电感最小。

因为开关磁阻电机的运行原理遵循“磁阻最小原理”，即磁通总要沿着磁阻最小的路径闭合，所以具有一定形状的铁心在移动到最小磁阻位置时，必须使自己的主轴线与磁场的轴线重合。从图 6–39 可看出，当定子 D–D′极励磁时，所产生的磁力使转子旋转到转子极轴线 1–1′与定子极轴线 D–D′重合的位置，并使 D 相励磁绕组的电感最大。若以图中定、转子所处的相对位置作为起始位置，则依次给 D–A–B–C 相绕组通电，转子即会逆着励磁顺序以逆时针方向连续旋转；反之，若依次给 B–A–D–C 相通电，则电机会沿着顺时针方向转动。所以开关磁阻电机的转向与相绕组的电流方向无关，而仅取决于相绕组通电的顺序。

2. 开关磁阻电机的运行特性

开关磁阻电机的运行特性可分为三个区域：恒转矩区、恒功率区和串励特性区（自然特性区），如图 6–40 所示。

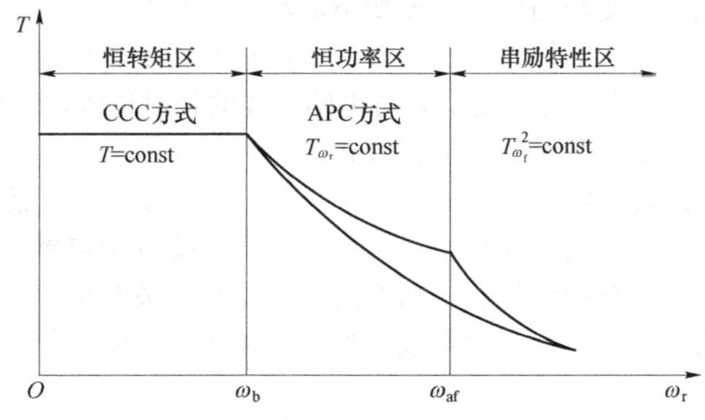

图 6–40　开关磁阻电机的运行特性图

开关磁阻电机一般运行在恒转矩区和恒功率区。在这两个区域内，电机的实际运行特性可控。通过控制条件，可以实现在实线以下的任意实际运行特性。

在恒转矩区，电机转速较低，电机反电动势小，因此需采用电流斩波控制（CCC）方式。

在恒功率区，旋转电动势较大，开关器件导通的时间较短，因此电流较小。当外加电压和开关角一定的条件下，随着角速度的增加，转矩急剧下降，此时可采用角度位置控制（APC）方式，通过按比例地增大导通角来补偿，延缓转矩的下降速度。

在串励特性区，电机的可控条件都已达极限。电机的运行特性不再可控，电机呈现自然串励运行特性，电机一般不运行在此区域。

电机运行时存在着第一、第二两个临界运行点，采用不同的可控条件匹配可得到两个临界点的不同配置，从而得到各种各样所需的机械特性。

临界运行点对应的转速称为临界转速，是开关磁阻电机运行和设计时要考虑的重要参数。第一临界转速是开关磁阻电机开始运行于恒功率特性的临界转速，定义为开关磁阻电机的额定转速，对应的功率即为额定功率；第二临界转速是能得到额定功率的最高转速，是恒功率特性的上限，可控条件都达到了极限，当转速再增加时，输出功率将下降。

6.2.3.3 开关磁阻电机的控制

开关磁阻电机不同于常规的异步电机，因其自身结构的特殊性，既可以通过控制电机自身的参数（如开通角、关断角）来实现，也可以用适用于其他电机上的控制理论，如PID控制、模糊控制等，对功率变换器部分进行控制，进而实现电机的速度调节。

针对开关磁阻电机的自身参数进行控制，目前主要使用的几种基本控制方式有角度位置控制（APC）、电流斩波控制（CCC）和电压控制（VC）。

1. 角度位置控制

角度位置控制是在加在绕组上的电压一定的情况下，通过改变绕组上主开关的开通角θ_{on}和关断角θ_{off}，来改变绕组的通、断电时刻，调节相电流的波形，实现转速闭环控制。

根据电动势平衡方程式可知，当电机转速较高时，旋转电动势较大，则此时电流上升率下降，各相的主开关器件的导通时间较短，电机绕组的相电流不易上升，电流相对较小，便于使用角度位置控制方式。

因为开通角和关断角都可调节，角度位置控制可分为变开通角、变关断角和同时改变开通角、关断角三种方式。改变开通角，可改变电流波形的宽度、峰值和有效值的大小，还可改变电流波形与电感波形的相对位置，从而改变了电机的转矩和转速。而关断角一般不影响电流的峰值，但可改变电流波形的宽度及其与电感曲线的相对位置，进而改变电流的有效值。故一般采用固定关断角、改变开通角的控制方式。

根据开关磁阻电机的转矩特性分析可知，当电流波形主要位于电感的上升区时，产生的平均电磁转矩为正，电机运行在电动状态；当电流波形主要位于电感的下降区时，产生的平均电磁转矩为负，电机工作在制动状态。而通过对开通角、关断角的控制，可以使电流的波形处在绕组电感波形的不同位置，因此可以用控制开通角、关断角的方式来使电机运行在不同的状态。

角度位置控制的优点在于转矩调节的范围宽；可同时多相通电，以增加电机的输出转矩，同时减小了转矩波动；通过角度的优化，能实现效率最优控制或转矩最优控制。

根据上面的分析可知，此法不适于低速场合。因为在低速时，旋转电动势较小，使电流峰值增大，必须采取相应措施进行限流，故一般用于转速较高的场合。

2. 电流斩波控制

根据电动势平衡方程式可知，电机低速运行特别是起动时，旋转电动势引起的压降很小，相电流上升快，为避免过大的电流脉冲对功率开关器件及电机造成损坏，需要对电流峰值进行限定，因此可采用电流的斩波控制，获取恒转矩的机械特性。电流斩波控制一般不会对开通角、关断角进行控制，它将直接选择在每相的特定导通位置对电流进行斩波控制。

目前电流斩波控制常用的控制方案有两种：方案一，对电流上、下限进行限制的控制；方案二，限制电流上限值和恒定关断时间的控制。

方案一中，主开关器件在$\theta=\theta_{on}$时导通，绕组电流将从零开始上升，当电流增至斩波电流的上限值时，切断绕组电流，绕组承受反压，电流迅速下降；当电流降至斩波电流的下限值时，绕组再次导通，重复上述过程，从而形成斩波电流，直至$\theta=\theta_{off}$时实现相关断。方案二同方案一的区别在于，当绕组电流达到最大限定值后，将主开关关断一个固定的时间后再开通，这样，电流下降的幅度主要取决于电感量、电感变化率、转速等因素，因此该方式的

关键在于合理地选取关断时间的长度。

电流斩波控制的优点在于：它适用于电机的低速调速系统，可以控制电流峰值的增长，并有很好的电流调节作用。因每相电流波形会呈现出较宽的平顶状，使得产生的转矩比较平稳，转矩的波动相应地比其他控制方式要小。

然而，由于电流的峰值受到了限制，当电机转速在负载的扰动作用下发生变化时，电流的峰值无法做出相应的改变，使得系统的特性比较软，因此系统在负载扰动下的动态响应很缓慢。

3. 电压控制

电压控制是保持开通角、关断角不变的前提下，使功率开关器件工作在脉冲宽度调制（PWM）方式。通过调节 PWM 波的占空比，来调整加在绕组两端电压的平均值，进而改变绕组电流的大小，实现对转速的调节。若增大调制脉冲的频率，就会使电流的波形比较平滑，电机出力增大，噪声减小，但对功率开关器件工作频率的要求就会增大。

按照续流方式的不同，电压控制分为单管斩波和双管斩波方式。在单管斩波方式中，连接在每相绕组中的上、下桥臂的两个开关管只有一个处于斩波状态，另一个一直导通。而双管斩波方式中，两个开关管同时导通和关断，对电压进行斩波控制。考虑到系统效率等因素，实际应用中一般常用单管斩波方式。

电压控制的优点在于，它通过调节绕组电压的平均值进而调节电流，因此可用在低速和高速系统，且控制简单，但它的调速范围有限。

在实际的 SRD（开关磁阻电机调速系统）运用中，也可以采用多种控制方式相结合的方法，如高速角度控制和低速电流斩波控制相结合，变角度电压斩波控制和定角度电压斩波控制相结合等。这些组合方式各有优势及不足，因此必须针对不同的应用场合和不同的性能要求，合理地选择控制方式，才能使电机运行于最佳状态。

6.3　整车综合能量管理技术

6.3.1　组成、功能与开发

整车控制器是电动汽车的关键部件，它基于人的操控指令、车速等整车的状态信息以及各个组成部件的状态信息等，实施驾驶人的指令解析、依据制定的控制策略进行动力分配控制、依据动力电池组等的能量状态进行能量管理、对各个组成部件进行信息监控和故障诊断等，并输出合理的指令到电机、发动机以及动力耦合装置等，满足汽车的行驶要求。

6.3.1.1　整车控制器的组成

整车控制器硬件包括微处理器、电源及保护电路模块、CAN 通信模块、A–D 模块、I/O 接口、调试模块等。微处理器负责数据计算和存储，是整车控制器的大脑；电源及保护模块为微处理器提供稳定的 12V 或 24V 电源，并在电源意外接错的情况下切断电路保护整车控制器的安全；CAN 通信模块通过内嵌的 CAN 控制器和外接的 CAN 收发器实现 CAN 网络通信；A–D 模块采集负责加速和制动踏板等模拟量信号的输入；I/O 接口负责接收钥匙、模式开关指令并实现继电器的开关控制；调试模块（BDM）实现程序的更新和在线调试。

6.3.1.2 整车控制器的功能

整车控制器是控制系统的核心，承担了数据交换、安全管理和能量分配的任务。根据重要程度和实现次序，将整车控制器功能划分为四层，如图 6–41 所示。

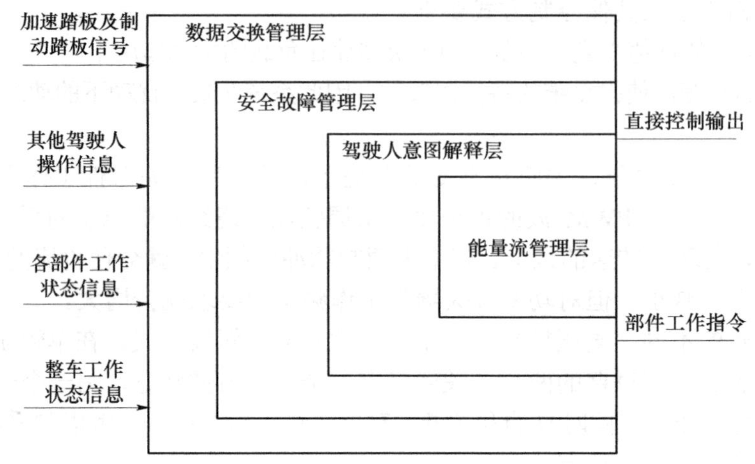

图 6–41 整车控制器功能划分

1. 数据交换管理层

整车控制器要实时采集驾驶人的操作信息和其他各个部件的工作状态信息，这是实现整车控制器其他功能的基础和前提。该层接收 CAN 总线的信息，对直接馈入整车控制器的物理量进行采样处理，并且通过 CAN 发送控制命令，通过 I/O、D–A 和 PWM 提供对显示单元、继电器等的驱动信号。

2. 安全故障管理层

实车运行中，任何部件都可能产生差错，从而可能导致器件损坏甚至危及车辆安全。控制器要能对汽车各种可能的故障进行分析处理，这是保证汽车行驶安全的必备条件。对车辆而言，故障可能出现在任何地方，但对于整车控制器而言，故障只体现在从第一层中继承的数据中。对继承的数据进行分析判断将是该层的主要工作之一。在检测出故障后，该层会做出相应处理，在保证车辆足够安全性的条件下，给出部件可供使用的工作范围，以便尽可能满足驾驶人的驾驶意图。

3. 驾驶人意图解释层

驾驶人的所有与驱动驾驶相关的操作信号都直接进入整车控制器，整车控制器对采集的驾驶人操作信息进行正确的分析处理，计算出驱动系统的目标转矩和车辆的需求功率来实现驾驶人的意图。

4. 能量流管理层

该层的主要工作是在多个能量源之间进行需求功率分配，这是提高燃料电池汽车经济性的必要途径。

6.3.1.3 整车控制器的开发

1. 开发模式

在传统的控制单元开发流程中，通常采用图 6–42 所示的串行开发模式，即首先根据应用

需要，提出系统需求并进行相应的功能定义，然后进行硬件设计，使用汇编语言或 C 语言进行面向硬件的代码编写，随后完成软硬件和外部接口集成，最后对系统进行测试和标定。

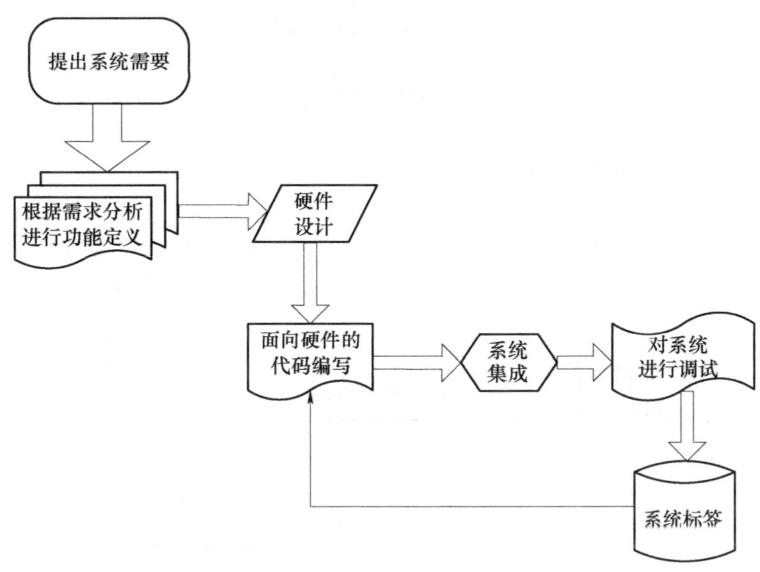

图 6–42　串行开发模式

目前，研发工程师所面临的问题越来越复杂，而开发时间却要求尽可能缩短。如果采用传统的开发方法，则在系统调试过程中发现的由于硬件电路原因造成的问题就必须通过重新进行硬件设计来解决，然后再对软件做修改。这就使得控制系统参数的修改必须花很长时间才能得到验证，导致开发周期过长，延误项目的正常进行。

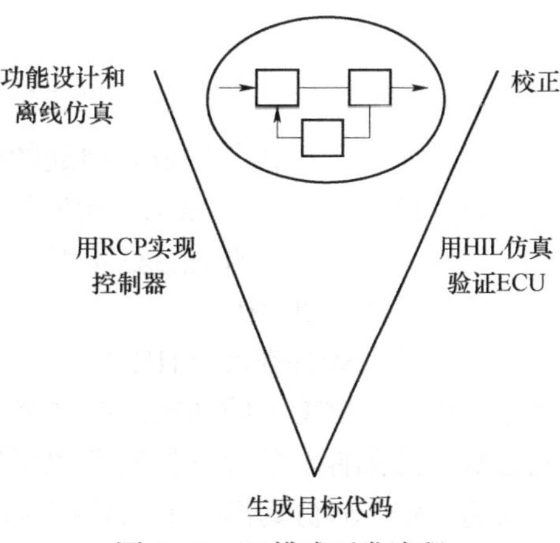

图 6–43　V 模式开发流程

为了解决这一问题，现在的 ECU 开发多采用如图 6–43 所示的 V 模式开发流程。软硬件技术的不断发展，为并行开发提供了强有力的工具，例如德国 dSPACE 公司开发的基于 Power PC 和 Matlab/Simulink 的实时仿真系统，就为控制系统开发及半实物仿真提供了很好的软硬件工作平台。采用 dSPACE 并行开发的工作流程如图 6–44 所示。

第一步是功能定义和离线仿真，首先根据应用需要明确控制器应该具有的功能，为硬件设计提供基础；同时借助 Matlab 建立整个控制系统（包括控制器和被控对象）的仿真模型，并进行离线仿真，运用软件仿真的方法设计和验证控制策略。

第二步是快速控制器原型（Rapid Controller Prototype，RCP）和硬件开发。从控制系统的 Matlab 仿真模型中取出控制器的模型，并结合 dSPACE 的物理接口模块（A–D，D–A，I/O，RS232，CAN）来实现与被控对象的物理连接，然后运用 dSPACE 提供的编译工具生成可执行程序，并下载到 dSPACE 中。dSPACE 此时作为目标控制器的替代物，可以方便地实现控制参数在线调试和控制逻辑调节。这一过程生成快速控制器原型。

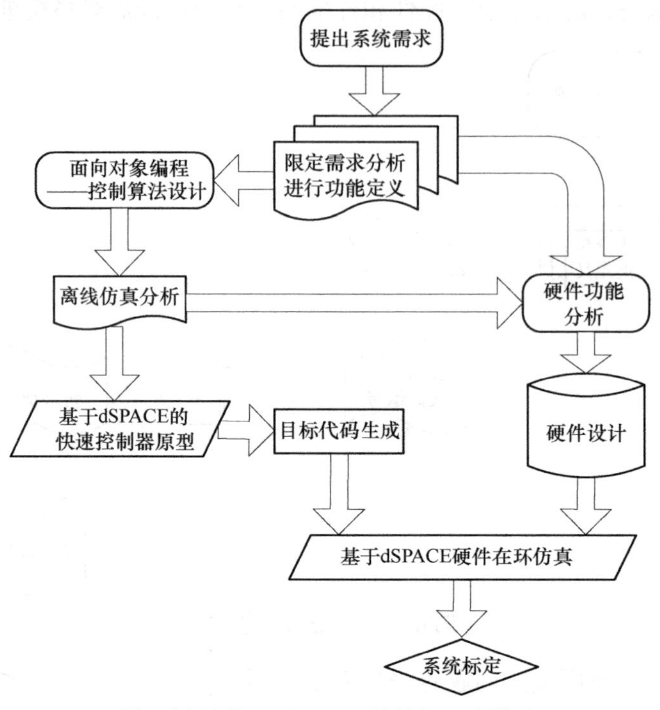

图 6–44　基于 dSPACE 的并行开发模式

第三步是目标代码生成。前述的快速控制器原型基本形成了满意的控制策略，硬件设计也形成了最终物理载体 ECU，此时运用 dSPACE 的辅助工具 TargetLink 生成目标 ECU 代码，然后编写目标 ECU 的底层驱动程序，两者集成后生成目标代码下载到 ECU 中。

第四步是硬件在环（HIL）仿真。其目的是验证控制器电控单元（ECU）的功能。在这个环节中，除了电控单元是真实的部件，部分被控对象也可以是真实的零部件。如果将 Matlab 仿真模型中的被控对象模型生成代码下载到 dSPACE 中，则 dSPACE 可用于仿真被控对象的特性，如图 6–45 所示。

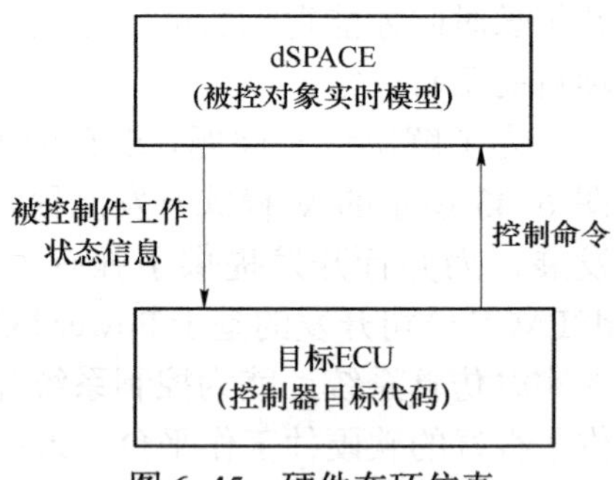

图 6–45　硬件在环仿真

第五步是调试和标定。把经过硬件在环仿真验证的 ECU 连接到完全真实的被控对象中，进行实际运行试验和调试。

并行开发流程包括从系统定义到系统标定的完整过程。先进软硬件工具的使用，使得开发的重点可以集中到控制策略的构思，不必在程序编写、硬件调试上花费大量时间，从而可以大大加速实际控制单元 ECU 的研究和开发。

2. 开发平台

为了满足并行开发的要求，常借助于一定的开发平台，该开发平台应该具有如下的一些

功能：

（1）整车及关键部件的实时前向仿真

为了充分模拟被控对象的特性，平台的仿真过程必须与汽车行驶时各部件的实际工作过程一致，并且其计算速度能够满足控制的需要。前向仿真示意图如图 6–46 所示，驾驶人模型作为仿真的起点，由其感知系统和环境的各项参数并跟随给定的行驶工况，输出加速踏板和制动踏板信号，仿真循环的数据流方向与实际系统的能量流动方向相同。

前向仿真模型还应该可以集成硬件在环仿真和驾驶人在环仿真，从而更真实地模拟系统运行状态和逻辑结构，方便整车控制器的开发和调试。

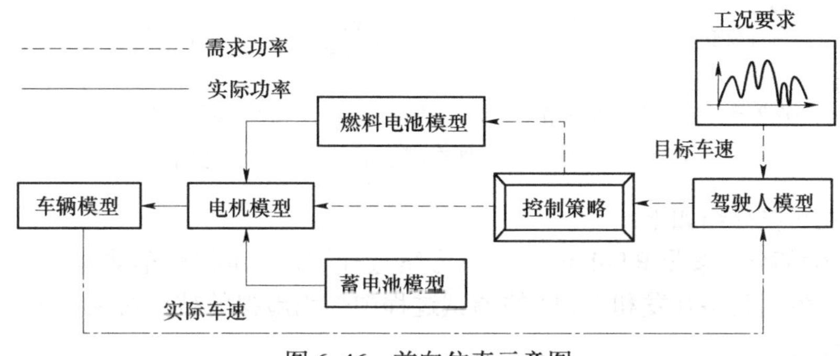

图 6–46　前向仿真示意图

（2）整车控制器（VCU）在环仿真

平台应该提供接口以支持快速控制器原型和目标 VCU 的开发和调试。平台的数据交换方式包括 VCU 所有输入、输出的模拟量和开关量信号的物理特性，网络环境和通信协议，以及执行部件的控制方式都应该和实车一致。

（3）部分在环仿真

控制策略的研究，需要各个部件的精确特性。但是某些部件比较复杂，难以建立精确的模型，比如动力电池就具有强时变的非线性特性。对于此类部件，平台应该采用硬件在环的仿真方法以获得部件的实时特性。

（4）驾驶人在环仿真

汽车处于人–车–路的闭环系统之中，驾驶人行为对整车控制器的运行与操作影响很大，但是每个驾驶人的驾驶习惯都不一样，难以建立统一的模型来描述，因此有必要采用驾驶人在环仿真的方法。这样可以在真实驾驶过程中对控制策略进行验证，也可以研究驾驶人操作习惯对控制策略的影响。

（5）模块化和可扩展

平台应该具有模块化和可扩展的能力，以便根据研究和开发的需要接入不同的真实部件，比如 ABS，对局部的控制算法做深入研究。

与部件 ECU 相比，整车控制器的被控对象更为复杂，而且有些部件的特性难以用模型来描述，因而其开发和调试需要功能更为强大的支持平台。分布式硬件在环仿真平台可分为虚拟车辆、VCU 及监控、动力电池在环、驾驶人操作和模拟环境以及 CAN 总线及监控五部分，如图 6–47 所示。

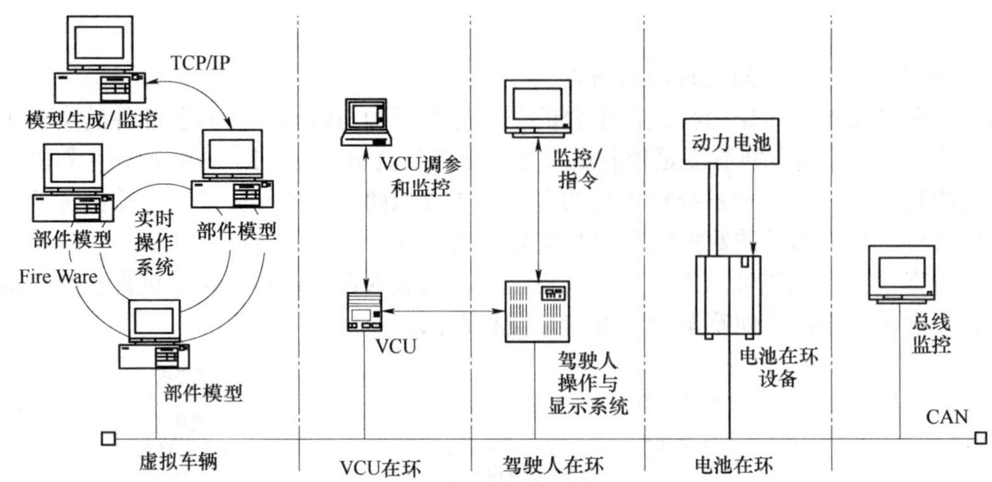

图 6–47　分布式硬件在环实时仿真平台示意图

各部分功能简要介绍如下：

① 虚拟车辆部分。按照 RT–Lab 的系统方案进行构建。承担整车动力学及部件特性的实时仿真计算，在控制策略开发和 VCU 的调试过程中作为虚拟的被控对象；也可以包括 VCU 模型，用于离线仿真。

② VCU 及监控部分。执行整车控制器的功能，可以介入快速控制器原型如 dSPACE 或者开发的目标 VCU，实现 VCU 的测试、标定和在线调参数等功能。

③ 动力电池在环部分。动力电池的充放电过程涉及电池内部的固、液、气三相反应，充放电特性受到 SOC 状态、环境温度以及时间历程的综合影响，表现为多变量时变非线性系统特征。另外，由于动力电池组采用模块串联的方式，模块参数的不均匀性会随着工作时间的延长而不断加剧，并进而影响电池组的整体特性。

通过专用的电池在环设备，可以实现真实的电池模块或电池组在环仿真。用模型计算得到的动力电池充放电电流值对接入的电池进行充放电，同时实时采集电池的温度、电压等信息，并通过通信系统返回仿真平台。

④ 驾驶人操作和显示模拟环境部分。该部分提供了仪表、踏板、钥匙门、档位和其他开关等与实车类似的驾驶人操作环境。除此之外，还具有诸如目标车速等辅助信息显示、驾驶人操作信息记录等功能。在整车控制器容错能力测试中，还能手动或程序控制灵活设定驾驶人的操作信号。驾驶人接口结构框图如图 6–48 所示，主要具有以下功能：

a. 驱动仪表显示。驾驶人接口采集与仪表相关的信息，包括整车控制器的输出信号，然后通过驱动电路实现仪表显示。

b. 产生驾驶人操作信号。驾驶人操作信号有两种产生方式：一种是通过操作面板直接产生；另一种是微控制器按照程序产生。

c. 上位机监控。驾驶人接口通过串行通信与上位机相连。上位机的监控功能配合由程序产生的驾驶人操作信号，实现丰富的操作信号的组合。通过上位机监控，也可以实现数据存储、工况选择等其他辅助功能。

⑤ CAN 总线及其监控部分。CAN 总线采用与实车相同的拓扑结构和通信协议。CAN

总线的监控负责整个网络环境通信是否正常，一旦出现故障可进行及时处理。

这五个部分相互独立运行，通过 CAN 通信建立联系，构成一个有机的整体。

6.3.2　整车控制策略

新能源汽车的整车控制策略以整车控制器为载体，通过 CAN 总线通信网络实现对各个部件的协调控制。整车控制策略的功能主要包括对整车控制系统进行自检、对 CAN 总线模块进行检测、故障诊断及处理、安全性检测及处理、电池保护控制以及换档手柄信号检测及处理等。整车控制策略主流程如图 6–49 所示。

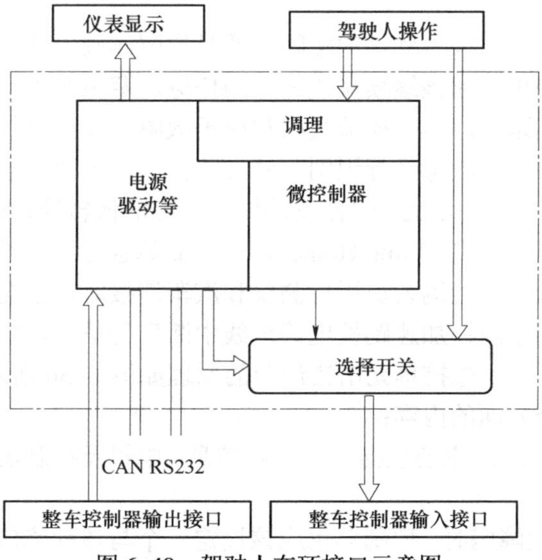

图 6–48　驾驶人在环接口示意图

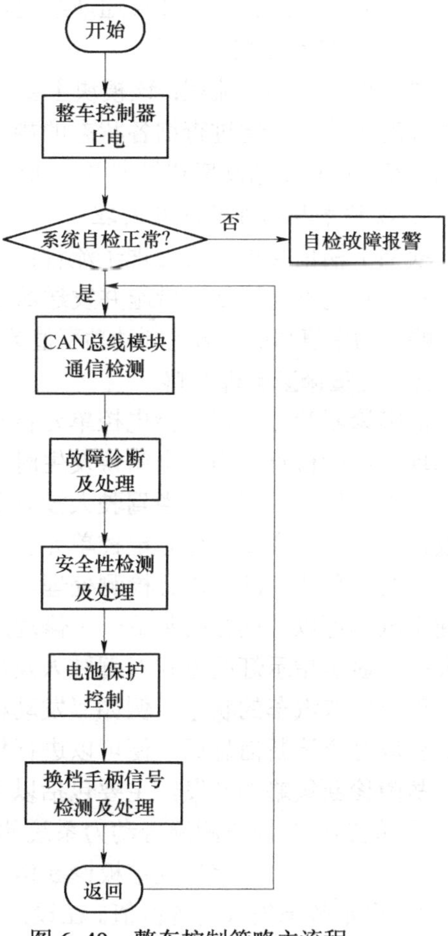

图 6–49　整车控制策略主流程

1. CAN 总线模块通信检测

CAN 总线模块通信检测子流程：该模块采集电机控制器、电池管理系统、AMT 控制单元及车身主控制单元的生命信号，通过与上次生命值的比较，判断 CAN 通信是否正常。如果通信异常，则发出通信异常报警信号；如果通信正常，再检测总线上节点的状态是否正常。若节点状态异常，则发出通信异常报警；若节点状态正常，则进入故障诊断及处理环节。

2. 故障诊断及处理

故障诊断及处理子流程：该子模块主要是通过对各个部件的状态参数进行分析，判断各部件存在的故障情况，并根据不同的故障制定不同的处理措施，以提高行车安全性及车辆的使用寿命；如果各部件均诊断无误，则进入安全性检测及处理环节。

3. 安全性检测及处理

安全性检测及处理子流程：该模块主要检测各部件绝缘是否正常。若绝缘存在异常，则根据总电流和高压开关的状态进行电机降功率运转或断开高压开关等处理措施，保证安全性；若绝缘正常，再判断充电插头是否断开。如果没有断开，则进行充电互锁；如果已经断开，则子模块会发出闭合高压开关通断继电器的指令并进入电池保护控制环节。

4. 电池保护控制

电池保护控制子流程：该模块主要采集电池 SOC 状态、最低及最高单体电池电压、电池最高温度等信息，通过查询各状态的规则表，确定符合各种状态规则的最大充电电流、最大放电功率、电机峰值功率和最大再生制动功率等参数值，并进入换档手柄信号检测及处理环节。

5. 换档手柄信号检测及处理

换档手柄信号检测及处理子流程：该模块通过采集车速、电机转速、不同档位手柄信号等信息，制定不同的处理措施并发送给 AMT 控制器和电机控制器，同时给电机控制器发送电机峰值功率值和最大再生制动功率值数据，最后返回主流程的 CAN 总线模块通信检测环节。

6.3.2.1 故障诊断管理策略

故障诊断管理策略是指电控单元自动识别硬件或者软件的故障，并且提醒驾驶人将车送到修理厂进行检查。当一个错误发生时，电控单元应该继续完成其他的任务，避免对人员或者汽车造成伤害。例如，当驾驶人没有踩加速踏板，但电控节气门却由于故障而发出“加速踏板踩到底”的命令，这时电控单元就需要对这个故障进行识别，并且防止汽车加速，同时通知驾驶人尽快将汽车进行检测处理。一个通常的办法为，保持发动机以固定的低转速运转，以便于汽车可以继续行驶到下一个修理厂（跛行模式，Limp Home）。一些故障也可以通过在仪表板上显示指示灯的方式对驾驶人发出警告。当检测人员用检测仪和汽车连接时，检测仪应该可以读取汽车的状态，例如“发动机控制故障：加速踏板电路地线中断”等信息，检测人员获取这个诊断信息后，便可以进行相应处理。电控单元出错诊断的原理如图 6–50 所示。

故障诊断策略的开发，主要包括以下几个方面的内容：

① 能够实时地监测混合动力系统的诊断信息，主要包括电池诊断信息、电机及控制器诊断信息、发动机诊断信息及踏板诊断信息。

② 设定故障失效的备份值。在设定一个故障码时，控制器也应该设定一个与该故障信息相对应的默认输入或者输出值，且此默认值必须保证整个系统还能够在一个比较安全的工况下工作。

③ 冻结帧信息的存储，为了给随后的维修提供参考，同时能够让维修人员更清楚了解故障发生时刻车辆的相关信息，必须定义并存储故障的冻结帧信息。

④ 警告驾驶人，控制器确定了某一个故障后，还必须根据实际情况给驾驶人提供相应的信息，如点亮报警灯、声音提示等。

⑤ 能够实现与外部通信，外部诊断仪可以获取存储的故障信息。

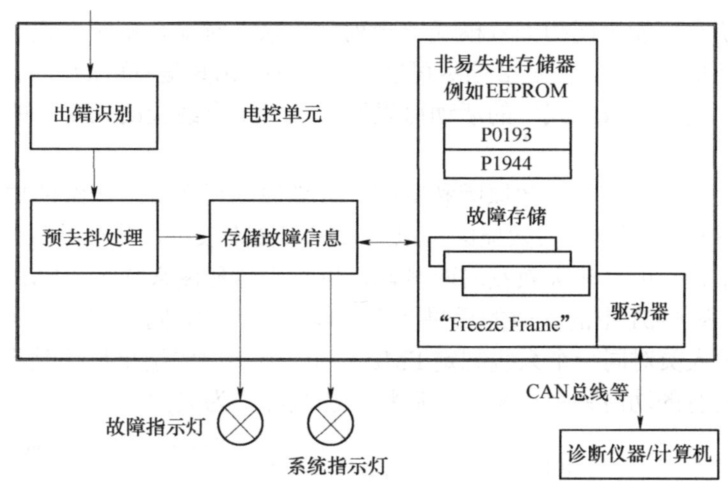

图 6–50 电控单元出错诊断的原理

6.3.2.2 功能安全管理策略

用来降低汽车本身或者其他系统风险的方法，称为功能安全（Functional Safety）。长期以来人们都坚信，安全性相关的系统不能通过电子系统或者软件来控制，但如今这个想法已经不再适用，基于 IEC61508 规范的电子产品被越来越广泛地使用。现在一些安全性相关的系统只有基于电子部件和软件才能够实现。

IEC61508 的一个重要组成部分是将安全功能分为四个安全完整性等级（Safety Integrity Levels，SIL），其中 SIL 4 代表最高的安全性要求，主要适用于核电站以及大型化学装置等。汽车中的系统一般采用 SIL 3 等级，一些不特别重要的应用的分级更低。选择 SIL 等级时，并不是风险越小越好，而是需要在安全性和成本之间达到最优点。这个标准对开发工具也提出了严格的要求，例如某个重要的软件功能不能由于编译器的出错而受到影响。汽车工业采用基于 IEC61508 而扩展的规范 ISO26262，其中也定义了四个不同的安全完整性等级（ASIL A、B、C、D），但并不是和 IEC61508 的四个等级一一对应的。SIL1 对应 ASIL A，但 SIL2 和 SIL3 与 ASIL 的 B、C 和 D 的标准并不相同。SIL4 在汽车工业中没有应用，所以也没有与之相对应的 ASIL 等级。

首先需要分辨潜在的风险，才能相应地制定规避风险的方法。本节介绍几种广泛使用的针对安全性和可靠性的分析方法，基本都是从航空航天领域移植到汽车工业中的。最重要的方法是 FMEA。

（1）FMEA

一个产品应该在开发阶段就识别出潜在的故障，而不应该等到测试阶段才进行识别。在开发阶段识别出来潜在故障后，要对其进行评估，评估的标准可以是故障发生的可能性、发生故障的后果以及能否及时识别等。对可能导致严重后果的故障，开发人员需要考虑更改设计、添加监控措施或者其他的一些针对性的方法。对这个过程提供支持的工具称为失效模式与影响分析（Failure Mode Effcct Analysis，FMEA），少数人也称之为失效模式与影响和重要性分析（Failure Mode Effect and Criticality Analysis，FMECA）。汽车工业中几乎每个开发项目都采用 FMEA 作为分析工具。

第一步是将所有可能出现的失效模式一一列举出来。对复杂系统来说，把所有可能的失效模式列举出来几乎不可能。但是必须尽可能多地列举，尤其是有可能产生严重影响的失效。在实际中，这个“列举失效模式”的活动可以通过由一个有经验的人主持的小组会议的形式来进行。

下一步是需要定义所有的失效原因和影响。失效原因还有更上一级的原因，同时还会产生新的影响。如图 6–51 所示，失效原因可以通过树形图来表示，并且以某个失效为根。因为影响也具有树状结构，所以在失效左右两侧都可以利用树形图来描述。FMEA 中经常使用这个树形图。例如，图 6–51 中的失效的后果 2 也可以作为失效，同时把图中所标的失效作为其原因。不同的开发人员对同一个系统制定 FMEA 时，所得出的结果往往是不相同的。所以一般提倡将系统中所有的功能列举出来，然后将功能故障作为失效看待。

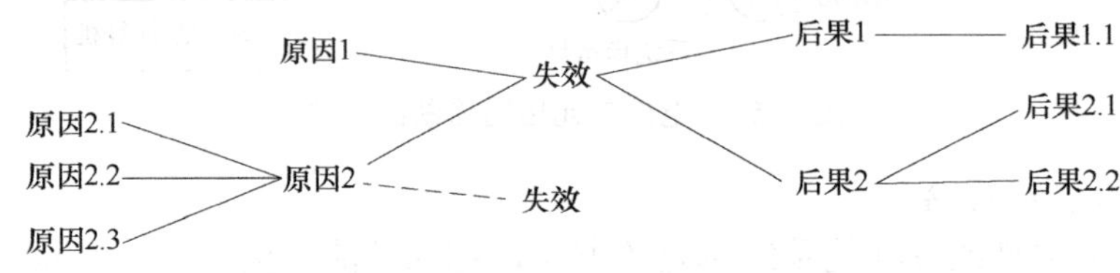

图 6–51　原因、失效和后果的关联

当完成上述双树状模型后，其内容要写为表格的形式，以便以后查阅（有时 FMEA 直接写为表格）。有些软件工具既支持双树模型，又支持表格形式，而且可以在两者之间快速切换，大大提高了创建 FMEA 的效率。在德国的汽车工业界最常用的 FMEA 工具是 IQ–FMEA [Apis]，但是使用其他的表格工具也可以创建 FMEA。

当列举出所有的失效原因和影响之后，需要对每一个失效的紧要性做出定性的评估。需要进行评估的参数分别是发生的可能性（P）、后果的严重性（S）以及对失效识别的难易程度（D），每一个评估等级为从 1（最低）到 10（最高）。

在大型公司中，基于以往的经验，一般可以给出可能性的指导值，但更多的时候数值的评估是基于粗略的估算。下一小节我们将介绍的故障树分析方法（Fault Tree Analysis，FTA），也可以作为估算的一种办法。评估时应该尽量客观，但主观性的因素常常不能完全避免。

同样，严重性评估也会受到主观因素的影响。严重性等级为 1 的失效不会引起驾驶人的注意，严重性等级为 10 的失效则代表可能导致人员伤亡（例如汽车无故自动加速等），汽车起火的严重性等级为 9 或者 10。

对于失效识别的难易程度（D）的评估是非常难的。完全没有任何预兆就出现的失效等级为 10。可以及时通过监视手段或者通过视觉或听觉感知的失效，等级则会较低。

汽车电子中，对由传感器、执行器和电控单元以及被控设备所组成的系统，常常需要进行系统 FMEA 分析（System FMEA）。除此以外，还有在生产过程中为了识别各项错误操作而进行的流程 FMEA（Process FMEA），以及对力学结构分析进行的结构 FMEA（Construction FMEA）等。

为了直观和深入地了解 FMEA 解决问题的过程以及分析方法的多样性，建议读者选取日常工作中的一个简单问题，并尝试以此为分析对象做一个 FMEA 分析实例。

和 FMEA 有一定类似的另外一种方法为危险与可操作性分析（HAZard and OPerability

Study，HAZOP），这种方法并不针对某个特定的失效进行定性分析，而是尝试对所有的失效寻找解决方案。虽然 HAZOP 并不像 FMEA 一样在汽车工业中有明确的规定，但偶尔也会被用到解决某些问题。

（2）故障树分析

前一小节所讲的 FMEA 中，所利用的树形结构更有利于寻找失效原因。其中图 6–51 左侧的树形图，就相当于一个简单的故障树分析（Fault Tree Analysis，FTA）。

当尝试列举出故障树时，会发现失效有多种原因。故障树的“树叶”是最深层、最初级的原因，也就是说这些原因不再由其他原因所形成。

在很多情况下，很多潜在原因中，如果只有一个发生，就足以导致整个系统失效。例如在制动系统中，如果踏板损坏，即使其他的部件都良好，也会导致整个制动系统失效。在这种情况下，结果（制动失效）和原因（踏板损坏）之间的逻辑关系是或。

但当一辆汽车同时有两个制动管路时，其中的一个失效，并不会导致整车制动失效。在这种情况下，结果（整车制动失效）和其原因（制动管路 1 和制动管路 2 失效）之间的逻辑关系是与。

如图 6–52 所示，故障树可以对系统做定性的分析，用来分辨因果之间的关系（如作为 FMEA 的补充）；也可以用来进行定量分析，定量计算某个事件发生的概率。

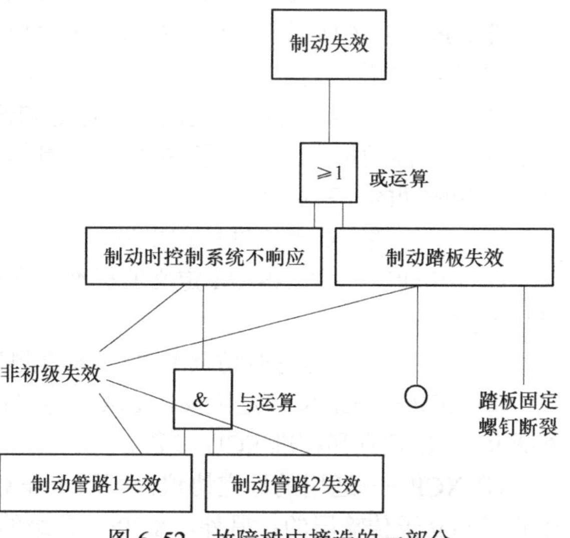

图 6–52　故障树中摘选的一部分

（3）事件序列分析

事件序列分析（Event Trcc Analysis，ETA）有标准化规定，主要用于分析失效的影响，特别用于在监视系统或者安全系统没有按照预设计划响应的情况。

事件序列分析所针对的对象是某个特定的失效状况。严重的失效可以通过保护系统来避免。保护系统通常为多级系统，根据系统状态的不同，得出的最终结果和其严重性也不同。图 6–53 所示为一个特例，因为不仅包含了安全性系统的响应，也包含了驾驶人的反应。

事件序列分析也可以量化进行，但总的来说，很难对每一个分支发生的概率都做具体运算并得出确切的数值。

6.3.2.3　整车控制策略标定

整车控制参数的标定对于 ECU 的开发来说是一个关键因素。汽车的标定是指为了实现不同的功能，如排放、汽车操纵性、不同环境下的汽车性能等指标，而对汽车的控制参数进行调整。即在运行时访问 ECU，采集测量数据和参数并加以修改，以优化 ECU 算法。ECU 安装到车辆上时，需对大量的控制参数和 MAP 图进行修改和优化，实现 ECU 的标定。

可以利用简单的通信手段进行实时标定，如 SCI 串口；也可以利用完善高效的、专用于控制系统软件标定观测的协议，如 CCP（CAN Calibration Protocol）、XCP（通用的标定协议，可用于非 CAN 网络)。

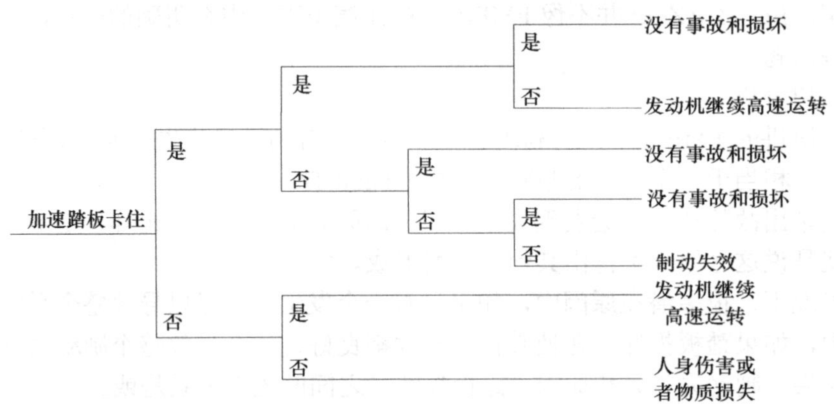

图 6–53　事件序列分析举例

标定系统的主要作用是监控 ECU 工作变量、在线调整 ECU 的控制参数（包括 MAP 图、曲线及点参数)、保存标定数据结果以及处理离线数据等。完整的标定系统包括上位机 PC 标定程序、PC 与 ECU 通信硬件连接以及 ECU 标定驱动程序三个部分。

自动测量系统标准化协会（Automatic Measurement System Standards Association，AMSSA）建立了汽车电控单元测量、标定和诊断（Measurement Calibration and Diagnostics，MCD）三方面的标准，实现了 ECU 与测量标定系统和诊断系统间接口的标准化。CCP 就是其中最为成功的一种标准。

下面对一些专业术语进行初步说明。

① ASAP2——由 ASAM 定义的标准化文件接口，用于描述 ECU 内部数据、ECU 接口和通信参数。

② 标定——在运行时访问 ECU，采集测量数据和参数并加以修改，以优化 ECU 算法。

③ CCP——CAN 标定协议，ASAM 定义的接口，使得测量和标定系统可以通过 CAN 总线采集 ECU 数据和校准 ECU 参数。

④ XCP——通用的标定协议，可用于非 CAN 网络（如 F1exRay、LIN 等），主要优点在于它是独立于传输层的；另外，XCP 可升级的构造、低资源需求与高性能使之能够满足所有用户的需求，并将成为唯一的测量与标定协议。

⑤ KWP2000——Key Word Protocol 2000 是国际性的机动车辆领域诊断系统协议。借助 KWP2000 提供的服务，可以通过测量与标定系统进行测量数据采集和参数标定工作。

用于系统标定的工具主要有 IPETRONIK，Vector 的 CANoe、CANlog、CANape，美国 ATI 公司的 VISION，这些工具都是汽车电子控制单元（ECU）的开发、标定和测量系统的软件。关于具体的标定过程，在此不再赘述。

第 7 章

电动汽车与智能电网

7.1 电动汽车充换电技术

电动汽车的应用可有效地解决能源和环境两大难题，随着电动汽车的发展，必须研究与电动汽车相适应的电能供给方式。不同种类的动力电池具有不同的充电特性，电池充电方式应与电池的充放电曲线相匹配。不同行驶特性的电动汽车的电能供给方式也不相同。

7.1.1 电动汽车电能供给的方式

目前，电动汽车电能供给方式主要分为整车充电和电池更换两种方式。

① 整车充电是指采用交流充电桩、车载充电机、非车载充电机等充电设备直接对电动汽车车载动力电池进行充电。

② 电池更换是指用充满电的动力电池组更换车上需要充电的动力电池组，实现电动汽车能源的快速补给。

整车充电方式与电池更换方式的优劣对比见表 7–1。

表 7–1 整车充电方式与电池更换方式的优劣对比

对比	整车充电方式	电池更换方式
优势	① 设施相对简单 ② 充电接口国家标准已出台，标准化程度较高	① 提高了车辆的使用效率，方便用户的使用 ② 更换下来的动力电池可以在低谷时段进行充电，降低了充电成本，提高了车辆运行的经济性 ③ 解决了充电时间长、续驶里程短等难题 ④ 便于电池组的维护、管理，提高了电池的使用寿命 ⑤ 有利于废旧电池的回收和再利用
劣势	① 交流慢充充电时间长，用户使用便利性低 ② 直流快充对电池寿命影响大 ③ 用户随即充电情况下对电网的负荷冲击大，降低电网运行效率和安全性	① 需配置备用动力电池及专业电池更换设备，设施造价较充电设施高 ② 不同车型电池的标准化存在一定难度

7.1.2 整车充电技术

对于整车充电方式，根据充电时间的长短可分为交流慢充和直流快充两种。根据充电装置和汽车接收装置的不同，连接形式可分为传导式充电和感应式充电两种。

7.1.2.1 交流慢充和直流快充

1. 交流慢充

交流慢充是指采用小电流（通常在 0.1C～0.3C）在较长的时间内对动力电池进行慢速充电，这种充电又称为普通充电。常规动力电池均采用小电流的恒压恒流三段式充电，一般充电时间可长达 5～10h。

交流慢充的优点：

① 充电装置和安装成本较低。

② 可充分利用电力低谷时段进行充电，降低充电成本，保证充电时段电压相对稳定。

交流慢充的缺点：充电时间过长，难以满足车辆紧急运行的需求。

2. 直流快充

交流慢充的充电时间一般较长，给实际车辆使用带来许多不便。直流快充模式的出现，为电动汽车的商业化提供了技术支持。直流快充又称为应急充电，是指以较大的电流（一般用 1C～5C）在 12min～1h 的短时间内，为电动汽车进行充电的一种方式。

直流快充的优点：充电时间短，便利性好。

直流快充的缺点：

① 充电效率较低，充电装置安装成本和工作成本较高。

② 充电电流大，对充电的技术和方法要求高，对电池的寿命有极大影响。

③ 充电电流大显著降低电池寿命，并存在安全隐患。

7.1.2.2 传导式充电和感应式充电

1. 传导式充电

传导式充电即接触式充电，采用插头与插座的金属接触来导电，具有技术成熟、工艺简单和成本低廉的优点。这种方式的缺点是：导体裸露在外面不安全，而且会因多次插拔操作，引起机械磨损，导致接触松动，不能有效传输电能。电动汽车的传导式充电如图 7–1 所示。

图 7–1 电动汽车的传导式充电

对于传导式充电，目前国内常采用的充电电源主要有以下几种：相控电源、线性电源和开关电源。

① 相控电源是较传统的电源，以晶闸管作为功率开关器件，它将交流电经过整流滤波后输出直流，通过改变晶闸管的导通相位角来控制整流器的输出电压。以晶闸管为开关器件的相控电源的优点是价格便宜，耐流、耐压能力强，能实现大功率。相控电源所使用的变压器是工频电源变压器，它的体积庞大，由此造成相控电源本身的体积庞大、效率低下，并且该类电源动态响应差、功率因数低、谐波污染严重。目前相控电源已经有逐步被淘汰的趋势。

② 线性电源是另一种常见的电源，它是通过串联调整管可以连续控制的线性稳压电源。

线性电源的功率调整管总是工作在放大区，流过的电流是连续的，由于调整管上损耗功率较大，需要采用大功率调整管并需要装配体积很大的散热器。

随着电力电子技术和自动控制技术的发展，尤其是大功率高压场效应晶体管等新型高频开关，减小了功率变换器中的变压器体积和质量，减小了电感、电容等无源器件的容量，大大提高了功率密度，具有高效化、小型化的特点。

③ 开关电源具有体积小、动态响应快、效率高等特点，近年来得到广泛研究与关注，特别是在通信、电力等领域中得到了较普遍的应用。

2. 感应式充电

感应式充电即非接触式充电，充电装置和汽车接收装置之间不采用直接电接触的方式，而是由分离的高频变压器组合而成，通过感应涡合，无接触式地传输能量。采用感应涡合方式充电，可以避免接触式充电的缺陷。

非接触充电装置的类型主要分为三种：电磁感应方式、磁共振方式和微波方式。

（1）电磁感应方式

电磁感应通过传送绕组和接收绕组之间传输电力，是最接近实用化的一种充电方式。当送电绕组中有交变电流通过时，发送（一次）、接收（二次）两个绕组之间产生交替变化的磁束，由此在二次绕组中产生随磁束变化的感应电动势，通过接收绕组端子对外输出交变电流。

感应充电机利用高频变压器原理，如图 7–2 所示。高频变压器的一边绕组装在充电机上，另一边绕组嵌在电动汽车上，输入电网交流电经过整流后，通过高频逆变环节，将 50～60Hz 的市电转换为 80～300Hz 的高频电，经电缆传输通过感应耦合器后，传送到电动汽车输入端，再经过整流滤波环节，将高频交流电变换为能够为动力电池充电的直流电。

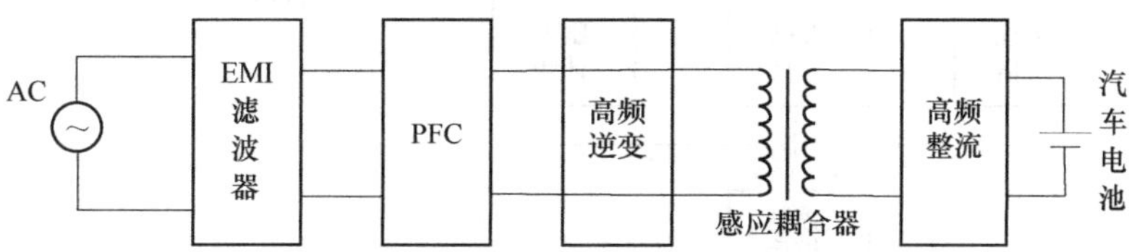

图 7–2 感应充电机的充电原理

目前存在的问题是送电距离比较短（约 100mm），并且当传送与接收两部分出现较大偏差时，电力传输效率就会明显下降；功率大小与线圈尺寸直接相关，需要大功率传送电力时，需在基础设施建设和电力设备方面加大投入。

（2）磁共振方式

磁共振传送方式由美国麻省理工学院（MIT）于 2007 年研制成功。这种方式自问世以来，一直备受世界各国的普遍关注。它主要由电源、电力输出、电力接收、整流器等主要部分组成，原理与电磁感应方式基本相同。电源传送部分有电流通过时，所产生的交变磁束使接收部分产生电动势，为电池充电时输出电流。

与电磁感应充电方式的不同之处在于，磁共振方式加装了一个高频驱动电源，采用兼备线圈和电容器的 *LC* 共振电路，而并非由简单线圈构成传送和接收两个单元。共振频率的数值，会随传送与接收单元之间距离的变化而改变。当传送距离发生改变时，传输效率也会像电磁感应一样迅速降低。为此，可通过控制电路调整共振频率，使两个单元的电路发生共振，即“共鸣”。所以，这种磁共振状态也称为“磁共鸣”。

在控制回路的作用下改变传送与接收的频率，可将电力传送距离增大至数米左右，同时将两单元电路的电阻降至最小以提高传送效率。当然，传输效率还与传送与接收单元的直径相关，传送面积越大，传输效率也越高。目前的传输距离可达 400mm 左右，传输效率可达 95%。

（3）微波方式

使用 2.45GHz 的电波发生装置传送电力，发送装置与微波炉使用的“磁控管”基本相同。传送的微波也是交流电波，可用天线在不同方向接收，用整流电路转换成直流电为汽车电池充电。为防止充电时微波外漏，充电部分装有金属屏蔽装置。使用中，传送与接收之间的有效屏蔽可防止微波外漏。

目前存在的主要问题是，磁控管产生微波时的效率过低，造成许多电力转变为热能，被白白消耗。

7.1.2.3 充电设备及关键技术

电动汽车充电设备主要包括交流充电桩、充电机等，其功能类似于加油站里的加油机。

1. 交流充电桩

交流充电桩是指固定安装在电动汽车外、与交流电网连接、采用传导方式为具有车载充电机的电动汽车提供交流电源的装置，一般由桩体、充电插座、保护控制装置、计量装置、读卡装置、人机交互界面等组成，功率一般不大于 7kW。交流充电桩的原理框图如图 7–3 所示。

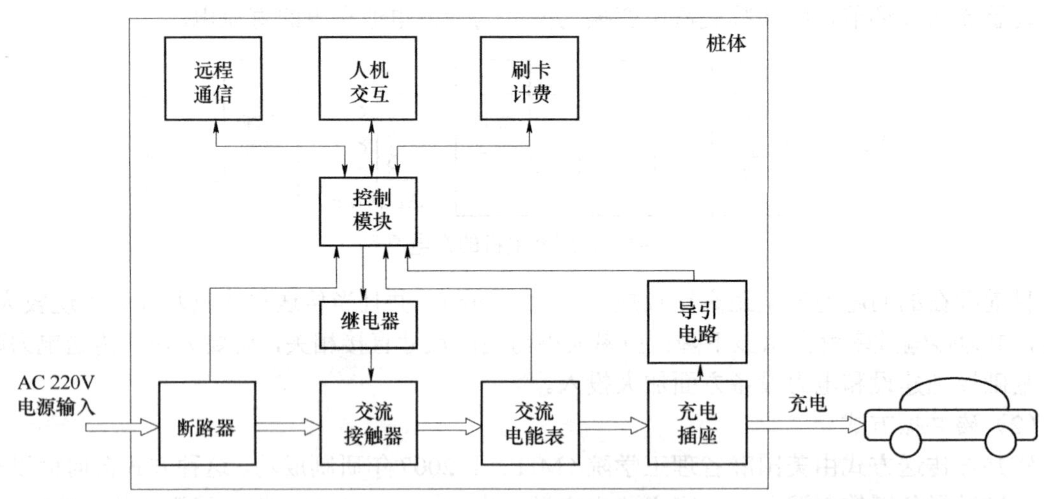

图 7–3 交流充电桩原理框图

常用的交流充电桩可分为一桩一充式、一桩双充式及壁挂式。壁挂式交流充电桩适用于地面空间狭小、周边有墙壁等固定建筑物的场所。每个交流充电桩都装有充电插座，目前大部分交流充电桩都采用 GB/T 20234.2—2015《电动汽车传导充电用连接装置　第 2 部分：交流充电接口》中规定的七孔插座，供电接口触头布置如图 7–4 所示，触头参数及功能定义见表 7–2。

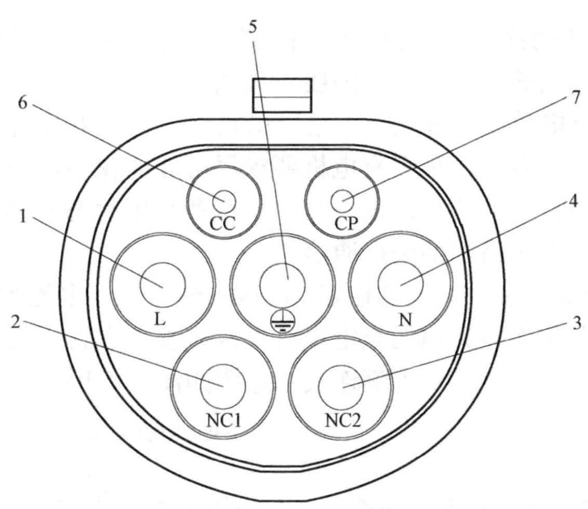

图 7–4　供电接口触头布置

表 7–2　触头电气参数值及功能定义

触头编号/标识	额定电压和额定电流	功能定义
1/L	250V/440V 和 16A/32A	交流电源
2/NC1	—	备用触头
3/NC2	—	备用触头
4/N	250V/440V 和 16A/32A	中性线
5/接地	—	保护接地（PE）、连接供电设备地线和车辆底盘地线
6/CC	30V 和 2A	充电连接确认
7/CP	30V 和 2A	控制确认

2. 充电机

电动汽车充电机作为供电电源与电动汽车动力电池之间的功率转换器，其功能是将供电电源的能量按照既定的充电模式传递给电动汽车动力电池。其基本工作原理是：三相 / 单相交流电输入，经过可控或者不可控整流器整流后，通过一系列的滤波环节得到直流电压，再经过隔离型 DC/DC 变换器、二次整流、平滑滤波，最后将直流电能传送给电动汽车的动力电池。反馈控制电路根据电池各项采样参数，产生 DC/DC 变换控制信号。

根据不同的分类标准，电动汽车充电机可以分成多种类型，见表 7–3。

表 7–3　充电机的分类

分类标准	充电机类型	
安装位置	车载充电机	非车载充电机
输入电源	单相充电机	三相充电机
连接方式	传导式充电机	感应式充电机

① 车载充电机是指安装在电动汽车上的采用地面交流电网和车载电源对电池组进行充电的装置，它将一根带插头的交流动力电缆线直接插到电动汽车的插座中给电动汽车动力电池充电。车载充电机的充电功率一般较小，采用单相供电，充电时间长（一般 5～8h）。由于电动汽车车载质量和体积的限制，车载充电机要求尽可能体积小、质量小。由于充电机和电池管理系统（BMS，负责监控动力电池的电压、温度和荷电状态）都装在车上，它们相互之间容易利用电动汽车的内部线路网络进行通信。

② 非车载充电机一般安装于固定的地点，已事先做好输入电源的连接工作，而直流输出端与需要充电的电动汽车相连接。地面充电机可以提供多达上百千瓦的充电功率，可以对电动汽车进行直流快充。交流充电桩与车辆连接示意图如图 7–5 所示。

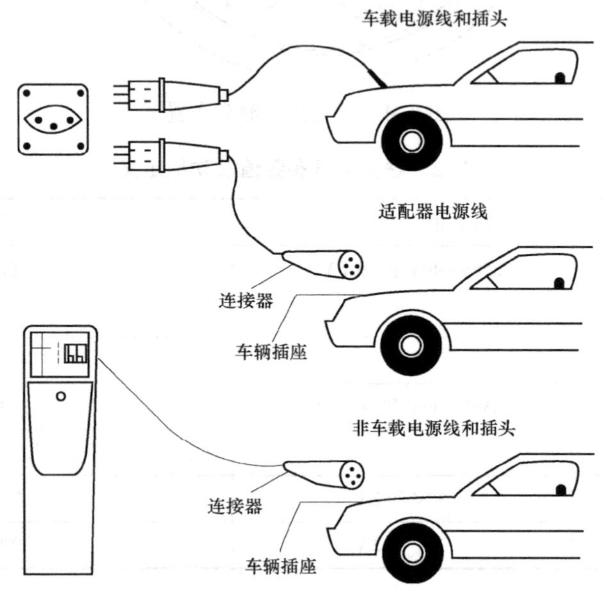

图 7–5　交流充电桩与车辆连接示意图

通常非车载充电机的功率、体积和质量都比较大。由于非车载充电机与电池管理系统在物理位置上是分开的，它们之间必须通过电线或者无线电进行通信。根据电池管理系统提供的关于电池的类型、电压、温度和荷电状态的信息，非车载充电机选择一种合适的充电方式为动力电池充电，以避免动力电池的过充和过热。非车载充电机一般采用 GB/T 20234.3—2015《电动汽车传导充电用连接装置　第 3 部分：直流充电接口》中规定的充电模式 4 及连接方式 C 对电动汽车进行供电。车辆插头触头布置如图 7–6 所示，触头电气参数及功能定义见表 7–4。

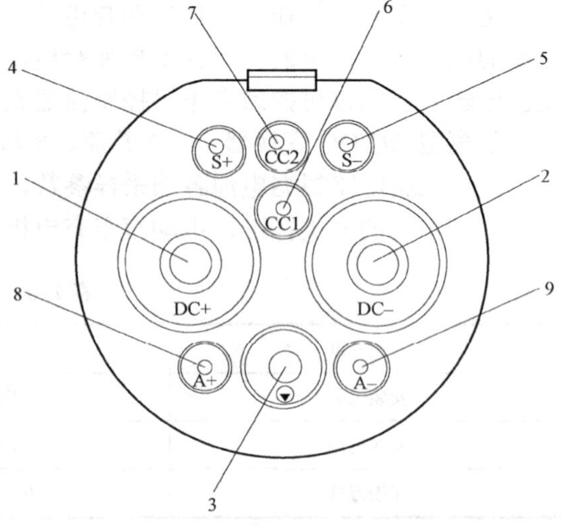

图 7–6　车辆插头触头布置

表 7–4 触头电气参数及功能定义

触头编号/标识	额定电压和额定电流	功能定义
1/DC＋	750V 和 125A/250A	直流电源正，连接直流电源正与电池正极
2/DC－	750V 和 125A/250A	直流电源负，连接直流电源负与电池负极
3/接地	—	保护接地（PE），连接供电设备地线和车辆底盘地线
4/S＋	30V 和 2A	充电通信 CAN_H，连接非车载充电机与电动汽车的通信线
5/S－	30V 和 2A	充电通信 CAN_L，连接非车载充电机与电动汽车的通信线
6/CC1	30V 和 2A	充电连接确认 1
7/CC2	30V 和 2A	充电连接确认 2
8/A＋	30V 和 20A	低压辅助电源正，连接非车载充电机为电动汽车提供的低压辅助电源
9/A－	30V 和 20A	低压辅助电源负，连接非车载充电机为电动汽车提供的低压辅助电源

感应式充电机利用了电磁感应耦合方式向电动汽车传输电能，两者之间没有实际的物理连接，充电机分为地面部分和车载部分。感应式充电机结构如图 7–7 所示。

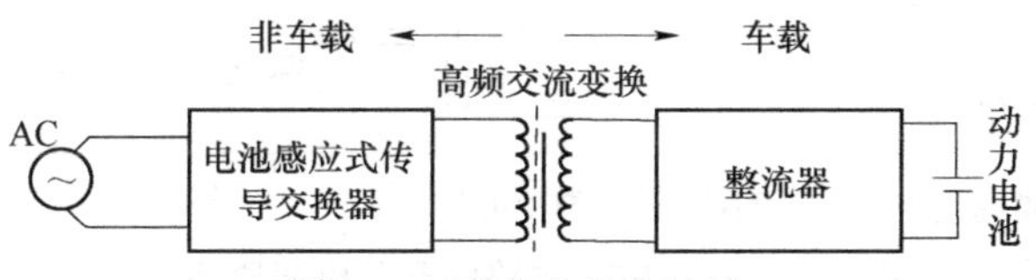

图 7–7 感应式充电结构

目前，由于感应充电技术尚不成熟，电动汽车充电使用的多为传导式非车载充电机。非车载充电机一般采用多个电源模块进行串并联来实现大功率充电。

开关电源采用功率半导体器件作为开关，通过控制开关管的占空比来调整输出电压，原理图如图 7–8 所示。

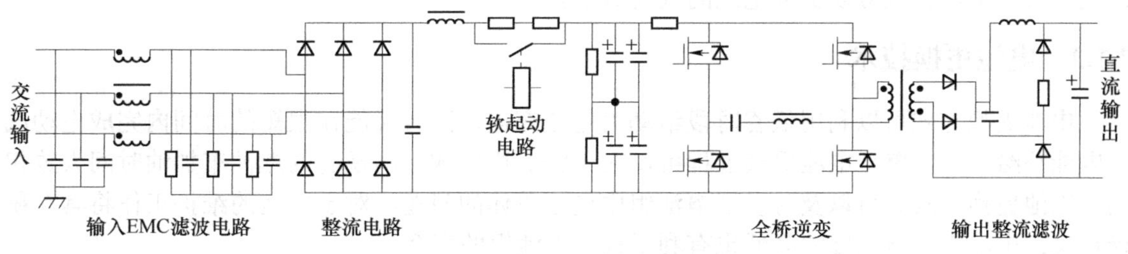

图 7–8 开关电源原理图

基本原理是通过不可控整流电路将电网电压转变为直流电压，然后通过逆变电路将直流电压转变为高频交流电，通过高频变压器进行隔离和电压转换，然后进入二次侧整流滤波电路实现直流输出。这种结构可以提高开关频率，能有效地减小电容、电感及变压器的尺寸，而且还能抑制干扰，改善系统的动态性能。

为提高变换器的变换效率，开关电源往往使用软开关技术，具有代表性的是无源开关技术和有源开关技术，主要包括 ZVS/ZCS（零电压开关/零电流开关）谐振、准谐振、ZVS/ZCS–PWM（零电压/零电流–脉宽调制技术）等。采用软开关技术可以有效地降低开关损耗和开关应力，有助于变换器变换效率的提高，而效率的提高降低了整机的温升，增加了开关电源的可靠性。

开关电源的功率器件可以是 MOSFET 和 IGBT，通常小功率下用 MOSFET，成本低、开关频率高，但 MOSFET 的通流耐压能力有限，若要实现大功率就需要多个模块并联，这就增加了成本，加大了实现难度。IGBT 通流耐压能力较强，可以用于大功率场合，但其开关频率不是很高，驱动电路复杂，成本也较高。

图 7–8 所示的开关电源有一个天然的缺陷就是输入功率因数低、谐波含量大。若直接使用此种结构，则对电网污染较大。为提高功率因数，降低谐波含量，在使用开关电源作为充电电源时往往要使用功率因数校正（APFC）技术，提高 AC/DC 变换的输入功率因数，减少开关电源对电网的谐波污染。带 APFC 电路的开关电源原理图如图 7–9 所示。

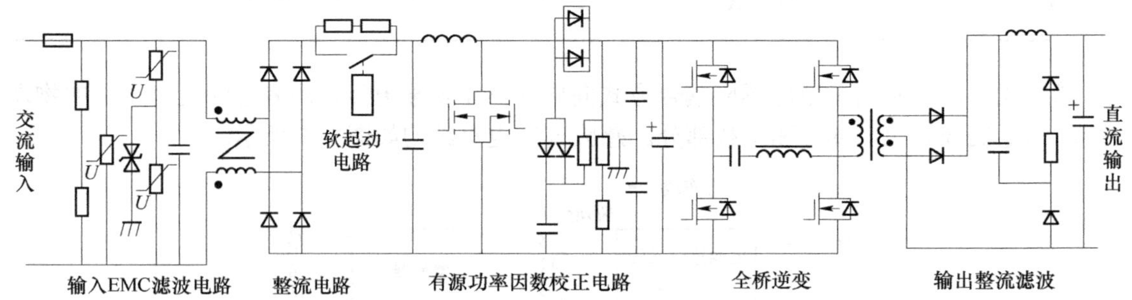

图 7–9　带 APFC 电路的开关电源原理图

随着电动汽车的大量应用，电动汽车可用作电网的分布式储能装置，在谷电期间对电动汽车充电，在峰电期间对电网进行调峰，这就对充电机提出了可进行电能双向流动控制的要求。现有的单向小功率充电机均无法满足这种要求。采用大功率元器件和先进的脉宽调制（PWM）技术控制的充电机，通过高性能 DSP 实现全数字化控制，可以实现高功率因数、低谐波、大功率，并且可以实现电能的双向流动。

7.1.3　电池更换技术

电池更换方式可以利用低谷时段给动力电池充电，同时又能在很短的时间内完成电动汽车电能补给过程，整个电池更换过程可以在 10min 内完成，与现有的燃油车加油时间大致相当；电池更换模式还可以及时发现电池组中电池单体的问题，对于电池的维护工作将具有积极意义；电池组放电深度的降低也有利于提高电池组的寿命。

我国目前对乘用车的定义：就其设计和技术特性而言，主要用于运载人员及其行李或偶尔运载物品，包括驾驶人在内，最多为 9 座的汽车。而商用车是在设计和技术特征上是用于运送人员和货物的汽车，商用车包含了所有的载货汽车和 9 座以上的客车。根据我国对商用车和乘用车的定义不同，电池更换技术也分为商用车更换和乘用车更换两种。

针对乘用车，根据电池箱在车辆中的部位，电池更换方式可分为底盘更换和行李箱更换。

在底盘更换方式中，电池箱安放在车辆底盘，与乘员厢有效隔离，没有占用行李箱储藏功能，整车重量均匀分布，前后轴负荷比例合理，可更好地满足车辆运行的技术性能指标、车辆行驶的安全性和舒适性。但底盘更换方式中电池箱的标准化难度较高，同时整车技术（或改造）难度较大。底盘更换如图 7–10 所示。

行李箱更换方式如图 7–11 所示。电池箱安放在车辆行李箱，牺牲了整车行李箱的储藏功能，同时，电池箱没有与乘员厢有效隔离。另外，由于电池箱具有一定的重量，整车重心后移，车辆运行的技术性能（尤其是爬坡）有所下降。但相比于底盘更换方式，行李箱更换方式容易实现，整车不需要太大的改造，这是它的优点。

图 7–10　底盘更换

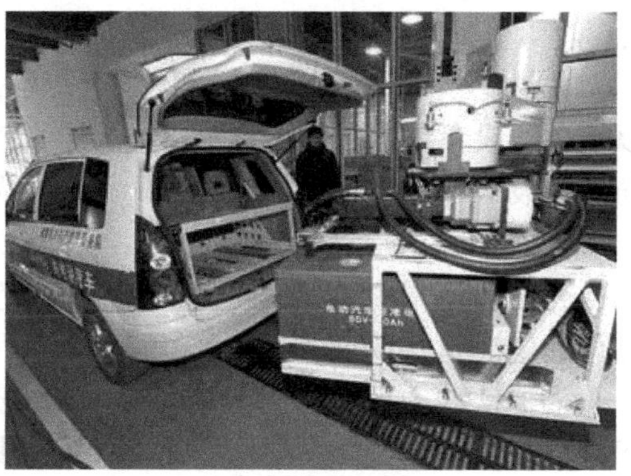
图 7–11　行李箱更换方式

操作步骤如下：

① 以半自动方式，将耗空电池组拉至助力车上。

② 180° 回转助力车，将满电电池组转移至目标位置。

③ 将满电电池组推入车体，导向式插头保证位置准确及接触良好。

对于商用车的电池更换，根据车辆的结构，电池箱一般位于车辆的两侧，更换设备也是从车辆两侧对电池进行更换。因为商用车电池箱质量大，每辆车电池箱数量为 8～12 节，人工更换效率低，所以一般采用自动化更换设备来实现。

为了提高商用车电池的更换效率，缩短电池的更换时间，产生了不同模式的商用车电池更换方法，按操作步骤主要分为一步式方案和两步式方案。

① 一步式更换模式。更换设备将电池从电池架取下后旋转 180° 安装在车上。更换过程中将车上电池取下，然后再放置到电池架上，两个动作由同一套装置完成。一步式方案下的换装设备操作简单，可靠性好，换电站整体占地面积小；但在该种更换模式下，电池充电环境开放，温度控制效果不理想。商用车电池箱一步式更换实物图如图 7–12 所示。

② 两步式更换模式。更换设备只负责车辆电池的取放，堆垛机只负责电池架上电池的取放，各负其责，整个电池更换动作分解为两步，因此整体系统较一步式复杂，换电站整站占地面积大，实际工程应用的技术经济性不如一步式更换模式。

两步式更换模式实物图如图 7–13 所示。

图 7–12　商用车电池箱一步式更换实物图

图 7–13　两步式更换模式实物图

7.1.3.1　电池更换系统

电池更换系统所包含的设备是由其所需具备的主要功能所决定的，除电池箱外，还包括以下主要设备或器件：充电架、电池存储架、电池箱连接器、电池箱更换设备、电池箱检测与维护设备以及车辆导引系统等。下面分别对其进行介绍。

1. 充电架及电池存储架

充电架是指由机械、电气、通信等装置构成，用以连接非车载充电机和电池箱完成充电过程的电池箱存放设备。电池存储架是指用于集中承载电池箱，实现电池箱安全存放的设备。

为保证动力电池箱的正常充电，充电架及电池存储架应与电池箱相匹配。同时，充电架应具有足够的机械强度以满足承载、抗振要求，并具有对电池箱的限位固定功能及导向功能。为满足动力电池箱的存储环境要求，充电架及电池存储架应具有通风装置，并且架体宜配置相应的电池温度调节装置。

2. 电池箱连接器

电池箱连接器是实现电池箱与电动汽车、电池箱与充电架之间传导式连接的专用电连接器。电池箱连接器由车载端、充电架端和电池端组成。电池箱连接器一般具有防误插的功能。由于电池箱连接器需要频繁地进行插拔操作，相关标准中规定，它在正常使用情况下的寿命不应小于 10 000 次。

3. 电池箱更换设备

由于电池组质量较大，更换电池的专业化要求较强，需配备专业人员借助专业机械来完成电池的快速更换。电池箱更换设备是指针对不同类型的电动汽车和不同标准等级的电池箱，在电动汽车和充电架之间能够实现电池箱更换的专用设备。

4. 电池箱检测与维护设备

动力电池由于目前技术的瓶颈，相对而言还是一个高损耗件，长时间使用后由于诸多原因会造成电池容量严重失衡，如不及时维护处理会造成电池损坏，将不能再继续使用，这样会造成较大的浪费。使用电池检测与维护设备定期对电池进行检查和维护，可以有效预防并降低电池的损坏，延长成组电池的使用寿命，从而提高动力电池使用的经济性。

电池检测与维护设备可测量单体电池或电池组的内阻、电压等指标数据，通过与存储的电池标准数据进行比较，即可判断电池的健康状态，并根据需要对电池组进行均衡充电等维护操作。

5. 车辆导引系统

车辆导引系统是指实现导引电动汽车至规定位置以便进行电池箱更换的装置。车辆导引系统应能够引导驾驶人将车辆按照规定路线准确停靠在指定换电位置。必要时车辆导引系统能实现对车辆的停靠位置和姿态进行适当调整。

7.1.3.2　电池箱更换设备

电池箱更换设备是指针对不同类型的电动汽车和不同标准等级的电池箱，在电动汽车和充电架之间能够实现电池箱更换的专用设备。简单分解来看，这一服务包括两个动作，即把用过的电池箱从车上取下和将充好电的电池箱放至车上。但这两个动作的实现过程中需要考虑诸多的因素。

① 定位技术，由于电动汽车停车的人不可控、车型一致性等因素的影响，电池箱每次停靠的位置不可能完全一致，这就需要换电机器人对电池箱的位置进行精确可靠的定位识别。

② 机器人的校正技术，可以柔性控制实现整个电池取放过程，实现 X、Y、Z 三个方向的动作调整，以适应汽车的不一致性、汽车停放过程中的偏差。

③ 机器人对电池箱的装卸技术，一般电池箱的质量都会超过 200kg，如何以一种平稳快速的方式装卸电池箱是对机器人的基本要求。

④ 电池箱的识别技术，以方便对电池的状态进行管理，确保机器人的准确操作。

电池箱更换设备通过传感器技术，实现上下、左右及旋转自动对位功能，对不同停车姿态车辆的电池箱位置进行自动识别校准，可以柔性控制实现整个装卸过程，以适应不同类型的车辆。目前，主流的电池箱更换设备一般是单台集成换装和堆垛功能，这样充电架和电池箱更换设备须邻近布置，电池箱处在敞开的环境下，在冬季寒冷地区不利于电池充电。图 7–14 所示为充换储放一体化站使用的电池箱更换设备。

图 7–14　动力电池快速更换设备

7.2　电动汽车充换电设施现状与发展趋势

充换电设施是电动汽车的重要配套设施，当电动汽车动力电池电能消耗到一定程度时，就需要使用充换电设施对其补充电能，从而满足电动汽车正常使用的要求。

电动汽车充换电设施是为电动汽车提供电能的相关设施的总称，一般包括充电站、电池更换站、集中或分散布置的交流充电桩等。电动汽车种类和运行特点各不相同，决定了电能补给方式的多样化，也直接影响充换电设施的建设方式和功率需求。根据电动汽车电能补给模式的不同，充换电设施建设模式也各不相同，本章将详细介绍目前电动汽车充换电设施的相关内容。

7.2.1　充换电设施的需求

电动汽车充换电设施的服务对象是各类电动汽车，充换电设施必须满足不同电动汽车的电能补给需求。根据运行特点，电动汽车可以大致分为公交车、出租车、特种车辆和私家车四类，不同种类的车辆具有不同的用途，在行驶线路、行驶里程、行驶时间上会有所不同，具体的充换电需求见表 7–5。

表 7–5　各种电动汽车充换电需求

电动汽车种类	充换电需求	
公交车	要求一次充换电至少应满足单程运行里程，紧急情况下应能实现电能的快速补充。可利用停运时段充换电，每日需多次充换电	
出租车	每日需多次充换电，且用电量变化大，停运时间段，对充换电时间要求高	
特种车辆	特殊园区用车	行驶路线固定，每日需多次充换电，车辆使用频繁
	环卫、邮政车辆	环卫、邮政车辆行驶路线固定，每日需多次充换电
	公务用车	行驶路线固定，每日需多次充换电
私家车	夜间基本停运，可利用低谷时段充电，也可以选择换电	

① 公交车用来满足公共交通需要，行驶线路固定，一般在首末站点建有大型停车场，夜间停运。同样由于每日行驶里程长，用电量大，一次充电难以满足一天的运行要求，为了保证车辆运营时间，需要实现电能快速补充，适宜采用电池更换为主、整车充电为辅的方式。可在停车场建设电池更换站。

② 出租车运行线路和区域具有不确定性，并且一般 24h 连续运营。由于每日行驶里程长，用电量大，一次充电难以保证当日续驶里程要求，停运时间短，要求能量补给时间短。出租车车型和电池型号较为统一，可以采用电池更换方式快速为车辆提供充电电源。可在市区适当位置建设电池更换站。

③ 环卫车、邮政车运行线路较固定，在所属单位有自己的停车场，可在单位停车场建设专用充换电站。

④ 私家车满足个人出行需要，线路、里程一般能预先估计，夜间基本停运。私家车由于搭载的电池容量小，充电功率也较小，因此充电机可安装在车上。同时一般私家车由于使用时间短，大部分的时间停放在小区停车位或单位停车场内，此时可采用交流供电装置为车辆提供交流充电电源。可在小区停车位和单位停车场建设专用交流充电桩，充分利用电网夜间用电低谷时段充电。针对私家车应急电能补充需求，可建设公共充换电设施为私家车提供快速电能补给。

电动汽车充换电设施可分为分散式交流充电桩（此处不再赘述）、充电站和电池更换站三类。

7.2.1.1　充电站

1. 充电站的定义

充电站是采用整车充电模式为电动汽车提供电能的场所，主要由三台及以上电动汽车充电设备（至少有一台非车载充电机），以及相关的供电设备、监控设备等组成。充电站由配电系统、充电系统、计量计费系统、监控与通信系统、配套设施等部分组成。

2. 充电站的分类

根据配电容量及充电设备的数量，电动汽车充电站的建设规模可分为大型、中型和小型三类。

① 大型充电站。配电容量大于或等于500kV·A，具备为各类乘用车、商用车充电的能力，充电设备数量不少于10台。

② 中型充电站。配电容量大于或等于100kV·A且小于500kV·A，充电设备数量不少于3台。

③ 小型充电站。配电容量小于100kV·A，充电设备数量不少于 3 台。充电站效果图如图 7–15 所示。

图 7–15　充电站效果图

7.2.1.2　电池更换站

1. 电池更换站的定义

电池更换站是指采用电池更换方式为电动汽车提供电能供给，并能够在换电过程中对更换设备、动力蓄电池进行状态监控的场所。

2. 电池更换站的分类

根据功能不同，电动汽车电池更换站可分为三类：

① 电池更换站（换电站）。可以对电池进行充电，也可以为电动汽车提供换电服务。

② 电池配送中心。对动力蓄电池集中进行充电，并为电池配送站提供动力蓄电池的场所，是电池更换站的一种特殊形式。

③ 电池配送站。通过配送方式获得动力电池，并为电动汽车提供电池更换服务的场所，是电池更换站的一种特殊形式。

根据服务的电动车辆类型，电动汽车电池更换站还可分为以下三类：

① 综合型电池更换站。同时具备商用车和乘用车电池更换及电池充电的功能，并具备辐射本地区的电池配送能力的电池更换站。

② 商用车电池更换站。具备商用车电池更换和电池充电的功能，并具备一定范围的电池配送能力的电池更换站。

③ 乘用车电池更换站。具备乘用车电池更换和电池充电的功能，并具备一定范围的电池配送能力的电池更换站。

7.2.2　充换电设施的发展现状

电动汽车充换电设施发展主要体现在智能化、标准化、便捷化方面，目前，充换电设施尚未考虑电动汽车与电网双向互动问题，对于大规模电动汽车无序充电造成的电网负荷不平衡还未进行充分的考虑。因此，为适应电动汽车的快速发展，国内外科研机构纷纷开展相关的研究工作，提升充换电设施的综合性能，在标准统一、充换电设施服务能力、参与电网互动等方面开展相关的研究。

国际电工委员会（IEC）和国际标准化组织（ISO）都在电动汽车、动力电池组、电气附件等技术委员会中开展电动汽车相关标准的制定和修订工作。美国、德国、日本等国家的行业组织积极参与国际标准的制定和修订。充电接口作为连接外部供电设备和电动汽车的关键环节，受到世界及各国标准化机构的高度重视，成为目前电动汽车标准化领域的重点和热点。IEC 高度重视换电模式，计划开展换电标准编制。欧盟和美国的标准化组织已将换电标准列入充换电标准编制计划。

随着我国电动汽车推广示范工程的推进，充换电设施的发展速度也随之加快，目前我国已成为世界上投资运营充换电设备最多的国家。

7.2.3 充换电设施的发展需求和发展趋势

充换电设施建设是落实科学发展观，实施国家能源战略，落实国家节能减排任务，发展电动汽车的重要措施。充换电设施建设应为国家电动汽车推广应用提供支撑和保障。电动汽车充换电设施是电动汽车推广应用的重要基础支撑设施，是电动汽车商业化、产业化过程中的重要环节，电动汽车充换电设施与电动汽车发展是相互促进的。随着电动汽车规模化发展和我国智能电网建设的推进，电动汽车作为移动式储能单元，将成为智能电网的重要组成。

在电动汽车充换电设施关键技术方面，国内的相关高校、研究机构和企业开展了一系列研究工作，取得了一定的研究成果，与国外差距并不大，但是与我国电动汽车发展对充换电设施的需求还有一定差距。

① 亟须开展充换电设施的规划研究。面对充换电设施的规模需求，亟须科学的规划方法编制充换电设施规划，规范充换电设施的建设。

② 亟须充换电设施相关设备的检测技术研究。随着充换电设施的规模化建设，充电设备的需求不断增加，研发生产单位的技术水平良莠不齐，须开展充换电设备的检测工作。

③ 亟须开展充换电设施商业运营模式和维护管理体系研究。充换电设施的商业化运营是实现电动汽车市场化推广的重要环节。目前我国充换电设施建设仍然依托示范项目，而且缺乏商业运营模式，同时充换电设施的维护管理机制还没有建立。亟须开展电动汽车充换电设施与电网协调发展的相关研究工作。大规模的充换电设施接入电网，如果随意充电，有可能造成电网“峰上加峰”，增加电网配套设施建设投入。如果结合配电网现状进行充换电设施的建设，并施行有序充电，就可以有效降低电网配套设施投入，实现电网的“削峰填谷”。

结合当前电动汽车发展现状，考虑未来发展趋势，电动汽车充换电设施建设要以满足电动汽车发展为目标，应按照“统一标准、统一规范、统一标识、优化分布、安全可靠、适度超前”的原则，综合考虑电动汽车及其动力电池的技术性能，建设具有中国特色的充换电设施，实现充换电设施与电动汽车的协调发展。充换电设施应向以下几个方向发展：

① 安全可靠。首先应保证操作人员、电动汽车用户和周围环境的安全。

② 通用便捷。通过电动汽车电力电池及其充电接口的标准化，实现充换电设施构成系列化、标准化的充换电设备，为电动汽车提供标准的充换电通用接口。

③ 经济实用。基于电动汽车发展和动力电池性能，结合配电网建设与改造，选择适合电动汽车特点的充换电基础设施，为电动汽车提供经济实用的充电服务，减少建设投入，提高社会资产效率。

④ 兼顾发展。在满足当前电动汽车充换电需要的基础上，考虑电动汽车和智能电网的发

展，为电动汽车与电网的协调发展提供基础。

7.3　电动汽车与电网互动技术

电动汽车与电网互动技术（Vehicle to Grid，V2G）描述的是一种新型电网技术，电动汽车不仅作为电力消费体，同时在电动汽车闲置时可向电网回馈电能，实现在受控状态下电动汽车与电网之间的能量、信息双向互动。既解决了电动汽车大规模发展带来的充电需求问题，又可将电动汽车作为移动的、分布式储能单元接入电网，用于调峰、调频和旋转备用等，在提高电网供电灵活性、可靠性和能源利用效率的同时，减少电网建设投资。

V2G 技术体现的是能量双向、实时、可控、高速地在车辆和电网之间流动，充放电控制装置既有与电网的交互，又有与车辆的交互。交互的内容包括能量转换、客户需求信息、电网状态、车辆信息、计量计费信息等。因此，V2G 技术是融合了电力电子技术、通信技术、调度和计量技术、需求侧管理等的高端综合应用，V2G 技术的实现将使电网技术向更加智能化的方向发展，也将使电动汽车技术的发展获得新突破。

1. 平抑负荷峰谷

在城市中，尤其是大型城市，电网峰谷负荷差会很大。每天电网负荷高峰时段需要有足够容量的电厂来调节负荷变化，在低谷时就会闲置很多容量。由于私家电动汽车绝大多数时间处于停驶状态，这就为电动汽车作为分布式移动储能单元提供了可能性。使用 V2G 功能时可以实现在负荷低谷时给电动汽车充电，从电网吸收功率；而在负荷高峰时电动汽车通过逆变装置将电能回馈给电网，向电网输送功率。这样能够减少电网在备用容量上的投资，减小电网峰谷差，取得经济效益。

在国家节能减排和新能源汽车的政策支持下，采用 V2G 平抑负荷峰谷具有显著的社会效益。在经济方面，充分利用闲置的电动汽车储能能力，鼓励用户参与 V2G，一方面可以抵消用户使用电动汽车的部分费用，另一方面可以减少国家建设调峰电源的巨额投资，具有明显的经济效益。

2. 对频率做出响应

频率的变化也反映负荷的变化，同时也必须通过调整频率保证满足系统功率和负荷平衡。V2G 能在非高峰时段自动充电，在高峰时段放电，替代效率较低的调频电厂（一般的火电厂在接到调频信号后，需要一定的启动时间。而高性能车载动力电池对信号的反应速度是毫秒级的）。

电动汽车放电时可看作一种分布式电源，可用功率及可用时间都有很大的不确定性，但是，当参与 V2G 的车辆达到一定的数量时，对于一个整体来说少量车辆的退出，不会影响 V2G 总的可用功率。有研究表明，90%的车辆都可以参加调频服务，即使在交通的最高峰点也有 80%多的车辆是停着的，即可以参加调频服务；而且对于私家车，一天当中只有 4%～5%的时间是用着的，即有 95%的时间可以参加调频服务。当电动汽车规模化应用时，利用 V2G 模式实现调频功能将在一定程度上提高电网调频效率。

3. 用作应急电源

当交流电源（市电）出现干扰或中断时，V2G 能保证对负载不间断的供电，确保关键负载连续正常运行，从而节省应急供电装置的投资，而且其可靠性高，并可以根据实际情况来选择需要的容量或采用并联方式扩大容量，这样就可以使更多的设备受到保护。

当电动汽车规模化应用时，如旅游景点大型停车场、居民社区停车场等地方可以利用电动汽车放电，作为紧急情况下的备用电源使用，为景点电力设备及居民住宅提供足够的电能，为电网维修和恢复提供足够的时间，能够在一定程度上提高供电可靠性。

4. 为新能源接入平抑扰动

新能源发电具有较大的波动性，会对电网平稳运行形成较大冲击。以风力发电和光伏发电为例，风能、太阳能都是清洁能源，但从电网角度来看，风能、太阳能的波动性和随机性实际上会对电网供电质量产生不利影响。电网在接纳这些电能时要对这种波动进行调节，这时 V2G 就可以作为备用容量对新能源接入所产生的扰动进行平抑，减少火电或其他常规机组的备用容量。

总体而言，电动汽车规模化应用后，电网操作者可实时或在预定时间有目标地部署和调整资源，从而实现最优化的充放电模式。

7.3.1 电动汽车与电网互动框架

目前，我国正在建设以特高压电网为骨干网架，各级电网协调发展，以数字化、自动化、互动化为特征的坚强智能电网。配电网和用户则是智能电网建设的重要层面，智能电网具有完整的信息架构和基础设施体系，配电网中的每一节点和用户都可得到全面的监控，通过广泛应用的通信与自动控制装置保证电网和用户端信息的双向流动，实现电网和用户间的实时互动。未来电动汽车将广泛分布在低压配电网中，V2G 不仅意味着电动汽车将储存的能量回馈到电网，更包含电动汽车与电网之间的互动关系，即在电动汽车用户的有效参与下，电网通过一定的控制和引导手段，改变电动汽车的电力需求方式，达到改善发电设备利用水平、提高电网稳定性和可靠性、改善供电电能质量等目的。电动汽车与电网的互动包括：

① 信息的双向流动。电网可以获得电动汽车的充放电功率、动力电池荷电状态、计量计费等信息，电动汽车也可接受来自电网的电价信号、控制命令等。电动汽车用户可根据自身的行程安排和当前的电价情况做出响应。

② 能量的双向流动。在保证用户安全和电网正常运行条件下，电动汽车除了从电网获得电能外，还可向电网回馈能量。在 V2G 规模应用下，电动汽车作为分散式储能装置，将成为电网运行控制的有机部分，为电网提供各种有价值的服务。

智能电网为电动汽车与电网间的互动提供了硬件平台和信息通道。智能电网将为 V2G 提供应用平台，而 V2G 的规模化应用也正是配电网智能化的重要组成部分。电动汽车作为电网能量系统的有机组成，可提高电网的安全性、稳定性、可靠性和经济性。V2G 应用不仅使电动汽车“无序”充电变为“有序”充电，更可利用动力电池储能功能对电价做出响应或向电网提供服务为电动汽车用户带来经济收益。图 7–16 给出了电动汽车与电网互动的运行场景。

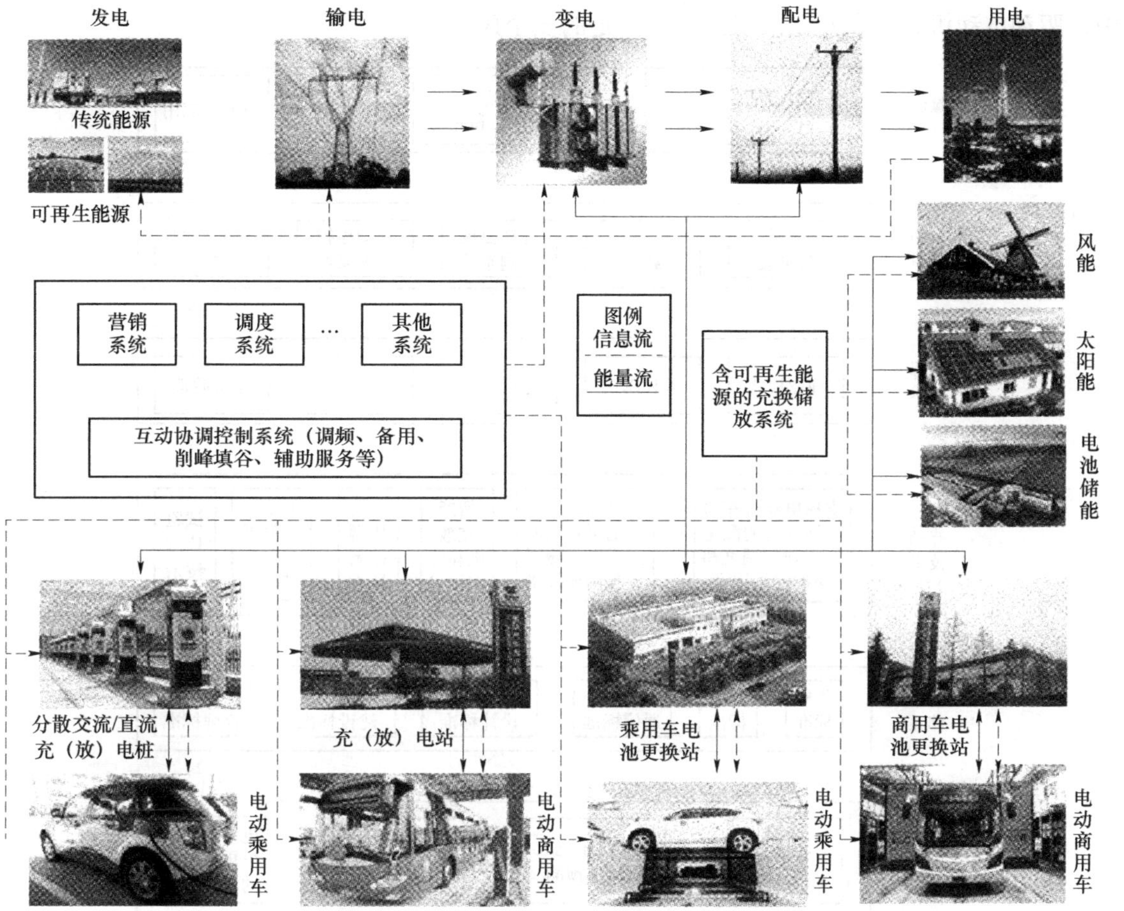

图 7–16 电动汽车与电网互动的运行场景

电动汽车与电网互动技术的发展和应用受到电动汽车规模、动力电池性能、通信技术、电网控制和保护策略、电力市场准入制度、电价制定准则等技术层面和政策层面众多因素的制约，需要解决从基础理论、标准体系、互动技术、支撑技术、互动设备与系统到互动验证与应用等一系列问题。图 7–17 给出了电动汽车与电网互动的技术框架。

7.3.2 电动汽车与电网互动关键技术与设备

实现电动汽车与电网的能量和信息交换，涉及硬件系统、软件系统、通信系统和商业运营模式四方面的内容。其中，硬件系统包括实现动力电池能量转换的充放电装置、保证电动汽车和所接入电网运行安全的并网装置、双向计量计费装置、智能车载终端等。

1. 充放电装置

电动汽车动力电池与电网之间的能量转化需要进行交直流电的变换。可选用的一种方案是利用电动汽车电动机驱动系统的逆变器，加以必要的控制电路进行改造。目前能实现这一方案的只有 AC Propulsion 的 AC–150 系统，如图 7–18 所示。该种方案便于实现电动汽车与电网间以较大功率交换，避免使用专门的充放电装置，节约设备成本，但在与电网交互过程中，驱动电动机并没有断电，可能存在一定的安全风险。

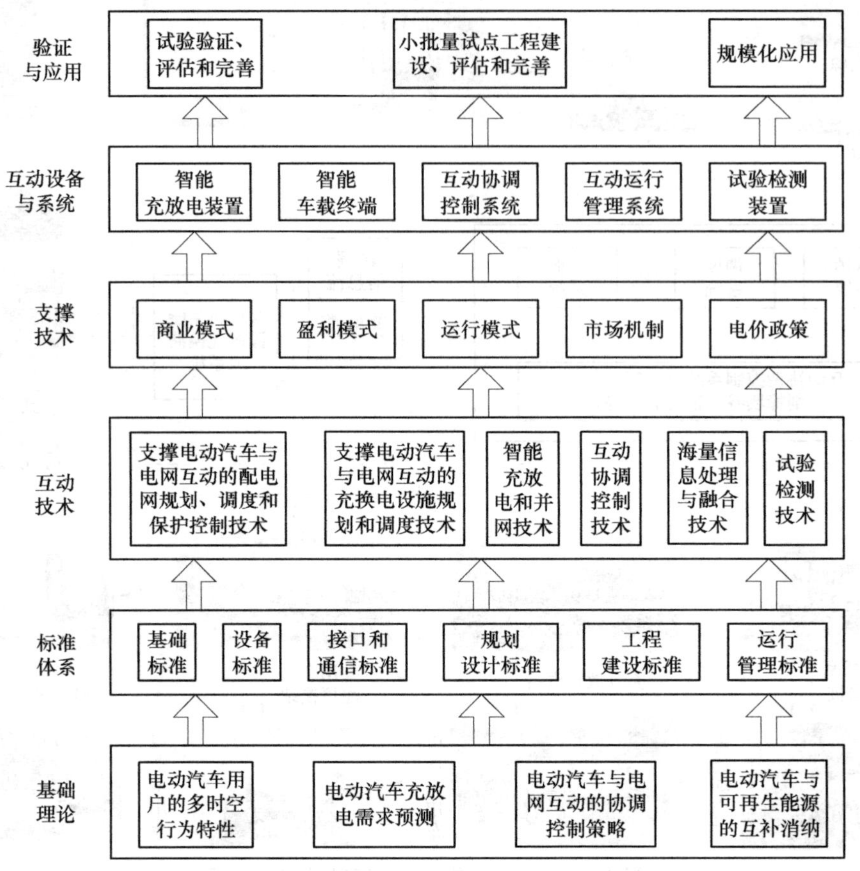

图 7–17　电动汽车与电网互动的技术框架

另一种方案是通过独立的充放电装置将电动汽车接入电网，包括车载和非车载充放电装置。典型的充放电装置的拓扑结构由 PWM 整流＋双向 DC/DC 变换器构成，如图 7–19 所示。

充放电装置为非线性设备，其谐波水平、电压闪变等都应满足一定限制。此外，充放电装置的转换效率一定程度上影响电动汽车与电网间能量转换的经济性。目前，提供电动汽车双向充电装置的厂商有美国的 Hybrid Plus、AC Propulsion 公司，国内许继集团也有相关产品的充放电装置，研究方向为高转换效率、低谐波发射水平、低电磁干扰，同时可以实现灵活的四象限控制，其中软开关技术和各种控制策略是研究的重点。

2. 智能量测和通信系统

在 V2G 应用下，电动汽车根据电网实时电价进行充放电，需要对电动汽车与电网之间的能量转换进行双向计量计费，并可将数据信息发送至数据中心存储，以便电网和电动汽车用户对充放电进行管理和查询。更高层级的应用还需要向电网传达用户信息并接受电网的控制指令，因此需要建立双向的通信系统。

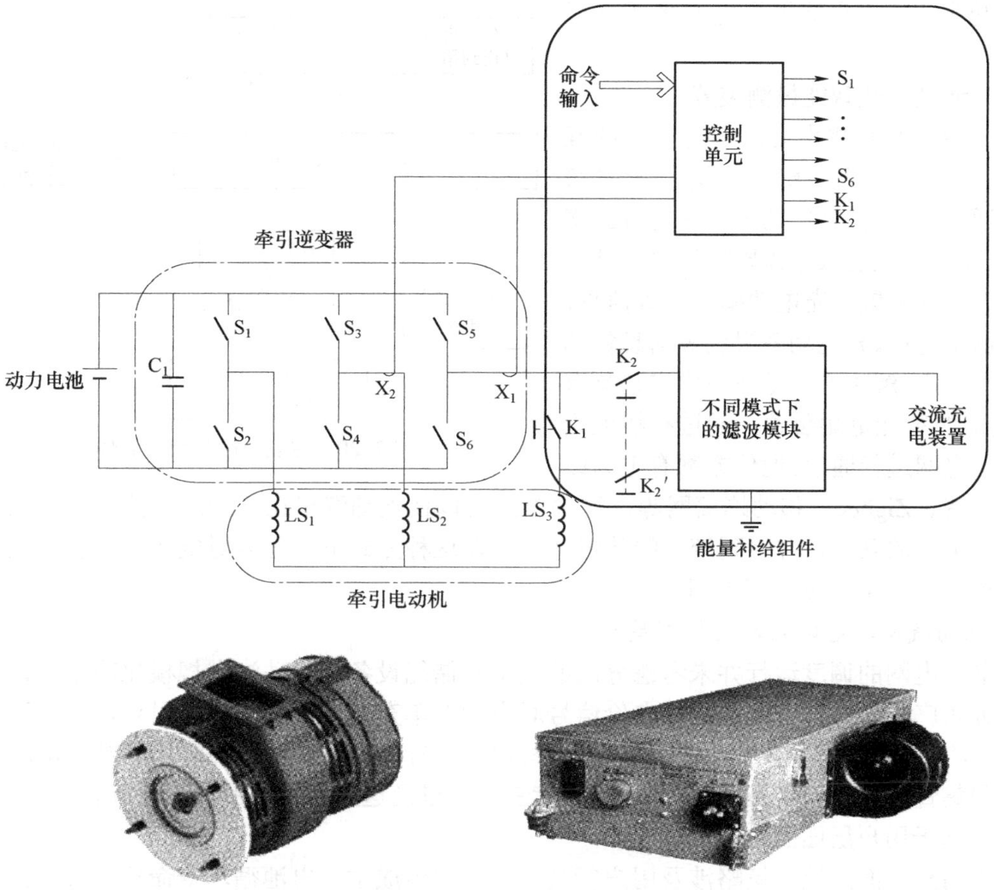

图 7–18　AC–150 驱动系统

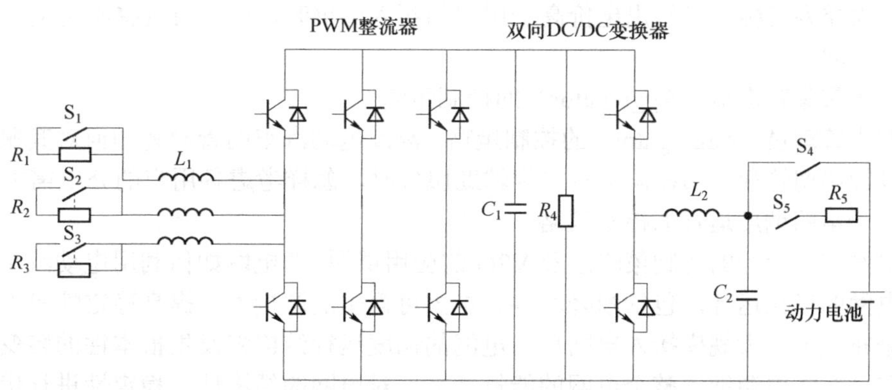

图 7–19　PWM 整流+双向 DC/DC 变换器构成的充放电装置

（1）利用智能电网高级量测体系

高级量测体系（Advanced Metering Infrastructure，AMI）是智能电网的关键技术之一。AMI 包括智能电能表、计量数据管理系统及相应通信网络，如图 7–20 所示。

在该体系下，用户通过用户室内网（HAN）将包括电动汽车在内的家用电器与智能电能表连接起来，使用户能根据电网需要进行响应。

（2）通过车载智能量测装置

有一种方案是将电动汽车与电网的互动限制在住宅等具备 AMI 的区域。电动汽车也能通过不具备 AMI 的公共充电设施接入电网。此时，电动汽车需要告知电网其用户身份、所处位置、充电功率等级等信息，电网也需将电价、充电功率限制等信息告知电动汽车用户，解决方法是在车内安装具有 GPS 功能的智能量测装置，通过有线或无线方法与电网进行通信。通信方案有电力载波、以太网、Zigbee、移动蜂窝网等。这种方式可以使电动汽车在“漫游”情况下，依然可以实现与电网的互动，并得到统一的计量计费。在这种方式下，无需对电网的计量装置进行改造，更有利于 V2G 的推广应用。

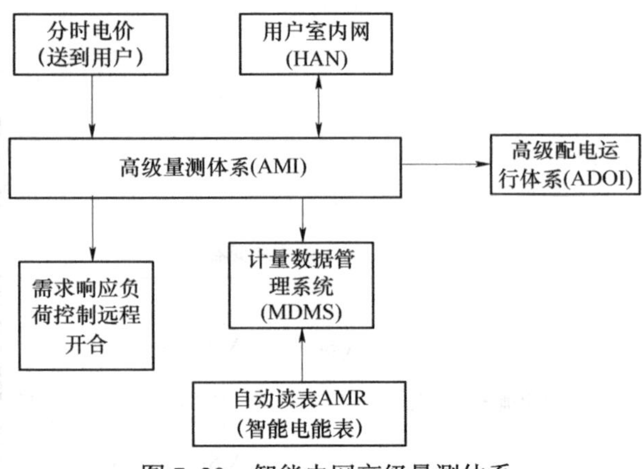

图 7–20　智能电网高级量测体系

3. 电动汽车与电网互动的控制策略

目前，电网的调度运行并未考虑分散的发电和储能设备。电动汽车规模化应用后，数量庞大，分布广泛，一种方法是通过电价信号对电动汽车充放电进行间接的引导，另一种可行的办法是将一定数量的电动汽车集合起来再与电网进行交互。相应的控制策略涉及电动汽车用户、聚集管理员（Aggregator）和电网调度三方，以及这三方之间的协调运行。

（1）基于用户层面的控制策略

基于用户层面的控制策略涉及用户行驶需求、用电成本、电池循环寿命损耗等方面。如基于电价信号的充放电策略，电动汽车用户跟随电网发布的实时电价信息进行充放电控制，以获得最大收益为目标。当售出电价高于用户的买入电价时，用户可选择将电动汽车存储的电能回馈给电网。

（2）基于聚集管理员（Aggregator）的控制策略

基于聚集管理员（Aggregator）的控制策略，涉及电动汽车的管理者如何对其服务的电动汽车用户进行协调管理。如在向电网提供辅助服务时，怎样考虑各用户的充电需求。

（3）基于电网调度运行的控制策略

基于电网调度运行的控制策略涉及 V2G 的应用层面，即电网如何利用电动汽车的充放电进行整个电网的优化运行，包括削峰填谷、扩大可再生能源接入、提高稳定性等方面。在电动汽车与分布式电源大规模接入电网后，电网的调度运行结构将发生根本性的转变，如何将电动汽车和分布式电源纳入整个电网的能量体系，对电网的经济性、稳定性进行优化，也是未来智能电网应用的一大课题。

此外，电动汽车与负荷、分布式电源相结合构成的微电网也是目前研究的方向之一。当电网发生故障时，进入孤岛运行，电动汽车充当系统中的储能装置，辅助波动的可再生能源发电，维持孤岛中电压、频率的稳定，此时需要对该模式下电动汽车的充放电控制策略进行设计。微电网在并网和孤岛运行的无缝连接，电网对微电网的兼容和协调控制都是有待研究

的内容。若同时考虑电动汽车在微电网中的应用和电动汽车在整个电网能量体系的应用，整个系统将变得更加复杂。

4. 电动汽车与电网互动的商业模式

（1）基于充电站的层级管理模式

电动汽车通过公共充电站接入电网，可采取多级结构进行层级控制，底层为以单台车辆为基本单元的充电站，最高级的管理平台与电网进行直接的交互，即统一调度、分级管理的方式，如图 7–21 所示。各充电站对其下的车辆进行能量管理和分配，电网对各个充电站进行层级管理。在该模式下，充电站管理平台负责各用户需求的管理，同时接受电网的命令，根据电网需求做出响应。

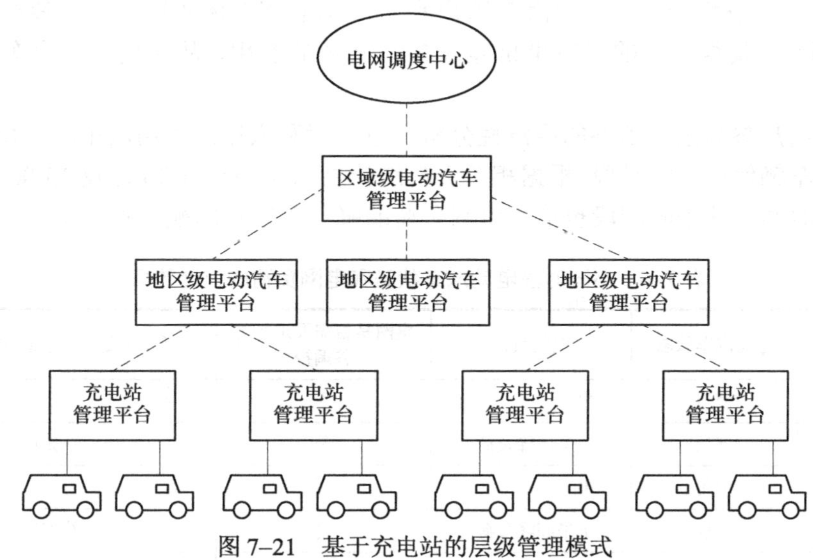

图 7–21　基于充电站的层级管理模式

（2）通过已有商业模式对分散的电动汽车进行管理

在该模式下，电动汽车分散地接入电网，利用已有的商业关系对电动汽车的 V2G 运行进行管理。如电力零售公司从电力市场批量购买电力再卖给其用户。在 V2G 应用下，电力零售公司可从成百上千个电动汽车购买电力，以兆瓦级销售给电力市场，电力零售公司以净用电量向用户收取费用，并给予一定经济补偿，以激励用户将电动汽车接入电网。

（3）通过第三方运营商对电动汽车进行集中管理

该模式类似于第二种商业模式，该第三方运营商为独立单位，专门对电动汽车充放电进行集中管理。该第三方可能是电信运营商、汽车制造厂商等。如美国 BetterPlace 公司，提出了与手机业务类似的运营模式，以及 Coulomb Technologies 公司，通过 ChargePoint 充电网络对分散的电动汽车进行管理。

7.3.3　电动汽车参与电网互动的经济性及其影响因素

7.3.3.1　电动汽车与电网互动的经济性

规模化电动汽车参与电网互动后，可以有效实现电网削峰填谷、调频调压，提高电网运行效率，节约电网企业运行成本。此外，电动汽车用户可以获得电网峰谷电价差及参与调频的费用，获得额外收益。因此，电动汽车与电网互动后，可以使双方达到互惠共赢的目的，实现经济利益的最大化。

1. 电动汽车用户参与互动的经济性

电动汽车用户包括私人用户和集团用户。集团用户主要包括公交、公司用户等，公司用户和私人用户的运行规律接近。私人用户每天的平均运行时间不超过 5h，运行时段一般在 6:00～8:30 及 17:00～19:00，每天有 19h 以上的停驶时间。公交车等车辆的运行时段一般在 5:30～21:00，每天有 8h 以上的停驶时间。因此电动汽车有足够的时间参与和电网之间的互动。

考虑到随着电动汽车的发展，私人电动汽车用户将是电动汽车用户的主流，因此以此类用户为例进行经济性分析。电动汽车用户利用车辆的相对闲置时间段，参与电网的峰谷平衡和电网调频，获得电网的峰谷电价差及参与调频的费用，从而使电动汽车用户获得额外的收益。

电动汽车用户参与削峰填谷的经济性分析。以一般私人用户使用汽车的规律为例，一般早晚上下班为车辆使用高峰时段，根据相关资料统计显示 8:30～11:30 以及 13:00～18:00 是车辆相对闲置的时间，这个时间段也恰和电网负荷的峰谷时段相匹配，见表 7–6。

表 7–6　不同时段电动汽车状态和电网负荷的统计数据

时间	电动汽车状态	电网负荷	电网是否需要进行峰谷调控	EV 是否可以参与峰谷调控
8:00～8:30	使用	中	否	否
8:30～11:30	停放	上午高峰负荷	是	是（放电，补充峰时电力供应）
11:30～13:00	使用	中	否	否
13:00～18:00	停放	下午高峰负荷	是	是（放电，补充峰时电力供应）
18:00～18:30	使用	中	否	否
18:30～21:00	停放	晚间高峰负荷	是	是（放电，补充峰时电力供应）
21:00～次日 8:00	停放	夜间低谷负荷	是	是（充电，填平负荷低谷）

用户在电网负荷高峰期对电网放电，即向电网进行售电，获得收入；而利用夜间或其他负荷低谷时段进行充电，即从电网购电。由于电动汽车必须保证一定的电量进行行驶，也就决定了电动汽车售出的电量必然要小于购买的电量，在此前提下，用户要获得收入就必须依赖于电价采用峰谷机制或实时电价机制。

实践表明，用户参与调频调压服务的收益不但和电动汽车参与调频调压服务的在线用量、在线时间有关，也与实时电价、电池的循环寿命、充放电效率等密切相关。

2. 电网参与互动的经济性分析

从电网方面看，应用电动汽车与电网互动技术，电动汽车作为分布式储能单元参与电网备用、调频调压等服务，有助于降低电网峰谷差，提高销售电量，减少调频电厂等建设的投资，提高电网的运行效率。

（1）电动汽车参与电网削峰填谷的经济性

以某地区 2010 年 1 月 1 日的用电负荷为例，图 7–22 给出了该地区当天的负荷曲线，当日该地区电网用电负荷的峰谷差为 192.21MW，按每辆电动汽车动力电池容量为 20kW・h，25%的容量参与削峰填谷，充电和放电功率均为 5kW 计算，只要有 19 221 辆电动汽车参与削峰填谷，就可以完全补偿该日的峰谷差，节约电力公司的大量成本。

图 7–22　某地区 2010 年 1 月 1 日全天用电负荷曲线

（2）电动汽车参与电网调频调压的经济性

大规模电动汽车可虚拟为调频电厂，参与电网调频。参与调频主要靠控制系统内所有发电机组输入功率总和等于系统内所有用电设备在额定频率时所消耗的有功功率总和实现，包括机组和电网损耗。应用电动汽车与电网互动技术，电动汽车可参与系统的调频服务，降低用户功率需求，从而达到调频的效果。

目前机组参与一次调频，最大可额外输出 6%左右的功率，一般可输出 3%左右的调频功率。按一台 300MW 的机组，每次调频一般能输出 10MW 的调频功率计算，若要达到与 300MW 机组相同的调频效果，按每辆电动汽车输出 5kW 的功率计算，2000 辆电动汽车同时参与调频服务就可达到与 300MW 机组进行调频的效果，从而可延缓或节约大量调频电厂建设的费用。

7.3.3.2　电动汽车与电网互动经济效益的影响因素

电动汽车用户参与削峰填谷、调频调压服务后，将与电网实现有效互动，产生一定的经济效益。研究电价机制、电池成本以及市场运作机制和电动汽车用户参与积极度之间的相互影响关系，可以使电网企业和电动汽车用户达到互利共赢，实现经济效益的最大化。

1. 电价机制和电池成本是电动汽车和电网互动经济效益的主要影响因素

前文的分析结果表明，电动汽车用户参与电网互动，电价机制是影响互动效益的重要因素，适当的峰谷电价、实时电价，以及参与调频调压的在线容量价格、市场电价是进行电动汽车与电网互动的经济基础。另外，电池的循环寿命、电池容量、充放电的转换效率等则是影响电动汽车互动成本的重要因素。通过对价格机制的研究和不断完善，结合国家的相关激励政策，将能达到电动汽车用户和电网企业之间的互利共赢收益之间的平衡，并实现电动汽车用户和电网企业利益的最大化。

2. 市场运作机制是电动汽车与电网互动经济效益的实现方式

建立基于灵活价格机制的市场运作模式，实现电动汽车私人用户、集团用户、电网公司和运营商之间的市场合作，实现参与方的利益分享机制，保障参与方的利益和参与积极性，是电动汽车与电网互动运行经济效益能否实现的基础。

3. 电动汽车用户参与积极性是电动汽车与电网互动经济效益的保障

电动汽车与电网互动必须建立在电动汽车用户广泛参与的基础上，参与互动的电动汽车数量是互动效益能否有效取得的关键因素，也决定着电动汽车与电网互动的实现能力和实现效果。同时，电动汽车用户的参与积极度反过来也会影响价格机制和市场运作机制。

7.3.4 电动汽车与电网互动技术发展面临的挑战

V2G系统的复杂程度与其应用层面有关，根据电动汽车规模和动力电池技术水平的发展，V2G的应用层面也不同，如改善负荷曲线、负荷管理、辅助服务、微电网、与可再生能源发电协调运行等。将电动汽车纳入电网能量管理体系，与可再生能源发电协调运行，优化能源效率，参与电网调度，促进电网的安全性、稳定性、可靠性和经济性是V2G应用的最终目标。实现该目标需要在电动汽车和电网之间建立双向通信体系，设计管理结构和控制策略，面临的挑战主要存在以下五个方面：

① 为各厂商的产品建立统一通信协议，便于与电网进行交互。各个制造商充电设备的通信接口和协议各不相同，将为电网对电动汽车的统一调度带来阻碍。

② 建立电动汽车与电网之间的快速可靠，实现实时控制。电动汽车在地理位置上具有很大的分散性，同时数量庞大，建立完整的通信网络需要大量投资。通信的速度和可靠性也是决定V2G应用的关键因素。

③ 对电网能量管理系统（Energy Management System，EMS）/配电管理系统（Distribution Management System，DMS）的扩展。现有EMS软件不对低压节点进行建模，将数目庞大又分散的电动汽车纳入电网的调度管理，将给EMS各应用软件的计算带来很大难度，如最优潮流计算、经济调度等。DMS配电管理系统还将面临大量的计费、计量工作。

④ 需要成熟的电力市场环境。在V2G应用下，电动汽车根据电网需求进行充放电，需要合理的电价制定机制。同时电动汽车可能通过一定集成管理向电网提供辅助服务，确定集成管理者的角色，提供准入政策，也是促进V2G应用的条件。

⑤ 与现有配电网控制和保护策略的协调。在V2G规模应用下，负荷潮流可能变化较大，使线网上的电压幅值发生较大变化，给电压调节带来困难。电动汽车接入电网后，配电网可能出现双向潮流，短路电流也发生变化，原有保护装置不能正常运行。

以上所述挑战也是建设智能电网中可能面临的问题，V2G是电动汽车在智能电网背景下的应用，同时也是智能电网的重要组成部分。V2G应用与电网的智能水平密切相关，与智能电网相互促进，共同发展。

第 8 章

新能源汽车的其他关键技术

电动汽车的三大核心技术在第 6 章中已详细介绍，本章主要介绍有关新能源汽车的其他关键技术，包括匹配与集成技术、整车辅助系统技术、整车安全技术、电磁兼容技术、轻量化技术、试验与评价技术等。

8.1 匹配与集成技术

8.1.1 动力系统匹配技术的基本原则

1. 整车功率匹配基本原则

电动汽车可分为多种类型，其中混合动力汽车的匹配最为复杂，故本书着重介绍混合动力汽车的匹配方法。

混合动力汽车的整车总功率要求确定原则与传统汽车相似，都是根据整车的动力性来确定。混合动力汽车的动力性指标包括最高车速 v_{max}、加速时间 t 及最大爬坡度要求 i_{max}。

根据最高车速 v_{max} 确定最大功率 P_{max1} 为

$$P_{max1}=\frac{v_{max}}{3600\eta_t}\left(mgf+\frac{C_D A v_{max}^2}{21.15}\right) \tag{8-1}$$

式中，η_t 为整车动力传动系统效率；m 为整车总质量，单位为 kg；g 为重力加速度，取值为 9.8m/s^2；f 为滚动阻力系数；C_D 为汽车空气阻力系数；A 为汽车正面迎风面积，单位为 m^2。

根据爬坡性能确定最大功率 P_{max2} 为

$$P_{max2}=\frac{v_i}{3600\eta_t}\left(mgf\cos\alpha_{max}+mg\sin\alpha_{max}+\frac{C_D A v_i^2}{21.15}\right) \tag{8-2}$$

式中，$\alpha_{max}=\arctan(i_{max}/100)$；$v_i$ 为汽车爬坡速度。

根据加速性能来确定动力装置的总功率。汽车起步加速过程中的速度可以表示为

$$v = v_{\mathrm{m}}\left(\frac{t}{t_{\mathrm{m}}}\right)^{x} \tag{8-3}$$

式中，x 为拟合系数，一般为 0.5 左右；t 为加速过程时间，单位为 s；t_{m} 为起步加速过程总时间，单位为 s，v_{m} 为起步加速过程的最终车速，单位为 km/h。

假设整车在水平路面加速，根据整车加速过程动力学方程，其瞬态过程总功率 P_{all} 为

$$P_{\mathrm{all}} = P_{\mathrm{j}} + P_{\mathrm{f}} + P_{\mathrm{w}} = \frac{1}{3600\eta_{\mathrm{t}}}\left(\delta m v \frac{\mathrm{d}v}{\mathrm{d}t} + mgfv + \frac{C_{\mathrm{D}} A v^{3}}{21.15}\right) \tag{8-4}$$

式中，P_{all} 为加速过程总功率，单位为 kW，是加速功率 P_{j}、滚动阻力功率 P_{f} 与空气阻力功率 P_{w} 之和；δ 为汽车旋转质量换算系数（$\delta>1$）。

整车在加速过程的末时刻，动力源输出最大功率，因此，加速过程最大功率 $P_{\max3}$ 为

$$P_{\max 3} = \frac{1}{3600 t_{\mathrm{m}} \eta_{\mathrm{t}}}\left[\delta m \frac{v_{\mathrm{m}}^{2}}{2} + mgf\int_{0}^{t_{\mathrm{m}}} v_{\mathrm{m}}\left(\frac{t^{0.5}}{t_{\mathrm{m}}^{0.5}}\right)\mathrm{d}t + \frac{C_{\mathrm{D}} A}{21.15}\int_{0}^{t_{\mathrm{m}}} v_{\mathrm{m}}^{3}\left(\frac{t^{1.5}}{t_{\mathrm{m}}^{1.5}}\right)\mathrm{d}t\right] \tag{8-5}$$

式中，dt 为设计过程中的迭代步长（s），通常取 0.1s 便可满足精度要求。

根据上述三项动力性指标计算的各工况最大功率，动力装置总功率 P_{total} 必须满足

$$P_{\mathrm{total}} \geqslant P_{\max} = \max(P_{\max1},\ P_{\max2},\ P_{\max3}) \tag{8-6}$$

2. 传动系统匹配基本原则

在电机输出特性一定时，传动系统传动比如何选择，依赖于整车的动力性指标要求，即电动汽车传动比的选择应该满足汽车最高期望车速、最大爬坡度以及对加速时速的要求。

（1）传动系统传动比的上限

传动系统传动比的上限由电机最高转速和最高行驶车速确定。

$$\sum_{\min} i \leqslant \frac{0.377 r n_{\max}}{u_{\max}} \tag{8-7}$$

（2）传动系统传动比的下限

传动系统传动比的下限由下述两种方法算出的传动系统速比的最大值确定。

由电机最高转速对应的输出转矩和最高行驶车速对应的行驶阻力确定传动系统传动比下限为

$$\sum_{\max} i \geqslant \frac{r}{\eta_{\mathrm{t}} T_{\mathrm{umax}}}\left(mgf + \frac{C_{\mathrm{D}} A v_{\max}^{2}}{21.15}\right) \tag{8-8}$$

式中，T_{umax} 为电机最高转速对应的输出转矩。

由电机的最大输出转矩和最大爬坡度对应的行驶阻力确定传动系统传动比下限为

$$\sum_{\max} i \geqslant \frac{r}{\eta_{\mathrm{t}} T_{\max}}\left(mgf\cos\alpha_{\max} + \frac{C_{\mathrm{D}} A v_{\mathrm{i}}^{2}}{21.15}\right) \tag{8-9}$$

式中，$T_{\max}$ 为电机最大输出转矩。

3. 储能系统匹配基本原则

动力电池是电动汽车的关键部件之一。电动汽车动力电池系统的参数匹配主要包括电池

的类型、电池组的数目、电池组容量、电池组电压等参数的选择。

（1）动力电池匹配原则

动力电池类型的选择要符合电动汽车的运行要求，电动汽车要求动力电池具有较高的比能量和比功率，以满足汽车的续驶里程和动力性的要求，同时也希望动力电池具有与汽车使用寿命相当的充放电循环寿命，拥有高效率、良好的性价比以及免维护特性。

动力电池的电压等级要与电机电压等级相一致且满足电机电压变化的要求。同时，因为电动空调、电动真空泵和电动转向助力泵等附件也消耗一定的电能，所以电池组的总电压要大于电机的额定电压。

动力电池一般有能量型与功率型两种，为满足电动汽车的行驶要求，采用能量型电池匹配时主要考查电池的能量，即电池应具有较大的容量，以增加车辆的续驶里程。电池容量与其功率成正比，容量越大，其输出的功率越大，所以其输出功率均能满足整车电池系统的要求，因此主要根据其续驶里程来确定电池容量，并且确定的电池容量还须符合市场现有产品的标准，并通过对现有产品反复验证进行设计。

（2）动力电池组参数匹配

① 动力电池组类型选择。目前可用于电动汽车的动力电池主要有铅酸电池、镍氢电池、锂离子电池和燃料电池。其中锂离子电池的高能量和充放电速度快等优越性能得到越来越多的关注，是目前市场前景最好的一种产品。

② 电池组数目的确定。电池组数目必须满足电动汽车行驶时所需的最大功率和续驶里程的要求。

满足电动汽车行驶时所需的最大功率要求的电池组数目为

$$n_{\mathrm{P}}=\frac{P_{\mathrm{emax}}}{P_{\mathrm{bmax}}\eta_{\mathrm{e}}\eta_{\mathrm{ec}}N} \tag{8-10}$$

式中，P_{emax} 为电机的峰值功率，单位为 kW；η_{e} 为电机的工作效率；η_{ec} 为电机控制器的工作效率；P_{bmax} 为电池最大输出功率，单位为 kW；N 为单电池组所包含的电池的数目，单位为组。

满足电动汽车续驶里程要求的电池组数目为

$$n_{\mathrm{x}}=\frac{1000SW}{C_{\mathrm{s}}V_{\mathrm{s}}N} \tag{8-11}$$

式中，S 为续驶里程，单位为 km；W 为电动汽车行驶 1km 所消耗的能量，单位为 kW；C_{s} 为单节电池的容量，单位为 A • h；V_{s} 为单节电池的电压，单位为 V。

电池组数目为

$$n=\max\{n_{\mathrm{P}}\quad n_{\mathrm{x}}\} \tag{8-12}$$

③ 电池组容量。电池组容量为

$$E_{\mathrm{B}}=\frac{U_{\mathrm{m}}C_{\mathrm{E}}}{1000} \tag{8-13}$$

式中，E_{B} 为电池组能量，单位为 kW • h；U_{m} 为电池组电压，单位为 V；C_{E} 为电池组容量，单位为 A • h。

动力电池能量应满足以下条件：

$$E_B \geqslant \frac{mgf + \dfrac{C_D A v_i^2}{21.15}}{3600 \times DOD\eta_t \eta_{mc} \eta_{dis}(1-\eta_a)U_m} S \qquad (8\text{–}14)$$

式中，η_{mc} 为电机效率；η_{dis} 为电池组放电效率；η_a 为汽车附件能量消耗比例系数；DOD 为动力电池放电深度。

8.1.2 动力系统集成技术

集成技术是新能源汽车的关键技术之一，动力系统的集成关系到新能源汽车的动力性、经济性等方面，是集成技术的重要部分。本书主要以本田 IMA 混合动力系统和通用的双模混合动力系统为代表来介绍动力系统的集成。

8.1.2.1 本田 IMA 混合动力系统

本田汽车公司的混合动力汽车采用的是并联式混合动力系统（见图 8–1），动力以发动机为主，结构设计简单，布置紧凑，质量较小。

1997 年，本田开发出第一代混合动力（Integrated Motor Assist，IMA）系统，并在 1999 年搭载于美国销售的 Insight 车型上，这使本田成为第一个在美国销售混合动力车型的公司。2003 年，第二代 IMA 系统问世，并应用在 Civic 车型上。随后，本田的第三代 IMA 系统出现在 Accord 车型上，第四代 IMA 系统用于 Civic 车型上。IMA 系统现在已经有了第五代（见图 8–2），目前本田公司已经拥有 Civic、Insight、CR–Z 和 Fit 等多款混合动力车型。

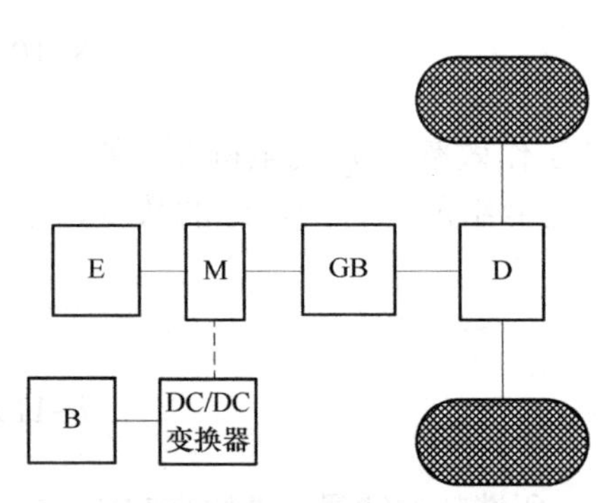

图 8–1 并联式混合动力系统

E—发动机 M—电机 B—动力电池 GB—变速器 D—差速器

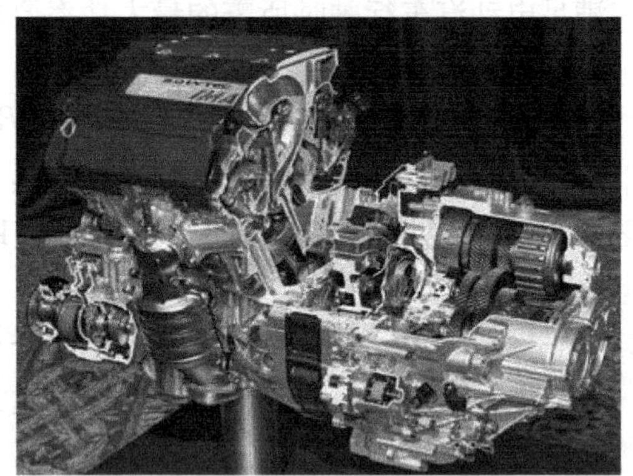

图 8–2 IMA 系统结构实物局部剖开图

1. IMA 系统的基本构成

本节以第四代 IMA 系统为例，介绍其基本构成。如图 8–3 所示，该系统主要由发动机、电机、无级（Continuously Variable Transmission，CVT）变速器、智能动力单元（Intelligent Power Unit，IPU）等组成。

（1）发动机

IMA 用发动机主要通过三项技术降低油耗，即可变气门正时和升程控制技术（Intelligent- Variable Valve Timing and Lift Electronic Control，i–VTEC）、双火花塞顺序点火技

术（i–DSI）和可变气缸管理技术（VCM）。

i–VTEC 系统是利用进气凸轮轴上的主凸轮、次凸轮和中间凸轮及对应的三套摇臂机构组合控制同一缸内的主、辅两个进气门的升程，并通过液压作动器调节进气凸轮轴的相位，实现可变正时控制（VTC），实时获得最佳的配气相位。当发动机低速运行时，主进气门由主凸轮控制，开度大且开启时间长；辅进气门由次凸轮控制，开度很小且开启时间短，使得燃烧室内产生涡流，从而提高燃烧效率。当发动机高速运行时，主、辅进气门共同由中间凸轮控制，提高了开度和开启时间，以获得足够的充气量，提高发动机功率。

图 8–3　IMA 系统的主要构成

i–DSI 系统是在一个气缸上安装两个火花塞，分别设在进气侧和排气侧，缩短了燃烧室内火焰传播时间，实现了全域范围内的急速燃烧，使得大幅度提高压缩比成为可能。本田独有的双火花塞连续控制系统是根据发动机转速和负荷状况实时控制的，发动机低速运行时，燃烧室内温度较低的进气侧先点火，以促进燃烧，降低油耗；高速时两处同时点火，通过加快燃烧速度提高功率。

VCM 系统可实现四个气缸全部停缸，由于 IMA 系统的电机与发动机曲轴连接，发动机需要在车辆减速时提供尽可能少的阻力，使电机能够更高效地给电池充电。传统的发动机在减速时，气缸活塞的运行将提供一定阻力，即形成发动机制动。VCM 消除了这种影响，使再生制动系统能够尽可能多地回收能量。此外，VCM 系统还可以减小发动机起停时的冲击。

（2）电机

IMA 电机为三相超薄永磁同步电机，安装在发动机和 CVT 之间，能够提供 15kW 的功率和 139N•m 的转矩。电机可作为电动机给发动机提供辅助动力或给车辆在低速状态下提供驱动力，也可以作为发电机在减速和制动时回收动能给电池充电。IMA 电机通过使用偏线圈缠绕，提高了线圈缠绕密度，使电机最大功率和最大转矩分别增加了 50%和 14%，转换效率由原来的 94.6%提高到 96%。

（3）无级变速器

通过无级变速器，不但能够实现平稳的变速过程，而且同传统的固定档位的自动变速器相比，能够使发动机和 IMA 电机工作在最优区域，从而提高系统效率；新设计的起动离合器可以充分发挥 IMA 系统的优点，它在低速时接合能够提高起步加速性能和燃油经济性。

（4）智能动力单元

IMA 系统的动力流向是通过 IPU 来控制的，IPU 由动力控制器（PCU）和电池系统集成。其中 PCU 包括电池监控模块（BCM）、电机控制模块（MCM）和电机驱动模块（MDM）。

BCM 主要监控电池 SOC、电池温度、电池保护需求等信息。通过温度传感器、电压传感器和电流传感器采集电池状态信息，计算电池 SOC，并将信息提供给 MCM，同时控制电池冷却风扇的运行。

MCM 用于计算电机应该达到的运行状态，主要功能包括：

① 与发动机控制模块（ECM）通信，决定车辆的运行状态，同时将 IMA 系统中检测到的问题传输给 ECM。

② 与电池监控模块（BCM）通信，获得电池模块的荷电状态，用于保护电池模块和保持适当的电池电量平衡。

③ 与仪表板连接，始终显示 IMA 系统条件和运行状态的信息。

④ 与 MDM 连接来接收电机的整流信息，通过电压转换模块控制电机功率转换器（MPI）。

MDM 依据 MCM 请求，控制电机执行电动或发电运行，以驱动车辆或给电池充电，通过 MPI 完成直流电和三相交流电转换，控制三相电流的相位来确保电机的正确运行，并通过 DC/DC 变换器，完成电池和电机直流母线之间的电压转换。

2. IMA 系统的工作过程

IMA 系统的工作过程主要包括起步加速、急加速、低速巡航、轻加速或高速巡航、减速、停车几个主要工况，具体说明如下：

（1）起步加速工况

发动机以低速配气正时状态运转，同时电机提供辅助动力，以实现快速加速性能，同时达到节油要求，如图 8–4 所示。

（2）急加速工况

发动机以高速配气正时状态运转，此时电池给电机供电，电机与发动机共同驱动车辆，提高整车的加速性能，如图 8–5 所示。

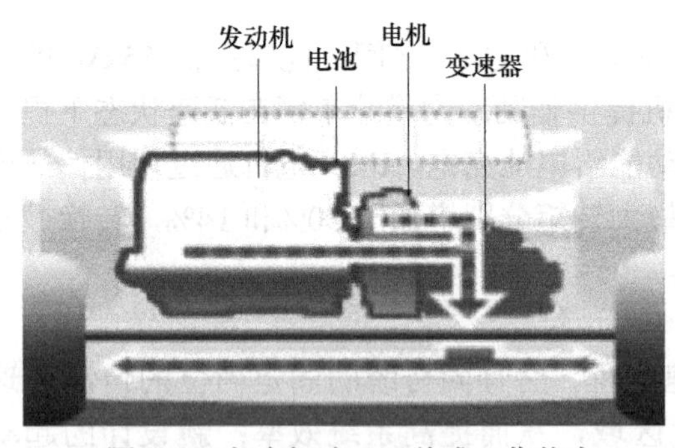

图 8–4　起步加速工况总成工作状态

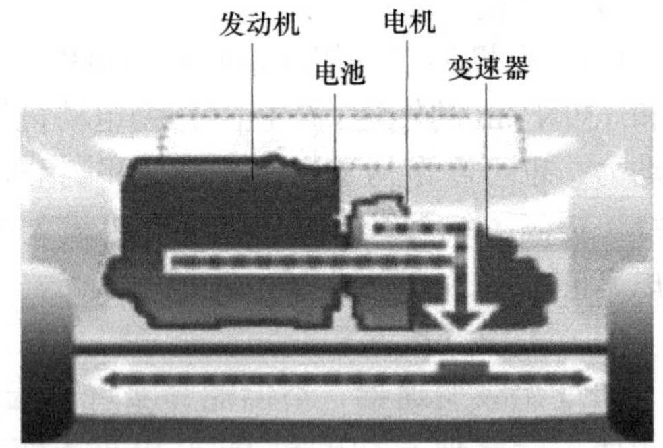

图 8–5　急加速工况总成工作状态

（3）低速巡航工况

发动机四个气缸的进排气阀全部关闭，发动机停止工作，车辆以纯电动方式驱动车辆，如图 8–6 所示。

（4）轻加速或高速巡航工况

发动机以低速配气正时状态运转，此时发动机工作效率较高，单独驱动车辆，电机不工作，如图 8–7 所示。

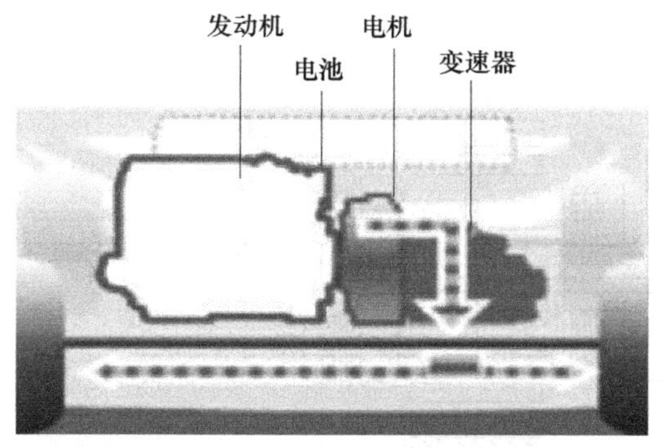

图 8–6 低速巡航工况总成工作状态

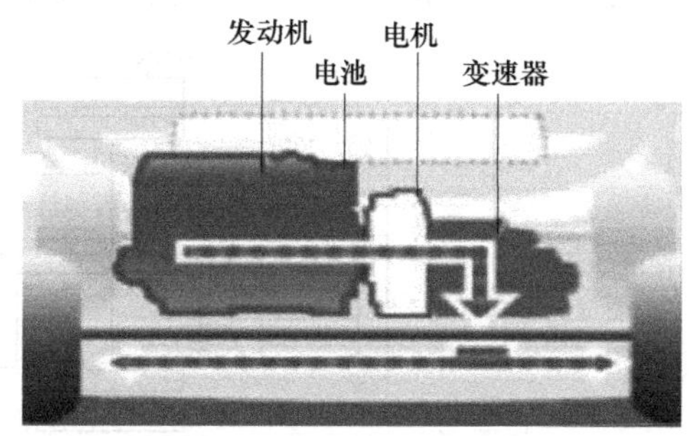

图 8–7 轻加速或高速巡航工况总成工作状态

（5）减速或制动工况

发动机关闭，电机此时以发电机方式工作，将机械能最大限度地转化为电能，存储到电池中。车辆制动时，制动踏板传感器给 IPU 一个信号，计算机控制制动主缸中的伺服单元，协调机械制动和电动机能量回馈之间的制动力，以得到最大程度的能量回馈，如图 8–8 所示。

（6）停车制动工况

发动机自动关闭，以减少燃料损失和排放，在制动踏板松开时自动起动发动机，如图 8–9 所示。

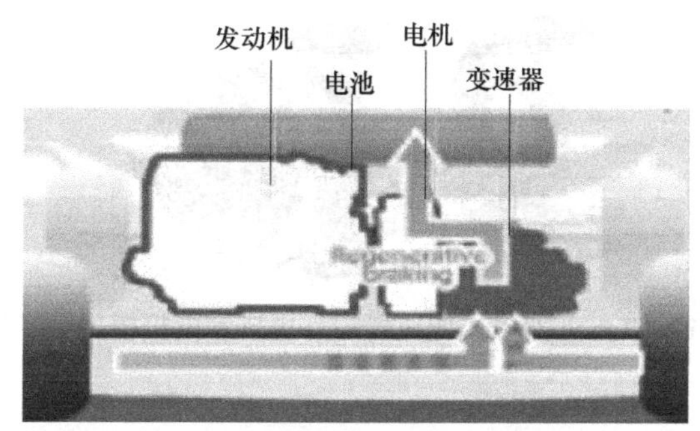

图 8–8 减速或制动工况总成工作状态

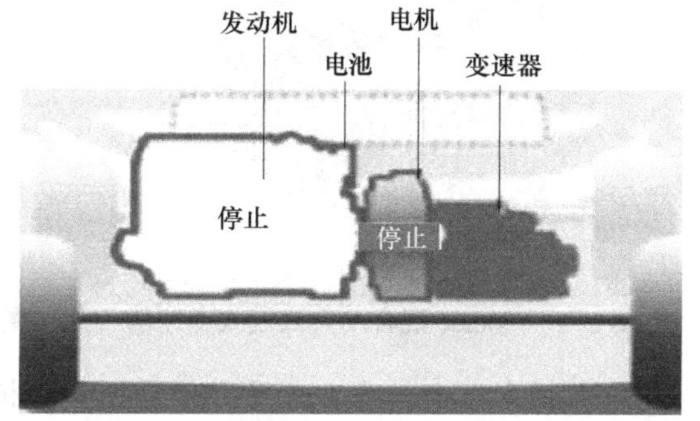

图 8–9 停车制动工况总成工作状态

8.1.2.2 通用双模式混合动力系统

通用汽车公司从 20 世纪 30 年代就开始研究电控自动变速技术，即 EVT。60 年代曾设计出混合动力驱动的单模式 EVT。此后，向双模式 EVT 技术发展，使用离合器实现了两个不同的 EVT 模式下的无缝换档，降低了对电机功率和尺寸的要求。直到 2003 年，通用汽车公司生产出具有输入分配模式（Input–split mode）和复合分配模式（Compound–split mode）的混合动力汽车用双模式 EVT，并开始应用于公交车和 SUV 等车型。

通用汽车公司设计的双模式混合动力系统主要由三个行星排、两个电机和四个离合器（其中 C1 和 C3 是特殊的离合器，即制动器）构成，如图 8–10 所示。系统集成了两个动力分配模式和四个固定速比传动，依据车速变化，能够实现车辆以纯电动、低速混合动力模式驱动、一档驱动、二档驱动，高速混合动力模式驱动、三档驱动、四档驱动等方式交互切换行驶，这些驱动方式的组合减少了无级变速时机械能转化为电能的比例，提高了汽车加速、爬坡时的驱动力和汽车行驶过程中的能量传递效率。

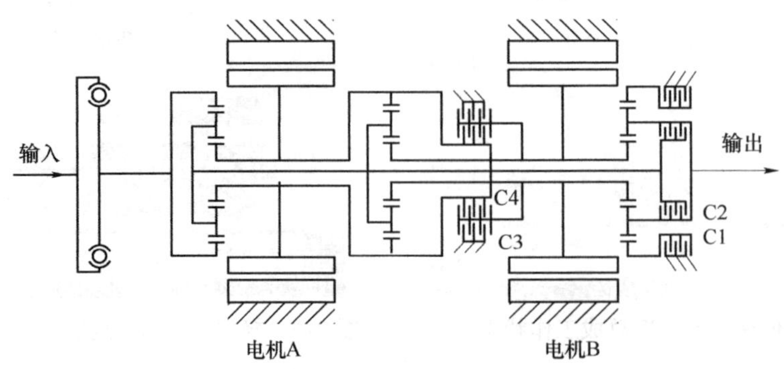

图 8–10　双模式混合动力系统结构简图

在结构设计方面，三个行星排和两个电机集成在变速器内，使用常规的液压湿式离合器在两个无级变速范围和四个固定档间自动切换，从而实现六种机械组合：EVT 模式 1、EVT 模式 2 以及四个固定档位。图 8–11 所示为通用汽车公司的 Tahoe 混合动力双模式变速器。图 8–12 所示为 Tahoe 双模式变速器的行星排和电机模型。

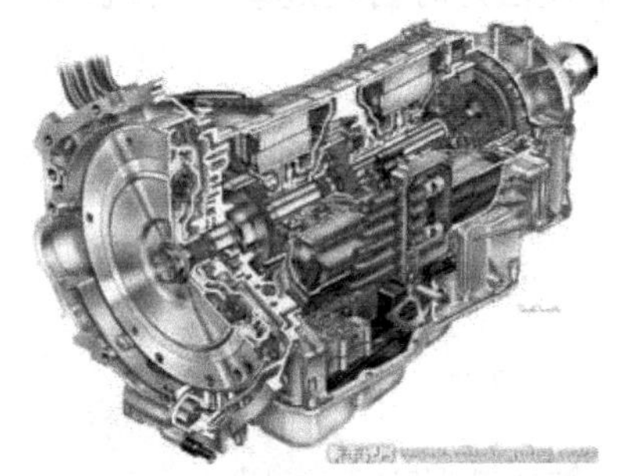

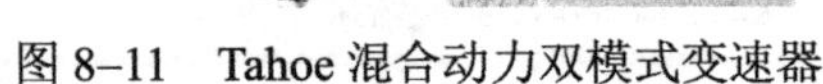

图 8–11　Tahoe 混合动力双模式变速器

图 8–12　Tahoe 双模式变速器的行星排和电机模型

1. 双模式混合动力系统动力传动模型分析

如图 8–13 所示，双模式混合动力系统由三个行星排 PG1、PG2、PG3，两个电机 MG1、MG2，以及四个离合器 C1、C2、C3、C4 组成，其中行星排 PG1 的齿圈与发动机相连，由 PG3 的行星架输出动力驱动车辆。

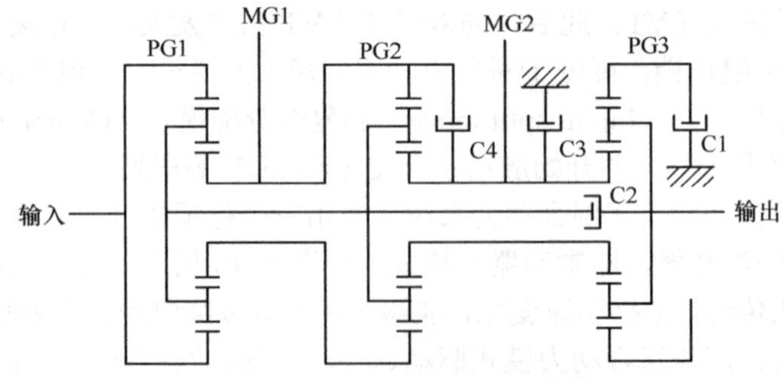

图 8–13　双模式混合动力系统模型

表 8–1 所示为双模式混合动力系统对应工况的离合器工作状况。系统通过离合器的工作状态组合来实现两个混合动力模式和四个固定速比传动。表 8–2 所列为通用汽车公司某型号的双模式混合动力系统三个行星排的太阳轮与对应齿圈的齿数比和据此计算的四个档位速比。

表 8–1 双模式混合动力系统对应工况的离合器工作状况

双模混合动力工况	C1	C2	C3	C4
输入分配模式	接合	分离	分离	分离
一档传输模式	接合	分离	分离	接合
二档传输模式	接合	接合	分离	分离
复合分配模式	分离	接合	分离	分离
三档传输模式	分离	接合	分离	接合
四档传输模式	分离	接合	接合	分离

表 8–2 行星排齿数比和档位速比

PG1	PG2	PG3	一档	二档	三档	四档
0.543	0.524	0.397	3.52	1.72	1	0.715

（1）输入分配模式（C1 接合）

离合器 C1 接合，C2、C3、C4 分离，行星排 PG3 起减速作用，系统形成第一种动力分配方式，即输入分配模式（Input–split mode）。如图 8–14 所示，由于 PG1 的行星架与 PG2 的行星架相连，PG1 的太阳轮与 PG2 的齿圈相连（连接电机 MG1），使得 PG1 和 PG2 组成的系统有两个自由度。

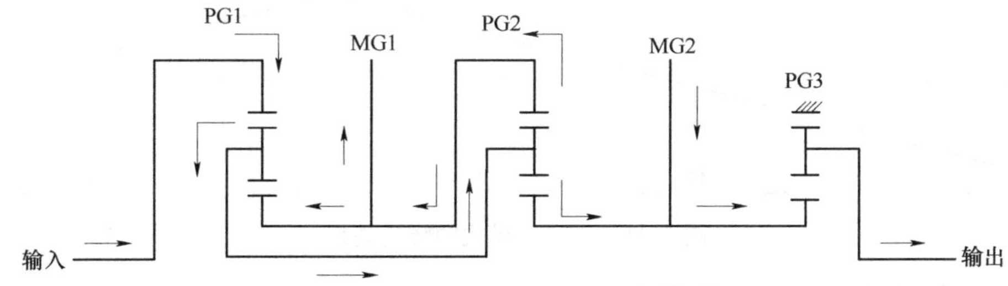

图 8–14 双模式混合动力系统输入分配模型

汽车行驶时，发动机、电机 MG1、电机 MG2、动力输出轴以及三个行星排 PG1、PG2、PG3 的各运动部件之间的转速关系如图 8–15 所示。这些部件的转速关系始终构成两个模拟杠杆，各部件的横向位置是由行星排的速比决定的。

当车速一定时，PG1 和 PG2 的行星架转速是确定的，改变电机 MG1 的转速，可以得到不同的发动机转速。因此系统可以实现发动机和车轮间的转速解耦，即对应某一车轮转速，可以找到一个合适的电机 MG1 转速，使得发动机以目标转速运行。

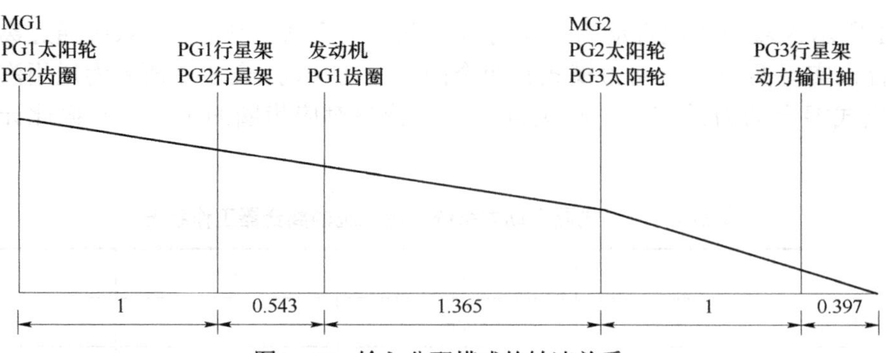

图 8–15 输入分配模式的转速关系

由于经过行星排 PG3 的减速增矩，该模式适用于车辆低速行驶，为混联模式。发动机的动力一部分通过 PG1 和 PG2 的行星架以机械方式传到车轮，另一部分通过两个电机间的电力传送参与驱动车辆。需要注意的是，一般情况下电机 MG1 的旋转方向与发动机的旋转方向相同，但在车速较高、发动机转速相对较低的情况下，电机 MG1 也存在反转的可能（负转速），而电机 MG1 的转矩方向总与发动机转矩方向相反（注意：PG1 和 PG2 组合后，类似于一个行星轮很小的单行星排，而发动机相当于接在这个单行星排的行星架上）。因此，当电机 MG1 正向旋转时，处于发电状态，其电能输送给电机 MG2 形成无级变速功能传动；当电机 MG1 转速为负时，处于反向电动状态，所需的电能由电机 MG2 发电提供，或由电池提供。

输入分配模式也可实现纯电动行驶，纯电动模式的转速关系如图 8–16 所示，此时电机 MG1 反向空转，电池提供能量，由电机 MG2 驱动车辆。

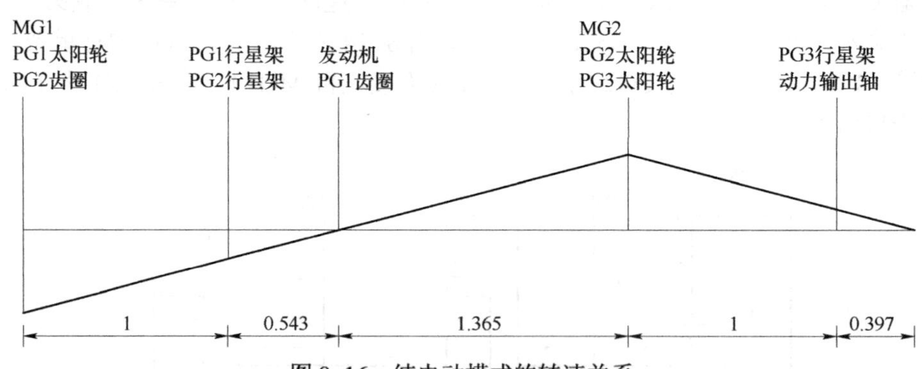

图 8–16 纯电动模式的转速关系

（2）一档传动模式（C1、C4 接合）

虽然已调整发动机工作点，但毕竟存在能量转换问题。如图 8–17 所示，在输入分配模式下，随着车速的提升，PG2 的太阳轮转速逐渐提升，而 PG2 的齿圈转速逐渐下降。当两者接近同步转速时，离合器 C4 接合，即形成一档传动模式，系统完全依靠机械方式传输发动机的动力，从而提高能量传动效率。此时系统的动力传输模型如图 8–18 所示。

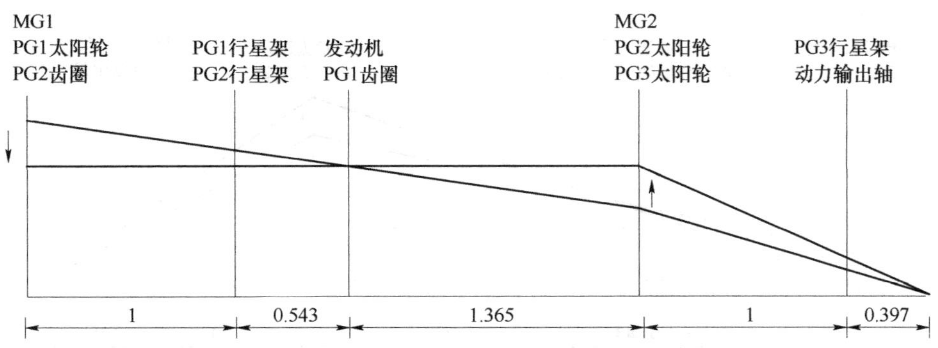

图 8–17 输入分配模式转为一档模式的速度关系

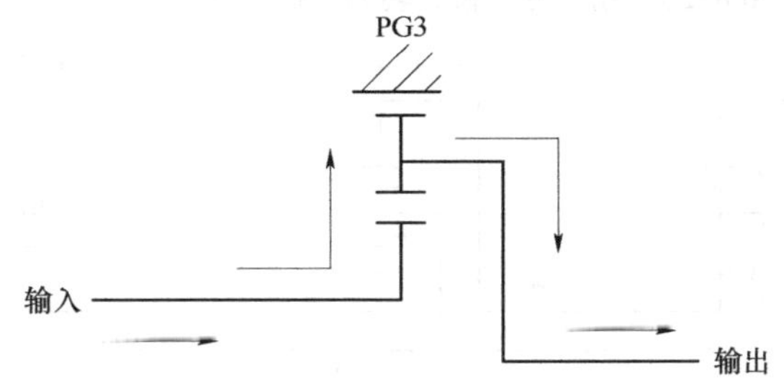

图 8–18 一档的动力传动模型

需要说明的是，在一档传动模式下，发动机的转速和车速成固定比例变化。随着转速的进一步提升，会使得发动机逐渐偏离经济运行区域，这时系统又把驱动模式切换回输入分配模式上，重新调整发动机工作方式和工作点，如图 8–19 所示。

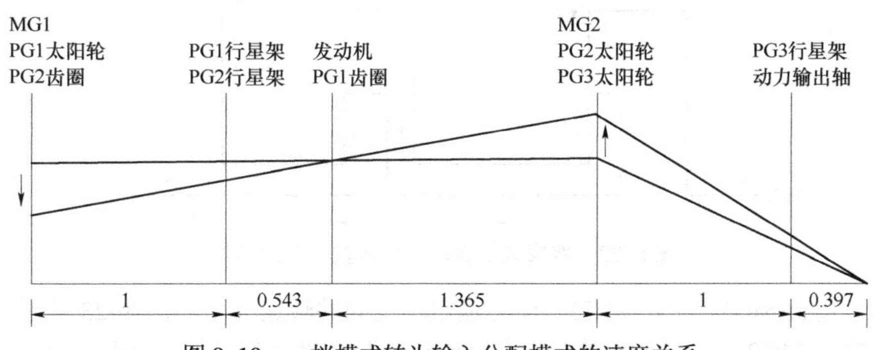

图 8–19 一档模式转为输入分配模式的速度关系

（3）二档传动模式（C1、C2 接合）

如图 8–20 所示，在输入分配模式下，随着车速的进一步提升，PG3 的行星架转速逐渐升高。当 PG1、PG2、PG3 的三个行星架接近同步转速时（注意此时电机 MG1 的转速达到最小，出现负值，即以反向电动方式工作），离合器 C2 接合，便形成二档传动模式，此时发动机的动力又完全以机械传动驱动车轮。二档传动模型如图 8–21 所示。

（4）复合分配模式（C2 接合）

在二档传动模式下，随着车辆提速，发动机的工作点又需要调整。调整方式是只需将二档传动模式下的离合器 C1 分离，维持 C2 接合。此时系统将进入第二种混合动力模式，即复

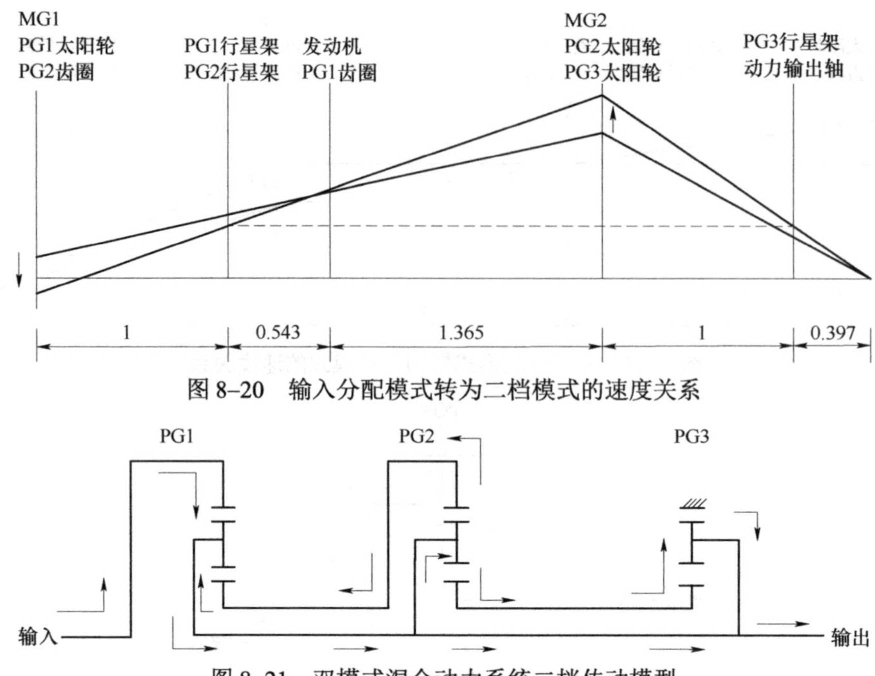

图 8–20　输入分配模式转为二档模式的速度关系

图 8–21　双模式混合动力系统二档传动模型

合分配模式（Compound–split mode）。其模型如图 8–22 所示，由 PG1 和 PG2 的行星架直接与动力输出轴相连。

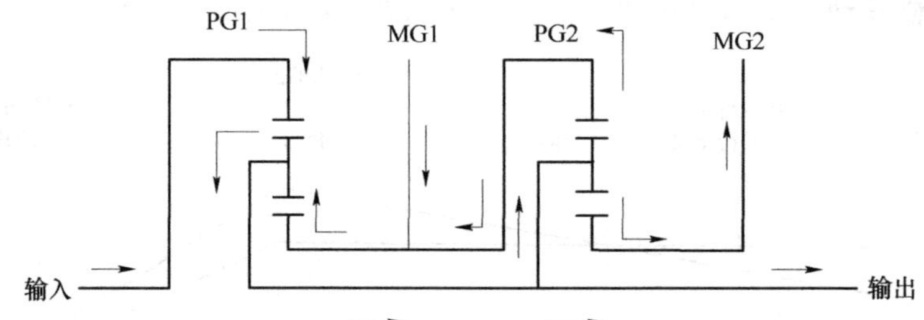

图 8–22　双模式混合动力系统复合分配模型

发动机、电机 MG1、电机 MG2、动力输出轴之间的转速关系如图 8–23 所示。在复合分配模式下，电机 MG2 处于发电状态，电机 MG1 处于电动状态。当发动机转速高于动力输出轴转速时，电机 MG2 比 MG1 转速高而转矩小，使得动力输出轴转矩大于发动机转矩，起到减速增矩的作用；当发动机转速低于动力输出轴转速时，电机 MG2 比电机 MG1 转速低而转矩大，使得动力输出轴转矩小于发动机转矩，起到减矩增速的作用。

需要注意的是，在复合分配模式下，为了保证系统稳态运行，发动机、电机 MG1、电机 MG2 的转矩之间必须满足

$$\begin{cases} \rho_1 T_0 = T_1 + \dfrac{T_2}{\rho_2} \\ T_0 + T_1 = T_2 + T \end{cases} \tag{8–15}$$

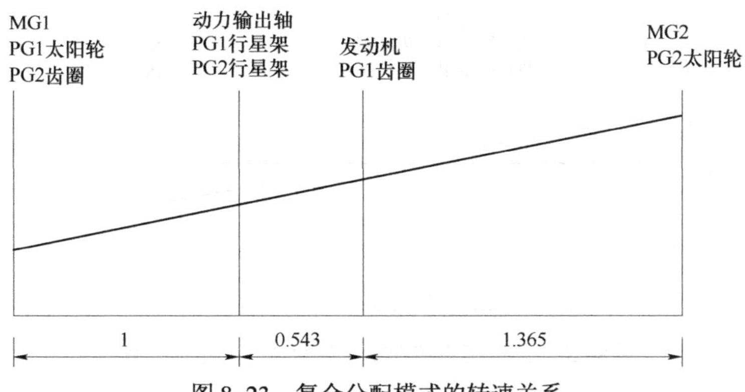

图 8–23　复合分配模式的转速关系

式中，T_0、T_1、T_2、T 分别为发动机、电机 MG1、电机 MG2 和动力输出轴的转矩；ρ_1 为 PG1 太阳轮与齿圈的齿数比；ρ_2 为 PG2 太阳轮与齿圈的齿数比。T_0、T_1、T_2、T 之间的关系可用图 8–24 所示的模拟杠杆表示。此式表明，当改变电机 MG1 的驱动转矩时，电机 MG1 的发电转矩必须做出调整，才能继续维持系统的力矩平衡。

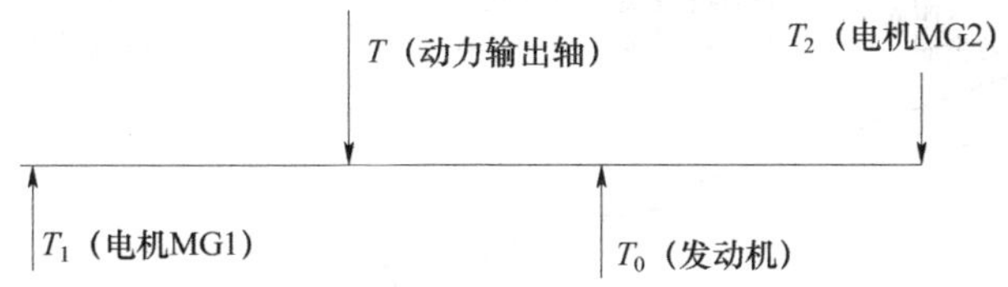

图 8–24　复合分配模式转矩平衡杠杆

（5）三档传动模式（C2、C4 接合）

如图 8–25 所示，车辆以复合分配模式运行时，随着车速继续上升，PG2 齿圈转速增大，其太阳轮转速减小。当二者转速接近时，离合器 C4 接合，形成三档传动模式，即直接档，其传动效率最高。

如图 8–26 所示，在三档传动模式下，车辆再提速时，发动机随之提速。当发动机工作点不再有高效率要求时，系统再次变为复合分配模式，汽车过渡到超速运行，输出轴转速大于发动机转速。

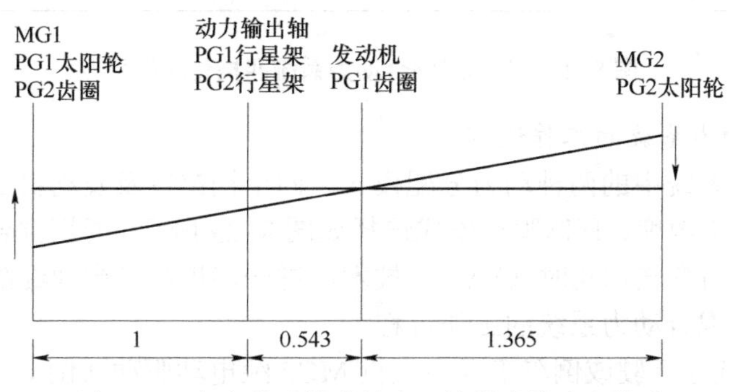

图 8–25　复合分配模式转为三档模式的速度关系

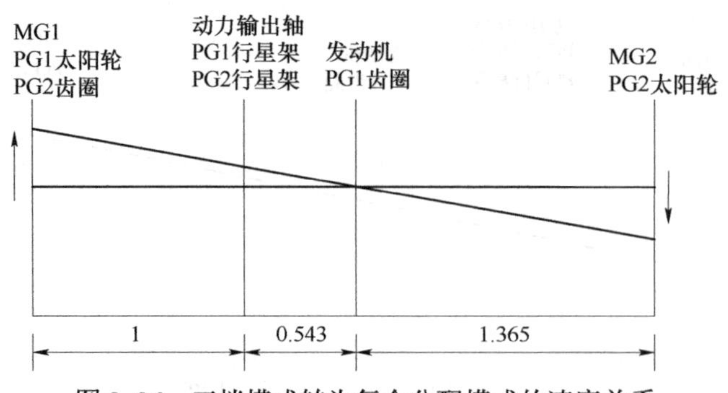

图 8–26　三档模式转为复合分配模式的速度关系

（6）四档传动模式（C2、C3 接合）

如图 8–27 所示，汽车以复合分配模式超速运行的情况下，如果驱动力仍大于行驶阻力，那么车辆将继续提速。当 PG2 太阳轮转速接近零时，离合器 C3 接合，形成四档固定速比传动模式，达到最高车速。四档固定速比传动为超速档，其传动模型如图 8–28 所示。

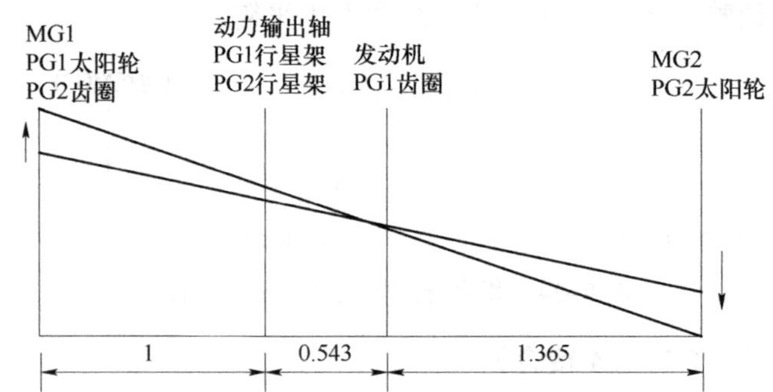

图 8–27　复合分配模式转为四档模式的速度关系

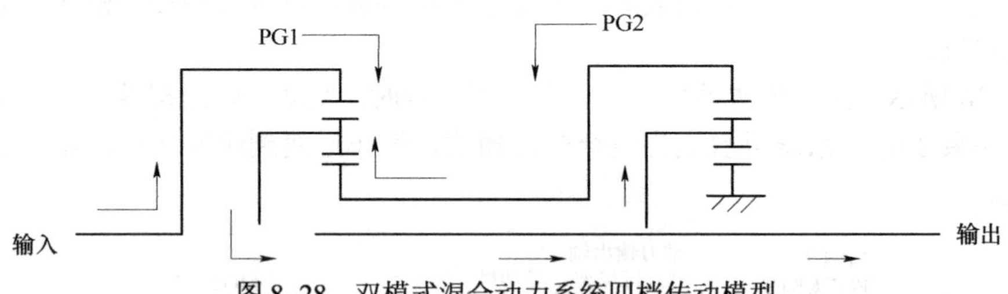

图 8–28　双模式混合动力系统四档传动模型

2. 双模式混合动力系统的工作过程

双模式混合动力系统中的两种动力分配模式、四个档位以及发动机工作方式根据车速和加速踏板的开度变化而改变，具体驱动模式选择如图 8–29 所示。通用混合动力系统还对发动机采用了停缸技术和可变气门正时（VVT）技术，进一步提高了燃油经济性。

下面分析双模式混合动力系统的工作过程。

① 车辆起步、低速行驶或倒车工况由电机 MG2 纯电动驱动（倒车时 MG2 反转）。

② 加速工况急加速时，由发动机八缸工作驱动；缓加速时，纯电动运行或发动机四缸工作。随着车速增大，按各离合器同步接合条件，系统依次使用纯电动、输入分配模式、一档、

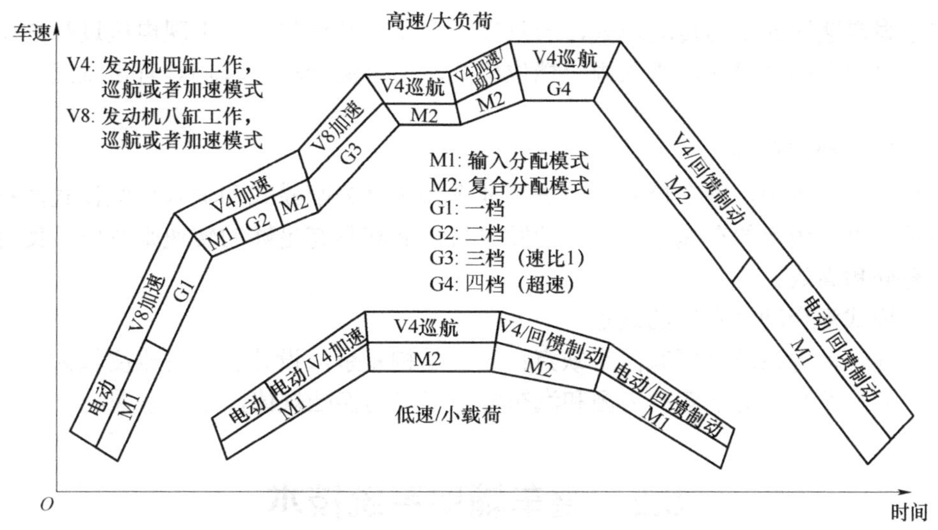

图 8–29　通用双模式混合动力系统工况分布图

输入分配模式、二档、复合分配模式、三档、复合分配模式、四档完成加速，实现踏板开度所能达到的车速。急加速时，电池提供辅助动力，且尽量使用固定档位驱动（固定档时相当于并联混合动力），以使汽车迅速提速；缓加速时，尽量使用输入分配模式和复合分配模式驱动，以使发动机工作在最佳工作点。需要说明的是，输入分配模式和复合分配模式之间也可以无冲击切换，只需在三个行星排的行星架达到同步转速时，同时改变离合器 C1 和 C2 的接合状态。

③ 巡航工况发动机四缸工作，以效率最大化为目标，依据车速决定使用两种混合动力模式还是四个固定档位模式行驶。低速巡航时，尽量使用输入分配模式和复合分配模式，提高发动机燃烧效率；高速巡航时，尽量使用三档和四档模式，提高系统的动力传动效率。

④ 减速工况车速较高时，受电机转速限制，发动机保持四缸运转，由电机 MG1 在复合分配模式下回馈车辆动能；车速较低时，发动机关闭，由电机 MG2 在输入分配模式下回馈车辆动能。

3. 双模混合动力系统的特点

（1）同步换档

双模混合动力系统中，输入分配模式（EVT1）和一档、输入分配模式和二档、输入分配模式和复合分配模式（EVT2）、复合分配模式和三档、复合分配模式和四档都可以实现同步换档，换档时离合器的相对速度保持为零，能够减小冲击，并消除了摩擦损耗。

（2）减小电机峰值功率

设置了输入分配和复合分配两种混合动力模式，车速较低时，使用输入分配模式以及较大的速比驱动车辆，减小对电机的转矩需求；车速较高时，使用复合分配和较小的速比驱动车辆，减小对两个电机的转速需求。因此双模式混合动力系统可以减小电机的峰值功率，使电机体积小、质量小、成本低。

（3）防止电机过热工作

众所周知，电机及其控制器过热是电动汽车容易发生的技术问题。双模式混合动力系统增加了四个固定速比的动力传动模式，一旦在混合动力驱动状态下出现电机过热的现象，控制系统即退出混合动力模式，进入固定档位模式，使得混合动力车辆具有常规汽车一样的牵引能力。

（4）能量回馈更充分

在汽车减速过程中，整车控制器依据车速选择复合分配模式和输入分配模式两种方式回馈制动能量，以在较宽的车速范围内，使发电机都能够具有足够的转速来发电，使得制动能量回馈更充分和高效。

（5）双模式混合动力系统的缺点

双模式混合动力系统主要有两个缺点：一是结构复杂，设计和制造难度较大；二是控制方面难度较大，尤其是适于双动力源和汽车复杂工况的换档规律，不易掌握。

8.2 整车辅助系统技术

新能源汽车和传统的内燃机汽车虽然在动力驱动装置上相差很大，但对于驾驶人而言，无论什么车，都必须满足驾驶的动力性、操控性、舒适性等基本要求。例如，内燃机汽车冬季可以利用发动机的冷却水进行取暖，而对于纯电动汽车而言，没有这种热水的来源，那就必须在设计时考虑到运用其他方式解决这个问题，如采用电动空调系统。这样，就出现了新能源汽车特有的一些辅助系统。

8.2.1 电动助力转向系统技术

8.2.1.1 概述

1. 设置助力转向的必要性

随着现代汽车技术的发展，人们对汽车转向系统提出了越来越高的要求，以下这几个方面的性能改进都对增设助力转向系统提出了要求。

① 良好的操纵性。即对转向盘的操纵轻便灵活，特别是在低速行车时。

② 较高的转向灵敏度。指操纵转向器，车轮就能快速响应使车身转向。对于助力转向系统，灵敏度主要反映在产生助力响应的快慢程度，助力作用快，转向就灵敏。

③ 转向车轮的运动规律正确稳定。要求内、外侧转向轮的偏转角及驱动轮的差速比正确稳定，两者的比值与转向盘的转角始终保持一定的关系，以保证在转向时各个车轮只有滚动而无滑动现象。

④ 具有良好的稳定操控性。转向盘具有转向结束时自动回正的功能，并使汽车具有直线行驶的稳定性。

⑤ 安全可靠性。当汽车发生碰撞时，转向装置应能减轻或避免对驾驶人的伤害。对于助力转向系统，当助力转向失效或发生故障时，应保证通过人力转向仍能进行转向操纵。

2. 助力转向系统的分类

助力转向系按传力介质的不同，可分为液压助力转向、气压助力转向和电动助力转向三大类。本节将介绍电动助力转向（Electric Power Steering，EPS）系统及其结构特点。

3. 电动助力转向系统的由来和特点

最早的 EPS 系统出现在 20 世纪 70 年代中期，这种系统提出的初衷是为了解决行驶中车辆发动机突然停止工作，失去液压助力时的行车安全问题。一旦发动机停止工作，用蓄电池供电的 EPS 系统立即投入工作。这种技术出现后，EPS 系统逐渐成为汽车技术发展的研究热点，但是，其推广应用进展缓慢，原因是 EPS 系统的成本太高。近年来随着电子技术的不断发展，EPS 系统的成本不断降低，很多车型上应用了这一系统。

对于新能源汽车而言，液压助力转向和气压助力转向系统都需要利用压缩机先把电能转换为液压或气压的机械能的形式，然后才能驱动助力转向系统，不如直接用电动助力转向系统效率高，而且便于实施智能控制。

与液压和气压助力转向系统比较，EPS 系统具有以下特点：

① EPS 系统能在各种行驶工况下提供最佳助力，减小由路面不平所引起的对转向系统的扰动，改善汽车的转向特性，减轻汽车低速行驶时的转向操作力，提高汽车高速行驶时的转向稳定性，进而提高汽车的主动安全性，并且可通过设置不同的转向手感特性来满足不同使用对象的需要。

② EPS 系统只有在转向时电动机才提供助力（不像液压助力，即使在不转向时，液压泵也一直运转），因而能减少燃料消耗。

③ EPS 系统取消了液压泵、传动带、带轮、液压软管、液压油及密封件等，其零件与液压助力系统相比大大减少，因此质量更小、结构更紧凑，在安装位置选择方面也更容易，并且能降低噪声。

④ EPS 系统没有液压回路，比液压助力系统更易调整和检测，装配自动化程度更高，并且可以通过设置不同的程序，能快速与不同车型匹配，因而能缩短生产和开发周期。

⑤ EPS 系统不存在渗油问题，可大大降低维修成本，减小对环境的污染。

⑥ EPS 系统与液压助力系统相比具有更好的低温工作性能。

EPS 系统由电动机直接提供转向助力，具有调整简单、控制灵活，以及无论在何种工况下都能提供相适应的转向助力的特点。

EPS 系统最为突出的优点是，该系统可在不更换系统硬件的情况下，提供改变控制器软件的设计，十分方便地调节系统的助力特性，使汽车能在不同的车速工况下获得所要求的助力特性。

此外，EPS 系统有助于四轮转向的实现，还能促进车辆悬架系统的发展。

8.2.1.2　EPS 系统的基本组成

EPS 系统主要由传感器（车速传感器、转矩传感器、转向角传感器）、电子控制器（ECU）和执行机构（电动机、电磁离合器、齿轮减速及其传动件）三大部分组成。图 8–30 所示为电动助力转向（EPS）系统的基本组成。

下面分别介绍主要部件的作用和工作原理。

1. 转矩传感器和车速传感器

转矩传感器是为了让 EPS 系统获知驾驶人的驾驶意图而设置的传感器。用于测量驾驶人作用在转向盘上的转矩大小和方向，以及转向盘转角的大小和方向。

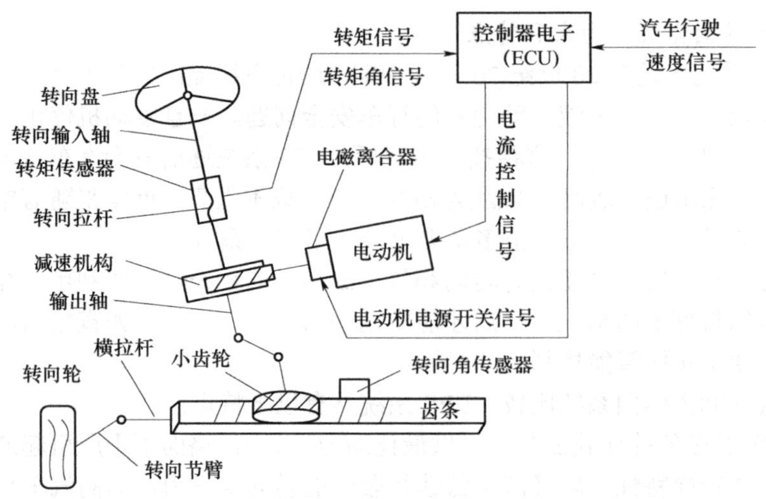

图 8–30　电动助力转向（EPS）系统的基本组成

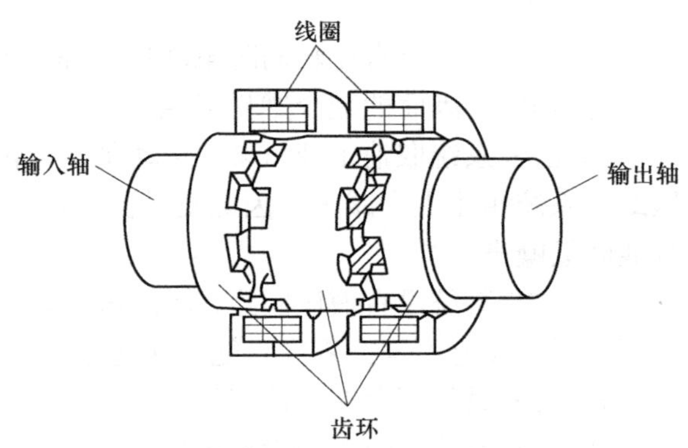

图 8–31　非接触式转矩传感器

转矩测量系统比较复杂而且成本很高，在EPS系统的成本中占据较大的比例。所以，精确、可靠、低成本的转矩传感器是决定 EPS 系统是否具有市场前景的关键之一。目前，采用较多的方案是在转向轴位置上加一个转向拉杆，通过测量转向拉杆的变形程度来测量转矩。另一种方案是采用非接触式转矩传感器。图 8–31 所示的非接触式转矩传感器中有一对磁极环，当输入轴和输出轴之间发生相对扭转位移时，磁极环之间的空气间隙发生变化，引起电磁感应系数的变化，用这一信号作为判断转矩大小和方向的依据。这种传感器体积小、精度高，缺点是成本高。

车速传感器是为了给EPS系统提供车速的信息，作为EPS系统决定产生助力大小的依据。

2. 电动机

转矩传感器是向 EPS 系统的 ECU 提供驾驶人意图的信息的，ECU 根据转矩传感器和车速传感器提供的数据，产生控制指令。电动机就是执行控制指令的一个执行机构，电动机的功能就是根据控制指令输出合适的转动方向和合适的转矩，输送给转向拉杆，以帮助驾驶人更加灵活、轻便、准确、稳定地完成转向的功能。

电动机是 EPS 系统的关键部件，对 EPS 系统的性能具有很大的影响。EPS 系统对电动机的要求是低转速大转矩、波动小、转动惯量小、尺寸小、质量小，而且可靠性高、易于控制。在设计上常常对原有电动机做一些改进以满足 EPS 系统的要求，如沿转子的表面开一些斜槽或螺旋槽、定子磁铁设计成不等厚的形状等。

永磁同步电动机具有高功率、高功率因数和高转矩惯性比等优点，是 EPS 系统的理想电动机。这种电动机无机械换向器和电刷，结构简单，体积小，运行可靠，环境适应能力强，

比功率远远大于一般电动机，是 EPS 系统电动机的首选。

3. 减速器

在 EPS 系统减速机构与电动机组合装置中，减速机构的作用是减速增矩，即降低转速增加转矩，常采用蜗轮蜗杆机构和行星轮机构形式。有的 EPS 系统减速机构还配有离合器，装在减速机构一侧，当车速达到一定值时，已经不再需要助力转向，这时用离合器切断电动机和减速系统的连接，EPS 系统停止工作。当电动机发生故障时，离合器也自动分离，转向系统进入无助力机械转向模式工作。

4. 三种助力方式

EPS 系统通常有三种助力方式：转向柱助力式、齿轮助力式和齿条助力式，如图 8–32 所示。

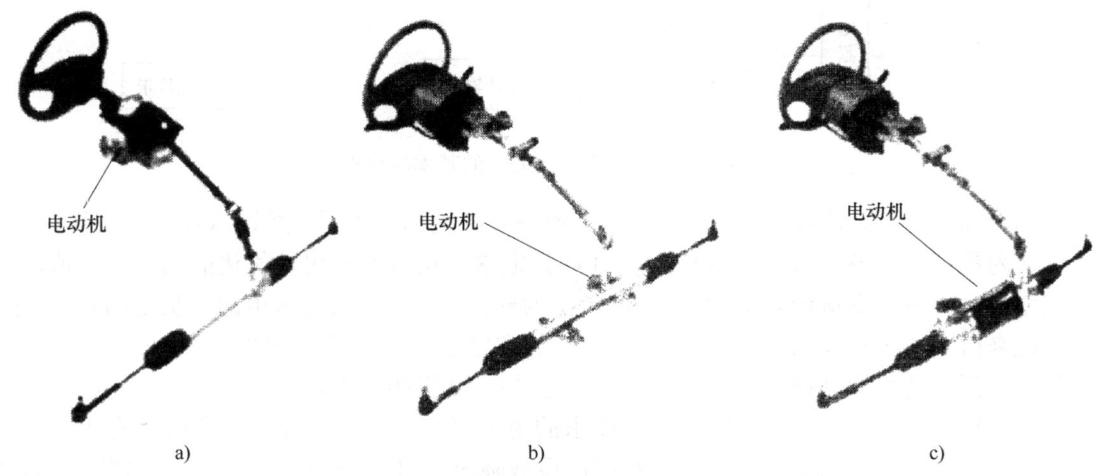

图 8–32　EPS 系统的三种助力方式

a）转向柱助力方式　b）齿轮助力式　c）齿条助力式

转向柱助力式 EPS 系统的电动机固定在转向柱一侧，通过减速机构与转向轴相连，直接驱动转向轴助力转向。齿轮助力式 EPS 系统的电动机、减速机构与小齿轮相连，直接驱动齿轮助力转向。齿条助力式 EPS 系统的电动机和减速机构直接驱动齿条提供助力。

8.2.1.3　EPS 系统的工作原理

转矩传感器和车速传感器将采集到的信号经滤波放大处理后，输入电子控制器（ECU），ECU 通过运行其内部的控制算法，向执行机构发出指令，控制执行部件的动作。如图 8–30 所示，其工作过程为：当操纵转向盘时，转矩传感器产生与输入转向转矩相对应的电压信号；该信号与车速信号同时输入 ECU，由 ECU 中的计算机系统运算处理后，确定其助力转矩的大小和方向，即选定电动机的驱动电流和方向，调整转向的辅助动力。电动机的转矩通过电磁离合器输出，再经减速机构减速增矩后，加在汽车的转向机构上，使之得到一个与工况相适应的转向作用力。

8.2.1.4　电子控制器（ECU）及其控制策略

电子控制器（ECU）的基本组成框图如图 8–33 所示，它包括 RAM、ROM、单片机及与其相应的外围接口电路。外围接口电路主要包括整形放大输入接口电路、A–D 转换器、D–A

转换器、电流控制电路、驱动电路、故障诊断输出及稳压电源等。

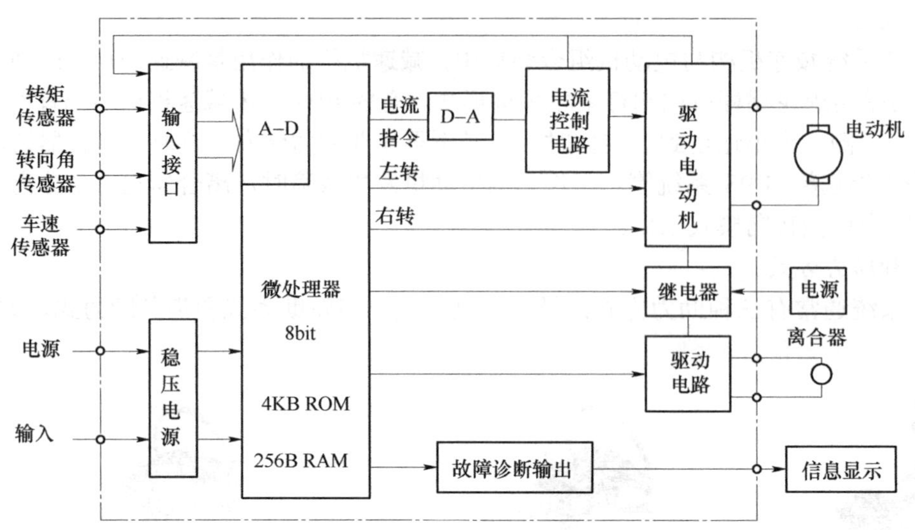

图 8–33　电子控制器（ECU）的基本组成框图

汽车转向运行时，转向转矩、转向角和车速信号经整形放大后，通过 A–D 转换器将模拟信号转换为数字信号输入微处理器 CPU。CPU 根据这些信号计算出最优化的助力转矩值，然后把该值作为电流命令值送到 D–A 转换器转换为模拟量，再将其输入电流控制电路。电流控制电路把来自 CPU 的电流命令值与电动机电流的实际值进行比较，产生一个差值信号，该差值信号被送到电动机驱动控制电路。同时 CPU 控制电动机驱动电路输出一个决定电动机（左转或右转）转动方向的信号，电动机按其要求的电流值和方向提供转向机构相应的助力。当汽车速度达到一定值不需要转向助力或系统出现故障时，CPU 发出信号经继电器切断电动机和离合器驱动电路的电源，停止其转向助力。

随着汽车车速和转向盘输入转矩的变化，助力电动机通过改变驱动电流也做相应的变化。ECU 电流的控制逻辑如图 8–34 所示。地面对轮胎偏转阻力随车速的提高而减小，因此随着车速的提高，转向盘的辅助动力应该相应地减小，即需减小助力电动机的驱动电流。然而在实际控制中，电动机电流是按阶梯规律下降的。在起动和低速时，电动机电流的变化比较大，因为在车速极低时，转向盘上所需的转矩要大得多，当车速超过一定值时，转向盘上的操纵力会很小，为了保持一定的操作性，这时助力电动机和电磁离合器停止工作。

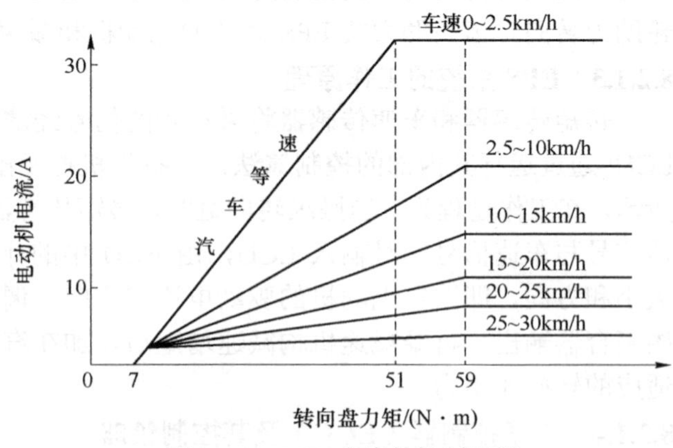

图 8–34　ECU 电流的控制逻辑

另外，助力电动机的电流还随着转向盘转矩的增加而增加。当转向盘转矩增加到一定程度后，在一定的车速范围内，电

动机电流就维持不变。因为更大的转向盘转矩出现的概率很小，所以从整体上来说对驾驶人的转向操纵力影响不大。

由图 8–34 所示的控制逻辑曲线可以看出：随着转向盘转矩的增加，要求电动机电流增加，当转向盘转矩增加到一定程度时，在该车速范围内电动机电流维持不变；而随着车速的升高，电动机电流呈阶梯规律减小，并且随着车速的提高，其阶梯变化也越来越小。

8.2.2　新能源汽车的空调系统技术

新能源汽车与传统汽车在系统构成上存在着较大差别，不同类型的新能源汽车又有不同的特点。纯电动汽车没有发动机作为空调压缩机的动力源，也没有发动机余热可以利用以达到取暖、除霜的效果。燃料电池电动汽车也没有发动机作为空调压缩机的动力源，但是燃料电池可以产生比较稳定的余热。对于混合动力电动汽车来说，发动机由其控制策略决定，不能随时作为制冷压缩的动力源。汽车空调对车厢内部空气的调节首要的是调节空气的温度，通过制冷来降低空气温度。根据新能源汽车的特点，目前可以选择的制冷空气调节方式主要有热电偶制冷、余热制冷和电动压缩机制冷三种。其中余热制冷可以考虑应用在燃料电池电动汽车上。

8.2.2.1　热电偶空调系统

热电偶技术自 20 世纪 50 年代末发展起来，其理论基础是佩尔捷–塞贝克物理效应。热电偶制冷、制热工作原理如图 8–35 所示，图中 N 型和 P 型半导体通过金属导流片连接。当电流由 N 通过 P 时，电场使 N 中的电子和 P 中的空穴反向流动，在导流片 1、2 上吸热，在导流片 3 上放热，产生温差。

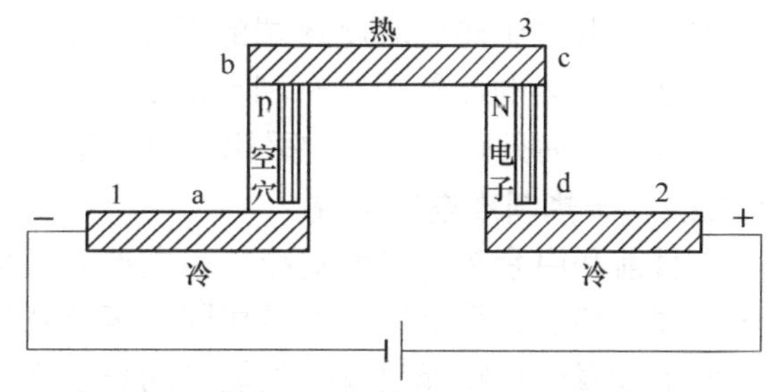

图 8–35　热电（偶）制冷、制热工作原理

热电偶技术因其独特的优点而得到了较广泛的应用，解决了许多特殊场合的空气调节问题，满足了人们在各种场合的需要。目前，该项技术已经应用到汽车冰箱、核潜艇空调器、宇航员及坦克乘员的空调服等方面。我国从 20 世纪 60 年代开始对热电偶技术进行研究，并生产出性能良好的热电偶材料。

热电堆制冷量与电流和温差的关系曲线如图 8–36 所示。由图可见，制冷量随工作电流变化而变化。因此，可以通过调节冷却器或散热器的工作电压改变其工作电流，从而改变其制冷量，来控制车内的送风温度。

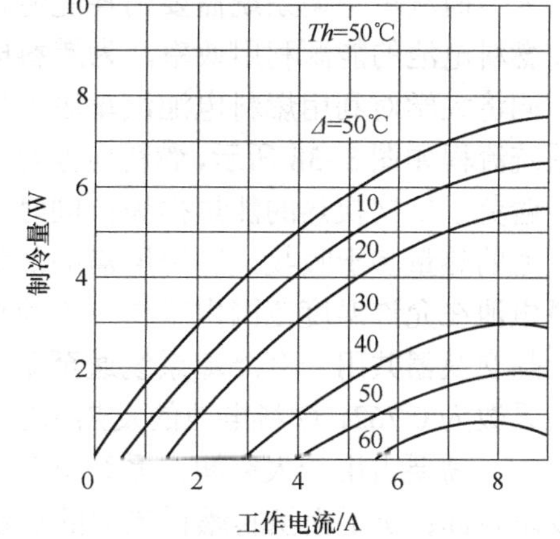

图 8–36　热电堆制冷量与电流和温差的关系曲线

该项技术具有很多适合电动汽车使用的特点，并且与传统机械压缩式空调系统相比，热电偶空气调节具有以下特点：热电偶元件工作需要直流电源；改变电流方向即可产生制冷、制热的逆效果；热电偶制冷片热惯性非常小，制冷时间很短，在热端散热良好冷端空载的情况下，通电

不到 1min，制冷片就能达到最大温差；调节组件工作电流的大小即可调节制冷速度和温度，温度控制精度可达 0.001℃，并且容易实现能量的连续调节；在正确设计和应用条件下，其制冷效率可达 90%以上，且具有体积小、质量小、结构紧凑等特点，有利于减小电动汽车的整备质量。另外热电偶空调系统可靠性高、寿命长并且维护方便；没有转动部件，因此无振动、无摩擦、无噪声且耐冲击。

电动汽车热电偶空调系统原理结构示意图如图 8–37 所示。冷却器位于传统汽车空调系统蒸发器的位置，用于除去被调节空气的热量及水分，并将热量传给系统中的载热介质。散热器则位于传统汽车空调系统冷凝器的位置，吸收冷却器放给载热介质的热量，并将该热量排放到环境大气中。传递热量的载热介质可以采用乙二醇与水的混合物，与汽车散热器中使用的介质相同，价格便宜并对环境没有任何污染。另外，由于热电偶制冷效率的高低取决于热电堆冷热端的温差，而强化热端的散热与强化冷端的冷量散发有利于降低热电堆冷热端的温差，故在车内外热电堆处均采用了风扇进行强制对流，以增加冷量的传递和提高制冷效率。

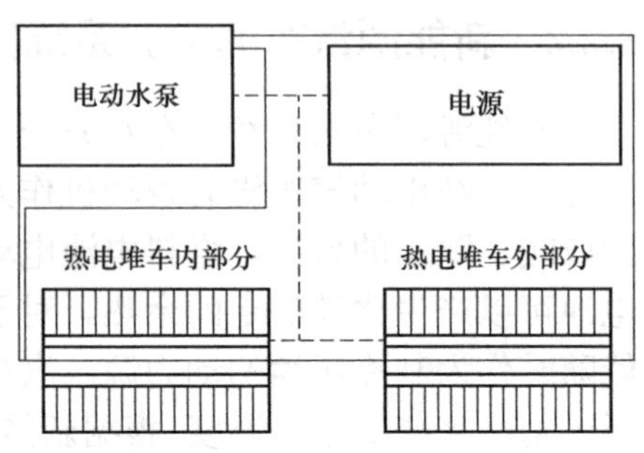

图 8–37 电动汽车热电偶空调系统原理结构示意图

8.2.2.2 余热制冷空调系统

目前利用余热的空调制冷技术主要有氢化物制冷、固体吸附式制冷及吸收式制冷，其工作原理、特点、系统组成不尽相同。氢化物制冷是指利用金属氢化物作为介质，通过在不同温度下金属氢化物释放或吸收氢气的特点而实现制冷。固体吸附式制冷是利用某些固体物质在一定温度、压力下能吸附某种气体或水蒸气，在另一种温度、压力下又能把它释放出来的特性，通过吸附与解吸过程导致压力变化，从而起到压缩机的作用。吸收式制冷也是以热能为动力，利用由两种沸点不同的物质组成溶液具有的气液不平衡特性来完成制冷循环。溴化锂–水和氨–水吸收式制冷是最常见的吸收式制冷。

对于燃料电池电动汽车来说，用燃料化学能转化成的电能作为动力，但是燃料电池的化学能转化效率只有 50%左右，其余的能量都转化为余热白白排放掉，导致燃料电池汽车能耗非常大。而汽车空调系统需要消耗能源，若能利用燃料电池的余热制冷，一举两得，将大大提高燃料电池的能源利用效率，为燃料电池汽车的发展和应用提供技术上的支持。

同济大学对利用燃料电池汽车废热的吸收式制冷空调系统可行性进行了研究。他们设计的系统流程如图 8–38 所示，燃料电池热管理系统的主热交换器直接通入吸收式制冷的发生器中，避免了二次换热的能量损失；同时热交换器上部接一个带有变频水泵的旁通支路，当燃料电池的热量多于吸收式制冷所需的热量时，通过旁通支路从辅助热交换器排出，从而确保燃料电池在允许温度范围内工作；为简化设备，吸收式制冷的冷凝器、吸收器和燃料电池的辅助热交换器共用一套冷却系统通至车外的风冷式热交换器中。通过计算，该吸收式制冷的热力系数为 0.762，燃料电池的发热量能够满足吸收式制冷所需的热量。但是吸收式制冷空调体积大，需要占用较大空间；系统复杂，对结构安装要求较高，并且对路面要求和汽车的减振要求较高；质子交换膜燃料电池的稳定工作温度为 80℃，这一温度对于吸收式制冷来说属于最低的要求，只能采用单效吸收式制冷机组，所以该系统的热力系数比较低；燃料电池需

要稳定的工作温度，因此燃料电池的热管理系统要求精确控制，使用吸收式制冷之后，因为该制冷系统与热管理系统相耦合，所以对于电池控制系统的要求提高。

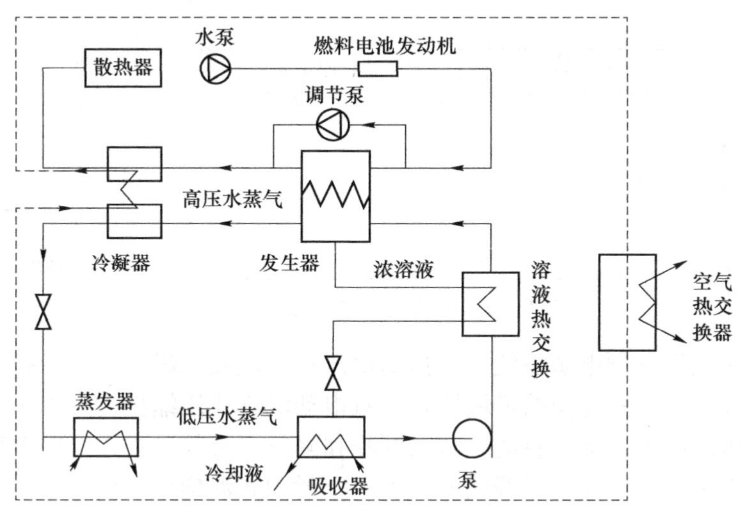

图 8–38 燃料电池汽车吸收式制冷空调流程图

总之，余热制冷技术在燃料电池电动汽车上的应用尚不太成熟，有待进一步研究。

8.2.2.3 电动压缩机空调系统

电动空调系统由于能量效率高、调节方便、舒适性好等优点逐步成为车辆空调研发应用的热点和发展趋势。电动汽车与传统汽车空调系统的区别在于：电动空调压缩机可以采用电动机直接驱动，电动空调系统在环境保护、动力舱结构布置以及车厢舒适性等各项指标上均处于优势，其主要优点如下：

① 电驱动压缩机空调系统可以采用全封闭的涡旋压缩机系统及制冷回收技术，整体的高度密封性可以减小正常运行以及修理维修时制冷剂的泄漏损失，从而减少了对环境的污染。

② 电动空调的压缩机靠电动机驱动，因此可以通过精确的控制以及在常见热负荷工况下的高效率运行来降低空调系统的能耗，从而提高整车的经济性。

③ 采用电驱动，噪声较低，可靠性高，故障率低，使用寿命长。

④ 对于一体式电动压缩机，取消了发动机与压缩机之间的传动带，没有了张紧件的质量，相对于传统结构减小了整车质量。

⑤ 可以在上下车之前预先启动电动空调，对车厢内的空气进行预先调节，增加乘客的舒适性，而传统空调则必须先起动发动机才能启动空调。

传统空调与电动空调的主要区别在于它们拥有不同的心脏——压缩机。一般空调压缩机采用开启式活塞压缩机，效率低、噪声大，且无法制热，存在制冷剂泄漏等问题。而车用空调不能采用高效的全封闭涡旋压缩机等先进技术，其原因就在于没有三相交流驱动电源，而电动汽车上的动力电池恰恰可以解决这一问题。新型电动变频空调系统应用高效全封闭涡旋压缩机等先进技术，改变了车用空调的机械驱动活塞式压缩机模式，推动了车用空调整车技术的提升。新型电动变频空调的工作原理如图 8–39 所示。

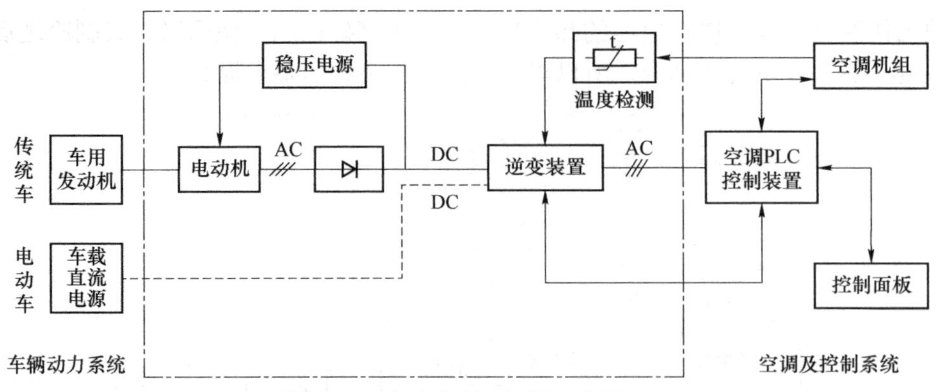

图 8-39　电动变频空调的工作原理

其核心技术是空调变频电源系统，包括高电压自整流发动机及其稳压模块、逆变电源模块两大部分。通过交直逆变电源的模块控制，对电动涡旋式压缩机进行电压空间矢量调制，实现电动涡旋式压缩机无级变频启动、基频制冷和降频保持等过程，彻底改变传统车用空调控制模式，节能效果明显，提高了舒适度。应用全封闭式涡旋压缩机，采用全焊接连接方式组成整体全封闭式无漏点系统，彻底解决了车用空调的制冷剂泄漏和密封技术难题，同时简化了安装，实现了空调系统的一体化集成设计。应用热泵循环原理，通过增加四通换向阀及调整相应的控制方式，方便地进行制冷制热模式切换，实现车用空调的冷暖一体化。采用两台涡旋式压缩机、两套冷凝器和蒸发器构成两个独立系统，可以同时启动也可以单独启动，实现了空调效果与节能的有机结合。

全封闭式涡旋压缩机电驱动方式与开启式压缩机机械驱动方式相比，其主要优势如下：

① 能效高。能耗与同等规格传统车用空调相比节约 15%左右，与传统电加热制热相比，制热能效比提高 40%。制热能效比是空调器的制热性能系数，表示空调器的单位功率制热量。

② 噪声低。比传统空调噪声低 5dB 以上。

③ 彻底解决制冷剂泄漏难题，有利于降低温室效应。

④ 工况不受发动机影响，变频调节温度，舒适性好。

⑤ 热泵系统不需要辅助设备，制热效率高。

⑥ 可实现一体化设计，简化了安装。

⑦ 可以达到免维护，使用寿命更长。

8.2.3　电液复合制动系统技术

电液复合制动技术作为一种节能与新能源汽车上独有的新技术，在混合动力车辆发展之初就受到重视。在保证汽车具有良好制动性能的前提下，电液复合制动可以尽可能地回收制动能量，以提高能源效率。

8.2.3.1　电液复合制动技术介绍

1. 混合动力汽车的制动特点

混合动力汽车将动力电池、电机为核心的电力驱动系统引入到传统汽车中，电机在车辆制动时可以作为发电机使用，将车辆的制动能量转变为电能回收储存在动力电池内，即具有电回馈制动

功能。这样混合动力汽车就可以对汽车的制动能量进行回收，从而提高整车的经济性能。在混合动力汽车中，起制动作用的有电回馈制动和机械制动两套系统，从而形成机电复合制动系统。

2. 电机制动能量回馈的基本情况

汽车制动能量的回馈受到车辆速度、电机特性、动力电池 SOC 等影响，电回馈制动力的大小受到电机外特性、动力电池最大充电电流和 SOC 的限制。车辆在进行电回馈制动时，需要对电池 SOC 进行实时检测，如果 SOC 超过工作范围上限，则不再进行制动能量回收。回馈电流过高时可能会引起电池的损坏，就一般情况而言，电机外特性中的峰值功率依据动力电池的最大放电功率设计，大于电池的最大充电功率，所以最大充电回馈制动功率一般设置为动力电池的最大充电功率。

在汽车电回馈制动过程中，由于受到电池最大充电功率的限制，电机可以提供的制动功率是有限的，因此只有在驾驶人抬起加速踏板或轻微踩下制动踏板时才以电回馈制动为主。在汽车制动强度很大时，瞬间要求的车辆制动功率远大于电回馈制动功率，此时必须同时施加机械制动，形成复合制动过程。在一定制动强度的要求下，控制策略合理地分配机械制动力和电回馈制动力之间的比例，在保证车辆制动性能的前提下实现最大制动能量回收。

3. 不同减速工况下的制动能量回收

传统燃油汽车制动消耗的能量接近车辆滚动阻力耗能与空气阻力耗能之和，而汽车在起停频繁的市区运行，车辆的大部分动能都会消耗在制动过程中，因此回收汽车制动能量意义重大。

汽车缓减速或下坡工况下，传统的燃油汽车一般以两种方式消耗车辆的动能：一是车轮通过传动系统反拖发动机运转，依靠活塞压缩气体形成发动机制动；二是通过制动器的轻微摩擦形成制动。对于一些大型车辆，还有其他制动方式，如重型货车常采用关闭排气管形成排气制动的方式，而大客车则常采用电涡流制动方式。这些制动方式都有一个共同的特点，就是把车辆的机械能变为热能散发掉，而不能实现能量回收利用。由于混合动力系统本身具备了机电转换装置和能量存储装置，因此制动能量的回收能够非常方便地实现。只要在汽车减速时解除车轮与发动机间的刚性连接，由车轮驱动电机发电，即可回收汽车减速能量。需要说明的是，尽管汽车缓减速或者下坡的制动强度不大，但由于制动时间相对较长，同时可以完全依靠电回馈制动，因此能够回收的能量较大。

汽车紧急制动工况下，在满足电池最大充电功率的前提下，电回馈制动系统尽可能多地回收制动能量，制动强度不足部分由机械制动系统完成。在这种工况下，车速下降较快，电机回馈的制动能量所占比例不大，但也能收回一部分车辆动能。

依据车辆制动强度，优先使用电回馈制动可以大幅度地提高整车经济性。据有关研究显示，在起停频繁的市区运行，通过车辆减速能量的回收，可实现节油 10%～15%。

8.2.3.2 复合制动系统的功能需求和特点

1. 复合制动系统的功能需求

为了尽可能多地回收制动能量，在电回馈制动满足制动需求的情况下，系统要求优先使用电回馈制动，因此复合制动系统应该具备这几项功能：保证制动安全性、有效地回收制动能量、使驾驶人驾驶感受良好、有效的机械备份工作模式以保证系统在电气有故障的时候仍然能够有效地制动。

2. 复合制动系统的结构特点

从结构上看，复合制动系统与传统液压制动系统的区别主要有三大方面：

① 具备制动力可控的液压制动系统结构。为了实现在一定制动强度下的能量回收，需要施加电回馈制动力，若要同时保持整车制动强度不变，则需相应降低液压制动力。复合制动系统中对制动液压的控制基本分成两种形式：一是液压阀直接控制管路压力（阀控），如图 8–40 所示；二是通过控制主缸推力进行制动液压控制（缸控），如图 8–41 所示。目前大部分复合制动系统采用的是液压阀直接控制管路压力。

采用电磁液压阀控制管路压力时，液压源可以来自于制动主缸或者单独设立的泵站。图 8–40 所示的系统采用电机、液压泵、蓄能器构成了独立的泵站，通往每个车轮的制动管路压力由电磁阀控制。图 8–41 所示的系统是通过控制主缸推力来控制制动压力。通过在真空助力器和制动主缸之间加装一个液压执行机构，此机构同时作用在主缸推杆和制动踏板推杆上，由三位三通电磁阀控制液压机构的工作压力。此工作压力一方面完成主缸的工作，另一方面提供制动踏板力反馈。

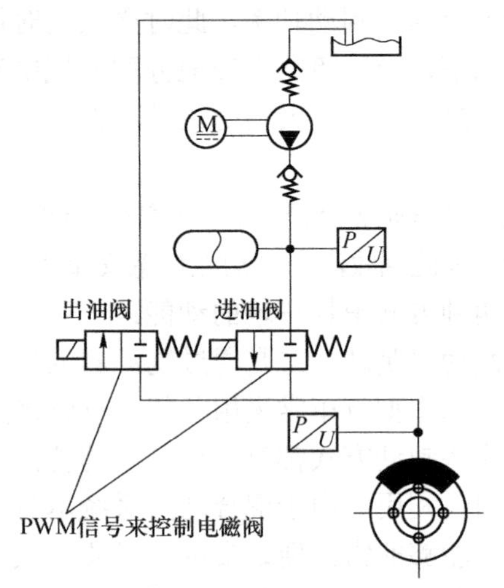

图 8–40 阀控的液压制动力控制系统

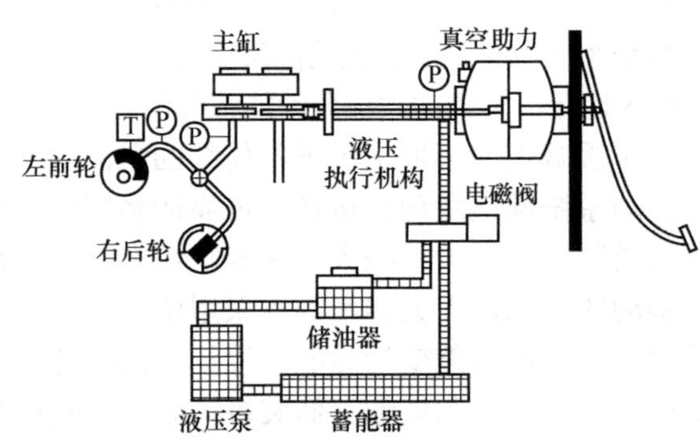

图 8–41 缸控的液压制动力控制系统

② 能够检测制动指令并解释制动意图，复合制动系统需要根据驾驶人的制动意图对液压制动力和电回馈制动力分别进行控制，在满足制动意图的同时实现制动能量的回收。因此复合制动系统必须增加制动意图的感知设备，一般是采用制动踏板位移传感器来检测制动意图。

③ 复合制动系统控制器是复合制动系统的控制部件，制动踏板位移检测、制动意图解释、液压阀控制和制动力分配都由它完成。另外复合制动控制器从整车控制器获取制动力分配策略执行过程中所需要的车辆状态信息，并将电回馈制动力矩指令发送给整车控制器。

在以上系统中，实现制动力可控是复合制动系统的基础和保证，也是系统最大的难点。目前绝大多数复合制动系统采用图 8–40 所示的阀控液压制动力控制系统，液压泵的输出压力可以达到 20MPa 以上。难点之一是由于制动所需的液体量很小，因此要求系统的各控制阀有极高的动态性能。难点之二是高效率、高性能的复合制动控制策略。复合制动如果要尽可能地回收能量，则必须最大限度地发挥电机和动力电池系统的能力，然而此能力随着车辆状态的变化而不断改变。因此，如何在保证最大电回馈制动能力的同时，精确地协调控制液压制动力，使车辆制动过程平滑，是系统控制的难点。

8.3　整车安全技术

8.3.1　结构安全技术

汽车车身概念设计阶段，首先要实现对车身分析模型的快速构造和对结构尺寸的编辑修改，其次是快速实现多个方案的性能比较和结构优化设计。以并行工程为主要模式的现代车身设计方法要求设计与分析并行，车身结构分析贯穿于整个设计过程，优化的思想在概念设计开始的阶段就被引入，以寻找最优的方案，并将其贯穿于整个设计阶段。

为了实现车身的最优化设计，实现车身的轻量化和降低成本，需要对车身进行优化设计。在车身的概念设计阶段，对车身的结构性能进行优化可保证后续的设计参数更加合理可靠。但是一般的优化设计仅仅对其中某个指标进行单一目标的优化，很难得到满足实际车身设计需要的最优结构参数，因为对单一目标优化可能会对其他结构性能产生不利的影响。因此需要进行以多个结构性能指标同时作为优化目标的多目标优化。

车身结构概念设计系统（Vehicle Concept Design– Intelligent CAE，VCD–ICAE），基于汽车行业常用的软件 UG/NX 平台进行二次开发。它以 CAE 技术为核心，融合了参数化设计、模板技术和优化方法等先进的设计分析技术，可快速建立参数化概念车身的几何模型，生成有限元网格模型和边界约束载荷，通过调用外部求解器 NX/Nastran 进行刚度和模态计算，生成后处理视图和产品设计报告，还可对概念车身的梁和板组合结构进行灵敏度分析及参数优化、形状优化，指导和帮助用户得到满意的设计方案，最终实现“分析驱动设计”这一新的概念设计理念。该系统包括概念车身的几何建模模块、有限元建模模块、求解与后处理模块、车身结构优化模块。该系统的多目标优化模块可对白车身有限元概念模型的结构刚度和低阶模态多个目标同时进行灵敏度和优化分析，得到最优设计方案，从而为用户提供更加满意的改进建议。

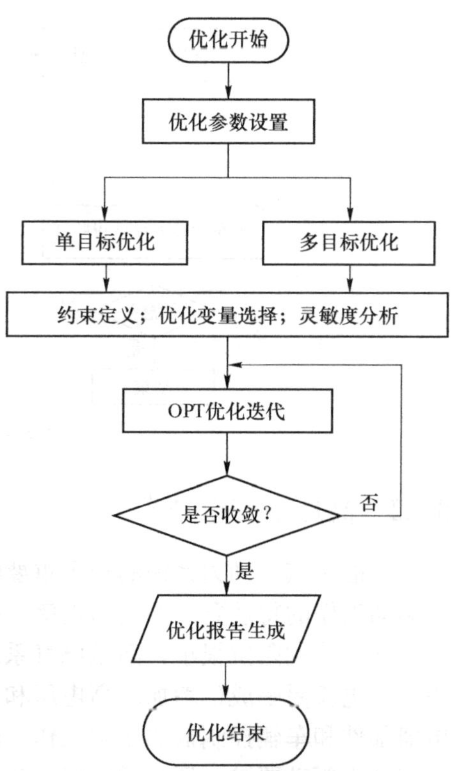

图 8–42　多目标优化模块流程图

多目标优化模块基于 NX 系统采用开放的二次开发语言 NX/Open API，通过 NX/Styler 界面工具建立了向导型界面，通过 NX Spreadsheet 功能实现了优化参数的存取和更新，系统无缝集成了 NX Nastran 作为概念模型分析的求解器，采用 NX OPT 模块作为优化器进行优化迭代。多目标优化模块流程图如图 8–42 所示，具体步骤如下：

① 优化参数设置：设定优化最大迭代次数及收敛条件参数等。

② 优化类型选择：选择刚度多目标优化、模态多目标优化或刚度和模态综合多目标优化，并设定优化目标方式，即求解优化目标最大还是最小。

③ 约束条件定义：多目标优化模块中三种优化类型均以白车身概念模型的车身质量为约束，在质量不增加的约束条件下进行优化分析。

④ 优化变量选择：多目标优化模块支持以车身板件厚度和梁截面形状为优化变量进行优化分析。

⑤ 灵敏度分析：对选取的所有优化变量进行灵敏度分析，输出结果，从而确定对优化目标贡献较大的变量。

⑥ 优化迭代实现：根据灵敏度分析结果，选取对优化目标贡献较大的变量进行优化迭代分析，直至满足收敛条件。

针对上述步骤，对新能源汽车的车梁结构刚度和模态进行多工况分析，对相应结构参数、形状参数和材料特性进行多目标优化，保证车体结构安全正向设计最优实现，降低制造成本、提高车身安全性。整车结构安全技术路线如图 8–43 所示。

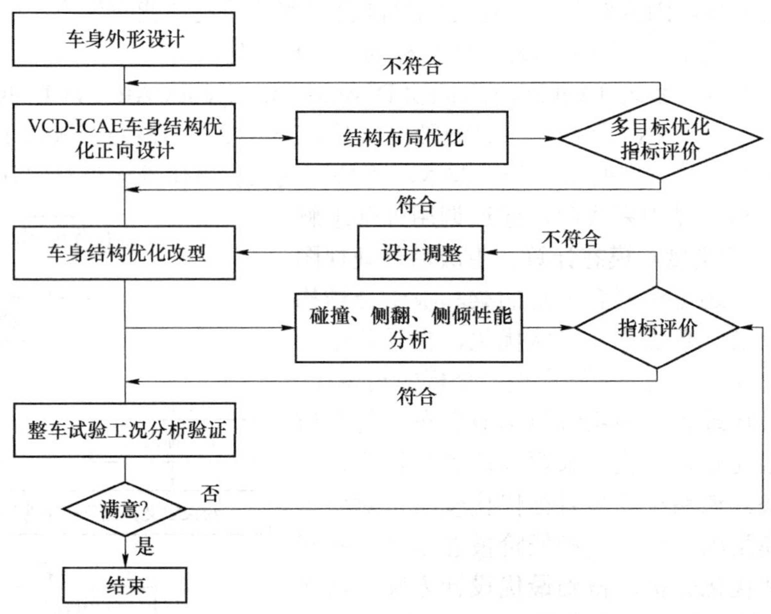

图 8–43　整车结构安全技术路线

8.3.2　高压电安全技术

新能源汽车动力系统的一个重要特点就是具有高电压、大电流的动力回路。为了适应电机驱动工作的特性要求并提高效率，高压电气系统的工作电压可以达到 300V 以上，而且电力传输线路的阻抗很小。高压电气系统的正常工作电流可能达到数十甚至数百安培，瞬时短路放电电流更是成倍增加。高电压和大电流会危及车上乘客的人身安全，同时还会影响低压电器部件和车辆控制器的正常工作。因此，在设计和规划高压电气系统时，不仅应充分满足整车动力驱动要求，还必须确保车辆运行安全、驾乘人员安全和车辆运行环境安全。根据电

动汽车的实际结构和电路特性，设计安全合理的保护措施，是确保驾乘人员和车辆设备安全运行的关键。为了保证高压电安全，必须针对高压电防护进行特别的系统规划与设计。国际标准化组织和美国、欧洲、日本等都先后发布了若干电动汽车的技术标准，它们对电动汽车的高压电安全及控制制定了较为严格的标准和要求，并规定了高压系统必须具备高压电自动切断装置。其中涉及与电动汽车安全有关的电气特性有绝缘特性、漏电流、充电机的过电流特性和爬电距离及电气间隙等。

电动汽车的运行情况非常复杂，在运行过程中难免会出现部件间的相互碰撞、摩擦、挤压，这有可能使原本绝缘良好的导线绝缘层出现破损；接线端子与周围金属出现搭接。高压电缆绝缘介质老化或受潮湿环境影响等因素，都会导致高电压电路和车辆底盘之间的绝缘性能下降，电源正负极引线将通过绝缘层和底盘构成漏电流回路。当高电压电路和底盘之间发生多点绝缘性能下降时，还会导致漏电回路的热积累效应，可能造成车辆的电气火灾。因此，高压电气系统相对车辆底盘的电气绝缘性能的实时检测，也是电动汽车电气安全技术的核心内容。电动汽车电气安全监测系统需要实时监测整车电气状态信息，如总电压、总电流、正负母线对地电压值、正负母线绝缘电阻值、辅助电压和继电器连接状况等，并通过 CAN 总线输出测得各部分的状态及数值、输出系统的报警状态和通断指令，从而确保电动汽车的安全运行。

8.3.2.1 高压系统布置要求

根据纯电动汽车的实际结构以及高压回路特性可知，纯电动汽车高压系统需要在保证整车动力传动的同时，实时监测高压电状态。要求高压系统能在发生故障时，通过高压接触器及时切断高压回路，保证整车系统和乘客的安全，同时要求在驻车充电或者驻车维修时，能切断所有可能的高压危险因素。系统零部件和电气系统的布置要求易于实现高压电安全监控功能，安全性好，可靠度高，还需要考虑高压部件的隔离以及动力电池的电磁干扰问题。下面具体列出了七项纯电动汽车高压系统布置要求：

① 供电的所有动力电池做到分组串联，且每组电压小于 96V，并配熔断器，可在发生意外短路时断开电池组之间的连接。

② 将一个含有多个动力的电池包、两个高压直流接触器以及熔断器各自集成在绝缘封闭壳体内，这样就可以将高电压的带电部件与外部环境隔绝，同时相互之间的电磁干扰也得到了较好的屏蔽。

③ 设计的高压电安全监控系统也安装在一个绝缘封闭壳体内，而且布置位置需要尽量靠近电池包以便在发生高压故障时可及时切断高压回路。

④ 高压电安全监控系统包含高压回路预充电电路，目的是为了防止高压系统容性负载产生的瞬态冲击，在系统断电后，保证预充电继电器能够完全断开。

⑤ 高压电安全监控系统通过控制高压接触器通断，可以确保电动汽车高压回路的安全性，且在系统断电后，两个高压接触器能够完全断开。

⑥ 在高压回路中布置高压环路互锁电路，以确保电池组外的所有高压电路的连续性。

⑦ 设置手动切断高压回路装置，用丁维修或者紧急情况下手动切断高压回路。

8.3.2.2 安全要求及检测参数

在最大交流工作电压小于 660V、最大直流工作电压小于 1000V 以及整车质量小于 3500kg

的条件下，电动汽车的高压安全要求如下：

① 人体的安全电压低于 35V，触电电流和持续时间乘积的最大值小于 30mA·s。

② 绝缘电阻除以电池的额定电压至少应该大于 100Ω/V，最好是能够确保大于 500 Ω/V。

③ 对于高于 60V 的高压系统的上电过程至少需要 100ms，在上电过程中应该采用预充电过程来避免高压冲击。

④ 在任何情况下继电器断开时间为 20ms，当高压系统断开后 1s，汽车的任何导电部分应该和可触及的部分对地电压的峰值应当小于 42.4V（交流）或 60V（直流），储存的能量应该小于 20J。

对于电动汽车的高压电系统和自动断路器的工作状态及功能的监测，需要检测的参数可以分成以下几类：

① 高压电气参数：高压系统电压、电流、高压总线剩余电量。

② 高压电路参数：动力电池绝缘电阻、高压总线等效电容。

③ 非电测量参数：环境温度、湿度。

④ 数字测控参数：主要是开关量的输入和输出。

8.3.2.3 高压安全防护措施

1. 剩余电流断路器

电动汽车采用剩余电流断路器是必要的。一旦有正母线或负母线与车身相连，保护器就报警，这就避免了电机壳体翻电成为高压正极，站在车上的人触摸负极造成电击伤。这样的设计也可避免空调系统高压、DC/DC 变压系统高压的泄漏。

2. 高压互锁

逆变器密封在高压盒中，非工作人员不能拆开。但也会有工作人员疏忽和非工作人员强行拆开的情况，为防止电击伤，在逆变器盒盖上设计有高压互锁开关，只要逆变器盒体打开，开关动作，控制器收到信号，断开系统的主继电器，可以避免意外电击出现。

3. 绝缘电阻检测

较高的供电电压对整车的电气安全提出了更高的要求，尤其是对高压系统的绝缘性能提出了更为苛刻的要求。绝缘电阻是表征电动汽车电气安全好坏的重要参数，相关电动汽车安全标准均做了明确规定，目的是为了消除高压电对车辆和驾乘人员人身的潜在威胁，保证电动汽车电气系统的安全。

8.3.2.4 高压绝缘监测

1. 电气绝缘监测的一般方法

对于封闭回路的高压直流电气系统，其绝缘性能通常用电气系统中电源对地漏电流的大小来表征。现在普遍使用两种漏电流检测方法：辅助电源法和电流传感法。

（1）辅助电源法

在我国某些电力机车采用的漏电检测器中，使用一个直流 110V 的检测用辅助蓄电池，蓄电池正极与待测高压直流电源的负极相连，蓄电池的负极与车辆机壳实现一点连接。在待测系统绝缘性能良好的情况下，蓄电池没有电流回路，漏电流为零；在电源线缆绝缘层老化或者环境潮湿等情况下，蓄电池通过电源线缆绝缘层形成闭合回路、产生漏电流，检测器根据漏电流的大小进行报警，并关断待测系统电源。这种检测方法不仅需要直流 110V 电源，

增加了系统结构的复杂度，而且难以区分绝缘故障源是来自电源正极引线电缆还是负极引线电缆。

（2）电流传感法

采用霍尔式电流传感器是对高压直流系统进行漏电流检测的另一种方法。将待测系统中电源的正极和负极一起同方向穿过电流传感器，当没有漏电流时，从电源正极流出的电流等于返回到电源负极的电流，因此穿过电流传感器的总电流为零，电流传感器的输出电压为零；当发生漏电现象时，电流传感器输出电流不为零。根据电压的正负可以进一步判断产生漏电流的来源是来自电源正极引线电缆还是电源负极引线电缆。但是，应用此方法的前提是待测电源必须处于工作状态。

在目前的电动汽车产品研发中，采用母线电压在“直流正极母线–底盘”和“直流负极母线–底盘”之间分压来表征直流母线相对于车辆底盘的绝缘程度。但是，这种电压分压法只能表征直流正、负母线对底盘的相对绝缘程度，无法判断直流正、负母线对底盘绝缘性能同步降低的情况。

2. 电动汽车电气绝缘性能的描述

电动汽车的电气设备直接安装在车辆底盘上，每个电气设备都有独立的电流回路，与底盘没有直接的电气连接。整个高压系统是与底盘绝缘、封闭的电气系统。

绝缘体是相对导体而言的，在直流电源系统中，定量描述一种介质绝缘性能和导电性能的物理量是电阻。导体的电阻小，绝缘体的电阻大，绝缘体电阻的大小表征了介质的绝缘性能。电阻越大，绝缘性能越好，大电阻被称为绝缘电阻。在电动汽车的高压电气系统中，分别利用电源的正极引线电缆和负极引线电缆对底盘的绝缘电阻，来反映电气系统的绝缘性能。

3. 绝缘电阻检测原理

为了检测上述绝缘电阻，直接将车载高压电源作为监测电源。电源正极、负极和车辆底盘之间建立了桥式阻抗网络，如图 8–44 所示。其中，A 点与电源正极相连，B 点与电源负极相连，O 点与车辆底盘相连。U_0 为高压电源的输出电压，R_1、R_2 分别为高压电源正极、负极引线对底盘的绝缘电阻，R 为限流电阻，取 R=51kΩ。VT_1、VT_2 为电子控制开关，通过控制电子开关的导通与关断，改变了 AB 两点之间的等效电阻和电源的输出电流 I，根据 U_0、I 和等效电阻计算出 R_1 和 R_2。

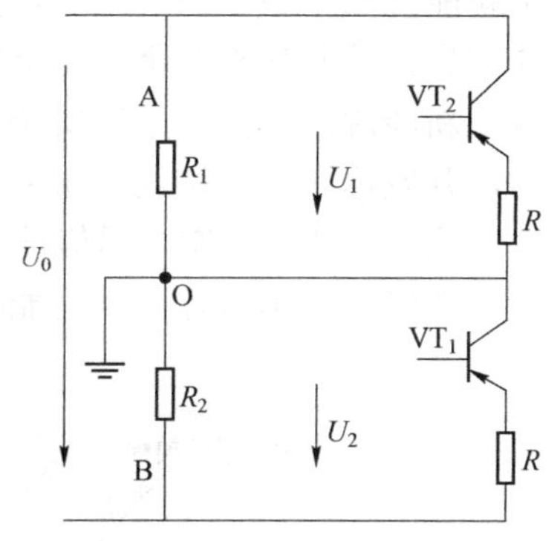

图 8–44　桥式阻抗网络

相对于电压 U_0 而言，开关的导通电压很小，可以忽略不计。电动汽车在运行过程中，电压 U_0 不是恒定不变的，其读数需要和电流同时采集。当 VT_1 导通、VT_2 关断时，桥式阻抗网络等效形式为 R_1 与 R 并联后与 R_2 串联，这时，电源电压为 U_1，电流为 I_1，关系式为

$$U_1 = I_1\left(R_2 + \frac{R_1 + R}{R_1 R}\right) \tag{8–16}$$

当 VT_2 导通、VT_1 关断时，桥式阻抗网络等效形式为 R_2 与 R 并联后与 R_1 串联，这时，电源电压为 U_2，电流为 I_2，关系式为

$$U_2 = I_2\left(R_1 + \frac{R_2 + R}{R_2 R}\right) \tag{8-17}$$

当高压电源正极、负极引线对底盘的绝缘性能良好，满足 R_1 、 R_2 的电阻值都大于 10kΩ 时，可以做以下近似处理：

$$\frac{R_1 + R}{R_1 R} \approx R \tag{8-18}$$

$$\frac{R_2 + R}{R_2 R} \approx R \tag{8-19}$$

综合上述四个表达式，得到

$$R_1 = \frac{U_1}{I_1} - R \tag{8-20}$$

$$R_2 = \frac{U_2}{I_2} - R \tag{8-21}$$

如果 VT_1、VT_2 同时关断，电流 I 大于 2mA，则说明绝缘电阻 R_1 、 R_2 电阻值之和小于 150kΩ，电源的正极、负极引线电缆对底盘的绝缘性能不好，检测系统不再单独检测 R_1 、R_2，立即发出报警信号。

8.3.3 功能安全技术

参照汽车功能安全标准 ISO26262，按照图 8–45 所示的整车功能安全技术开发流程，基于新能源汽车整车系统架构，分析可能存在的功能安全风险并评估风险等级，给出功能安全的判据，提出系统软硬件设计方法。通过整车控制系统各部件运行状态监控、控制功能监控，保证新能源汽车控制系统安全运行；进行控制系统故障诊断技术研究，建立整车控制的故障树，开发诊断通信协议，研究诊断服务请求和诊断应用技术；针对新能源汽车数字化网络技术的应用，开展高安全通信技术研究，包括冗余通信技术、失效安全容错控制技术等。同时，进行新能源汽车跛行回家功能研究，保障车辆控制系统失效安全性能。

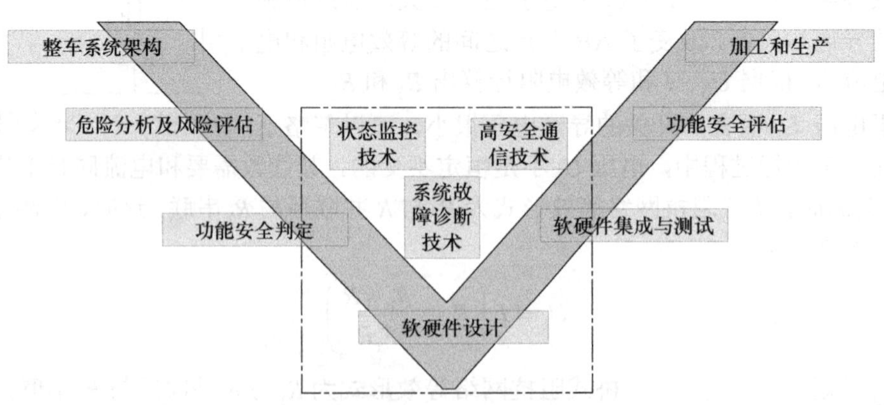

图 8–45 整车功能安全技术开发流程

8.4 电磁兼容技术

本节主要介绍电磁兼容的基本概念、电磁干扰源，分析现代电动汽车的电磁兼容问题及抑制电磁干扰的技术措施等。

8.4.1 电磁兼容基础

8.4.1.1 电磁兼容的含义

电磁兼容（Electro Magnetic Compatibility，EMC）是指电气及电子设备在共同的电磁环境中能执行各自功能的共存状态，即要求在同一电磁环境中的相关设备都能正常工作又互不干扰，达到兼容状态。该表述包含两方面的含义：

① 设备不会由于受到处于同一电磁环境中其他设备的电磁发射导致或遭受不允许的降级。

② 它也不会使同一电磁环境中其他设备因受其电磁发射而导致或遭受不允许的降级。

国际电工技术委员会（IEC）对电磁兼容性的定义：电磁兼容性是设备的一种能力，它在其电磁环境中能完成自身的功能，且不在其环境中产生不允许的干扰。

电磁兼容的理论基础涉及数学、电磁场理论、电路基础、信号分析等学科与技术，其应用范围又几乎涉及所有用电领域。因为其理论基础宽、工程实践综合性强、物理现象复杂，所以在观察与判断物理现象或解决实际问题时，实验与测量具有重要的意义。因为在新能源汽车上采用了更多的电力电子设备，同时车辆工作电压一般可以达到几百伏，尤其是采用高频调制的电机驱动系统，谐波现象明显，所以电磁兼容问题就越加突出。

8.4.1.2 现代汽车电磁兼容问题

随着汽车安全性、舒适性和经济性等要求的不断提高，以汽车电子产业为代表的汽车相关技术发展非常迅猛。据统计，近年来，有关汽车的技术创新 70%都来源于汽车电子；在国内外生产的部分轿车中，汽车电子设备价值超过了整车价值的 30%。

然而随着汽车电气设备数量、种类和密度的不断增加，工作频率的不断提高，汽车内的电磁环境更加恶劣，各电子设备相互间的电磁干扰愈加严重，导致了诸多汽车电磁干扰问题。例如，各种信号指示灯的误动作，刮水器、安全气囊的误开启，ABS 制动效能降低等。这些电磁干扰问题产生的原因主要来自汽车的内部，如点火系统、电子燃油喷射系统、各种电机、一些集成芯片的控制器、通信系统等高频工作的设备和大量开关性元器件。它们产生的电磁波通过传导与辐射，对诸如各种电子模块、信号传输线等易受影响的设备造成干扰。虽然车内的干扰源功率不一定大，但因为距离被干扰对象非常近，所以对车内电子系统的干扰是很强的。

欧美发达国家十分重视对汽车电磁兼容性的研究，世界各国和相关国际性组织，制定了众多的标准和法规来限制汽车的电磁兼容问题。汽车生产商极为重视汽车的电磁兼容性问题的研究，通用、菲亚特、宝马等汽车生产商制定了比某些国家和地区规定更为严格的电磁兼容限制。有关车辆电磁兼容性的主要国外标准见表 8–3。

表 8–3　国际主要汽车电磁兼容标准

标准号	标准名称
IEC/CIS PR12	车辆、船和内燃机驱动装置无线电骚扰特性限值和测量方法
IEC/CIS PR21	脉冲噪声对移动无线电通信的干扰评定其性能降级的方法和高性能措施
IEC/CIS PR25	用于保护车、船舶和设备用接收机的无线电骚扰特性的测量方法及限值
IEC/CIS PR25	辐射电磁场抗扰性试验
IEC 61000	道路车辆—由传导和耦合产生的电气干扰窄带辐射电磁能量产生的电磁干扰
ISO 7637 – 1/2/3	道路车辆—校准 20kHz 功率密度测试仪的标准电磁场的产生
ISO/TR 10305	道路车辆—静电放电产生的电骚扰试验方法
ISO 10605	道路车辆—窄带电磁能的电干扰（整车试验）–1–4 部分
ISO 11451.1–4	道路车辆—窄带电磁能的电干扰（部件试验）–1–7 部分
ISO 11452.1–7	车辆和装置的电磁特性测量方法和特性水平 6Hz～18GHz
SAE J1113	车用电子部件电磁兼容的测量规格及限值 6Hz～18GHz
ECE R10	车辆电磁兼容性认证规定
2004/104/EC	新的欧洲汽车电磁兼容指令

我国对汽车电磁兼容性的研究处于起步阶段，国内汽车电磁兼容性标准还不健全。目前发布的有关车辆电磁兼容性的标准见表 8–4。

表 8–4　国内汽车电磁兼容性的标准

标准号	标准名称
GB 14023—2011	车辆、船和内燃机　无线电骚扰特性　用于保护车外接收机的限值和测量方法
GB/T 18655—2010	车辆、船和内燃机　无线电骚扰特性　用于保护车载接收机的限值和测量方法
GB/T 15152—2006	脉冲噪声干扰引起移动通信性能降级的评定方法
GB/T 17619—1998	机动车电子电器组件的电磁辐射抗扰性限值和测量方法
GB/T 18387—2017	电动车辆的电磁场发射强度的限值和测量方法
GB/T 19951—2005	道路车辆　静电放电产生的电骚扰试验方法

8.4.1.3　电动汽车干扰源

目前电动汽车的干扰源主要有自然干扰源、人为干扰源和车载干扰源三种。

1. 自然干扰源

自然干扰源是指由自然现象引起的电磁干扰，比较典型的自然界电磁现象产生的电磁噪声有大气噪声、太阳噪声、宇宙噪声以及静电放电等。在大多数情况下，自然干扰源对汽车的干扰影响可以忽略，然而闪电和静电放电可能会产生很大的瞬变场强。汽车上的直接电击很少，但是闪电引起的场强很大，在 200m 处是 100kV/m，在 175km 处是 4V/m。乘客和座椅之间的摩擦以及汽车车身在行驶过程中与空气的摩擦都会积累形成静电，高压静电在放电时会影响电子设备的工作，甚至造成永久性破坏。

2. 人为干扰源

人为干扰源是指由汽车外部人工装置产生的电磁干扰，这主要有其他车辆的辐射干扰，车外的雷达、无线电台发射机、移动通信设备等发射的电磁波干扰，以及高压输电线的电晕放电等。

3. 车载干扰源

车载干扰主要是指车上各种电子电气系统产生的电磁干扰。车载干扰源主要有驱动系统、动力电池、功率变换器、继电器、电动辅助系统、开关、通信设备以及微处理器等电子设备。这些电子设备电路中出现的各种瞬变电压，或者电路开断瞬间触点之间产生的电火花和电弧等，都可能影响车上敏感设备的正常工作。电压和电流的快速暂态会产生辐射和噪声，距离这些设备较近的电子设备有可能产生故障，特别是电机驱动模块的快速整流、电机起动、高压辐射更会引起较高场强的传导及辐射骚扰。

随着汽车电气技术的发展，电动机在汽车上的应用越来越广泛，功率从几瓦到几十千瓦都有。电动机电磁干扰主要是指绕组中突变磁场和换向器与电刷之间产生的火花放电两方面。这些干扰的电磁波频率为10Hz～1000MHz，频带很宽，场强为垂直极化和水平极化两种，场强与频率基本是正态分布。电动机的干扰脉冲峰值与电动机的结构、工作负载、绕组绝缘老化、换向器与电刷的间隙及磨损等诸多因素有关。

现代汽车电气系统内存在大量的感性负载，有各种电磁阀、继电器等，其线圈在开路瞬间，都会成为一种宽频谱、高能量的瞬变干扰源。

8.4.2　电磁兼容性设计方法

电动汽车电气系统电磁兼容性设计采用分层与综合设计法。可根据所采取的措施在实现电磁兼容时的重要性，分层依次进行设计：第一层为有源器件的选型和印制板设计；第二层为接地设计；第三层为屏蔽设计；第四层为滤波设计和瞬态骚扰抑制。在每一层都要进行接地、屏蔽和滤波的综合设计以及软件抗骚扰。

8.4.3　抑制电磁干扰的技术措施

通常抑制电磁干扰的主要措施有屏蔽、滤波和接地。

1. 屏蔽

屏蔽是在两个区域之间建立电磁屏障，它是保护系统中的电路不受电磁环境损坏的最直接方法。可采取两种屏蔽方式：一是主动屏蔽，使辐射电磁能限制在特定区域之内；二是被动屏蔽，防止辐射电磁能进入特定区域。屏蔽的形式多种多样，可以是隔板、盒式封闭体，也可以是电缆或插接器式的屏蔽。屏蔽的效能用屏蔽有效度表示，它不仅与屏蔽材料有关，而且与材料的厚度、应用频率、辐射源到屏蔽层的距离以及屏蔽层不连续的形状和数量有关。

2. 滤波

屏蔽主要是为了解决辐射干扰，而滤波则主要是为了解决通过传导途径造成的干扰。完成滤波作用的部件称为滤波器。滤波器主要用于抑制通过电路通路直接进入的干扰，它是应用最普遍的抗干扰方法。根据信号与干扰信号之间的频率差别，可以采用不同性能的滤波器，抑制干扰信号，提高信噪比。

3. 接地

接地就是在两点之间建立导电通路，其中的一点通常是系统的电气元件，而另一点则是参考点。一个接地系统的有效性取决于在多大程度上减小接地系统的电位差和减小接地电流。

在进行电动汽车的电磁兼容性设计时还应注意以下几点：

① 合理规划线束。在线束布置上，使小功率敏感电路紧靠信号源，大功率干扰电路紧靠负载，尽可能分开小功率电路和大功率电路，减小线束间的感应干扰和辐射干扰。不同用途、不同电平的导线，如输入与输出线、弱电与强电要远离，尽量不要平行；接地线长度要尽量短，截面要尽量大。关键元件、电路和走线都要加屏蔽，屏蔽要合理接地。对较长的线束，为减小传导和辐射干扰，应在线束上增加滤波，比较方便的方法是套接合适的铁氧体磁环。

② 元器件选择和电路设计。元器件选择和电路设计是抗电磁干扰和电磁兼容性设计的重点之一。通过选择元件及抗扰筛选，以得到高抗干扰门限值的元件，采用屏蔽的双绞线作连线，缩短元件和电路的连线。这项措施可使系统的抗干扰性增加 3～10dB，使设计的电路具有高信号电平和低阻抗特性，可大大降低对干扰的灵敏度。另外，还要考虑到数字电路比线性、模拟电路抗扰性强，低速数字电路比高速数字电路有更低的电磁灵敏度。在确定元件和电路时，除了要注意其电磁干扰灵敏度外，还应注意一些会产生电磁干扰的元件和电路，它也会对系统造成不应有的影响，使信号发生畸变，或产生干扰电压、干扰电流，或使系统产生失误。

8.5 轻量化技术

汽车轻量化是在保证汽车强度和安全性能的前提下，尽可能地降低汽车的整备质量，从而提高汽车的动力利用率，减少燃料消耗，降低排气污染，对新能源汽车有十分重要的意义。汽车轻量化可以从三个方面实现：轻量化结构、轻量化工艺和轻量化材料。实验证明，汽车整车重量降低 10%，燃油效率可提高 6%～8%，汽车整备质量减少 100kg，百公里油耗可减少 0.3～0.6L。

8.5.1 轻量化结构

轻量化结构又称结构轻量化，可以通过三个途径来实现，即拓扑优化、形状优化和尺寸优化。拓扑优化是在结构设计的概念设计阶段引入的结构优化形式。形状优化和尺寸优化都是在结构布局已经决定的情况下进行。

1. 拓扑优化

拓扑优化方法是在一个给定的空间区域内，依据已知的外部载荷及支承等约束条件，寻找承受单载荷或多载荷的物体的最佳结构材料分配方案，从而使结构的刚度达到最大或使输出位移、应力等达到规定要求的一种结构设计方法。它是有限元分析和优化方法有机结合的新方法，如图 8–46 所示。由于拓扑优化设

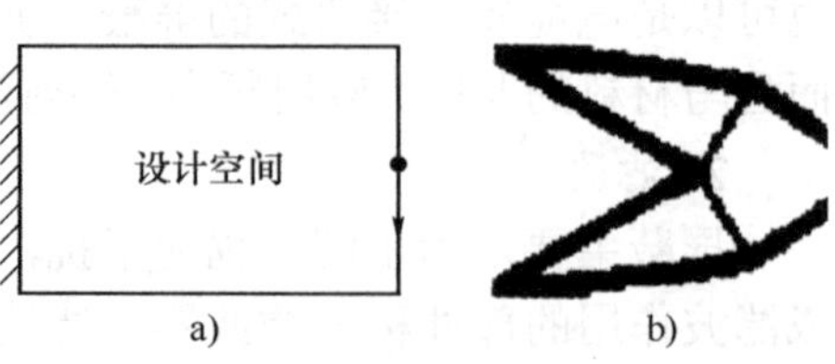

图 8–46　拓扑优化设计原理
a）设计空间　b）最优拓扑结构

计自由度大，所以通常用于车身设计初期和概念设计阶段。

拓扑优化可以获得一个最佳结构布局——最佳的载荷路径，接下来在这个最优布局的基础上按照真实的设计需求来形成工程设计方案，并应用更仔细的尺寸优化和形状优化工具来优化这个设计方案。拓扑优化比形状优化更进了一个层次，其难度也大大增加，主要原因是拓扑优化很难用通用且准确的解析方式来表达。拓扑优化技术目前已在车身部件的结构设计中得到了广泛的应用，同时在整车及车架等分总成的结构优化中也得到了初步的应用。Altair 公司进行的悬架横臂和 SUV 车架的拓扑优化设计实例，如图 8–47 和图 8–48 所示。

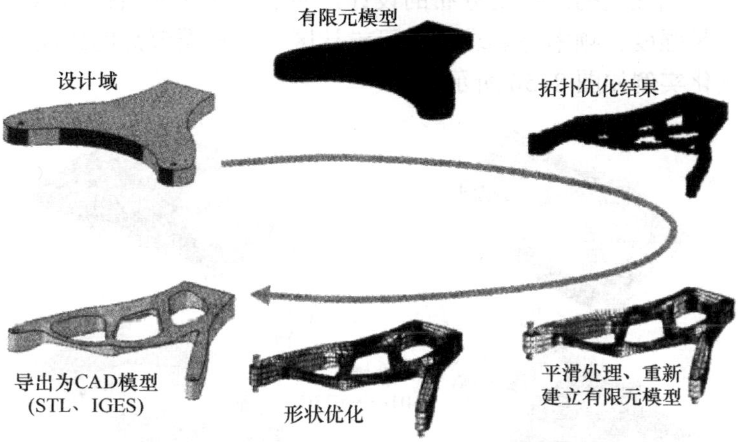

有限元模型
设计域
拓扑优化结果
导出为CAD模型
(STL、IGES)
形状优化
平滑处理、重新
建立有限元模型

图 8–47　悬架横臂拓扑优化设计案例

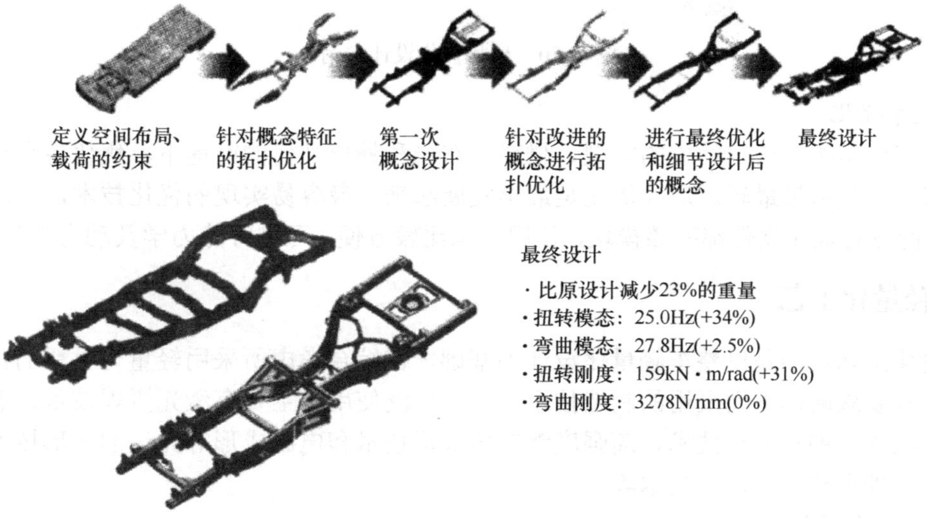

定义空间布局、载荷的约束
针对概念特征的拓扑优化
第一次概念设计
针对改进的概念进行拓扑优化
进行最终优化和细节设计后的概念
最终设计

最终设计
· 比原设计减少23%的重量
· 扭转模态：25.0Hz(+34%)
· 弯曲模态：27.8Hz(+2.5%)
· 扭转刚度：159kN · m/rad(+31%)
· 弯曲刚度：3278N/mm(0%)

图 8–48　SUV 车架拓扑优化设计案例

2. 形状优化

形状优化是指在结构的类型、材料、布局已定的前提下对结构的几何形状进行优化，例如对布局已定的桁架的节点位置进行优化，对连续体的边界形状进行优化，对实体结构内部开孔的尺寸、形状进行优化等，如图 8–49 所示。

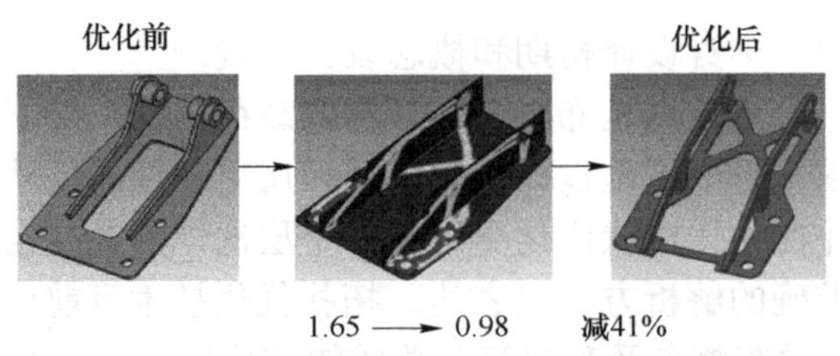

图 8–49　减振器上支架优化

在板形结构中寻找最优的加强肋分布的设计，用于设计薄壁结构的强化压痕，在减轻结构重量的同时能满足强度、频率等要求。在可设计区域中根据节点的扰动生成加强肋。发动机油底壳的形状优化实例如图 8–50 所示。

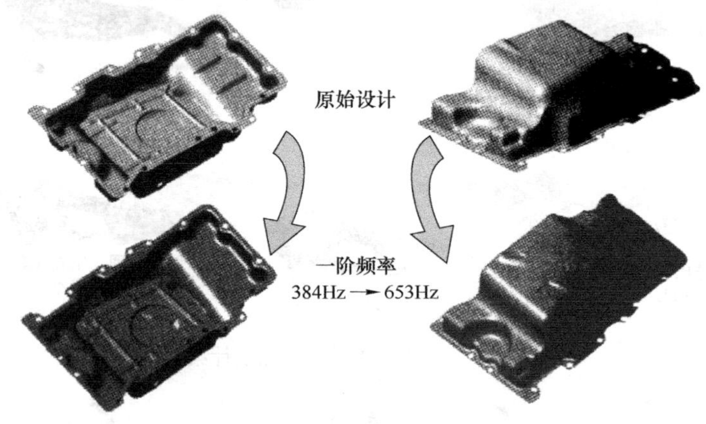

图 8–50　形状优化设计实例

3. 尺寸优化

尺寸优化是指在给定结构的类型、材料、布局和外形几何的前提下，优化各个组成构件的截面尺寸，使重量最轻。尺寸优化是最早发展起来、最容易实现的优化技术，目前比较成熟，很多商业有限元软件都有该模块，使用起来比较方便，可进行静力学及动力学问题优化。

8.5.2　轻量化工艺

轻量化工艺指的是以整车轻量化设计为基础，在综合考虑所采用轻量化材料的特性和产品控制成本要求前提下而采用的制造技术。目前广泛使用的主要有激光拼焊技术、液压成形技术、超高强度钢热成形技术、高强度钢辊压成形技术和电磁成形等先进的成形技术及连接技术、表面处理技术和切削技术等。

8.5.2.1　成形制造技术

1. 液压成形技术

传统的车身骨架结构，如底架纵梁，大多是由复合冲压件组成的封闭截面梁，曾经有人研究用铝管或钢管来制造，因为管材具有完全封闭的截面，可以提高扭转刚度。尤其是当采用从前保险杠直通到后保险杠的连续纵梁时，车身结构的扭转刚度明显提高。但由于过去采用连续纵梁只能是等厚度的，这就限制了按沿长度方向刚度和强度性能要求来设计纵梁厚度

的可能，因而不利于减轻重量。现在的液压成形技术可以解决这一问题。

液压成形技术是指把管状或板状材料放在密封的模具中，再把流体介质（水、油等）引入管件的内腔或板件与模具的内腔，通过增加液体的压力，使工件在常温下变形，经过膨胀、压缩和成形三个阶段，最终成为所需零部件形状。液压成形技术有很多优点，包括可减少零件数量和模具数量、结构完整性好、强度高和使用寿命长等，并可在保证零件刚度和强度的前提下有效降低构件重量和成本。使用液压成形方式制造的零件，可将原来因加工工艺所不能及而必须分割成数个部件进行加工的零件改为以单一的零件代替，减少了零件组合的工作，同时也增加了车体的刚性，从而达到减轻重量、降低成本的目的。据统计，液压成形件比冲压件平均成本可降低 15%～20%、模具费用降低 20%～30%。成形后的零件可减重 30%。

2. 超高强度钢热成形技术

热成形技术是解决超高强度钢成形问题的关键工艺技术之一。它是将板材加热到奥氏体后，然后在模具中进行热成形，经通水冷却，在保持零件良好形状的前提条件下得到高强度的马氏体组织。其优点是可提高零件强度；减小零件壁厚或截面尺寸，节约材料消耗；材料塑性和成形性好，能一次成形复杂的冲压件；可减少模具数量和成形工序；可消除回弹影响，零件精度高，成形质量好。超高强度热成形技术主要用于 B 柱、防撞梁、保险杠等安全结构件的生产，起到了为满足高碰撞条件要求使车身局部结构得到加强的作用。

3. 高强度钢辊压成形技术

三维辊压成形是以轻量化和一体化为特征的一种三维空心变截面轻体构件的新型辊压成形技术。采用高强度钢辊压成形技术加工出的变截面车身零部件，可大幅度提高承载能力，充分发挥材料的利用率，减轻结构重量，降低零件生产成本，提高生产效率。

8.5.2.2　连接技术

连接技术也是轻量化制造技术发展的关键技术之一，它关系到被连接结构的性能、重量、加工工艺、装配、安全与回收等诸多方面。传统的连接技术主要有电阻点焊和惰性气体保护焊接/活性气体保护焊接（MIG/MAG），但随着越来越多材料轻量化设计的需要，激光焊接、铆接与自冲铆接、粘接及复合连接等新的连接技术逐步发展并得到越来越多的应用。

1. 激光焊接

激光焊接以可聚焦的激光束作为焊接能源，它是将经不同表面处理、不同材质、不同厚度的钢板通过激光焊接组合成一个毛坯件，然后再将其冲压成所需的零部件。当高强度激光照射在被焊材料表面上时，部分光能将被材料吸收而转变成热能，使材料熔化，从而达到焊接的目的。激光焊接可焊材质种类范围大，也可相互接合各种异质材料。激光焊接的焊接应力和变形小，焊接工艺稳定，焊缝表面和内在质量好，性能高。

激光焊接技术在国外的车身内结构件制造中已得到广泛应用。与传统点焊工艺的产品相比，激光拼焊技术的特点如下：

① 减少零件数量。由于拼焊板可以一体成形，提高了车身覆盖件的精度，减少了大量冲压加工的设备和工序。一辆汽车的车身由 300 多种零件组成，采用激光拼焊板技术可使零件数量减少 66%，提高了材料的利用率。

② 减轻结构件的重量。由于将不同厚度的板料焊在一起，然后一次冲压成形，而不再需要焊接加强板，因此可以降低钢材消耗，减轻结构重量。

③ 可以改进车身结构的安全性能和耐久性。激光拼焊技术目前可以广泛应用于车门内板、前纵梁、地板、侧围总成及侧围部件（如 B 柱）等。图 8–51 所示为由不同厚度的板材冲压而成的车身侧围内板总成，图中数字表示板料的厚度（mm）。

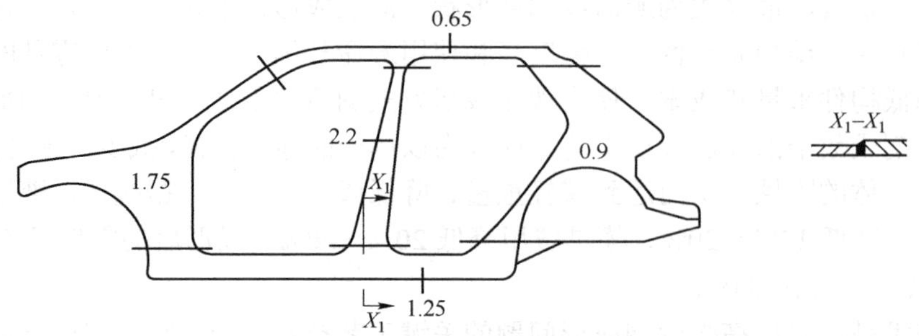

图 8–51　激光焊接技术在车身侧围内板中的应用

2. 机械连接技术

机械连接技术包括压焊、钳铆、自冲铆接、盲铆和折叠等。采用机械连接技术代替电阻点焊，其优点是可用于多种材料组合或夹层材料，允许表面带有涂层，投资少，不需加热（变形小、不改变材料性能），不需预处理及加工。

3. 粘接技术

粘粘技术是指利用适宜的胶粘剂作为工艺材料，采用适当的接头形式和合理的粘接工艺而达到连接目的。粘接连接产生连续的连接，应力分布更加均匀，因而与点焊和机械连接的局部的、断续的连接相比，提高了连接刚度。

4. 复合连接技术

复合连接是将两种连接方法组合在一起使用的连接技术，如铆接–粘接、点焊–粘接、激光焊接–MIG 等。复合连接的主要优点是可以使不同连接方式的优势互补，接头扭转刚度和疲劳强度高，密封性好，并可改善汽车的 NVH 性能。

8.5.3　新型材料的应用

节能降耗已成为汽车新产品开发的难点和重点，轻质材料的应用成为减重节能的重要手段。实施汽车轻量化的主要材料有高强度钢、铝合金、镁合金、钛合金、碳纤维、复合材料等。

8.5.3.1　高强度钢

汽车用钢按照其刚度可分为软钢、高强度钢、超高强度钢。高强度钢是在普通碳素钢的基础上加入少量合金元素制成的。这种钢的生产成本与普通碳素钢相近，但由于合金元素的强化作用却使其抗拉强度比普通钢高得多。

高强度钢与车身轻量化的关系最为密切，是车身轻量化后保证碰撞安全的最主要材料，高强度钢的用量直接决定着车身轻量化的水平。高强度钢的使用不仅可以有效降低车身重量，还可以提高车身结构的强度、刚度和被动安全性，节省原材料消耗。

高强度钢加工硬化比普通钢板高，可以吸收更多的冲击能量，因此用于底架的前后纵梁

等处和要求高强度、耐久性部位，可以提高汽车的安全性，减轻零件的重量。研究表明：钢板的强度提高 40～50MPa，车身外板制件的板厚可减小 10%～15%，车身内部制件的板厚可减小 20%左右。

8.5.3.2　铝合金

铝是钢在车身应用方面的主要竞争者，因此下面将对这两种材料在设计性能、可成形性方面进行比较，并且对铝合金的耐蚀性、连接、成本以及循环利用等问题进行讨论。

1. 设计性能

铝合金与钢相比最大的优点是其挤压成形性能较好。例如上边梁这样的车身结构件，如果用钢制造，需要多次冲压和焊接。而用铝合金制造，整个部件一次挤压就可以完成。整个部件一次挤压完成与多次冲压和焊接完成相比，在加工和装配上都会使成本降低。简单的计算方法是采用铝合金车身板件替代钢车身板件时将减轻重量约 50%。

2. 可成形性

绝大部分的钢和铝车身结构件车身板件都是通过冲压、辊轧、弯曲、卷边等冷加工成形工艺完成的。在这些工艺中，材料的两项最重要的可成形性指标是应变硬化指数和塑性应变率。铝合金的应变硬化指数与低碳钢相当，这意味着在成形过程中的均匀伸长率也基本相同（见表 8–5），但铝比钢的颈缩伸长率小得多。如果冷成形工艺不能很好地控制，并且稍微超过均匀伸长率，那么铝合金部件在成形过程中就可能产生裂纹。铝比钢的塑性应变率低得多，这意味着铝的压薄阻力比钢低得多。

表 8–5　几种用于车身的铝合金的性能

材料	屈服强度/MPa	抗拉强度/MPa	伸长率（%）	应变硬化指数	塑性应变率
5182–O	130	275	24	0.33	0.80
5454–O	115	250	22	0.30	0.80
5754–O	100	220	26	0.30	0.80
6009–T4	125	220	25	0.22	0.64
6009–T62	260	300	11	—	—
6111–T4	150	280	26	0.28	0.70
6111–T62	320	360	11	—	—
6061–T6	275	310	12	—	—

3. 耐蚀性

铝的氧化电势很高，因此会迅速在其表面生成致密的氧化铝薄膜。这一层氧化膜在大部分环境下是天然的防腐蚀保护层，但这为焊接和喷漆工艺带来了麻烦，在进行这两道工艺前必须去掉这层氧化膜。

4. 循环利用

铝合金是一种高循环利用材料，像铝罐这样的消费产品，其铝的循环利用率在 80%以上，用于汽车上的铝的循环利用率也可以达到 80%以上。

许多汽车制造厂通过开发铝密集概念车证明了铝合金在汽车轻量化方面的应用潜力。美国通用汽车公司的电动概念车取名为“Impact”，其车身是由铝合金冲压件、挤压件以及铸件组合而成的。挤压件如前中横梁、前挡泥板梁和后下连接支架等，都是由 6000 系列铝合金制成的，并通过点焊或机械紧固件将其最终连接在一起。铸件如前悬架滑柱塔形支承、后减振器支架等，是由 A356–T6 或者 A375–T6 制造的。它们用真空无冒口铸造工艺铸造，这种铸造工艺能够生产壁厚 4mm 或者更厚的高质量的铸件。通用汽车公司“Impact”电动概念车如图 8–52 所示。

图 8–52　通用汽车公司“Impact”电动概念车

福特汽车公司开发了一款称为“Synthesis 2010”的概念车，它将铝合金应用到了底盘、车身板件、车门防侧撞杆、制动盘以及其他几种部件上。“Synthesis 2010”比福特公司 20 世纪 90 年代生产的与其尺寸相似的金牛星汽车轻 35%。

8.5.3.3　镁合金

镁是比铝更轻的金属材料，密度只有铝的 2/3，铁的 2/9。但与铝合金相比，镁合金的耐腐蚀性差，研究和发展还很不充分，应用也很有限。尽管镁合金在当前汽车用材中所占的比例不到 1%，但是在轻量化的驱动下，镁合金的应用受到世界各大汽车生产企业的重视。以美国为例，在一些车型上镁合金用量为 5.8～26.3kg/辆。欧洲的镁合金用量仅次于北美，部分车型上的镁合金用量可达 9.3～20.3kg/辆。

镁合金除具有较小的密度外，还有较高的比强度、比弹性模量和刚性，比强度约为铝的 1.8 倍，有较高的稳定性，稳定的断面收缩率，铸件和加工件尺寸精度高，具有良好的阻尼系数，良好的减振降噪性能；电磁屏蔽性好，尤其适用于电磁干扰严重的电动汽车；与塑料相比，可回收性能好；切削加工性能极好；铸造成形性能好，镁合金铸件最小壁厚可达 0. 6mm，而铝合金为 1.2～1.5mm。

镁合金可分为铸造镁合金和变形镁合金。汽车用的镁合金材料以铸造镁合金为主，占汽车用镁量的 90%以上。目前汽车用铸造镁合金主要有四大系列，分别是 AM（Mg–Al）系、AZ（Mg–Al–Zn）系、AS（Mg–Al–Si）系、AE（Mg–Re）系，其力学性能见表 8–6。铸造镁合金在汽车上的应用大致可分为两大类：一是不需承受大的载荷的非结构件，如变速器壳体、进气歧管和油底壳等壳体类零件；另一类是需要承载的结构件，如转向盘、仪表板、座椅框架、座椅等。变形镁合金包括型材、板材等延性镁合金，主要有 Mg–Al–Zn 系合金和 Mg–Mn–Zr 系合金两大类，以 AZ31 为主。变形镁合金主要用于车身组件（如车门、行李箱、发动机舱盖）的外板、车门窗框架、座椅框架、底盘框架、车身框架等，变形镁合金在车身上的应用有很大的潜力。

表 8–6　铸造镁合金的力学性能

牌号	抗拉强度/MPa	屈服强度/MPa	延伸率（%）	疲劳强度/MPa	布氏硬度/HB	弹性模量/GPa	减振系数（%）
AZ9D	240	160	3	50～70	70	45	25
AM6B	225	130	8	50～70	65	43	45

（续）

牌号	抗拉强度/MPa	屈服强度/MPa	延伸率（%）	疲劳强度/MPa	布氏硬度/HB	弹性模量/GPa	减振系数（%）
AM5A	210	125	10	—	60	45	—
AS4A	215	140	6	50～70	60	45	—
AS21	172	110	4	—	63	—	60
E42	230	145	10	—	60	45	—

丰田汽车的转向系统中转向盘加装安全气囊后自身质量增加，采用了 AM60B 镁合金后，自身质量比过去的钢制品、铝制品分别减少了 45%和 15%，同时也减少了转向系统的振动。奔驰公司用镁合金座椅骨架，质量比过去的冲压结构件大大减轻。美国福特汽车公司用镁合金 AM60 生产的座椅支架使座椅骨架从 4kg 降为 1kg。通用汽车 EV1 用镁合金制造的仪表板，将 20 个冲压件和塑料零件模块化，组合成一个零件，使仪表板质量下降到 3.6kg，而且增加了刚度。欧盟 Super Light Car 项目开发的白车身中，镁合金的用量达到 11kg（占白车身质量的 7%），主要用于车身顶盖、悬架支撑等部件。

8.5.3.4 钛合金

钛合金的主要优点是密度低、高强度–密度比以及优异的耐蚀性，另外即使在温度升高至 500℃时仍能保持很高的强度。

与汽车用钢、铝合金以及镁合金相比，钛合金的缺点是成本较高。钛合金在汽车轻量化的应用上很有潜力。应用之一是悬架弹簧，在这一应用中，钛合金较低的剪切弹性模量和较高的疲劳强度使其优于钢材料。由于弹簧的变形与材料的剪切弹性模量成反比，钛合金螺旋弹簧可以设计成比钢弹簧较少的工作圈数，这不仅减轻了重量，而且增加了其固有振动频率。在汽车上首先使用钛合金螺旋弹簧的是大众的 Lupo FSI（Faller and Froes，2001）。大众公司的钛合金弹簧材料是 Ti-4.5 Fe-6.8 Mo-1.5 Al 合金（Timetal LCB），它是专门开发用于汽车的钛合金材料，钛合金螺旋弹簧比钢螺旋弹簧轻约 60%。

钛合金具有较高的强度/密度比值、较高的疲劳强度以及在高温下强度的保持能力，可以用于制造像连杆、活塞和活塞销等发动机往复运动部件，以减轻重量。

钛合金也能够很好地应用于发动机的其他部件如气门、气门座圈和气门弹簧。这些发动机部件中的大部分减轻重量后可以减小摩擦，从而提高发动机效率。如使用钛合金气门系统可以降低发动机摩擦损失 10%，这对于典型驾驶循环而言将降低油耗 3%～4%（hrman and Allison，1986）。世界上首先使用钛合金连杆的是 1992 款 Acura NSX 汽车，首先使用钛合金气门的是 1999 款丰田 Altezza 汽车。这些部件工作时容易磨损，而钛合金耐磨性较差，因此它们需要进行表面耐磨处理，包括表面镀层和氧化等。另一种方法是使用钛基复合材料和铝化钛，这是一种钛和铝的金属复合物，它不仅耐磨，而且有很高的弹性模量，可用于活塞销。

钛合金另一个有潜力的应用领域是排气系统，因为钛合金的抗氧化温度达到 700℃。由于钛合金的密度低，使用钛合金代替目前流行使用的不锈钢排气管、消声器和排气系统其他部件可以明显减轻重量。钛合金消声器是 CorvetteZ06 汽车的选装件，比不锈钢消声器轻 41%。因为排气系统的许多部件都是冷加工成形的，所以建议使用工业纯钛（非合金）材料（一级或者二级）。

8.5.3.5 碳纤维

碳纤维是一种纤维状复合材料，含碳量超过90%，具有碳材料的固有特性，又兼备纺织纤维的柔软可加工性，是新一代增强纤维。它的强度比钢大，密度比钛小，具有极好的电学、热学和力学性能。

1. 碳纤维分类

碳纤维按力学性能可分为通用型碳纤维和高性能型碳纤维。通用型碳纤维强度为1000MPa、模量为1000Pa左右；高性能型碳纤维又分为高强型（强度为2000MPa、模量为250GPa）和高模型（模量为300GPa以上）碳纤维。强度大于4000MPa的又称为超高强型碳纤维，模量大于450GPa的称为超高模型碳纤维。

碳纤维按状态可分为长丝碳纤维、短碳纤维和短切碳纤维。

2. 碳纤维的特性

碳纤维是一种力学性能优异的新材料。它的比重不到钢的1/4，碳纤维树脂复合材料抗拉强度一般都在3500MPa以上，是钢的7.9倍。抗拉弹性模量为23 000～43 000MPa，也高于钢。但碳纤维材料也只是沿纤维轴方向表现出很高的强度，其耐冲击性却较差，容易损伤，所以在制造成为结构组件时，往往利用其耐拉质轻的优势而避免去作承受侧面冲击的部分。

碳纤维的拉伸破坏方式属于脆性破坏，即在拉断前没有明显的脆性变形，这一点与玻璃纤维相似，然而其断裂伸长率比玻璃纤维的小。高模量碳纤维的断裂伸长率约为0.5%，高强度碳纤维的约为1%，玻璃纤维的约为2.6%，所以碳纤维复合材料的强度能得到充分的发挥。

3. 碳纤维在汽车上的应用

碳纤维和碳纤维增强复合材料（CFRF）作为新型材料，具有强度高、质量小、耐腐蚀等优势，多年前便应用于赛车领域。目前已开始逐步应用到民用汽车领域，特别是在新能源汽车上，有着广泛的应用前景。

碳纤维增强复合材料有足够的强度和刚度，是制造汽车车身和底盘等主要结构件的最轻材料。预计碳纤维复合材料的应用可使汽车车身、底盘的重量减轻40%～60%。但其价格较高，应用尚不广泛。

8.5.3.6 复合材料

复合材料是指将两种或两种以上化学性质和物理性质不同的物质结合起来而得到的一种多相固体材料，复合材料通常由基体和增强体复合而成。

复合材料按性能分类，可分为功能型复合材料和结构复合材料两种；按基体分类，可分为高分子基（PMC）、金属基（MMC）和陶瓷基（CMC）复合材料；按增强相的种类、形状分类，可分为颗粒状、层状和纤维增强复合材料。

纤维增强复合材料应用最多，高分子基的纤维增强复合材料通常称为纤维增强塑料（FRP），金属基的纤维增强复合材料称为纤维增强金属（FRM），陶瓷基的纤维增强复合材料称为纤维增强陶瓷（FRC）。

世界各主要汽车生产国家最初将复合材料只用于发动机舱盖、顶盖等大型覆盖件，近年来在车身上采用复合材料的越来越多。用复合材料制成的车身具有以下特点：

① 质量小。复合材料的密度小，如玻璃纤维增强材料的密度为1.6～2.4g/cm^3，用它制

作车身可大大减小质量。

② 耐腐蚀，车身寿命长。复合材料均有不生锈、耐酸等耐蚀性好的特点，特别是玻璃纤维增强材料，几乎同玻璃一样具有不生锈和耐腐蚀的能力。

③ 具有高韧性和抗冲击能力。用复合材料支撑的零部件当受到冲击力的作用时，塑料变形大，韧性好，因此具有缓冲、减振、降噪等优点，能吸收碰撞动能，有利于保护乘客。

④ 保温隔热性好。除碳纤维增强材料外，复合材料的导电、导热能力差，所以能起到很好的保温、隔热作用。

⑤ 成形性好。由于纤维增强材料（FRP）的流动性和层压性好，使车身表面可制成形状各异的曲面，既满足车身外形的艺术造型要求，又减小了空气阻力。

⑥ 车身部件大型化。应用复合材料可以制造集许多单一零件和功能于一体的多功能部件或大型集体部件，从而减少零部件数量，简化车身装配工序，提高部件刚性和造型整体性。

⑦ 着色性好。

⑧ 材料利用率高。

在车身上使用最多的复合材料是玻璃纤维增强材料（GFRP，俗称玻璃钢）和碳纤维增强材料（CFRP）。宝马公司 2011 年发布的全新开发的纯电动乘用车 i3 采用 GFRP 车身结构，使得整车质量仅 1250kg，比传统纯电动汽车减轻了 250～350kg，同时实现了最高级别的碰撞安全保护，如图 8–53 所示。

图 8–53 宝马纯电动乘用车 i3 碳纤维车身结构

8.5.4 轻量化技术应用实例

汽车轻量化设计可通过车身、发动机、底盘轻量化设计等来实现，其目的均是在保证性能的前提下通过优化设计减轻车重，从而实现节能环保的功效。

奥迪 A8 首创了 ASF（Audi Space Frame）铝合金空间桁架车身轻量化技术，因此成为世界上首辆全铝合金车身的量产型轿车。最新一代的奥迪 A8 采用 ASF 铝合金空间桁架车身结构，如图 8–54 所示，其整体结构刚性则提升 25%。

发动机轻量化设计是在保证发动机质量和动力性能不受影响的情况下，最大限度地减轻各类零部件的重量，从而提高动力性，降低燃油消耗，减少污染排放。

曲轴的轻量化设计是其他部件轻量化设计的前提和基础。在曲轴的轻量化设计中使用两个设计阶段：概念设计阶段、布局阶段。概念设计是找出优化方案和确定结构尺寸，布局阶段是验证概念设计的曲轴是否满足详细设计的要求。

缸体的轻量化设计，依据优化后的形状重新造型的缸体不仅减轻了重量，而且具有了更大的承载能力，消除了应力集中和应力较小区域，应力分布更加均匀。

连杆将所承受的活塞压力传递给曲轴，它与活塞一起组成运动部件，因此其质量的大小对发动机运转的平稳性、高转速区的耐久性有很大影响。采用优化结构的轻量化连杆设计方案已经成为发动机连杆设计的趋势。

以日产为例，DIG-TR 发动机排量为 1.5L，可以达到最高 294kW、380N · m 的强劲动力输出，质量仅为 40kg，一个成年人就可以将它抬起，同时部件也十分紧凑。DIG-TR 发动机外形如图 8–55 所示。

图 8–54 奥迪 A8 的 ASF 铝质车身框架

图 8–55 DIG–TR 发动机外形

底盘轻量化设计是在确保稳定提升性能的基础上，节能化设计各总成零部件，持续优化车型，减少专用件的使用，增加零件的通用化、系列化、模块化设计等。

汽车行业已经使用了一些底盘轻量化的技术，如少片簧、空气悬架、橡胶悬架等，大幅减轻汽车重量。采用功能集成技术，也可以减少零件和减轻零件重量。如车架采用等孔设计，同时对边接板和支架进行优化、后桥桥壳厚度薄壁设计、悬架采用少片簧结构。此外还有很多轻量化技术仍在研究中。

2011 年 Chris P. Theodore 展示的 Uni–Chassis 底盘由四个铝制铸件悬挂节点、两个铸件外罩和铝制挤出材构成，将动力总成及前后悬挂组件连接到刚性管状龙骨车架上，从而取消了原有框架。203mm 管状车架作为转矩管，管状车架不仅发挥了转矩管的作用，还取代了电池箱。普通电动车将电池单元置于电池组包装中，然后通过增强车身支持电池组，Uni–Chassis 底盘则直接在底盘龙骨车架中容纳电池。它的悬架系统来自福特 GT，底盘重量减轻 10%，如图 8–56 所示。

图 8–56 新概念 Uni–Chassis 电动车轻量化底盘

8.6 试验与评价技术

本节主要针对新能源汽车的关键零部件——动力电池和电机及其控制器、整车的测试方法及评价做出详细阐述。

8.6.1 关键零部件试验及评价

8.6.1.1 动力电池的试验评价

单体电池构成电池组的方式有串联、并联和同时采用串联和并联的混联方式。电池组的

总功率等于电池组输出的总电压和总电流的乘积，也等于构成电池组的每一个电池模块输出功率的总和。

电池单体、模块和电池组的性能有显著差异。图 8–57 所示为日本松下公司 2006 年设计的 7A・h 锂离子电池单体、模块和电池组在能量密度和功率密度方面的差别，可以看到，从电池单体到模块再到电池组，性能有明显衰减。衰减的原因主要是电池单体之间的不一致性。

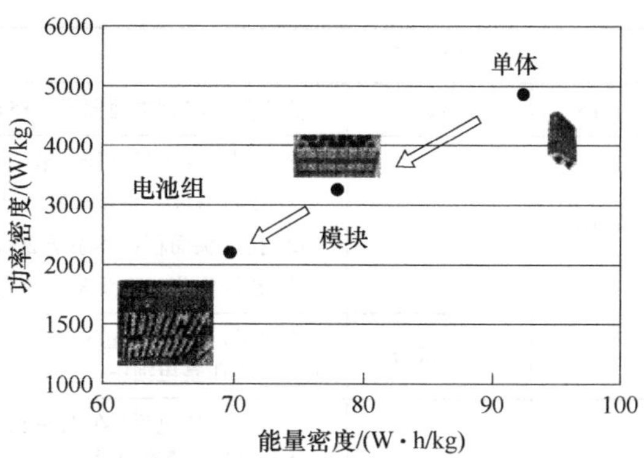

图 8–57　电池单体、模块和电池组性能的差别

我国对锂离子电池的测试主要是针对单体和模块的测试。锂离子电池的测试试验依据是 QC/T 743—2006《电动汽车用锂离子蓄电池》，它是目前国内新能源与节能汽车准入的参考标准，试验项目一共包括 32 项测试，单体和模块的具体项目分别见表 8–7 和表 8–8。

表 8–7　单体电池试验及要求

编号	试验项目	要　求
1	外观	外观不得有变形及裂纹。表面应平整、干燥、无外伤、无污染且标识清晰
2	极性	端子极性应正确，并应有正负极的清晰标识
3	外观尺寸	应符合生产企业提供的技术条件：长（mm）×宽（mm）×高（mm）
4	质量	应符合生产企业提供的技术条件，单位为 kg
5	20℃放电性能	蓄电池在（20±5）℃下以 $1I_3$ 电流放电，直到放电终止电压 3.0V，放电容量应不低于额定容量同时不应高于额定容量的 110%
6	–20℃放电性能	蓄电池在（–20±2）℃下储存 20h。然后在同一温度下，以 $1I_3$ 电流放电，直到放电终止电压 2.0V，放电容量应不低于额定容量的 70%
7	55℃放电性能	蓄电池充电后，在（55±2）℃下存储 5h。然后在（55±2）℃下，以 $1I_3$ 电流放电，直到放电终止电压 3.0V，放电容量应不低于额定容量的 95%
8	20℃下的倍率放电性能	电池充电后在（20±5）℃下以 $12I_3$ 电流放电，直到放电终止电压 2.5V，放电容量应不低于额定容量同时不应高于额定容量的 80%
9	常温荷电保持及恢复能力	蓄电池充电后在（20±5）℃下储存 28 天。然后在（20±5）℃下以 $1I_3$ 电流放电，直到放电终止电压 3.0V。然后充电，在（20±5）℃下以 $1I_3$ 电流放电，直到放电终止电压 3.0V，放电容量应不低于额定容量同时不应高于额定容量的 80%，充电容量不低于额定容量的 90%
10	高温荷电保持及恢复能力	蓄电池充电后在（55±2）℃下储存 7 天。然后在（20±5）℃下恢复 5h 后，以 $1I_3$ 电流放电，直到放电终止电压 3.0V。然后充电，在（20±5）℃下以 $1I_3$ 电流放电，直到放电终止电压 3.0V，保持放电容量应不低于额定容量的 80%，充电容量不低于额定容量的 90%
11	过放电试验	蓄电池充电后，以 $1I_3$ 电流放电，直到放电终止电压 0V，蓄电池应不爆炸、不起火、不漏液
12	过充电试验	蓄电池充电后，以 $3I_3$ 电流充电，至蓄电池电压达到 5V 或充电时间达到 90min（其中一个条件优先达到即停止试验），蓄电池应不爆炸、不起火
13	短路试验	充电后，将蓄电池经外部短路 10min，外部线路电阻应小于 5mΩ，蓄电池应不爆炸、不起火
14	跌落试验	蓄电池充电后，在（20±5）℃下，从 1.5m 高度处跌落到厚度为 20mm 的硬木板上，每一个面 1 次，蓄电池应不爆炸、不起火、不漏液

（续）

编号	试验项目	要　求
15	加热试验	充电后，将蓄电池置于（85±2）℃的恒温箱内，并保持120min，蓄电池应不爆炸、不起火
16	挤压试验	按下列条件进行试验，蓄电池应不爆炸、不起火： ① 挤压方向：垂直于蓄电池极板方向试压 ② 挤压头面积：不小于20cm ③ 挤压程度：直至蓄电池壳体破裂或内部短路
17	针刺试验	充电后，用3～8mm的耐高温钢针，以10～40mm/s的速度，从垂直于蓄电池极板的方向贯穿，钢针停留在蓄电池中，蓄电池应不爆炸、不起火
18	循环寿命	蓄电池充满电后，在（20±5）℃下，以$1I_3$电流放电2h，并在此温度下储存90天。然后在（20±5）℃下以$1I_3$电流充电至4.2V，再以4.2V恒压充电，至电流将为$0.1I_3$；以$1I_3$电流放电，直到放电终止电压3.0V。然后充电，在（20±5）℃下以$1I_3$电流放电，至电流将为$0.3I_3$；以$1I_3$电流放电，直至放电终止电压3.0V，放电容量应不低于额定容量的95%
19	贮存	蓄电池充满电后，在（20±5）℃下以$1I_3$电流放电2h，并在此温度储存90天。然后在（20±5）℃下以$1I_3$电流充电至4.2V，再以4.2V恒压充电，至电流将为$0.1I_3$；以$1I_3$电流放电，直至放电终止电压3.0V，放电容量应不低于额定容量的95%

表8–8　模块电池试验及要求

编号	试验项目	要　求
1	外观	外观无变形及裂纹。表面应平整、干燥、无外伤、无污物且标识清晰
2	极性	端子极性应正确，并应有正负极的清晰标识
3	外观尺寸	应符合生产企业提供的技术条件：长（mm）×宽（mm）×高（mm）
4	质量	应符合生产企业提供的技术条件，单位为kg
5	20℃放电性能	蓄电池在（20±5）℃下以$1I_3$电流放电，至蓄电池电压达到n×3.0V时或单体电池电压降低于2.8V时停止试验。放电容量应不低于额定容量同时不应高于额定容量的110%
6	简单模拟工况	蓄电池试验时承受脉冲数不低于两个 （1）能量型蓄电池

步骤序号	操作状态	电流/A	步骤时间/min
1	恒流放电	$1I_3$	18
2	恒流放电	$9I_3$	1
3	搁置	0	30
4	恒流放电	$1I_3$	18
5	恒流放电	$9I_3$	1
6	搁置	0	30
7	恒流放电	$1I_3$	18
8	恒流放电	$9I_3$	1
9	搁置	0	30
10	恒流放电	$1I_3$	18
11	恒流放电	$9I_3$	1

（续）

<table>
<tr><th>编号</th><th>试验项目</th><th>要　求</th></tr>
<tr><td>6</td><td>简单模拟工况</td><td>（2）功率型蓄电池
<table>
<tr><th>步骤序号</th><th>操作状态</th><th>电流/A</th><th>步骤时间/s</th></tr>
<tr><td>1</td><td>恒流放电</td><td>$3I_3$</td><td>540</td></tr>
<tr><td>2</td><td>恒流放电</td><td>$30I_3$</td><td>20</td></tr>
<tr><td>3</td><td>恒流放电</td><td>$3I_3$</td><td>240</td></tr>
<tr><td>4</td><td>恒流放电</td><td>$45I_3$</td><td>10</td></tr>
<tr><td>5</td><td>搁置</td><td>0</td><td>3600</td></tr>
<tr><td>6</td><td>恒流放电</td><td>$3I_3$</td><td>230</td></tr>
<tr><td>7</td><td>恒流放电</td><td>$30I_3$</td><td>20</td></tr>
<tr><td>8</td><td>恒流放电</td><td>$3I_3$</td><td>240</td></tr>
<tr><td>9</td><td>恒流放电</td><td>$45I_3$</td><td>10</td></tr>
</table></td></tr>
<tr><td>7</td><td>耐振动性</td><td>将蓄电池模块固定到振动试验台上，按下述条件进行线性扫频振动试验：① 放电电流：1 I_3；② 振动方向：上下单振动；③ 振动频率：10～55Hz；④ 最大加速度：30m/s^2；⑤ 扫频循环：10 次；⑥ 振动时间：2h。在振动试验过程中，不允许出现放电电流锐变、电压异常、蓄电池壳变形、电解液溢出等现象，并保持连接可靠，结构完好，不允许装机松动</td></tr>
<tr><td>8</td><td>过放电试验</td><td>蓄电池充电后，在（20±5）℃下，以 1I_3（A）电流放电（如果有电子保护线路，则应暂时除去放电电子保护线路），直至某一单体蓄电池电压达到 0V 结束试验。在试验过程中，蓄电池应不爆炸、不起火、不漏液</td></tr>
<tr><td>9</td><td>过充电试验</td><td>蓄电池充电后，以 $3I_3$（A）电流充电，至某一单体蓄电池电压达到 5V 或充电时间达到 90min（其中一个条件优先达到即停止试验），蓄电池应不爆炸、不起火</td></tr>
<tr><td>10</td><td>短路试验</td><td>充电后，将蓄电池经外部短路 10min，外部线路电阻应小于 5mΩ，蓄电池应不爆炸、不起火</td></tr>
<tr><td>11</td><td>加热试验</td><td>充电后，将蓄电池置于（85±2）℃恒温箱内，并保持 120min，蓄电池应不爆炸、不起火</td></tr>
<tr><td>12</td><td>挤压试验</td><td>蓄电池充电后，按下列条件进行试验：挤压板一侧是平板，一侧是异形板；挤压板外廓尺寸为 300mm×150mm。
① 挤压方向：垂直于蓄电池排列方向施压
② 挤压程度：挤压至蓄电池模块原始尺寸的 85%，保持 5min 后再挤压蓄电池模块原始尺寸的 50%
在实验过程中，蓄电池应不爆炸、不起火</td></tr>
<tr><td>13</td><td>针刺试验</td><td>充电后，用 3～8mm 的耐高温钢针以 10～40mm/s 的速度，从垂直于蓄电池极板的方向至少贯穿三个蓄电池单体，钢针停留在蓄电池中，蓄电池应不爆炸、不起火</td></tr>
</table>

8.6.1.2　电机及其控制器试验评价

作为电动汽车核心部件，电机驱动系统的认证测试是检验设计是否达到设计需求的客观验证手段，测试标准决定了产品设计水平。电机的测试可以分为转速与转矩测试、电机噪声测试、耐久性等。

目前我国关于电动汽车电机及其控制器执行的是 GB/T 18488.1—2015《电动汽车用驱动电机系统　第 1 部分：技术条件》、GB/T 18488.2—2015《电动汽车用驱动电机系统　第 2 部分：试验方法》。此外还有一些辅助标准也在陆续制定中，如《电动汽车用驱动电机系统可靠性试验方法》《电动汽车用驱动电机系统故障分类与判断》《电动汽车用驱动电机系统接口》等。标准的制定与执行几乎是与电动汽车发展同步的，这有利于我国电动汽车电机驱动技术的发展。

标准对电机与控制器的一般性试验进行了描述，给出了相应的测试方法和相关设备信息。主要包括电机定子绕组在冷态下直流电阻、电机绕组对机壳以及绕组相互间绝缘电阻、最高工作转速、超速试验、耐电压试验、噪声、振动、密封状态、控制器过载能力、控制器壳体机械强度、电机控制器保护系统、接触电流等多个测试项目。有些测试项目是电动汽车电机驱动系统与工业电机驱动系统所不同的，甚至是独有的。此外，标准对于电机与控制器的测试项目还进一步进行了要求。环境试验、温升试验是为了满足电动汽车工作条件而进一步强化的。

电机转矩特性和效率特性是所有电机都需要进行的测试，也是最重要的参数测试。对于电动汽车电机驱动来说，堵转是电机驱动经常工作的状况。例如，车辆起步和爬坡时，经常要求电机驱动系统能够短时提供较大的堵转转矩以获得较好的起步和爬坡能力。然而标准仅对电机本体堵转进行了规定和测试方法描述，对于堵转过程中电机控制器要求没有提及，堵转时间及保护也没有进一步明确，一般需要设计人员根据需要设计。电极及其控制器测试及要求见表 8–9。

表 8–9　电机及其控制器测试及要求

编号	项目	要　求
1	最高工作转速	在额定电压时，电机带载运行所能达到的最高转速。带载的大小和最高工作转速值在产品指标中规定
2	超速试验	如无其他规定，超速试验允许在冷态下进行。试验时，将电机的转速提高到 1.2 倍最高转速运行，历时 2min。检查电机是否发生有害机械变形。超速的方法有下列两种：① 通过调节电机控制器来提高电机的转速；② 用原动机直接驱动或变速驱动被试电机。超速试验时，应采取安全防护措施，尽可能远距离测量转速
3	耐久性	在额定负载和额定转速的运行条件下，保证电机及其控制器在第一次使用时的无故障工作时间为 3000h
4	堵转转速	为保证电动汽车在起动时有足够大的起动转矩，要求电机达到产品规定的堵转转矩值。其堵转电流应不大于控制器提供的最大电流值
5	堵转电流	为保证电动汽车在起动时有足够大的起动转矩，要求电机达到产品规定的堵转转矩值。其堵转电流应不大于控制器提供的最大电流值
6	耐电压试验	试验时环境温度在 18～28℃范围内
7	噪声试验	按 GB/T 10069.1—2006 中的方法测量及其要求，主要采用声强测量法、声全息测量法、声阵列测量法，主要评价指标为功率、质量、体积、当量声功率比
8	振动试验	参照 GB 10068—2008 中的方法测量及其要求
9	转矩–转速特性及效率试验	电机及其控制器的转矩–转速特性以及效率应符合产品标准中的规定
10	温升试验	电机及其控制器应按照产品规定的工作制和冷却条件进行，温升试验参照 GB/T 1029—2005 和 GB/T 13422—2013 进行，主要方法有电阻法、检温计法、温度计法

再生能量回馈试验是电动汽车电机驱动所特有的。标准对此进行了较为详细的描述，提

出了三种测试方法：整车上测试、惯性轮装置测试和直接用发电试验。就可行性来看，第三种方法比较常用。但电动汽车电机再生制动回馈因车型、结构形式、控制策略的不同而经常变化，再生制动工况也千变万化，因此再生制动能量试验一般也只能提供整车设计参考。

8.6.2 整车试验及评价

8.6.2.1 测试方法

1. 道路测试法

道路测试法是基于整车的测试方法，通过在实际道路进行实车测试来评价混合动力汽车性能的优劣。道路测试分为安全性测试、噪声测试、动力性测试、能耗和排放测试（车载测试），这些测试均需要在专用试验场按规定试验方法完成。道路测试方法比较简单、直观，试验结果可以很快地评价整车性能，为试验样车的参数标定、控制策略优化以及新样车的开发提供可靠的试验依据，但是受温度和风速等外界环境因素影响较大，道路测试方法的可控性和重复性较差。

2. 底盘测功机测试法

底盘测功机试验也是从整车角度出发的测试方法。它首先通过负荷设定来精确模拟汽车在实际道路的行驶阻力，从而实现其道路行驶阻力在底盘测功机上的再现。这也是底盘测功机试验的关键，将直接影响汽车的动力性和能耗排放等性能的研究。在此基础之上，参考标准试验程序进行汽车性能的测试评价，混合动力汽车在底盘测功机上可以进行排放性、动力性、经济性试验。

与道路测试法相比，底盘测功机试验能够控制室内环境等可变因素，可以精确模拟多种典型行驶状况，试验结果重复性好，但试验设备昂贵，成本较高。

3. 整车模拟法

整车模拟法是在台架测试系统的基础之上，利用硬件在环仿真法（HIL）转换测试循环来对汽车整车性能进行评估的方法。图 8–58 所示为 HIL 模拟的示意图。该方法首先把整车速度测试循环转化为发动机转速测试循环，并建立电动机/发电机、发动机、蓄电池或超级电容等部分的数字信号处理（DSP）模型。根据各总成部件控制系统的控制信号，DSP 模型模拟出汽车各总成部件的运行状态。在得出发动机的转速–转矩关系之后，利用发动机的效率 MAP 图来计算 HEV 在测试循环下的燃油经济性，并依据转换的发动机测试循环在台架上进行发动机试验，可测量得出 HEV 在测试循环下的排放特性。整车模拟法是传统台架测试方法的改进，解决了发动机测试工况与整车行驶工况脱离的问题，测量精度较高。缺点是在采用 HIL 模拟缺乏混合动力各总成部件的标准模型，通用性较差。

4. 台架测试法

台架测试是把发动机、电动机、发电机、蓄电池及变速器等总成部件按照混合动力总成布置方案安装在发动机台架上，利用 CAN 总线把台架测试控制系统与整车多能源控制器和各总成部件 ECU 连接起来，实时测量混合动力总成的各项参数，控制动力总成的运行状态，并借助油耗仪、排放分析仪及电功率计等相关测试设备完成动力性、燃油经济性、排放及噪声等整车性能测试试验。图 8–59 所示为并联式动力总成台架能耗排放试验示意图。

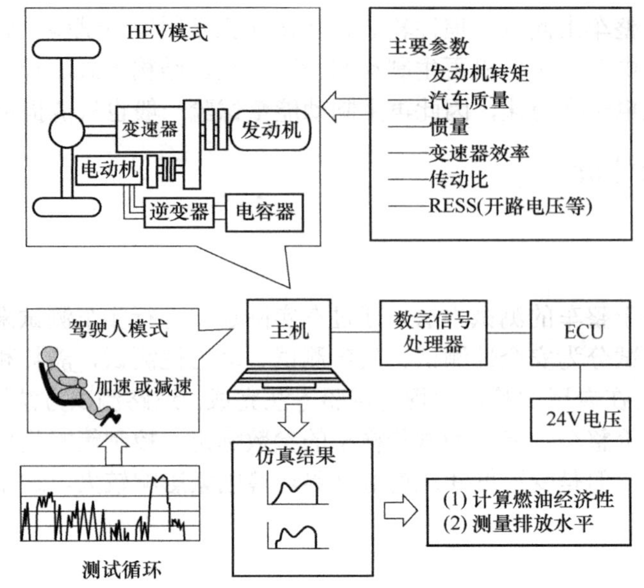

图 8–58　HIL 模拟的示意图

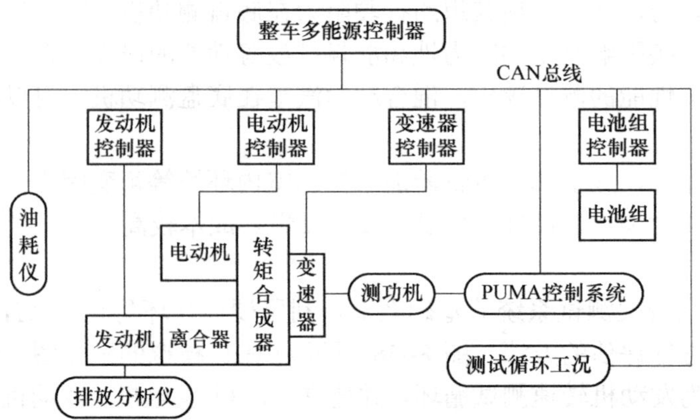

图 8–59　并联式动力总成台架能耗排放试验示意图

台架试验受外界自然环境的限制较少，并可以使各零部件的布置不受整车总布置的限制。此外，台架测试还可以利用不同总成部件的模块化设计进行高效率的安装和调试，不仅减少了开发成本，而且大大缩短了混合动力总成的研发周期。

8.6.2.2　测试项目及评价

与传统汽车类似，新能源汽车整车评价的测试指标主要包括安全性、噪声、动力性、经济性和排放性等。下面以 HEV 为例进行相关的性能评价。

1. 安全性测试

混合动力电动汽车和传统燃油汽车作为高速运载工具，具有相同的碰撞安全性问题。因此，适用于传统燃油汽车的碰撞安全法规及碰撞安全性设计准则也同样适用于混合动力电动汽车。但混合动力汽车又有其特殊性。它具有高压电源，因此在电池的绝缘、爬电距离、隔离通风、断路保护、有害物质释放等方面都有严格要求。

由于混合动力汽车的动力电压为 100～600V，远远超过了人体的安全电压，电池发生短路、化学反应产生的有害物质或电解液泄漏均可能会对司乘人员造成伤害。此外，作为交通运输工具，混合动力汽车与传统汽车存在着相同的安全问题，包括主动安全和被动安全，但混合动力汽车在增加电力驱动系统后，其整车碰撞安全性能应有所改变。具体指标主要从汽车结构和功能安全要求及故障维护等方面进行不同项目的检验，相应的评价指标如下所述。

2. 噪声测试

同传统汽车一样，参照标准中规定的方法进行测试，主要包括加速噪声、车内噪声、汽车定置噪声、匀速行驶噪声、轮胎噪声及发动机噪声等，车辆各种噪声是否达标，相应标准中都有限值要求。

3. 动力测试

测试指标包括：混合动力模式下的最高车速、0～100km/h 或 0～50km/h 的加速时间、30min 的最高车速、爬坡车速、坡道起步能力、最大爬坡度；纯电动模式下的最高车速、0～50km/h 的加速时间、爬坡车速和坡道起步能力。

4. 能量消耗量测试

主要包括燃油消耗和电能消耗的测试，在测试中获得的蓄电池的电能消耗量要转化成相应的油耗量，混合动力汽车油耗测试与常规汽车的差别较大。混合动力汽车的油耗与其主电池的充放电情况呈现很强的相关性，若某次试验的充放电净值为充电，且充电量大，则该车试验的油耗相对较高，反之则较小。因此，必须通过充放电净值来修正油耗，这样得到的修正后的油耗值，更接近真实值的油耗值。

循环工况下的油耗试验采用一个电流传感器测量电池正极主导线上的电流。电力计对电流进行时间积分得出充放电量净值 Q。图 8–60 所示为某一汽车 3000km 时进行试验的油耗及 Q 数值。数据点的分布显示测量油耗与充放电量净值 Q 之间近似为线性关系。采用最小二乘法进行线性拟合，得到的拟合线与纵轴的交点即经过修正后的燃油消耗量。在进行车辆认证试验时，生产厂家需要向认证实验室提供图 8–60 所示拟合线的斜率。认证实验室进行一次试验，采用斜率和测得的 Q 值来对测得的油耗值进行修正。

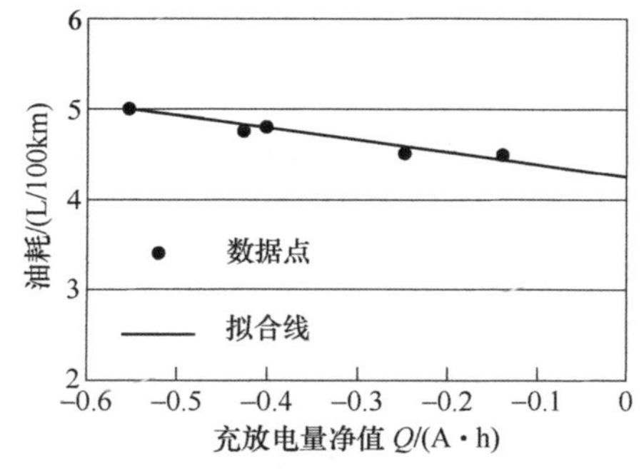

图 8–60　燃油消耗量与充放电量净值 Q 关系曲线

另外，对于插电式混合动力汽车（PHEV），由于其具有电能消耗比例大、运行模式多的特点，使得针对它的性能评价试验方法比较难以制定。汽车的能耗水平是以燃油消耗指标来体现和评价的。HEV 由于同时消耗电能和燃油两种类型的能源，因此进行能耗指标评价时通常需要统一到等效的燃油消耗指标。传统 HEV 虽然运行过程中也会有电能量消耗，但所占比例一般较小，同时由于没有外接充电的功能，消耗电池电能的最终来源还是发动机燃油消耗，电池 SoC 在一个较小的范围内波动。相同的试验循环下，电能消耗和燃油消耗之间存在线性关系，因此比较容易利用这种线性关系得到很准确的等效的燃油消耗评价结果。对于 PHEV，由于电能量消耗比例大，电池 SoC 变化的范围很大，电能消耗与燃油消耗之间难以明确可靠的线性关系，并且 PHEV 电池的能量储备大部分来自于外部电网，而非发动机的燃油消耗，因此 PHEV 电能消耗向燃油消耗的转化也缺乏合理的依据。另外，由于 PHEV 具备多种可能的运行模式，评价时选取何种模式或模式组合来进行试验才能最客观反映车辆的实际能耗水平，也是较难解决的问题。

5. 排放测试

主要指的是对常规污染物（CO、CO_2、NO_x、PM）的测量。目前，对于 HEV 的尾气污染物排放限值没有明确规定。轻型混合动力汽车参照了传统轻型汽车的排放限值，而重型混合动力汽车的排放标准还没有出台。

第 9 章

新能源汽车的商业模式及服务体系

9.1 新能源汽车的商业模式

商业模式创新与产品创新、服务创新同等重要，并与技术创新相互融合，互为促进。商业模式的创新有助于推动新能源汽车的商业化和产业化进程，成功的新能源汽车商业模式应实现产业的各个环节赢利或受益。

与传统汽车相比，普通混合动力汽车结构及控制系统复杂、购置成本较高，插电式混合动力汽车、增程式电动汽车、纯电动汽车的充换电基础设施不完善，再加上电池技术的局限等因素，使新能源汽车的商业化发展受到了一定的阻碍。

这些因素决定了新能源汽车除了采取传统整车销售模式外，还必须积极探索与传统汽车不同的商业模式。各国的节能与新能源汽车试点城市都对商业模式都进行了积极探索，从已经得到实际应用的新能源汽车商业模式看，大致可概括为四种类型：整车销售模式、整车租赁模式、裸车销售+电池租赁模式和融资租赁模式。

9.1.1 整车销售模式

整车销售模式基本构架为整车企业捆绑电池销售，能源供给服务企业建设城市充电站和充电桩网络并负责运营。以我国新能源汽车为例，该模式的基本架构如图 9–1 所示。

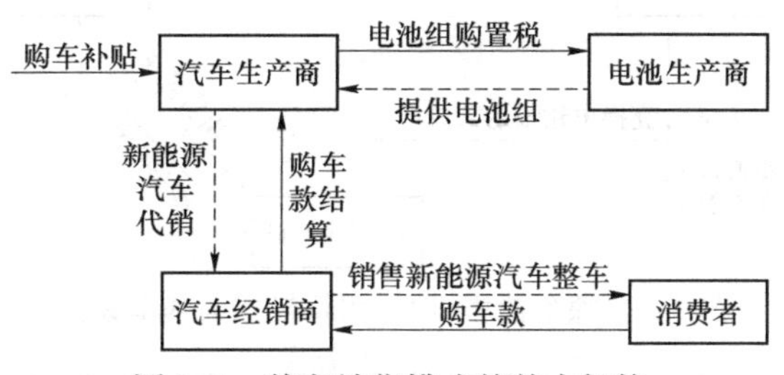

图 9–1 整车销售模式的基本架构

新能源汽车通过传统汽车的销售渠道进行销售，按照政府补贴后的价格卖给消费者。由于车用动力电池的成本几乎占到纯电动汽车整车成本的 1/3～1/2，导致纯电动汽车整车销售价格远远高出传统燃油汽车的价格，即使考虑购车补贴因素，纯电动汽车的售价也缺乏足够的市场竞争力。

9.1.2 整车租赁模式

该模式基本构架包括两种方式：第一种是对新能源汽车整车（含电池）进行租赁，能源供给服务企业建设充电站和充电桩网络并负责运营；第二种是对新能源汽车进行裸车租赁，能源供给服务企业提供电池租赁和充换电网络建设及服务。整车租赁模式的基本架构如图 9–2 所示。

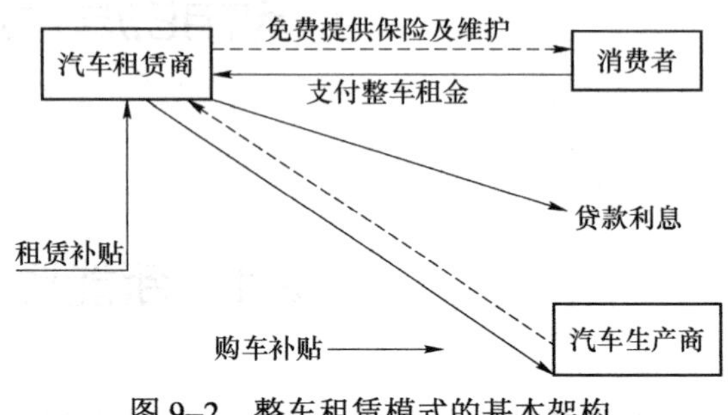

图 9–2 整车租赁模式的基本架构

这种模式其实是对传统汽车租赁模式的模仿和利用，消费者不是买车而是通过租车的形式使用新能源汽车。显然，这种模式不是汽车企业发展的最终目标，也不是电动汽车产业可持续发展的终极方案。但是，这种模式在新能源汽车市场尚不成熟，消费者对新产品不信赖的时期，能实现消费者低购车成本使用新能源汽车，也不失为一个良策。

9.1.3 裸车销售+电池租赁模式

该模式基本构架为消费者从整车生产企业购置不包含动力电池的裸车，由能源供给服务企业出资建设充换电基础设施，并从电池生产企业租赁动力电池，对电池进行统一管理。消费者根据运营需要更换动力电池，按电耗多少支付动力电池使用费和电费。裸车销售+电池租赁模式的基本架构如图 9–3 所示。

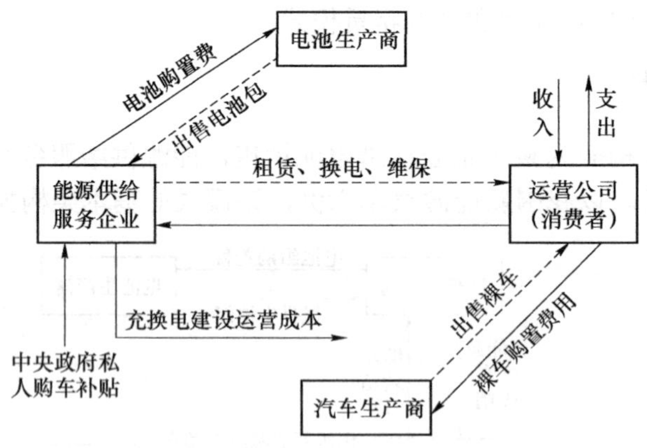

图 9–3 裸车销售+电池租赁模式的基本架构

这种商业模式的生命力在于与传统燃油汽车相比，它能够实现消费者购车成本低、充电和加油一样便捷、油电差价收益高的利好局面。电池的维护保养由专门的能源服务商负责，消费者在使用新能源汽车中无后顾之忧，最终实现车开多远就交多少电费的放心模式。

在裸车销售+电池租赁模式中，能源供给服务企业的成本包括电池组采购费用、充换电站建设费用、充换电站运营费用。其收入一方面来自向运营公司（或消费者）收取的电池租赁费用，另一方面来自对运营公司（或消费者）的综合服务费用。

这种模式要求新能源汽车生产商和电池生产商接受能源供给服务企业制定的充换电标准，并按照标准设计和生产相关产品。此种模式对能源供给服务企业的资金需求和经营风险管控的要求很高，仅充换电站的设备投资和电池采购就是一笔非常巨大的投入，如果后期新能源汽车的保有量达不到一定规模，则这种经营模式可能会遭遇巨大挑战。

9.1.4 融资租赁模式

融资租赁是指出租人根据承租人对租赁物件的特定要求和对供货人的选择，出资向供货人购买租赁物件，并租给承租人使用。承租人则分期向出租人支付租金，在租赁期内租赁物件的所有权属于出租人所有，承租人拥有租赁物件的使用权。这种模式具有融资期限长、还款方式灵活、压力小的特点，适合寿命较长、价值较高的物品。因此，融资租赁模式能够很好地促进新能源汽车的商业化发展。

目前我国新能源汽车行业中，在融资租赁模式中扮演出租人角色的企业包括金融机构或资产管理公司。金融机构或资产管理公司以融资的形式买下电池甚至整个新能源汽车，并以分期付款的方式租赁给终端用户使用，从而减轻了终端用户的付款压力。融资租赁模式的基本架构如图 9–4 所示。

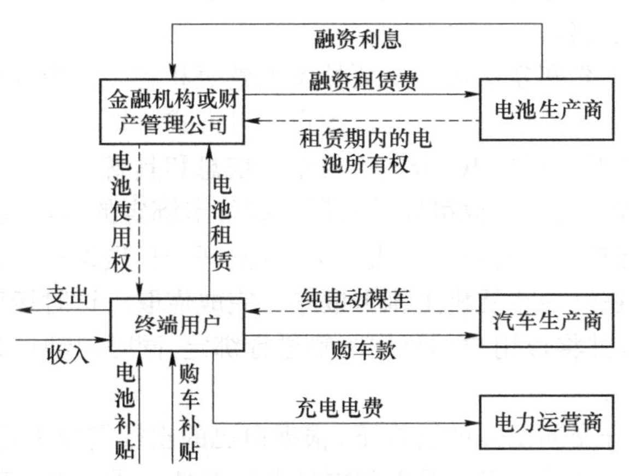

图 9–4 融资租赁模式的基本架构

在上述融资租赁模式下，国内还演化出现了由专业运营商主导的融资租赁模式。此种模式下，也是通过车电分离和分期付款的方式减轻终端用户的付款压力。所不同的是，专业运营商起到了融资的中介作用，为终端用户提供担保以获得购买裸车的融资款，同时专业运营商还购买电池、提供电池维护保养以及建设充换电基础设施。

9.1.5 国内典型商业模式介绍

当前，推广应用新能源汽车面临的主要问题包括续驶里程短、价格高、基础设施不健全、充电时间较长等问题。动力电池技术突破是解决以上问题的根本策略。但短期来看，寻求商业模式的创新能实现立竿见影的效果。与传统汽车相比，新能源汽车催生了新的商业模式，包含了基础设施、零部件、整车以及相关服务等环节。多年来，25 个示范城市结合各地情况创新形成了不同的电动汽车商业模式，其中最典型的商业模式包括“电动汽车自驾租赁”模式、“定向购买”模式、“车电分离、融资租赁、充维结合”模式等。三种模式的市场切入点各不相同，各具特色，为下一步推广和创新商业模式提供了借鉴。

9.1.5.1 自驾租赁模式

电动汽车自驾租赁是一种创新型公共交通模式，该模式全部采用纯电动汽车和可充电式立体车库，租车站分布在城市的机场、车站、商业中心、居民小区等需建站区域，为用户提供在运营区域内租车自驾的出行方便。

汽车租赁活动的主要目的是为消费者在运营区域内提供租车自驾出行服务。由于电动汽车性能与传统燃油车有较大差距，再加上普通消费者对电动汽车的安全性心存疑虑，电动汽车的推广应用面临重大挑战。采取只租不售，让潜在购车人群以较低廉的价格体验电动汽车的便捷和环保特性，无疑是推进电动汽车发展的有效途径。

电动汽车的自驾租赁运营系统对城市纯电动汽车及其能源供给实施集中购置、集中管理、集中充电、集中维护和分散租用自驾。租车站是运营网络的基本单元，为用户提供自驾租车及各种服务，承担车辆充电、维护、电池回收再生及网络系统运行管理等。用户租车后可驾车自主行驶，到达目的地可就近到另一租车站异地还车，根据需要还可开展电话租车及送、接车服务，方便、经济、快捷。电动汽车自驾租赁模式的流程实现大体可分为“注册—借取—驾驶—归还”四个步骤。

① 注册：首次进行自驾租赁的用户需要持本人驾照和有效身份证件到租赁站点进行开户注册，经过登记身份信息、签订租赁合约、确定支付方式、知晓注意事项等步骤后，获取租赁 IC 卡，即完成开户注册。租赁 IC 卡是携带个人信息和具备支付功能的一体化智能卡，可以是现行的公交 IC 卡或市民卡，也可以是与用户银行卡绑定的专门设计的 IC 卡。

② 借取：已完成开户注册的用户持租赁 IC 卡到任一租赁站点，选取租用的车辆且经简单验车与确认后，即可在终端租赁机上刷卡取车，完成借取。这时运营管理中心会通过网络通信系统获取相关信息，并将该用户与租用车辆进行绑定，同时启动计时分段计费平台和 GPS 车辆定位监控程序。

③ 驾驶：用户在遵守交通法规的前提下，根据自己的出行需要进行电动汽车的上路驾驶，满足中短途的上班通勤、接驳公交、娱乐购物等出行需求。同时通过车载 GPS 系统，运营管理中心和相应的租赁站点能够实现对车辆定位和安全性能的监控，避免出现故障并及时出险排除。

④ 归还：用户在完成出行目的后，可选择最靠近目的地的租赁站点办理车辆归还手续。只需将车开到租赁站点，与工作人员简单验车和确认后，即可在终端租赁机上刷卡还车，完成归还。无须亲自驾车入库停放和充电，而由工作人员统一代为完成。这时运营管理中心会通过网络通信系统获取相关信息，将该用户与租用车辆解除绑定关系，同时计时分段计费平台会自动计算出用户的租车价格，告知用户并直接在租赁 IC 卡上扣除。

项目基础网络设施主要包括运营管理中心和若干座自驾租车站。运营管理中心是纯电动

汽车自驾租赁连锁运营的中枢，对系统实施统一指挥、调度和综合管理，同时也是运营公司经营管理中心。中心内设监控调度、网络运营信息管理、用户服务等机构对出租车辆实施全时全程监控管理、运营调度应急处理和运营保障等。自驾租车站主体设施为可自动充电的智能立体停车库，具有电动汽车日常检测维护及能源供给、车辆存放和办理租车业务等功能。站内充电车库内有车辆出入库定位机械装置，可快捷准确实现车辆入库入位和出库；配电充电系统对入库定位的车辆自动充电。

9.1.5.2 定向购买模式

定向购买模式主要面向三类客户人群：汽车产业链上下游企业、相关科研单位和高校、普通消费者。在这几类客户人群中选择用车路线相对固定、用途相对单一的用户，降低了对汽车续驶里程和充电的要求。在定向购买消费者集中区域内，由国家电网或普天集团建设充电桩，供定向购买人群使用。

定向购买模式的优点在于企业针对特定消费者销售纯电动汽车。部分消费者的用车路线固定，用途单一，如仅上下班使用，并且充电地点相对固定，便于车辆集中充电，只要在固定地点设置充电桩，就能满足消费者绝大部分充电需求。这种模式一定程度上解决了纯电动汽车目前的性能不足以及充电困难等问题。定向购买模式的盈利点在于消费者的使用成本大幅降低，经济性较好。在市场得以启动之后，逐步形成5km电动汽车充电圈，实现良性循环。但是，定向购买模式的发展前景在于企业如何进一步挖掘细分市场，拓展定向消费市场，并且要开发更多的车型，提高质量。政府公务车领域、大集团员工等细分市场都比较适合推广定向购买模式电动轿车。但是，随着车辆各方面性能的提高、成熟，新能源乘用车与传统车一样在4S店面向普通消费者销售，定向购买模式将逐渐退出。

9.1.5.3 “车电分离、融资租赁、充维结合”模式

该模式是指由充维服务运营商、租赁公司和公交公司（或者出租车公司）三方合作进行新能源汽车的运营。充维服务运营商（普天集团）负责出资购买电池，租赁公司出资购买裸车，整车租赁给公交公司（或者出租车公司）运营固定期限，三方参与利益分成，固定期限的运营时间内，电池厂商承诺电池质保年限，由充电站运营商负责电池的正常使用和维护。

车电分离，即新能源车辆购置过程中，按一定价值比例进行裸车和动力电池的价值分离，车辆制造企业按整车卖出，租赁公司购买裸车，租赁给公交企业，充维服务运营商就配套电池进行购置。这种方式从根本上解决了公交企业购置新能源车辆的高成本问题。

融资租赁，即由金融租赁机构、深圳巴士集团、车辆生产企业、充维服务运营商共同签订《融资租赁合同》等相关协议，以融资租赁形式购置新能源汽车。公交企业向融资机构就裸车进行租赁，分8年支付本息，解决了一次性大额支付问题。

充维结合，即深圳巴士集团与专业的新能源车辆充维服务运营商结成应用联盟，以充电和维护外包的形式，发挥充维服务运营商在动力电池充电、维护、废旧回收等方面的专业优势，实现使用成本和风险的共同分担，以此控制动力电池不稳定性的风险。

“车电分离、融资租赁、充维结合”市场化模式的构建基础在于：专业化分工，社会化合作，集约化经营，实现产业链风险最小、总成本最低，多方共赢。

9.2 新能源汽车的服务体系

本节主要介绍新能源汽车的应急安全处理体系、零配件供应体系、维护保养体系、废置处理体系等。

9.2.1 应急安全处理体系

新能源汽车的安全问题主要还是电池性能，在行车过程中，电池发生高温，冒烟时的应急措施：在行驶过程中驾驶人要特别注意高温报警和电池舱，如果发现某只电池的温度过高，则需停车打开电池舱盖查看电池，如果有异味或电池舱内有烟冒出，则应按照如下顺序进行处理：

① 将车辆停靠在路边。

② 切断车体高压。

③ 打开电池舱盖。

④ 手动解锁，用力将电池拉出车体，尽量将电池远离车体，操作过程中应避免被电池箱滑出时砸伤。

⑤ 电池拉出后，尽量将车与电池隔离 5m 以上。

⑥ 用干粉灭火器灭火（磷酸铁锂电池可以用水/黄沙/灭火毯/土壤/干粉灭火器/二氧化碳灭火器扑灭）。如有消防队到来，则尽量阻止其用水冲洗电池，防止更大规模的电池短路造成电池燃烧发生，但在事态无法控制时，可用大量水进行处理。

驾驶安全向来是广大车主最关心的话题之一，作为新生事物的新能源汽车，其安全操作性备受公众关注和热议。故而了解、掌握电动汽车安全信息成为适应时代潮流而生的新文化。

9.2.2 零配件供应体系

在我国传统汽车产业的发展中，汽车零部件供应商的发展始终落后于整车，零部件供应商规模普遍较小、配套层次较低、供应商的自主创新能力较弱、产品技术含量不高、讨价还价能力较弱，这些现象源于大部分企业长期依赖整车发展，缺乏自己的核心竞争力，没有在关键零部件技术领域取得突破。在传统汽车向新能源汽车发展的转折时期，这些现象依然严重存在，尤其以电控系统为代表的核心技术的缺失已经对新能源汽车产业的发展构成很大制约，一些关键的电池、动力电源、电控系统、传动模块、变速器乃至空调等技术含量高、质量性能好的汽车零部件严重依赖进口，国产化率仍然很低。

随着目前全球汽车产业中越来越多的技术创新任务由配套企业完成，新能源汽车核心技术领域的发展对供应商的要求也日益增高。新能源汽车的快速发展给传统零部件供应商带来严峻挑战的同时也带来了良好的发展机遇。我国汽车零部件供应商应该认真思考其发展对策和方式，增强自主创新与研发能力，改变传统汽车零部件配套层次低、产品技术含量不高的窘态，力争走在国际前沿，为我国新能源汽车的国际化道路助一臂之力。

9.2.2.1　零部件供应商扩大整体规模

我国汽车零部件供应商规模普遍较小，随着新能源汽车井喷式发展和量产化需求，传统零部件供应商，无论是零部件产业还是个体供应商，其规模和发展速度已经满足不了快速发展的新能源汽车生产企业的采购需求。汽车零部件供应商面临着亟须扩大规模的局面。但是规模的扩大，是随着自身实力的发展而不断壮大的。扩大零部件供应商规模包括两个方面。

① 扩大零部件供应商产业的整体规模，使之与整车规模相适应，以满足整车生产能力进一步提升的要求。中小企业应形成产业集群，不但在空间上形成产业集聚，更要在软环境建设上形成资金、人才、技术、产品等多个资源共享的平台，通过兼并重组、广泛合作和优胜劣汰等方式，形成一批具有良好发展潜质的中小型配套企业；同时，进一步完善一、二、三级供货商机制，增强汽车零部件整条供应链的响应能力。

② 扩大零部件供应商自身的规模，特别是大型零部件企业应继续扩大规模，通过合资和并购等多种形式，在全球范围内吸纳优秀人才和资金，力争形成世界级规模的零部件企业集团。

9.2.2.2　零部件供应商必须加强自主创新能力

在我国新能源汽车发展的关键时期，汽车零部件供应商不能一直被动地适应新能源汽车产业的发展，必须主动参与到新能源汽车产业技术发展变革的过程中，提高自身的技术创新能力和核心竞争力，在关键零部件技术领域特别是电控领域等建立自己的核心技术和优势，提高我国新能源汽车零部件的配套能力。

目前，各国汽车生产企业都在积极进行包括混合动力汽车、纯电动汽车和燃料电池汽车等新能源汽车的研发。新能源汽车的关键技术在于动力电池。日本虽然在动力电池的研究上处于世界领先水平，但还没有建立成熟的技术标准，这给零部件供应商的发展方向带来了良好的契机，零部件供应商可通过改善自身的技术创新体系如引进优秀技术人才、加强技术研发投资力度、鼓励技术发明、奖励在先进技术领域取得卓越成绩的优秀人才等方式来增强技术研发能力，加快零部件开发进程，争取获得全球范围内新能源汽车零部件标准化和核心技术领域的领先地位。

9.2.2.3　零部件供应商参与新能源汽车制造商零部件早期开发

供应商早期参与新产品开发是指在产品开发的概念阶段或者设计阶段让供应商参与进去，从制造商产品开发的初期一直持续到新产品投放市场。从供应商的视角来说，参与制造商的新产品开发是供应商愿意与制造商共同合作开发新产品。供应商参与新产品开发不仅可以促进知识的创造与传递，增强双方自主创新能力，还可以缩短产品开发周期，加快产品开发进程，减少开发成本，带来双赢绩效。

供应商与制造商的长期合作可以给双方带来利益，因此供应商愿意采取各种措施维持与制造商的合作关系，参与制造商的新产品开发中就是其中的方法之一。在参与过程中，制造商看重的是供应商开发新产品的能力，如果供应商的开发能力有限，可能会推迟新产品的开发进度，因此在供应商参与新产品开发中，供应商的开发能力至关重要。供应商的技术能力、响应能力、学习能力、产品质量控制能力、成本控制能力是影响供应商参与新产品开发的主要能力。

从供应商的角度，对于新能源汽车产品零部件的开发，供应商早期参与是指在新能源汽车开发的概念阶段或者设计阶段，供应商愿意主动参与到制造商的新产品开发中，并在产品的设计阶段投入资源以合作开发新产品。对于我国汽车零部件供应商来说，在制造商开发新能源汽车的初始阶段，供应商主动参与进来，对于提高供应商的自主创新能力无疑是捷径之一。通过参与新产品开发，供应商不仅可以学习制造商的先进技术和开发经验，加快产品开发进程，而且可以与制造商建立良好的合作关系，双方更愿意共享一定的技术和知识，建立深层次的配套关系和稳定的供应关系。

9.2.2.4 国家政策扶持

在传统汽车的发展中，世界主要汽车生产国的汽车产业发展进程表明，零部件产业与汽车产业基本上是同步发展的。而我国汽车企业长期依靠大量进口零部件特别是关键零部件，很难提高自身的市场竞争力。目前，国内新能源汽车制造环节所受的重视程度远远高于新能源汽车零部件供应商，新能源汽车关键零部件环节研发能力薄弱，已经成为直接阻碍国内新能源汽车发展的瓶颈，我国各级政府必须引起高度重视。

从开发新能源汽车的初始阶段，我国政府必须把零部件和整车开发置于同等重要的地位，支持并鼓励零部件供应商特别是中小型企业的发展，使新能源汽车的整车企业和零部件供应商协调运行，才能保证我国新能源汽车产业快速发展。国家及各级政府应支持拥有关键技术的中小型零部件供应商的发展，并向拥有自主知识产权、民族品牌的零部件供应商注入资金，使这些企业能够建立竞争优势，成为在专有技术、特色零部件或系统集成开发方面拥有明显优势的重点核心企业。

9.2.3 维护保养体系

9.2.3.1 整车维护与保养

在电动汽车使用过程中，为确保汽车正常行驶，必须对汽车进行日常维护。日常维护是发挥汽车效率、减少行车事故、节约维修费用、降低能耗和延长汽车使用寿命的重要环节，是每个驾驶人在开车前及行车中必须做到的，其主要内容包括：

① 检查转向、制动、悬架、传动等主要部件的紧固情况。

② 检查真空管道有无漏气现象。

③ 检查驱动桥主减速器、转向机构、真空泵等有无渗漏油现象。

④ 检查轮胎气压是否合乎标准，剔除嵌入轮胎花纹的渣石、铁钉等杂物。

⑤ 按润滑表规定，按时按量对各润滑点进行润滑。

除日常维护外，车辆行驶一段距离后还要进行周期性的维护与保养，以保持车辆良好的运行状态。例如：每行驶 1000km 后，在完成每日保养内容外还应检查动力电池是否合格；电气系统各部分的绝缘阻值是否符合规定要求。每行驶 3000km 后，须紧固全车的各紧固件，尤其注意检查并紧固好转向拉杆，前、后悬架，驱动电机、传动轴、制动等系统的紧固件；轮胎换位；检查真空泵和助力转向系统。每行驶 6000km 后，须清洗、润滑各车轮轮毂轴承，并调整松紧度；检查调整前束值；检查调整各制动蹄片的间隙。每行驶 12 000km 后，须查真空泵工作情况；检查转向系统工作情况；检查驱动电机等电器部分，并检查电线的紧固情况和各部位的绝缘情况。若电动汽车长期停用，则需要经常清洗尘土，检查电动汽车外部进行防锈和除锈；停驶一个月以上时，应将电动汽车架起，解除前、后悬架及轮胎的负荷；每月

对动力电池进行一次补充充电；每月检查一次电气仪表、制动、转向等机构的动作情况，检查各轮胎气压，发现不足时应充气。

9.2.3.2 关键零部件的维护与保养

动力电池系统、驱动电机系统、其他高压系统、电气线束、动力转向系统以及制动系统的性能严重影响电动汽车的应用性能及安全性能。这些关键部件的维护与保养可有效延长电动汽车使用寿命，提高使用性能。

1. 动力电池系统

动力电池系统由动力电池、电池箱以及电池管理系统构成。作为整车的动力源，动力电池对整车性能具有重要的影响。动力电池组具有高电压、强电流的特点，对其进行保护和检查非常必要。

动力电池需要每三个月或每行驶 5000km 后进行一次电池单体电压检测。每次更换电池时，均需要检查连接插头是否有磨损、松动、烧蚀等故障；每运行 10 000km，需要对电池箱进行一次清理，并检查内外箱体及各个组成部件是否完好。

（1）动力电池箱体的检查

① 外箱的检查、维护。在安装内箱以前：首先要检查极柱座橡胶护套是否齐全，然后检查极柱是否氧化，氧化面要使用 1500 目砂纸轻轻打磨，或使用棉布用力擦，将氧化层去掉。

② 要定期（一般为一个月）清理外箱灰尘。

③ 极柱出现拉弧或打火烧蚀，要及时更换。

④ 如果通信不可靠或 24V 供电电源不可靠，要检查 CAN 总线连接插头、24V 连接插头是否正常。

⑤ 内箱检查。要检查极柱座是否连接可靠，高压有无打火烧蚀，要定期吸尘清洁。

（2）动力电池外箱体高压正负极端子检查

① 用绝缘电阻表 500V 档测量各端子之间的绝缘阻值。当空气相对湿度≤90%时，绝缘电阻应≥20MΩ；当空气相对湿度＞90%时，绝缘电阻应≥2MΩ。

② 用绝缘电阻表 500V 档测量各端子与电池外壳之间的绝缘阻值。当空气相对湿度≤90%时，绝缘电阻应≥20MΩ；当空气相对湿度＞90%时，绝缘电阻应≥2MΩ。

③ 目测高压极柱插头、极柱插孔是否有磨损、烧蚀等现象，并注意保护套等部件是否齐全。

（3）电池快换导轨检查

① 检查快换箱体导轨轴承是否缺失。

② 检查各轴承滚动是否顺畅；否则应及时更换轴承。

③ 导轨有无变形。

（4）机械锁检查

机械锁采用手动解锁装置，由解锁把手、解锁杆、锁口组成。

① 检查解锁把手是否转动平顺。

② 将解锁把手按下去，检查锁是否可以卡到正确的位置。

③ 检查开锁、上锁是否平顺。

（5）高压中控盒电气安全检查

① 在推入动力电池箱之前，由具备资质的电工，将连接至中控箱的高压线束、动力电池

输入电缆从中控箱接插件口拔下，将其他高压电缆从部件接插件口（如电动空调等部件接插件上）拔下，测量拔下线束的每一个高压端子与底盘之间的绝缘电阻，其阻值应大于20MΩ。

② 保持步骤①的状态，并保持连接至中控盒的低压线束接通，将动力电池推入电池舱后，将车辆钥匙旋至“START”状态，这时候测量所有高压线束端子处的电压，端子A与端子B之间应为400V左右或无电压，且端子A为高电势，端子B为低电势。

③ 保持步骤②的状态，将车辆的暖风加热系统打开，连接至加热器的高压线束端子处的端子A与端子B之间应为400V直流电压，其中A为高电势。

④ 以上步骤确认无误后方可将车辆钥匙旋至“OFF”，然后将步骤①中拔下的插头依次插上，如发现步骤①～步骤④有异常现象，则应在排除异常后方可继续进行。

（6）冷却液液位

冷却液液位必须定期检查。

2. 驱动电机系统

① 每天开车前，检查散热器是否有冷却液，如冷却液太少或没有，则必须补充。

② 检查驱动电机及其控制器各固定点，检查螺栓是否松动。

③ 检查驱动电机及其控制器可见线束及插件是否存在松动、老化、破损、腐蚀等现象。

④ 两个月检查电机本体及控制器冷管管道是否通畅。如果冷却管道有堵塞现象，则应及时清理堵塞物。

⑤ 每半年检查清理一次电机本体及控制器的表面灰尘。清理方法：断开动力电源，用高压气枪清理电机本体及控制器表面灰尘。

⑥ 电机轴承在一个大修周期内，不需要加油脂。当轴承发生故障时，须解体电机，更换轴承。

⑦ 当电机很长时间未用时，建议测量电机的绝缘电阻。检查绝缘电阻应使用500V绝缘电阻表，其值不低于5MΩ；否则应对绕组进行干燥处理，以去除潮气。

3. 其他高压系统

高压系统需每三个月或每行驶5000km后进行一次保养，即在对电池进行保养的同时，进行高压系统的保养。其他高压部件主要包括车载充电机、DC/DC变换器、高压电气盒、空调用电动压缩机总成。

① 检查高压警告标记是否清晰且牢固。

② 检查表面是否出现腐蚀、损伤等。

③ 检查安装点支架有无变形、损伤，安装螺栓有无缺少，并检查螺栓有无松动。

④ 检查接插件是否连接可靠，有无松脱或者变形情况。

4. 电气线束

（1）低压线束的检查

检查低压线束是否布置整齐、捆扎成束，固定卡钉是否卡紧；检查接头连接是否牢固；检查低压线束插接器的外观有无破损、腐蚀等现象；穿越孔洞的线束若装有绝缘防磨套管，应检查其是否固定可靠。

（2）低压电气熔丝盒的检查

检查熔丝盒外观盒体是否有开裂、磨损、腐蚀、老化等现象；检查熔丝盒外部接插件与

车身线束接插件插接是否牢固可靠；检查熔丝盒盖锁扣是否有效锁紧；检查熔丝盒与车身固定点是否固定可靠。

（3）高压线束的检查

① 底盘线束离地面高度是否在安全范围内，或设有相应的走线槽以避免线束的剐蹭。

② 线束及保护波纹管外观是否存在破损、老化等现象，插接器是否有腐蚀现象。

③ 各插接件连接是否牢固，其护套是否完好且无损。

④ 高压插接器的锁止及互锁机构是否完好。

⑤ 线束固定卡钉是否完好。

⑥ 高压线束与运动件之间是否存在剐蹭的现象。

5. 动力转向系统

动力转向系统是汽车操纵的重要部件，应经常检查保养；否则一旦失灵，将会造成车毁人亡的事故。动力转向系统维护和保养的内容有：

① 定期检查转向间隙：转向盘回转 30mm 时，车轮必须转动，否则必须进行调整。

② 定期更换转动器润滑油（转动液压油）。

③ 在换季保养和行驶 10 000km 时要检查转向油罐的油位和管路接头的密封。

④ 转向液压油的更换：首先顶起前桥至前轮离开地面；然后放油：旋出转向机的放油螺栓，取下油罐盖，起动电机并保持空转，使系统中的油在泵的驱动下从转向机放油螺栓孔中排出，经转向盘左、右两极限位置的多次转动，直到油液排净为止，然后重新装上放油螺栓并拧紧；最后注油：首先将注油罐注满油液，然后起动电机向系统内充油，同时向油罐中继续补充油液，直到油罐中无气泡上升，并且油面稳定在测试棒刻度以上 1～2cm，然后旋紧油罐盖。

⑤ 滤芯更换：打开油罐盖，取出旧滤芯，放入新滤芯，重新装好油罐盖。

⑥ 转向机的转向压力在出厂时已经调好，调整螺钉不得擅自改动。若发现转向时转向盘明显沉重，请送维修站调整。

6. 制动系统

（1）检查制动系统的密封性

对于采用气制动系统的电动汽车，气密性的检查非常重要，否则是很危险的。数日没有使用的车辆，在开车之前必须检查。

① 气路系统的密封性：起动压缩机，使储气压力达到 0.81MPa。关闭压缩机，观察双针压力表，在 10min 内压力下降不得超过 0.01MPa；如果超过则说明密封性不好，应进行检查。

② 制动系统的密封性：关闭电机，踏下制动踏板保持 3min，气压表的白针指示压力保持不变，说明密封性可靠。

（2）保养

① 要定期检查制动管路的密封性，使之处于良好的状态，一旦发现有弯折、擦破、压扁的地方，应及时更换。

② 排出储气筒中的冷凝水：用手拉动储气筒下面的排水阀的拉环。如果排水阀被堵塞，就要把排水阀旋出，进行清理或更换。在旋出之前，要排出筒内的压缩空气，可利用多次踩动踏板的方法排出，不然就会出现危险。

9.2.4 废置处理体系

下面以纯电动客车为例，介绍新能源汽车的废置处理方案。目前，纯电动客车正处于市场推广阶段，并没有大范围应用，电池尚未出现大规模报废的情况，所以我国尚未建立完整的废置处理体系。作为新能源汽车产业链中的一个重要组成部分，动力电池发展在提高性能的同时，回收与再利用模式的探索也是一个不可忽视的问题。我国应该积极探索寻求更完善的废置处理体系。由于纯电动公交客车（含电池）由多种材料构成，若随意处理废弃物，通过直接掩埋或烧毁、直接排放拆解过程产生的“三废”等物质，不仅会给污染日益严重的环境“雪上加霜”，也是一种资源上的严重浪费，故建议将报废后的纯电动公交客车进行拆解，合理利用材料，促进材料的回收和再生利用，实现可持续发展。纯电动公交客车废置处理方案包括动力电池的废置处理方案和裸车的废置处理方案，如图 9-5 所示。

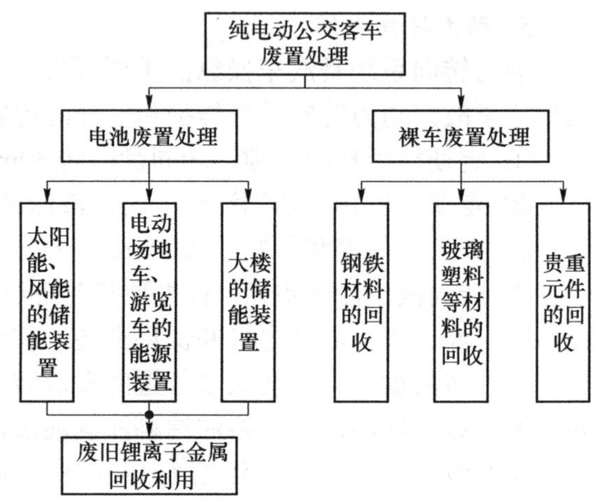

图 9-5 纯电动公交客车废置处理方案

良好的纯电动公交客车废置处理方案可以增加整个模式内产业链的价值。

1. *动力电池的废置处理方案*

从电动汽车上回收的动力电池还可在其他产品上继续发挥它的作用。在动力电池外观完好、没有破损、各功能元件有效的情况下，可进行二次开发利用，作为太阳能、风能等清洁能源的储能装置（如用于对太阳能路灯的电极板进行充电），也可以用在公园景区的短距离电动场地车、游览车、高尔夫球车上，或作为储能设备供大楼的应急照明使用。通过梯次利用，不仅可以让动力电池性能得到充分的发挥，有利于节能减排，还可以缓解大量动力电池进入回收阶段给回收工作带来的压力。待动力电池完全报废后，可利用动力电池回收利用技术对废旧电池中的金属进行回收利用。动力电池的废置处理方案可由电池企业主导完成。

2. *裸车的废置处理方案*

目前，纯电动公交客车主要使用的材料有金属、塑料、橡胶、玻璃和油漆等，其中钢铁材料占废旧汽车总重量的 69%左右，有色金属（如铜锡等）占 9.6%，塑料占 8.6%，玻璃占 2.8%，其他约占 10%。相对有色金属和塑料而言，钢铁仍然是组成汽车最主要的材料。汽车用钢材和有色金属，90%以上可以回收利用，玻璃和塑料等的回收利用率也可达 50%以上。至于汽车上的一些贵重元件材料，回收利用的价值则更高。裸车的废置处理可由购买整车的客户，即公交公司主导完成。

第 10 章

新能源汽车的发展趋势

汽车行业是市场很广阔、技术含量和管理精细化程度很高的行业，发展新能源汽车是我国从汽车大国迈向汽车强国的必由之路。今后 10 年或者几十年，发展新能源是撬动我国甚至全球经济、社会发展的一个“杠杆”，具有良好的发展前景。

从全球范围看，以动力深度电气化、车身底盘轻量化、整车智能网联化三大科技为核心的新能源汽车技术大变革，正在深入发展。未来 5～10 年，将迎来全球汽车产业重组和转型升级的重要战略机遇期。与此同时，这一重大技术变革还将促进可再生能源、智能电网、新材料工业、高端制造、移动互联、智能机器人、各类交通运载工具与交通系统、城市建设与城镇化等方面全方位变革，对我国推动第三次工业革命和迎接工业 4.0 时代的到来将发挥重大引领和集成作用。

10.1　动力深度电气化

现如今，第三次工业革命推动能源动力电气化转型升级。从全球范围看，纯电驱动正成为主流的技术路线。纯电驱动汽车的大规模市场正在形成。如图 10–1 所示，2017 年全球新能源乘用车销量累计突破 122 万台，同比增长 58%。其中，中国是全球最大的新能源乘用车市场。2017 年中国新能源乘用车销量超过了 57.8 万，占比高达 46.70%；美国排在了第二位，销售了近 20 万辆新能源汽车；挪威排第三位，累计销售了 6 万余辆，占全球新能源乘用车市场的 5.08%。

相关的动力电池、氢燃料电池、太阳能电池（转化效率高达 30%）等能源技术突飞猛进，各类电动动力系统的技术已经开始全面商业化，被业界认为很难的燃料电池汽车也进入市场。可以说，电动汽车的技术全方位产业化已经开始。这其中包含三大技术，如图 10–2 所示。

首先，插电式混合动力汽车。机电混合装置也已经成熟，尤其值得一提的是，比亚迪“秦”成为全球最畅销的插电式车型之一，总体上达到了国际先进水平，如图 10–3 所示。同时，在商用车方面，中国特色的深度混合动力系统，节油率达到 35%以上，产业规模全球第一。

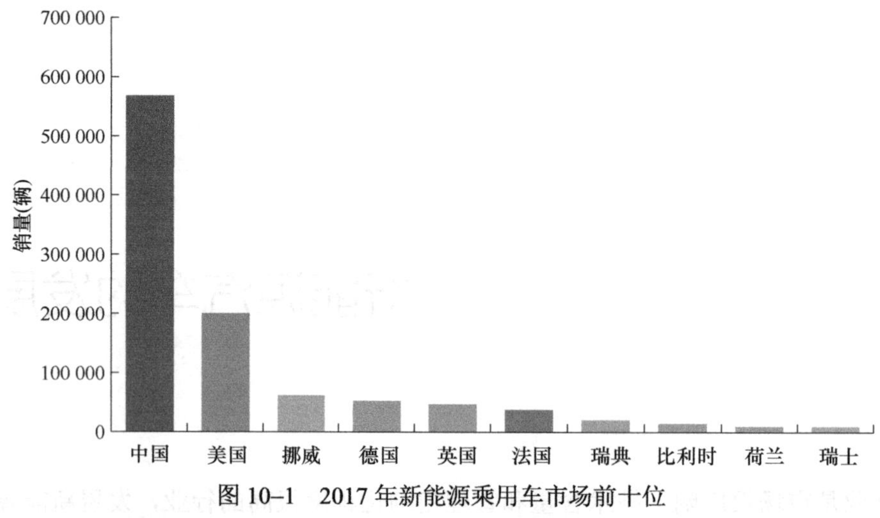

图 10–1　2017 年新能源乘用车市场前十位

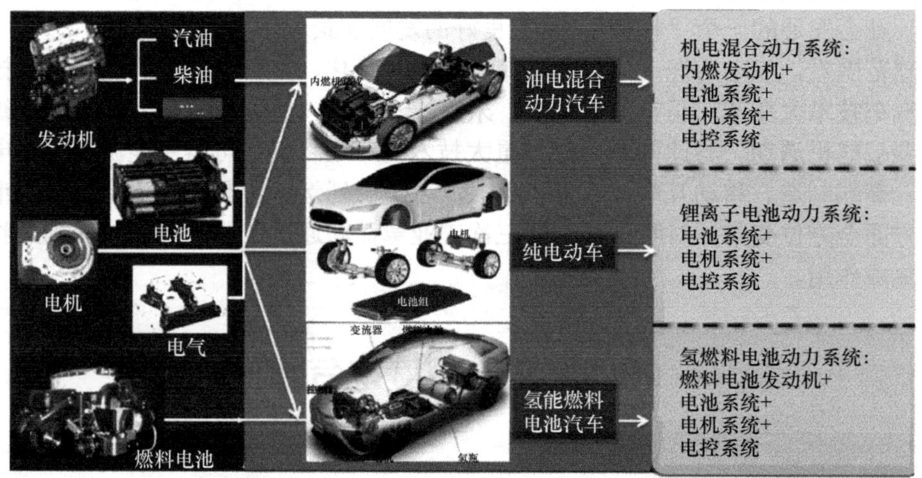

图 10–2　动力深度电气化包含三大技术

图 10–3　比亚迪 · 秦车型及其混动结构原理图

第二，动力电池与纯电动汽车的技术。今后 10 年，动力电池的比能量会有大幅度增长，成本也将会随着比能量的提升大幅下降，但是安全性和耐久性的问题会进一步突显。到 2025 年，锂离子电池的单体比能量会达到 350W・h/kg，体积比能量会提升 1kW・h，这是锂离子电池的性能极限。电池系统会达到 200～250W・h/kg，性能比现在提高近 1 倍，成本降低约 50%。除了锂离子电池，其他的非锂离子电池技术也在研发之中，图 10–4 和图 10–5 分别为美国能源部对锂离子电池发展现状与趋势的判断和动力电池技术发展路线。

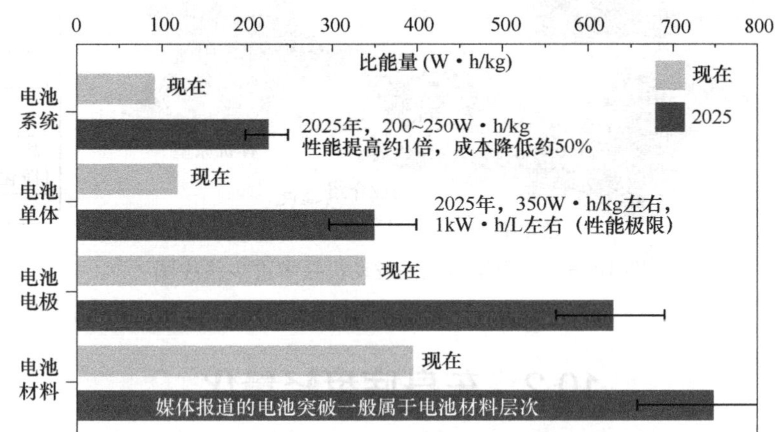

图 10–4　美国能源部对锂离子电池发展现状与趋势的判断

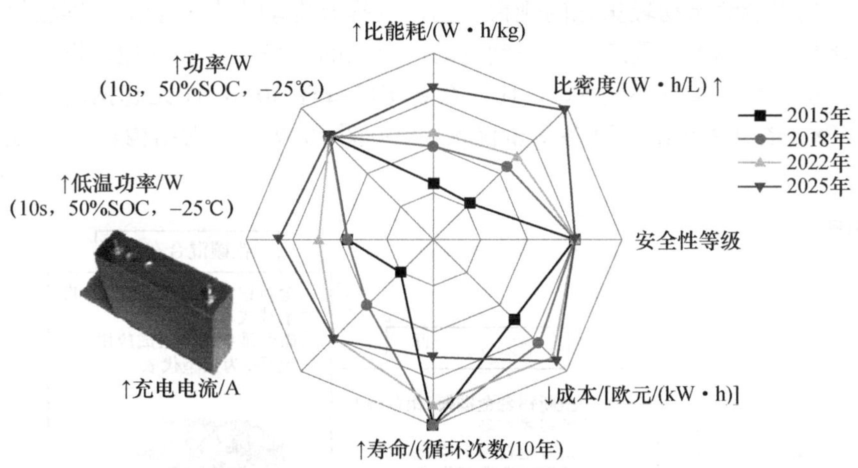

图 10–5　动力电池发展技术路线

第三，燃料电池汽车。燃料电池发动机技术在不断进步，燃料电池的波载量已经从 1g/kW 下降到目前像丰田的 0.3g/kW 以下，实验室数据已经到 0.1g/kW，将来会接近于现在燃油汽车催化剂的波载量，而且燃料电池发动机正逐步成熟。图 10–6 所示为车用燃料电池发动机技术进步路线。

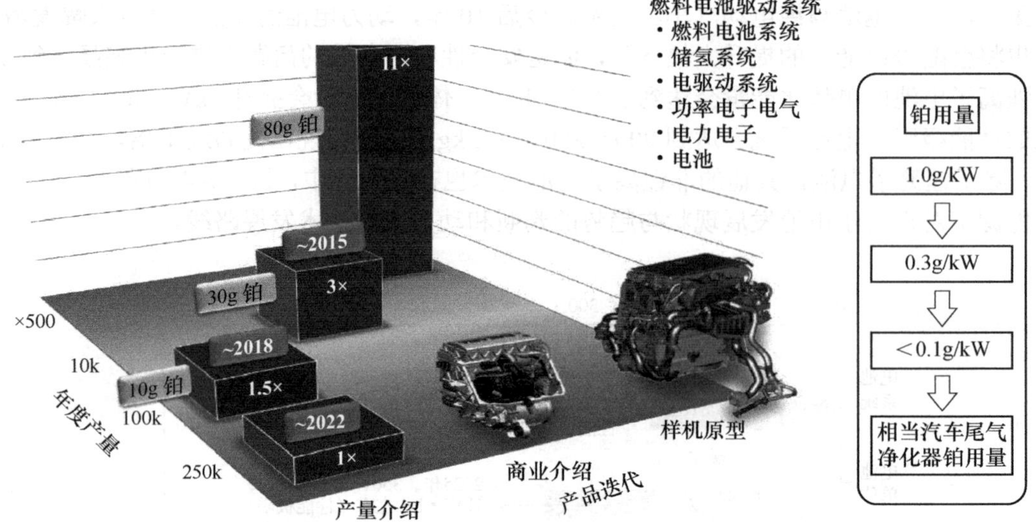

图 10–6　车用燃料电池发动机技术进步路线图

10.2　车身底盘轻量化

在车身底盘轻量化方面，电动汽车比传统汽车更需要轻量化，更能平衡轻量化材料导致的成本上升，也更能够带动轻量化的规模应用。为提升电动汽车的能效和续驶里程，国际上先进的轻量化材料与技术呈现广泛应用到电动汽车上的趋势。宝马 i3 电动汽车大量使用碳纤维轻质材料，单一车门重量不到 8kg，比铝合金车门减轻 30%，而比起钢板车门减轻 50%，i3 配备 22kW • h 的动力电池，整备质量仅为 1.2t。图 10–7 所示为结构轻量化的发展方向。

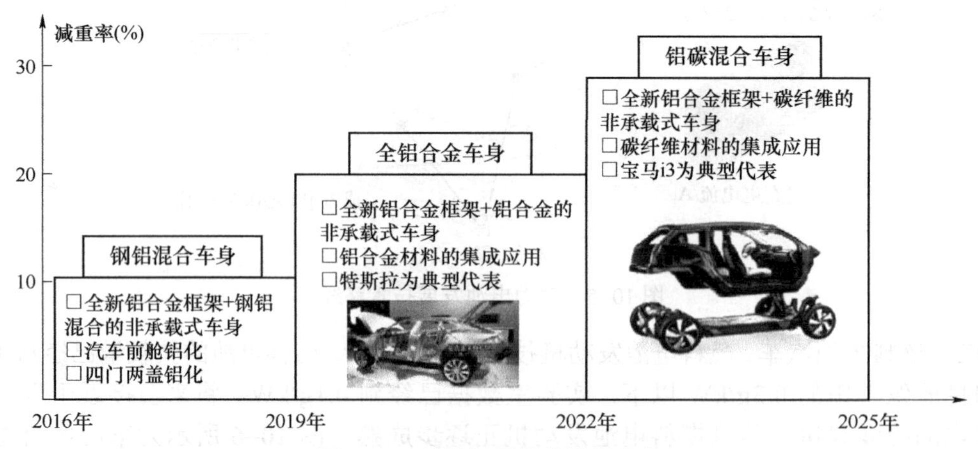

图 10–7　结构轻量化的发展方向

碳纤维车身和铝镁合金已经开始应用，同时车身上会逐步增加太阳能薄膜的电池，其转

化效率已经达到 30%，但成本还是偏高，10 年之内产业化应该会有所发展。

轻量化材料与车身电池相结合是理想化目标，特斯拉电动汽车是汽车轻量化的典型代表。它在设计制造方面有重大的变革，传统的全承载式车身已经不见了，因为要放电池，所以形成了真正的电池车身底盘，承载除了这个车身之外还有底盘的框架，而且全采用了铝合金，如图 10–8 所示。

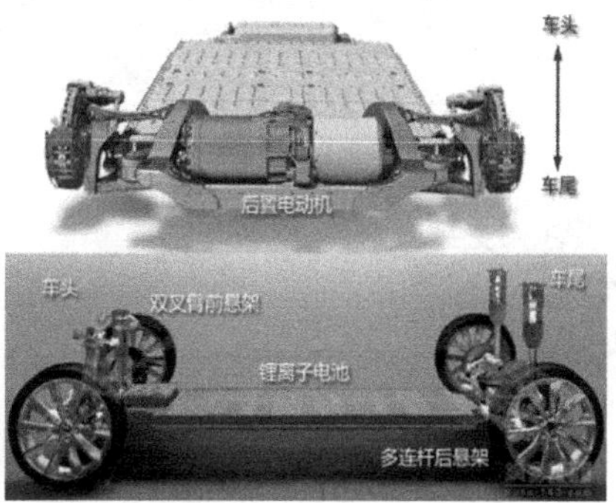

图 10–8　特斯拉特斯拉 Modcl S 与其底盘结构

如图 10–9 所示，宝马 i3 的轻量化技术也是这样，采用一个独立的底盘平台，车身全部采用碳纤维，这导致汽车整个的生产工艺全部发生革命性变化，未来轻量化材料和新型车型结构将会导致汽车设计制造体系的重大变革，也会由在目前的高档车中应用逐步向中级轿车发展。

图 10–9　宝马 i3 与其碳纤维车身

车身底盘轻量化设计在新能源汽车上的应用，使新能源汽车在保证强度和安全性能的前提下，降低了整车的整备质量，减少了燃料消耗，降低了排气污染，使新能源汽车的节能效果更佳。

10.3　整车智能网联化

在整车智能网联化方面，电动汽车是实现智能化技术的最佳移动平台。整车智能网联化技术的应用必将推动电动汽车产业和技术的大发展。宝马、奔驰、大众、丰田、现代等汽车公司均推出其各自研发的多款拥有自动驾驶技术等智能技术的汽车。除了传统汽车企业在开发自动驾驶技术，像谷歌等互联网公司也纷纷借助车辆智能，开始介入智能驾驶、自动驾驶的研究开发。整车智能网联化驾驶场景如图 10–10 所示。

图 10–10　整车智能网联化驾驶场景

整车智能网联化技术变革包含了三个方面、三个阶段。目前是以驾驶人为中心的主动安全辅助阶段，接着会有以网络为中心的网联汽车阶段，再到以车辆为中心的自动驾驶阶段，如图 10–11 所示。美国汽车工程学会制定的智能化水平：一级是辅助驾驶，二级是集成式循环空驶，三级则是高速公路的自动驾驶，如图 10–12 所示。

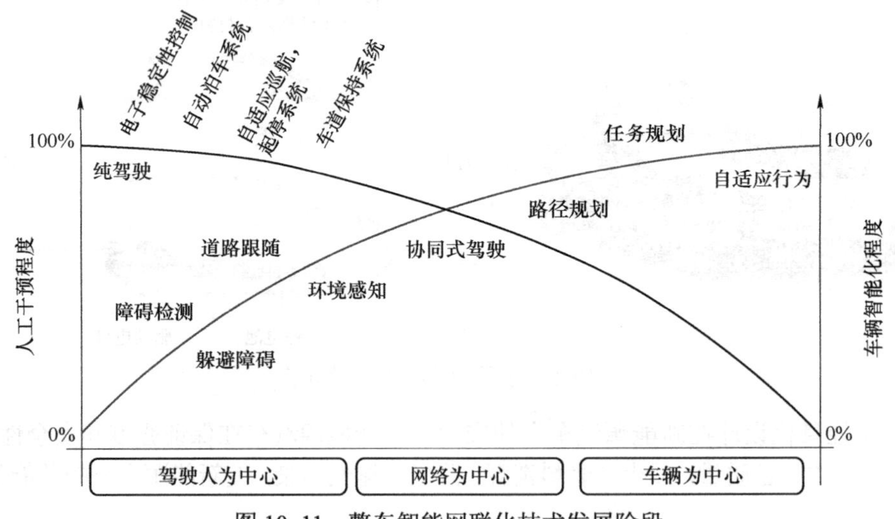

图 10–11　整车智能网联化技术发展阶段

目前，智能驾驶辅助系统（ADAS）系统已是欧美争相市场普及化的热点，如图 10–13 所示。在国际上，大陆、德尔福、博世、日立、电装等公司等先后开发环境感知核心技术并以此占据全球 ADAS 市场。国内汽车厂近年来开始逐渐引进国外的汽车电子装备并开始试搭载部分 ADAS 子系统。

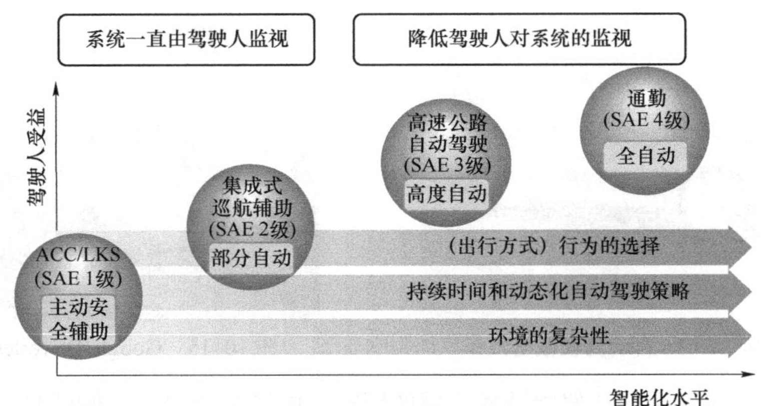

图 10–12　整车智能网联化程度分级

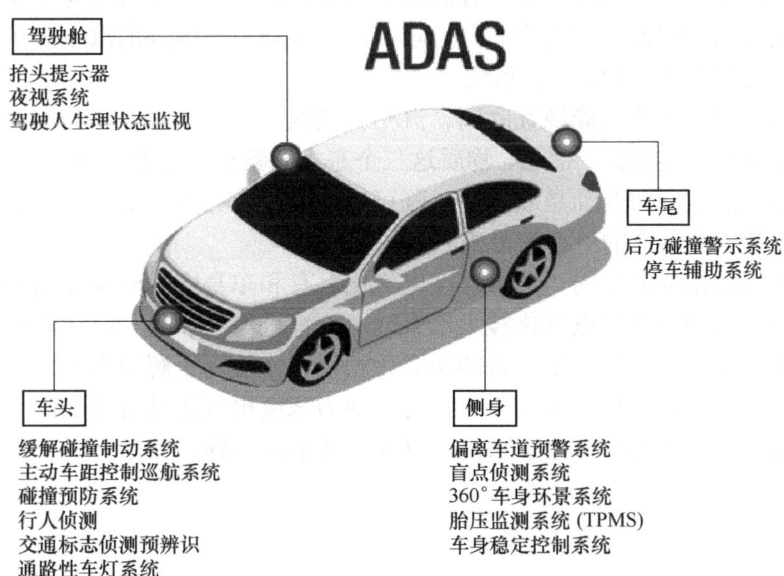

图 10–13　智能驾驶辅助系统（ADAS）子系统

整车智能网联化技术在产业化方面，美、德两国走在前列。德国汉堡 Ibeo 公司研制的智能驾驶汽车预计近年内能够投入生产。美国通用汽车公司计划近几年就将智能驾驶汽车推向市场。2015 年，奔驰公司正式发布 F015 Luxury in Motion 自动驾驶概念汽车（见图 10–14），配备高级驾驶辅助及自动驾驶系统，应用新型锂电池–氢燃料电池混合动力技术，续驶里程可以达到 1100km。同时，德国弗劳恩霍夫制造工程与自动化研究所正在开发一个全电动汽车自主驾驶及智能概念“Afkar”系统，让车辆自主导航，实现避障、泊车等各种操作。可在车辆、车库管理系统、充电桩之间通过无线交互接口，让车辆判断充电桩是否被用，可用时自动进入充电站进行充电。此外，一些信息技术公司也加入智能汽车技术开发行列中，如谷歌公司长期采用普锐斯混合动力汽车作为自动驾驶汽车试验的原型车。截至 2014 年 12 月，谷歌公司研发的智能车 Google Driverless Car（见图 10–15）已经安全行驶了超过 120 万 km。

图 10–14　F 015 自动驾驶概念汽车

图 10–15　Google Driverless Car

在欧美车企加快民用自动驾驶技术应用的同时，中国车企也已开始涉足这一领域。现阶段国内一汽、上汽、长安、广汽、比亚迪和吉利等多家自主车企开始相继研发自动驾驶技术。清华大学、北京理工大学、同济大学、合肥物质研究所、西安交通大学等多家科研院所也相继投入自动驾驶技术的研发。国内汽车厂近年来开始逐渐引进国外的汽车电子装备并开始试搭载部分智能辅助驾驶（ADAS）子系统。

以电动汽车为储能终端的能源互联网、汽车物联网、信息互联网将会相互融合，也就是说在人类历史上第一次将能源、信息、物质这三个基本元素全部连起来——这要靠电动汽车。因为电动汽车与智能电网的互动是双向的，既可以储能作为分布式的能源，也可以往电网回馈电，这是第三次工业革命的一个核心支柱。

三大战略之间是相互关联的，动力深度电气化只有和车身底盘轻量化与整车智能网联化相结合才能真正解决动力深度电气化技术带来的电池重量增加和里程限制的挑战；车身底盘轻量化只有和动力深度电气化与整车智能网联化相结合才能真正解决车身底盘轻量化技术的成本与碰撞安全性挑战；整车智能网联化只有和动力深度电气化结合才能真正解决智能化技术的底层执行机构以及传统汽车电子系统依赖国外技术的问题。

参 考 文 献

[1] 节能与新能源汽车技术路线图战略咨询委员会，中国汽车工程学会. 节能与新能源汽车技术路线图[M]. 北京：机械工业出版社，2016.

[2] 日本自动车技术会. 汽车工程手册 10 新能源车辆设计篇 [M]. 北京：北京理工大学出版社，2014.

[3] 中国汽车技术研究中心，日产（中国）投资有限公司，东风汽车有限公司. 新能源汽车蓝皮书 [M]. 北京：社会科学文献出版社，2017.

[4] 中国汽车技术研究中心，日产（中国）投资有限公司，东风汽车有限公司. 新能源汽车蓝皮书 [M]. 北京：社会科学文献出版社，2016.

[5] 孙逢春，张承宁，祝嘉光. 电动汽车——21 世纪的重要交通工具 [M]. 北京：北京理工大学出版社，1997.

[6] 王震坡，孙逢春，刘鹏. 电动汽车原理与应用技术 [M]. 北京：机械工业出版社，2014.

[7] 何洪文，等. 电动汽车原理构造 [M]. 北京：机械工业出版社，2012.

[8] 倪光正，倪培宏，熊素铭. 现代电动汽车、混合动力电动汽车和燃料电池车——基本原理、理论和设计（原书第 2 版）[M]. 北京：机械工业出版社，2010.

[9] 林程. 纯电动及混合动力汽车设计基础（原书第 2 版）[M]. 北京：机械工业出版社，2012.

[10] 赵振宁，王惠怡. 新能源汽车技术 [M]. 北京：人民交通出版社，2013.

[11] 陈清泉，孙逢春，祝嘉光. 现代电动汽车技术 [M]. 北京：北京理工大学出版社，2002

[12] 李晓华. 新能源汽车技术发展的挑战、机遇和展望 [M]. 北京：机械工业出版社，2011.

[13] 唐杰，杨沿平，钟志华，等. 概念汽车开发 [M]. 北京：机械工业出版社，2009.

[14] 张金柱. 新能源汽车技术 [M]. 北京：机械工业出版社，2014.

[15] 王震坡，孟祥峰. 插电式混合动力电动汽车开发技术 [M]. 北京：机械工业出版社，2010.

[16] 赵航，石广奎. 混合动力电动汽车技术 [M]. 北京：机械工业出版社，2012.

[17] 康龙云，胡习之. 生态能源电动汽车的构造原理与设计著作 [M]. 西安：西安交通大学出版社，2010.

[18] 康龙云，余开江. 新能源汽车技术及未来 [M]. 北京：科学出版社，2010.

[19] 李瑞明. 新能源汽车技术 [M]. 北京：电子工业出版社，2014.

[20] 曹殿学，王贵领，吕艳卓，等. 燃料电池系统 [M]. 北京：北京航空航天大学出版社，2009.

[21] 邹政耀，王若平. 新能源汽车技术 [M]. 北京：国防工业出版社，2012.

[22] 崔胜民. 新能源汽车技术 [M]. 2 版. 北京：北京大学出版社，2014.

[23] 刘邗，侯明月. 新能源汽车大讲堂 [M]. 北京：人民交通出版社，2011.

[24] 胡骅，宋慧. 电动汽车 [M]. 3 版. 北京：人民交通出版社，2012.

[25] 陈清泉，孙逢春. 混合电动车辆基础 [M]. 北京：北京理工大学出版社，2001.

[26] 张军，等. 汽车节能技术 [M]. 北京：机械工业出版社，2014.

[27] 陈全世，等. 先进电动汽车技术 [M]. 2 版. 北京：化学工业出版社，2013.

[28] 崔胜民，韩家军. 新能源汽车概论 [M]. 北京：北京大学出版社，2011.

[29] 王文伟，毕荣华. 电动汽车技术基础 [M]. 北京：机械工业出版社，2010.

[30] 陈全世，仇斌，谢起成，等. 燃料电池电动汽车 [M]. 北京：清华大学出版社，2005.

[31] 安东尼·所左曼诺夫斯基. 混合动力城市公交车系统设计 [M]. 何洪文，译. 北京：北京理工大学出版社，2007.

[32] 李兴虎. 混合动力汽车构造与原理 [M]. 北京：人民交通出版社，2008.

[33] 松本廉平. 汽车环保新技术 [M]. 曹秉刚，康龙云，贾要勤，等译. 西安：西安交通大学出版社，2005.

[34] 徐国凯，赵秀春，苏航. 电动汽车的驱动和控制 [M]. 北京：电子工业出版社，2010.

[35] 陈全世. 先进电动汽车技术 [M]. 北京：化学工业出版社，2007.